AF167894

Forum Geschichte 5

Sachsen-Anhalt

Von der Frühgeschichte bis zum Römischen Reich

Herausgegeben von
Nicky Born

Cornelsen

Forum Geschichte

Band 5 wurde erarbeitet von:
Nicky Born, Steffi Jahn, Stefan Weißhampel, Manuel Willer

Mit Beiträgen von: Dr. Moritz Burgmann, Hans-Joachim Cornelißen, Cordula Gimbel, Susanna Heim-Taubert, Thomas Kozianka, Tim Lodemann, Anja Petschulat, Natascha Rupp, Dr. Andrea Schallenberg, Marko Schulz, Götz Schwarzrock, Dr. Georg Schwind, Claudia Tatsch, Dirk Urbach, Veronika Weidemann, Dr. Silvia Wimmer, Andreas Zodel

Redaktion: Andreas Holy
Bildassistenz: Bettina Hamann, Anne-Katrin Dombrowsky, Katja Radloff
Grafik und Illustrationen: Erfurth Kluger Infografik GbR, Berlin; Elisabeth Galas, Bad Breisig; Hans Wunderlich, Berlin
Gestaltung der Icons: Stan Hema, Berlin 2017/2018
Karten: Carlos Borrell Eiköter, Berlin
Layoutkonzept und Umschlaggestaltung: Ungermeyer – grafische Angelegenheiten, Berlin
Umschlagbild: Kolossalstatue von Kaiser Konstantin im Konservatorenpalast in Rom. Foto, 2008. © Imago Stock & People GmbH/imago stock&people
Technische Umsetzung: zweiband.media, Berlin

Das Lehrwerk enthält Fremdtexte, die aus didaktischen Gründen gekürzt wurden; sie sind in den Quellenangaben mit * gekennzeichnet. Fremdtexte, die gekürzt und bearbeitet wurden, sind mit ** gekennzeichnet.

Die Cornelsen Lernen App ist eine fakultative Ergänzung zu Forum Geschichte, die die inhaltliche Arbeit begleitet und unterstützt. Als solche unterliegt sie nicht der Genehmigungspflicht.

www.cornelsen.de

Die Webseiten Dritter, deren Internetadressen in diesem Lehrwerk angegeben sind, wurden vor Drucklegung sorgfältig geprüft. Der Verlag übernimmt keine Gewähr für die Aktualität und den Inhalt dieser Seiten oder solcher, die mit ihnen verlinkt sind.

1. Auflage, 1. Druck 2025

Alle Drucke dieser Auflage sind inhaltlich unverändert
und können im Unterricht nebeneinander verwendet werden.

© 2025 Cornelsen Verlag GmbH, Mecklenburgische Str. 53, 14197 Berlin,
E-Mail: service@cornelsen.de

Das Werk und seine Teile sind urheberrechtlich geschützt. Jede Nutzung in anderen als den gesetzlich zugelassenen Fällen bedarf der vorherigen schriftlichen Einwilligung des Verlages. Hinweis zu §§ 60 a, 60 b UrhG: Weder das Werk noch seine Teile dürfen ohne eine solche Einwilligung an Schulen oder in Unterrichts- und Lehrmedien (§ 60 b Abs. 3 UrhG) vervielfältigt, insbesondere kopiert oder eingescannt, verbreitet oder in ein Netzwerk eingestellt oder sonst öffentlich zugänglich gemacht oder wiedergegeben werden. Dies gilt auch für Intranets von Schulen und anderen Bildungseinrichtungen.

Der Anbieter behält sich eine Nutzung der Inhalte für Text- und Data-Mining im Sinne § 44 b UrhG ausdrücklich vor.

Druck: Mohn Media Mohndruck, Gütersloh

ISBN 978-3-06-066422-1 (Schulbuch)
ISBN 1100035140 (E-Book)

PEFC-zertifiziert
Dieses Produkt stammt aus nachhaltig bewirtschafteten Wäldern und kontrollierten Quellen
www.pefc.de

1 Fachpraktikum: Gegenständliche Quellen untersuchen

2 Das Leben der Menschen in frühgeschichtlicher Zeit

3 Leben in der ägyptischen Hochkultur

Geschichte im Querschnitt

4 Leben in der Polis Athen

5 Leben im römischen Weltreich

Anhang

Umschlag

So arbeitest du erfolgreich mit Forum Geschichte

Hier bekommst du einige Hinweise, damit du dich in diesem Buch gut zurechtfindest: wie die Kapitel aufgebaut sind, was die unterschiedlichen Farben bedeuten oder welche Texte, Materialien und Aufgaben es gibt.

Fragen stellen und sich orientieren

Jedes Kapitel beginnt mit der **Auftaktseite**. Sie zeigt, worum es in dem Kapitel geht. Mithilfe des Webcodes und des QR-Codes kannst du dir alle Darstellungstexte des Kapitels online anhören.

Auf der **Orientierungsseite** erfährst du mehr: Die Zeitleiste gibt dir den Zeitraum an, mit dem du dich beschäftigen wirst, die Karte zeigt dir den Raum. Der Text und die Bilder führen dich in das Kapitelthema ein.

Ein Thema untersuchen

Auf den **Themenseiten** erklärt dir ein kurzer Text unterhalb der Überschrift, um welches Thema es auf der Doppelseite geht (= Moderationstext). Der Schulbuchtext (= Darstellungstext), die Abbildungen, die blau unterlegten „Quellentexte“ oder Begriffserklärungen helfen dir, ein geschichtliches Thema zu untersuchen. Die Arbeitsaufträge sind vielfältig: Oft kannst du eine Aufgabe auswählen oder du findest Hinweise zu Partner- oder Gruppenarbeit. Der **Wortschatz** auf jeder Themenseite hilft dir beim Verständnis des Darstellungstextes und beim Bearbeiten der Aufgaben.

Jetzt mit barrierefreiem Farbkonzept
Mehr Informationen auf *cornelsen.de/bf*

Wortschatz und Lesetechniken

140 5 Leben im römischen Weltreich

Können aus Feinden Römer werden?

Mit der Ausdehnung des Römischen Reichs seit dem 3. Jahrhundert v. Chr. standen die Römer vor der Aufgabe, ihre Herrschaft in den eroberten Gebieten zu sichern.
- *Arbeite heraus, wie die Römer dabei mit besiegten Gegnern umgegangen sind.*

M1 *Triumphbogen zu Ehren des römischen Kaisers Septimius Severus auf dem Forum Romanum zum Sieg gegen die Parther, 203 n. Chr.*

M2 *Ein Ausschnitt aus dem Triumphbogen zeigt römische Soldaten und gefangene Parther, 203 n. Chr.*

Die Gallier – erst besiegt, dann integriert
Gallien (heutiges Frankreich) wurde 58 bis 51 v. Chr. von Julius Caesar für Rom erobert. Gallien war reich an Bodenschätzen und Holz – einem an den Küsten Südeuropas knapper werdenden Rohstoff. Durch die gewaltsame Eroberung starben über eine Million Menschen. Die im Osten Galliens lebenden Germanen wurden von den Römern vertrieben. Der Anführer der Gallier, Vercingetorix, kam als Gefangener nach Rom und wurde hingerichtet. Mit der Eingliederung Galliens als Provinz erhielten Mitglieder der gallischen Oberschicht das römische Bürgerrecht.

Warum war das römische Bürgerrecht begehrt?
Das römische Bürgerrecht war für Unterworfene aus allen neuen Gebieten des Reichs ein begehrtes Ziel. Es ermöglichte die Heirat mit einem Mitglied einer römischen Familie. Wer das Bürgerrecht besaß, durfte ein Testament verfassen und Geschäftsverträge abschließen. Zudem mussten Bürger bestimmte Steuern nicht bezahlen und durften in der Volksversammlung wählen. Römische Bürger durften nicht gefoltert oder zur Todesstrafe verurteilt werden. Das Bürgerrecht konnte an einzelne Personen, Städte oder ganze Provinzen verliehen werden. Die Verleihung war uneinheitlich geregelt, neue Bürger erhielten oftmals nur ein eingeschränktes Bürgerrecht. In der Zeit der Republik erhielten zunächst die Verbündeten Roms in Italien das Bürgerrecht. Später wurden immer mehr Menschen auch in den neuen Provinzen außerhalb Italiens römische Bürger. Erst 212 n. Chr. erhielten alle frei geborenen Einwohner des Reichs das Bürgerrecht.

Die Parther – unbesiegter Gegner im Osten
Das Reich der Parther bestand von 247 v. Chr. bis 224 n. Chr. und war der große Rivale Roms im Vorderen Orient, wo sich heute die Staaten Iran und Irak befinden. Römer und Parther führten immer wieder Kriege um die Herrschaft über Handelswege, Rohstoffvorkommen und das Gebiet Armenien. Erfolgreiche Feldzüge gegen die Parther bedeuteten für römische Heerführer, mehr Einfluss in Rom zu erlangen. Die Parther erwiesen sich als harte Gegner, die sich weigerten, sich Rom unterzuordnen.

Wortschatz: das römische Bürgerrecht erhalten • jemanden ausgrenzen • die Integration • jemanden integrieren • das römische Bürgerrecht besitzen • einen Vertrag abschließen • vor Willkür geschützt werden • an Einfluss gewinnen • der Triumphbogen • der Triumph

141

M3 *Triumphrelief Schapurs I., König der Sassaniden (Nachfolger der Parther), in Naksch-e Rostam (Iran) nach einem Sieg über die Römer, ca. 260 n. Chr. Schapur hält den römischen Kaiser Valerian zum Zeichen der Gefangennahme am Arm fest. Kaiser Valerian geriet während eines Feldzuges gegen die Sassaniden in Gefangenschaft und starb dort.*

M4 **Aus einer Rede von Kaiser Claudius (48 n. Chr.):**
Was wurde denn den Spartanern und Athenern trotz ihrer militärischen Übermacht zum Verhängnis? Sie grenzten die Besiegten aus. Da besaß doch der Gründer unseres Staates, Romulus, mehr Weisheit. Die meisten der besiegten Völker wurden an ein und demselben Tag zuerst als Feinde und dann als Bürger behandelt ... Wenn man in der Rückschau auf unsere Kriege blickt, dann wurde keiner schneller beendet als der gegen die Gallier. Seitdem herrscht ohne Unterbrechung ein sicherer Frieden. Da die gallischen Oberen mit uns durch gleiche Sitten, Bildung und Heirat verbunden sind, sollen sie doch ihr Gold und ihre Schätze lieber zu uns bringen, als sie für sich zu behalten. Alles, Senatoren, was man heute für uralt hält, ist einmal neu gewesen: Plebejische Beamte folgten patrizischen Beamten, latinische auf die plebejischen, Beamte aus anderen Völkern Italiens auf die latinischen. Auch diese neue Regel wird sich einbürgern[1].
Tacitus, Annales 11,24. Zit. nach http://www.thelatinlibrary.com/tacitus/tac.ann11.shtml (28.03.2024). Übers. d. Verf.

[1] *Diese neue Regel wird zur Normalität werden.*

M5 **Der Historiker Uwe Walter schrieb 2012:**
Zu den gängigen, aber falschen Auffassungen über das Römische Reich gehört, dieses habe allein oder im Wesentlichen auf den Schwertern und pila (Speeren) seiner Legionen geruht. Wäre dem so gewesen, hätte es keine zwei Generationen lang existiert. Das Geheimnis des römischen Erfolgs bestand vielmehr in der Bereitschaft und Kraft zur Integration[1]. Spannend ist nun, dass die Römer diese Tatsache bereits in ihren Gründungsmythos eingeschrieben hatten. Aeneas war ein Flüchtling aus Troja. Und als Romulus daranging, die Stadt Rom zu gründen, mangelte es an Bewohnern. Romulus richtete daher am Rande des Kapitols ein Asyl[2] ein, wo sich Männer einfinden konnten, die nicht nach ihrer Herkunft gefragt werden wollten: Flüchtlinge, Verbannte, Enteignete, vagabundierende Krieger. Zum Selbstverständnis der Römer gehörte es, „Zugereiste" zu sein und nicht schon immer einen Platz besiedelt zu haben. Rom ist ein Ergebnis von Immigration[3] und Integration.
Uwe Walter, Wachstum durch Integration: das Imperium Romanum. Eine Anregung für den Unterricht, in: Geschichte für heute 1/2012, S. 44.

[1] *Eingliederung – Menschen die Möglichkeit geben, sich in eine neue Gesellschaft einfügen zu können* [2] *Zufluchtsort, Notunterkunft;* [3] *Einwanderung*

1 Nenne mögliche Erklärungen, warum die Herrscher die Bauwerke M1–M3 in Auftrag gaben.
2 Erläutere anhand von Beispielen, warum für Unterworfene des Römischen Reichs das Bürgerrecht ein begehrtes Ziel war (Darstellungstext).
3 **Methode:** Arbeite mithilfe der Arbeitsschritte auf S. 69 aus M4 die Argumente heraus, die Kaiser Claudius für eine Eingliederung der Gallier angibt. ▸ Hilfe
4 **Wähle eine Aufgabe aus:**
a) Untersuche M5 mithilfe der Arbeitsschritte auf S. 25. Tipp → S. 183.
b) Gib M5 in eigenen Worten wieder. Erläutere anschließend, worin der Verfasser das „Geheimnis des römischen Erfolgs" (Z. 6 f.) sah. ▸ Hilfe
5 Verfasse aus der Sicht eines Galliers einen Tagebucheintrag, in dem du beschreibst, wie die Römer mit den Bewohnern der besiegten Gebiete umgingen. Nutze den **Wortschatz**.

Zu jeder Themeneinheit gibt es einen **Wortschatz**. Er hilft dir beim Verständnis der Darstellungstexte und bei der Bearbeitung der Aufgaben. In vielen Aufgaben findest du darüber hinaus Formulierungshilfen.

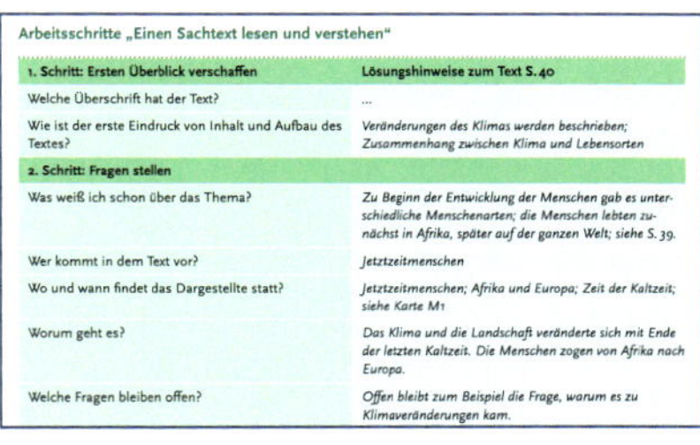

Arbeitsschritte „Einen Sachtext lesen und verstehen"

1. Schritt: Ersten Überblick verschaffen	Lösungshinweise zum Text S. 40
Welche Überschrift hat der Text?	...
Wie ist der erste Eindruck von Inhalt und Aufbau des Textes?	*Veränderungen des Klimas werden beschrieben; Zusammenhang zwischen Klima und Lebensorten*
2. Schritt: Fragen stellen	
Was weiß ich schon über das Thema?	*Zu Beginn der Entwicklung der Menschen gab es unterschiedliche Menschenarten; die Menschen lebten zunächst in Afrika, später auf der ganzen Welt; siehe S. 39.*
Wer kommt in dem Text vor?	*Jetztzeitmenschen*
Wo und wann findet das Dargestellte statt?	*Jetztzeitmenschen; Afrika und Europa; Zeit der Kaltzeit; siehe Karte M1*
Worum geht es?	*Das Klima und die Landschaft veränderte sich mit Ende der letzten Kaltzeit. Die Menschen zogen von Afrika nach Europa.*
Welche Fragen bleiben offen?	*Offen bleibt zum Beispiel die Frage, warum es zu Klimaveränderungen kam.*

Du findest im Buch Anleitungen, wie du Darstellungstexte und Begriffe selbstständig erarbeiten kannst, zum Beispiel **Sachtexte richtig zu lesen und zu verstehen**.

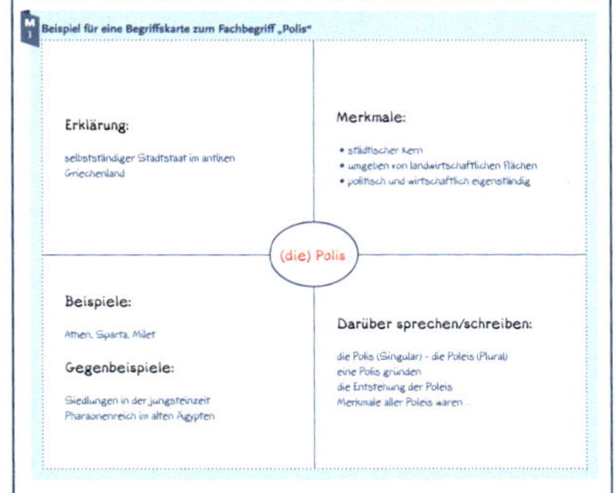

M1 **Beispiel für eine Begriffskarte zum Fachbegriff „Polis"**

(die) Polis

Erklärung:
selbstständiger Stadtstaat im antiken Griechenland

Merkmale:
- städtischer Kern
- umgeben von landwirtschaftlichen Flächen
- politisch und wirtschaftlich eigenständig

Beispiele:
Athen, Sparta, Milet

Gegenbeispiele:
Siedlungen in der Jungsteinzeit
Pharaonenreich im alten Ägypten

Darüber sprechen/schreiben:
die Polis (Singular) – die Poleis (Plural)
eine Polis gründen
die Entstehung der Poleis
Merkmale aller Poleis waren ...

In jeder Themeneinheit lernst du neue Fachbegriffe kennen. Mithilfe einer **Begriffskarte** kannst du die neuen Fachbegriffe selbstständig erklären. Du lernst auch, wie du die Begriffe sprachlich anwendest.

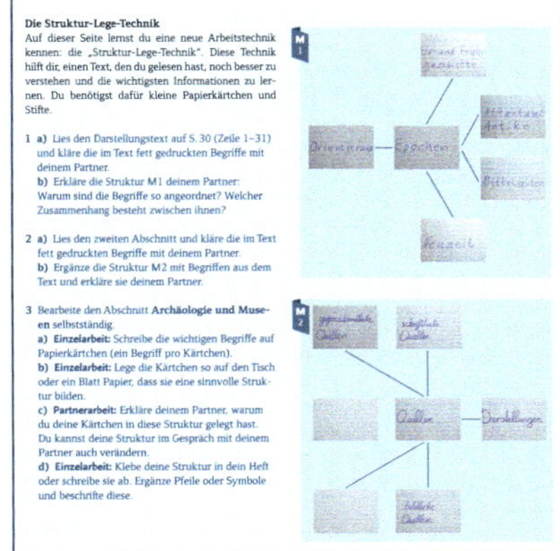

Die Struktur-Lege-Technik
Auf dieser Seite lernst du eine neue Arbeitstechnik kennen: die „Struktur-Lege-Technik". Diese Technik hilft dir, einen Text, den du gelesen hast, noch besser zu verstehen und die wichtigsten Informationen zu lernen. Du benötigst dafür kleine Papierkärtchen und Stifte.

1 a) Lies den Darstellungstext auf S. 30 (Zeile 1–31) und kläre die im Text fett gedruckten Begriffe mit deinem Partner.
b) Erkläre die Struktur M1 deinem Partner: Warum sind die Begriffe so angeordnet? Welcher Zusammenhang besteht zwischen ihnen?

2 a) Lies den zweiten Abschnitt und kläre die im Text fett gedruckten Begriffe mit deinem Partner.
b) Ergänze die Struktur M2 mit Begriffen aus dem Text und erkläre sie deinem Partner.

3 Bearbeite den Abschnitt **Archäologie und Museen** selbstständig.
a) **Einzelarbeit:** Schreibe die wichtigen Begriffe auf Papierkärtchen (ein Begriff pro Kärtchen).
b) **Einzelarbeit:** Lege die Kärtchen so auf den Tisch oder ein Blatt Papier, dass sie eine sinnvolle Struktur bilden.
c) **Partnerarbeit:** Erkläre deinem Partner, warum du deine Kärtchen in diese Struktur gelegt hast. Du kannst deine Struktur im Gespräch mit deinem Partner auch verändern.
d) **Einzelarbeit:** Klebe deine Struktur in dein Heft oder schreibe sie ab. Ergänze Pfeile oder Symbole und beschrifte diese.

Mithilfe der **Struktur-Lege-Technik** kannst du allein oder mit einem Partner einen Darstellungstext selbstständig erschließen und den Inhalt besser verstehen.

Differenzierung: Unterschiedliche Lernwege auswählen

Wähle-aus-Seiten

116 Wähle aus — 4 Leben in der Polis Athen

Wie lebten Kinder und Jugendliche in Athen?

cornelsen.de/webcodes
Code: caqifi
Kinder im antiken Griechenland

Auf vielen griechischen Vasen finden wir Szenen, die vom Leben der Kinder und Jugendlichen berichten. Die meisten von ihnen zeigen den Alltag in den Familien der Athener Bürger. Über das Leben der Kinder von Versklavten ist dagegen fast nichts überliefert. Daher lassen sich über ihr Leben keine Aussagen sicher belegen.

- *Auf dieser Doppelseite entscheidest du selbst, mit welchen Materialien du arbeiten willst: A Kindheit und Kinderspiele, B Ausbildung der Mädchen, C Ausbildung der Jungen.*

Aufgabe für alle:
Vergleicht euer Leben mit dem athenischer Jungen und Mädchen. Nennt Gemeinsamkeiten und Unterschiede.

Kindheit und Jugend
In Griechenland entschied der Vater, ob ein Neugeborenes angenommen oder ausgesetzt wurde. Das war auch in allen anderen antiken Kulturen außer Ägypten so üblich. Trug der Vater das Baby um den Herd des Oikos*, galt es als Familienmitglied und erhielt einen Namen. Schwache und (körperlich) beeinträchtigte Kinder wurden ausgesetzt. Dennoch belegen viele Quellen, dass Eltern zu Kindern auch damals ein herzliches Verhältnis entwickelten.
Kinder wurden früh zu bestimmten Geschlechterrollen erzogen. Im Alter von 7 bis 18 Jahren gingen die Söhne der Athener Bürger in die Schule, sofern der Vater dies bezahlen konnte. Eine wichtige Rolle im Bildungswesen spielte der Unterricht in der Redekunst (griech. Rhetorik). Mädchen aus reichem Haus erhielten daheim Unterricht in Lesen und Schreiben. Zudem wurden die Mädchen auf die Aufgaben im eigenen Haushalt vorbereitet. Sie heirateten oft schon mit 12 bis 14 Jahren. Ihre Ehemänner waren manchmal doppelt so alt wie sie.

A

M1 *Eine Dienerin bringt einen Säugling zur Mutter, Vasenmalerei aus Athen, um 450 v. Chr.*

M2 Aus einem Lexikonartikel (1979):
Es gab Spiele mit Abzählversen, mit Puppen. Man spielte außer „Mutter und Kind" oft „Priesterin und Göttin", Reifen, Kreisel, Ball, es gab Huckepack, Verstecken und Hüpfen auf einem Bein, als Spielzeug dienten Steckenpferd und Peitsche, Wägelchen, Tiere, Schaukel, Drehscheiben („Jojo"), Wippe, kleines Geschirr usw.
Der Kleine Pauly. Lexikon der Antike, hg. v. Konrat Ziegler/Walther Sontheimer/Hans Gärtner, Bd. 5, München (dtv © Alfred Druckenmüller Verlag) 1979, S. 310.

1 Erarbeite aus M1, was die Abbildung über die Kindheit in Griechenland verrät.
2 Verfasse einen kurzen Schülerzeitungsartikel zum Thema Kindheit in Griechenland. Nutze hierfür den Darstellungstext, M1 und M2.

Wähle aus 117

B

M3 Der Grieche Isomachos zum Philosophen Sokrates über seine Frau (5. Jh. v. Chr.):
Sie war doch noch nicht fünfzehn Jahre alt, als ich sie heiratete. Die Zeit vorher hatte man fürsorglich auf sie aufgepasst, dass sie möglichst wenig sah, hörte und fragte. Ich war schon damit zufrieden, dass sie bei ihrem Kommen bereits verstand, mit Wolle umzugehen und ein Gewand anzufertigen, und dass sie auch schon bei der Spinnarbeit der Dienerinnen zugesehen hatte. Außerdem war sie in der Magenfrage ganz vorzüglich erzogen, mein lieber Sokrates, was mir bei Mann und Frau die wichtigste Erziehungsfrage zu sein scheint.
Xenophon, Die Hauswirtschaftslehre 7,5, in: Die sokratischen Schriften, hg. und übers. v. Ernst Bux, Stuttgart (Kröner) 1956, S. 259.

M4 *Ein tanzendes Mädchen und eine Flötenspielerin, Vasenmalerei aus Athen, um 425 v. Chr.*

1 Beschreibe anhand von M3 und M4, welche Rolle junge Mädchen aus Sicht der Männer einnehmen sollten.
2 Die Ehefrau des Isomachos erzählt über sich als 14-Jährige. Schreibe diesen Text in der Ich-Form. Nutze dabei deine Erkenntnisse aus Aufgabe 1.

C

M5 Ein Athener Pädagoge zu dem Vater eines Schülers:
Ich möchte meinen, dass du in den ersten zwanzig Jahren nicht die Freiheit hattest, dich ohne deinen Pädagogen auch nur einen Finger breit vom Hause zu entfernen. Kamst du nicht schon vor Sonnenaufgang in die Palästra[1], verhängte der Vorsteher des Gymnasions[2] eine nicht geringe Strafe über dich ... Sie übten sich dort im Laufen, im Ringen, im Speerwurf, im Diskusschleudern und Faustkampf, mit dem Ball, im Sprung ... Dort verbrachten sie ihre Jugendzeit und nicht in Schlupfwinkeln. Wenn du dann von der Reitbahn oder dem Sportplatz nach Hause kamst, dann setztest du dich, ordentlich gegürtet, auf einen Stuhl zum Erzieher, und machtest du beim Lesen im Buch auch nur bei einer Silbe einen Fehler, wurde dir die Haut [durch Schläge] so fleckig wie das Kleid der Amme*. Aber heutzutage, bevor einer sieben Jahre ist, wenn man ihn als Pädagoge nur mit der Hand berührt, dann wirft der Junge einem gleich die Schreibtafel an den Kopf.
Plautus, Bacchides III/3, übers. v. Susanne Tschirner, in: Praxis Geschichte, H. 6., 1989, S. 17.

[1] *Trainingsplatz für Kampfsportler*
[2] *Sportplatz*

(der) Pädagoge
Der Pädagoge (griech. pais = Kind und ago = führen) war ursprünglich ein Versklavter, der das Kind auf dem Schulweg begleitete. Da der Pädagoge die Aufgabe hatte, das Kind zu beaufsichtigen und ihm gutes Benehmen beizubringen, erhielt der Begriff schon im alten Griechenland die Bedeutung „Erzieher". In diesem Sinne verwenden wir das Wort noch heute.

1 Arbeite aus M5 heraus, in welchen Fächern Jungen Unterricht erhielten. Nutze dazu auch den Darstellungstext.
2 Erkläre, worüber sich der Pädagoge (M5) beschwert. ▸ Hilfe
3 Stelle Verhaltensregeln für junge Griechen zusammen. Beginne wie folgt: *„1. Gehe nie ohne deinen Pädagogen aus dem Haus!"*

Historische Fragen lassen sich auf verschiedene Weise beantworten. Auf den orangefarbenen **Wähle-aus-Seiten** kannst du dich für ein Material entscheiden: Traust du dir zu, eine längere Textquelle zu bearbeiten? Oder arbeitest du lieber mit Bildquellen? Interessieren dich Zahlen und Statistiken? Wähle aus, was zu dir passt! Bei einer abschließenden **Aufgabe für alle** könnt ihr trotz unterschiedlicher Lösungswege zu einem gemeinsamen Ergebnis kommen.

3 Wähle eine Aufgabe aus:
a) Nenne mithilfe von M1 die wichtigsten Handelswaren und liste ihre Herkunftsländer auf.
b) Nimm die Weltkarte im vorderen Innenumschlag zu Hilfe und nenne anhand von M1 die heutigen Namen der Länder, mit denen Rom Handel trieb.

Auf vielen Seiten siehst du **„Wähle-aus-Aufgaben"**. Wie der Name schon sagt, darfst du hier a, b, oder c auswählen. Die Aufgaben sind unterschiedlich, aber sie beziehen sich auf eine gemeinsame Frage.

1 Überprüfe mithilfe von M2, welche Göttinnen und Götter in M1 abgebildet sind und welche Aufgaben sie haben. Erstelle eine Tabelle. **Tipp** → S. 183.

Bei manchen Aufgaben findest du **Tipps** zur Lösung im Anhang des Schülerbuchs. Nutze sie, wenn du möchtest.

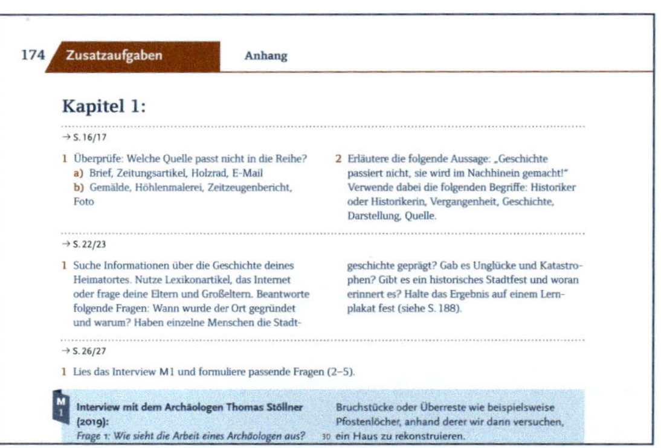
174 Zusatzaufgaben — Anhang

Kapitel 1:

→ S. 16/17

1 Überprüfe: Welche Quelle passt nicht in die Reihe?
a) Brief, Zeitungsartikel, Holzrad, E-Mail
b) Gemälde, Höhlenmalerei, Zeitzeugenbericht, Foto

2 Erläutere die folgende Aussage: „Geschichte passiert nicht, sie wird im Nachhinein gemacht!" Verwende dabei die folgenden Begriffe: Historiker oder Historikerin, Vergangenheit, Geschichte, Darstellung, Quelle.

→ S. 22/23

1 Suche Informationen über die Geschichte deines Heimatortes. Nutze Lexikonartikel, das Internet oder frage deine Eltern und Großeltern. Beantworte folgende Fragen: Wann wurde der Ort gegründet und warum? Haben einzelne Menschen die Stadtgeschichte geprägt? Gab es Unglücke und Katastrophen? Gibt es ein historisches Stadtfest und woran erinnert es? Halte das Ergebnis auf einem Lernplakat fest (siehe S. 188).

→ S. 26/27

1 Lies das Interview M1 und formuliere passende Fragen (2–5).

M1 Interview mit dem Archäologen Thomas Stöllner (2019):
Frage 1: Wie sieht die Arbeit eines Archäologen aus?
Bruchstücke oder Überreste wie beispielsweise Pfostenlöcher, anhand derer wir dann versuchen, ein Haus zu rekonstruieren.

Wenn du schneller bist als die anderen und dich für weitere Aspekte eines Themas interessierst, findest du **Zusatzaufgaben** im Anhang. Du kannst sie entweder mit den Informationen der Doppelseite oder mit anderen Materialien lösen.

Mit Medien und Methoden arbeiten

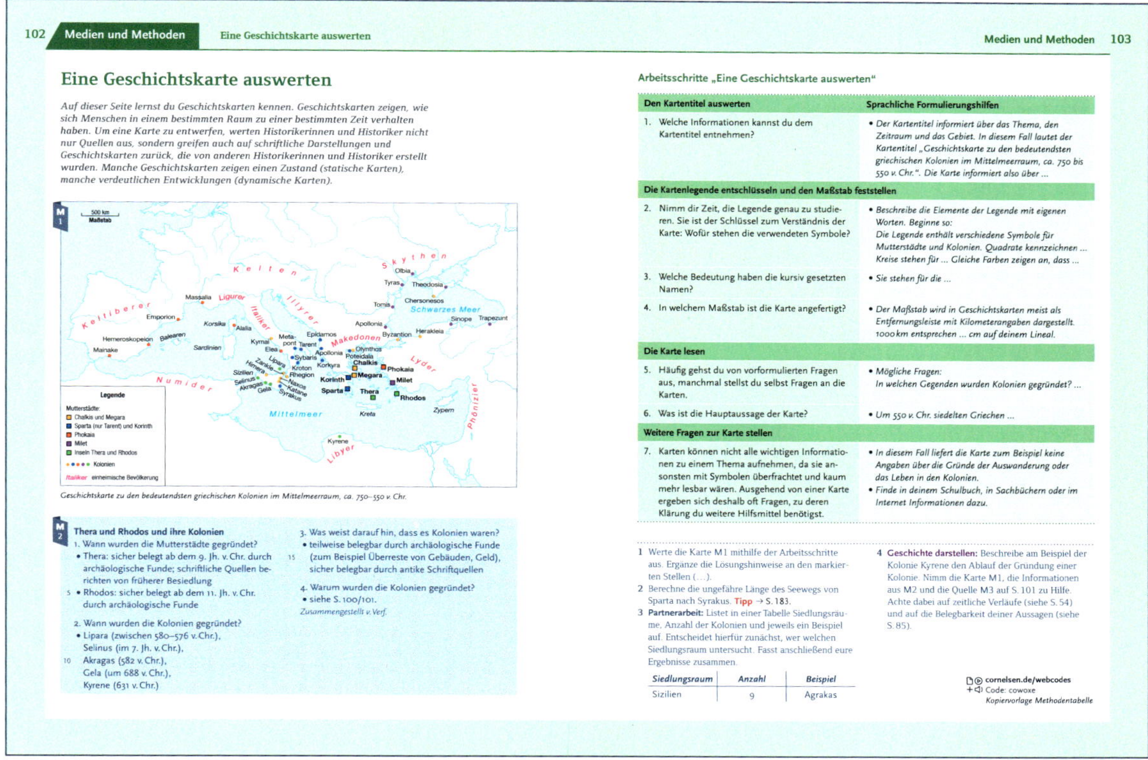

Eine Geschichtskarte auswerten

Auf dieser Seite lernst du Geschichtskarten kennen. Geschichtskarten zeigen, wie sich Menschen in einem bestimmten Raum zu einer bestimmten Zeit verhalten haben. Um eine Karte zu entwerfen, werten Historikerinnen und Historiker nicht nur Quellen aus, sondern greifen auch auf schriftliche Darstellungen und Geschichtskarten zurück, die von anderen Historikerinnen und Historiker erstellt wurden. Manche Geschichtskarten zeigen einen Zustand (statische Karten), manche verdeutlichen Entwicklungen (dynamische Karten).

M1

Geschichtskarte zu den bedeutendsten griechischen Kolonien im Mittelmeerraum, ca. 750–550 v. Chr.

M2 **Thera und Rhodos und ihre Kolonien**

1. Wann wurden die Mutterstädte gegründet?
   - Thera: sicher belegt ab dem 9. Jh. v. Chr. durch archäologische Funde; schriftliche Quellen berichten von früherer Besiedlung
   - Rhodos: sicher belegt ab dem 11. Jh. v. Chr. durch archäologische Funde
2. Wann wurden die Kolonien gegründet?
   - Lipara (zwischen 580–576 v. Chr.), Selinus (im 7. Jh. v. Chr.), Akragas (582 v. Chr.), Gela (um 688 v. Chr.), Kyrene (631 v. Chr.)
3. Was weist darauf hin, dass es Kolonien waren?
   - teilweise belegbar durch archäologische Funde (zum Beispiel Überreste von Gebäuden, Geld), sicher belegbar durch antike Schriftquellen
4. Warum wurden die Kolonien gegründet?
   - siehe S. 100/101.

Zusammengestellt v. Verf.

Arbeitsschritte „Eine Geschichtskarte auswerten“

Den Kartentitel auswerten	Sprachliche Formulierungshilfen
1. Welche Informationen kannst du dem Kartentitel entnehmen?	• *Der Kartentitel informiert über das Thema, den Zeitraum und das Gebiet. In diesem Fall lautet der Kartentitel „Geschichtskarte zu den bedeutendsten griechischen Kolonien im Mittelmeerraum, ca. 750 bis 550 v. Chr.“. Die Karte informiert also über …*
Die Kartenlegende entschlüsseln und den Maßstab feststellen	
2. Nimm dir Zeit, die Legende genau zu studieren. Sie ist der Schlüssel zum Verständnis der Karte: Wofür stehen die verwendeten Symbole?	• *Beschreibe die Elemente der Legende mit eigenen Worten. Beginne so: Die Legende enthält verschiedene Symbole für Mutterstädte und Kolonien. Quadrate kennzeichnen … Kreise stehen für … Gleiche Farben zeigen an, dass …*
3. Welche Bedeutung haben die kursiv gesetzten Namen?	• *Sie stehen für die …*
4. In welchem Maßstab ist die Karte angefertigt?	• *Der Maßstab wird in Geschichtskarten meist als Entfernungsleiste mit Kilometerangaben dargestellt. 1000 km entsprechen … cm auf deinem Lineal.*
Die Karte lesen	
5. Häufig gehst du von vorformulierten Fragen aus, manchmal stellst du selbst Fragen an die Karten.	• *Mögliche Fragen: In welchen Gegenden wurden Kolonien gegründet? …*
6. Was ist die Hauptaussage der Karte?	• *Um 550 v. Chr. siedelten Griechen …*
Weitere Fragen zur Karte stellen	
7. Karten können nicht alle wichtigen Informationen zu einem Thema aufnehmen, da sie ansonsten mit Symbolen überfrachtet und kaum mehr lesbar wären. Ausgehend von einer Karte ergeben sich deshalb oft Fragen, zu deren Klärung du weitere Hilfsmittel benötigst.	• *In diesem Fall liefert die Karte zum Beispiel keine Angaben über die Gründe der Auswanderung oder das Leben in den Kolonien.* • *Finde in deinem Schulbuch, in Sachbüchern oder im Internet Informationen dazu.*

1 Werte die Karte M1 mithilfe der Arbeitsschritte aus. Ergänze die Lösungshinweise an den markierten Stellen (…).

2 Berechne die ungefähre Länge des Seewegs von Sparta nach Syrakus. **Tipp** → S. 183.

3 **Partnerarbeit:** Listet in einer Tabelle Siedlungsräume, Anzahl der Kolonien und jeweils ein Beispiel auf. Entscheidet hierfür zunächst, wer welchen Siedlungsraum untersucht. Fasst anschließend eure Ergebnisse zusammen.

Siedlungsraum	*Anzahl*	*Beispiel*
Sizilien	9	Agrakas

4 **Geschichte darstellen:** Beschreibe am Beispiel der Kolonie Kyrene den Ablauf der Gründung einer Kolonie. Nimm die Karte M1, die Informationen aus M2 und die Quelle M3 auf S. 101 zu Hilfe. Achte dabei auf zeitliche Verläufe (siehe S. 54) und auf die Belegbarkeit deiner Aussagen (siehe S. 85).

cornelsen.de/webcodes
Code: cowoxe
Kopiervorlage Methodentabelle

Auf den **Medien- und Methoden-Seiten** lernst du schriftliche Quellen, Bilder oder Karten fachgerecht auszuwerten. In der grünen Tabelle stehen links die Arbeitsschritte, nach denen du vorgehst. In der rechten Spalte gibt es sprachliche Formulierungshilfen oder Lösungshinweise zu dem Beispiel auf der Seite.

Über einen Webcode auf der Doppelseite kannst du dir auch eine Kopiervorlage mit den Arbeitsschritten herunterladen und ausdrucken.

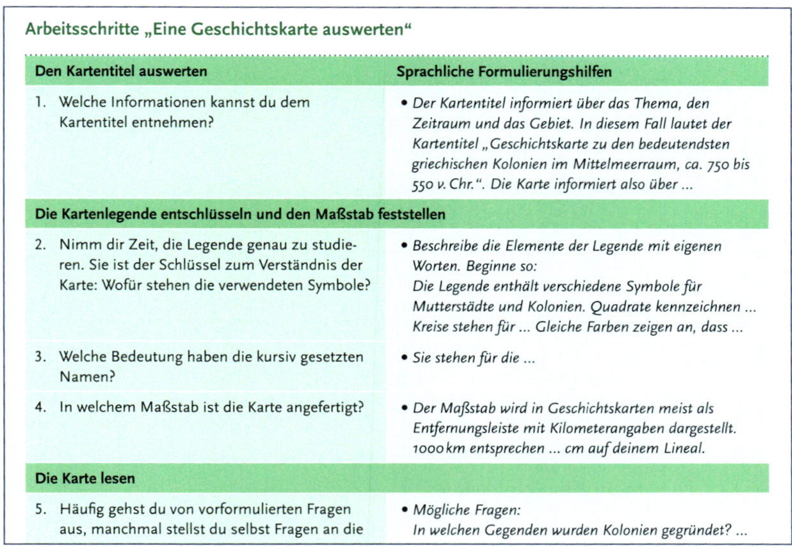

Arbeitsschritte „Eine Geschichtskarte auswerten“

Den Kartentitel auswerten	Sprachliche Formulierungshilfen
1. Welche Informationen kannst du dem Kartentitel entnehmen?	• *Der Kartentitel informiert über das Thema, den Zeitraum und das Gebiet. In diesem Fall lautet der Kartentitel „Geschichtskarte zu den bedeutendsten griechischen Kolonien im Mittelmeerraum, ca. 750 bis 550 v. Chr.“. Die Karte informiert also über …*
Die Kartenlegende entschlüsseln und den Maßstab feststellen	
2. Nimm dir Zeit, die Legende genau zu studieren. Sie ist der Schlüssel zum Verständnis der Karte: Wofür stehen die verwendeten Symbole?	• *Beschreibe die Elemente der Legende mit eigenen Worten. Beginne so: Die Legende enthält verschiedene Symbole für Mutterstädte und Kolonien. Quadrate kennzeichnen … Kreise stehen für … Gleiche Farben zeigen an, dass …*
3. Welche Bedeutung haben die kursiv gesetzten Namen?	• *Sie stehen für die …*
4. In welchem Maßstab ist die Karte angefertigt?	• *Der Maßstab wird in Geschichtskarten meist als Entfernungsleiste mit Kilometerangaben dargestellt. 1000 km entsprechen … cm auf deinem Lineal.*
Die Karte lesen	
5. Häufig gehst du von vorformulierten Fragen aus, manchmal stellst du selbst Fragen an die	• *Mögliche Fragen: In welchen Gegenden wurden Kolonien gegründet? …*

Geschichte darstellen und Geschichte heute

Geschichte darstellen 85

Die wahre Geschichte?

Viele Quellen aus dem alten Ägypten sind bis heute verlorengegangen oder zerstört worden. Da nur wenige Menschen schreiben konnten, war die Anzahl der schriftlichen Quellen im Vergleich zu späteren Epochen sehr gering. Die überlieferten Quellen sind oft lückenhaft. Daher ist es für Historikerinnen und Historiker schwierig, das Leben im alten Ägypten wahrheitsgemäß nachzuerzählen. Während einige Informationen durch mehrere Quellen belegbar sind, können andere nur vermutet werden.

- *Wie kann man in einer Darstellung belegbare Informationen von Vermutungen oder Unklarem unterscheiden?*

Nachweisbarkeit prüfen und darstellen
Eine der wichtigsten Aufgaben einer Historikerin oder eines Historikers ist es, Informationen aus Quellenmaterial zu entnehmen. Sie ziehen Schlüsse aus den Quellen, befragen weitere Personen und Quellen und sichern so ihre Vermutungen und Ergebnisse ab. Dieser letzte Schritt gelingt aber nicht immer, da oftmals weitere Quellen fehlen, die eine Information bestätigen könnten. In dem anschließend von der Historikerin oder dem Historiker geschriebenen Text, einer Darstellung, müssen sie den Lesenden mitteilen, welche Informationen abgesichert sind und welche nicht, und dies auch begründen.
In der Tabelle findest du … nen Sachtexten wie die …

Belegbarkeit der Aussage	Aussage und Begründung
sicher belegt	Informationen, die *sicher belegt* werden können, las… Quellen von verschiedenen Personen aus verschie… einstimmend belegen.
teilweise belegt	*Teilweise* belegbare Informationen sind in einzelner… werden angedeutet. Es fehlen aber Quellen zu weit… ren Personen.
vermutlich	Informationen, die mit *vermutlich* gekennzeichnet … Quellen nicht zu finden. Sie können aber aus dem … mehrerer Quellen abgeleitet werden. Archäologinn… auch anhand verschiedener Gegenstände oder des… Vermutungen auf Verwendung eines Gegenstandes… Menschen aufstellen. Dabei können Vermutungen …
unklar	Zu diesen Informationen können keine Aussagen g… durch Quellen belegen lassen.

1 Schreibe die folgenden Sätze ohne die Begriffe aus der linken Spalte der Tabelle in dein Heft ab. Dabei musst du die Sätze umformulieren.
a) Unklar ist, ob die Nilschwemme für fruchtbares Land in Ägypten sorgte.
b) Es ist teilweise belegt, dass ägyptische Bauern auch die Schreiberschule besuchten.
c) Sicher belegt ist, dass die Bauern ihre Arbeit auf dem Feld aufteilten.
d) Vermutlich war die Feldarbeit in der Hitze Ägyptens sehr anstrengend.

2 **Partnerarbeit:** Diskut… Sätze durch das Weg…

3 **a)** Überprüfe mithilf… S. 80/81, ob die Beg… richtig zugeordnet w… darf.
b) Markiere in deine… welche Begriffe für d…
Tipp → S. 182.

Üben

Geschichte heute 119

Die athenische Demokratie – Vorgängerin unserer Demokratie?

Viele Staaten der Welt sind heute Demokratien, auch die 1949 gegründete Bundesrepublik Deutschland. Diese moderne Form der Demokratie ist aber nicht dieselbe wie die Demokratie der Polis Athen.

- *Untersuche, welche Gemeinsamkeiten und Unterschiede es gibt.*

M1 **Aus dem Grundgesetz der Bundesrepublik Deutschland, Artikel 2 und 3 (1949):**
2.2 Jeder hat das Recht auf Leben und körperliche Unversehrtheit[1]. Die Freiheit der Person ist unverletzlich …
3.1 Alle Menschen sind vor dem Gesetz gleich …
3.3 Niemand darf wegen seines Geschlechts, seiner Abstammung, seiner Rasse, seiner Sprache, seiner Heimat und Herkunft, seines Glaubens, seiner religiösen oder politischen Anschauungen benachteiligt oder bevorzugt werden.
Grundgesetz für die Bundesrepublik Deutschland, 1949.

[1] *Jeder Mensch hat das Recht zu leben und darf nicht verletzt, gefoltert oder getötet werden.*

M2 *Sitzung im Deutschen Bundestag, Foto, 2010. Frauen und Männer ab 18 Jahren mit der deutschen Staatsbürgerschaft dürfen alle vier Jahre die Parteien in den Bundestag wählen. Meistens stellt die stärkste Partei die Bundeskanzlerin oder den Bundeskanzler.*

M3 **Aus einem Jugendsachbuch zur Politik (2017):**
a) Wenn in Deutschland eine politische Entscheidung getroffen wird, reden viele Leute mit. Allein entscheiden kann hier niemand. Aber natürlich können aber auch nicht alle Bürger bei jeder Entscheidung abstimmen, auch wenn wir in einer Demokratie leben … Das gäbe großes Chaos. Stattdessen werden Volksvertreter gewählt, die Abgeordneten. Das passiert alle vier Jahre bei der Bundestagswahl. Mindestens 598 Abgeordnete sitzen im Parlament, dem Bundestag in Berlin, und stimmen ab, wenn eine wichtige Entscheidung getroffen werden soll, zum Beispiel, ob ein neues Gesetz beschlossen werden soll. Sie stimmen auch darüber ab, wer Kanzler oder Kanzlerin werden soll …
b) Die Medien gehören nicht offiziell zum politischen System, aber sie haben viel Einfluss. Wenn ein Journalist zum Beispiel herausfindet, dass ein Abgeordneter grobe Fehler gemacht hat, kann er darüber einen Artikel schreiben. Dann wissen alle Bescheid und der Politiker verliert vielleicht seinen Sitz im Parlament. Auch die Medien helfen also, die Politik zu kontrollieren.
Jan von Holleben/Lisa Duhm, Wenn ich Kanzler(in) von Deutschland wär, Hamburg (Gabriel) 2017, S. 36 ff.

1 **Partnerarbeit:** Diskutiert, wo ihr im Alltag bemerkt habt, dass ihr in einer Demokratie lebt.

2 Vergleiche die Demokratie Athens mit der heutigen Demokratie (M1–M3). Nutze den Wortschatz.

3 Vergleiche die Möglichkeiten der Athener, die Arbeit ihrer Politiker zu kontrollieren, mit denen, die wir in unserer heutigen Demokratie haben (M2, M3).

Wortschatz: eine politische Anschauung/Meinung haben • Möglichkeiten der Mitbestimmung • Abgeordnete wählen • ein Gesetz beschließen • die Arbeit der Politiker kontrollieren • mitbestimmen

Auf den **Geschichte-darstellen-Seiten** und bei den **Geschichte-darstellen-Aufgaben** lernst du, wie du Ereignisse oder Handlungen aus der Vergangenheit mündlich oder schriftlich darstellen kannst – du lernst, Geschichte zu erzählen.

Auf den **Geschichte-heute-Seiten** und bei den **Geschichte-heute-Aufgaben** untersuchst du, wie heute mit der Vergangenheit umgegangen wird. Welche Spuren haben vergangene Ereignisse bis heute hinterlassen? Wie wird an bestimmte Ereignisse oder Personen erinnert?

Cornelsen Lernen App: Digitales Begleitmaterial zu deinem Schulbuch

Mit der Cornelsen Lernen App kannst du digitales Begleitmaterial zu den Schulbuchseiten kostenlos herunterladen. In der App sind digitale Materialien, wie Audios, Videos, interaktive Übungen oder digitale Hilfen für dein Schulbuch verfügbar. Die App kann im Unterricht, unterwegs oder zu Hause genutzt werden. Sind die Inhalte erst einmal heruntergeladen, brauchen sie keine Internetverbindung mehr.

Folge dieser Anleitung, um die Cornelsen Lernen App auszuprobieren:

- Gehe in den Apple App Store oder in den Google Play Store.
- Suche dort nach der kostenlosen App „Cornelsen Lernen" und installiere sie.
- Öffne die App und wähle das Materialpaket zum Schulbuch „Forum Geschichte Sachsen-Anhalt 5" aus.
- Du kannst das digitale Begleitmaterial zu deinem Schulbuch auf dein Gerät herunterladen.

Siehst du eines dieser Symbole in deinem Buch, kannst du in deiner App über die Eingabe der Seitenzahl:

(Audio/Video)	Üben	Check	Hilfe
alle Audios und Videos zu deinem Buch aufrufen,	interaktive Übungen zu den entsprechenden Themenseiten absolvieren,	dein Wissen am Ende des Kapitels überprüfen,	auf weitere Informationen, Ideen und Hilfen zugreifen.

Wiederholen und die eigenen Kompetenzen prüfen

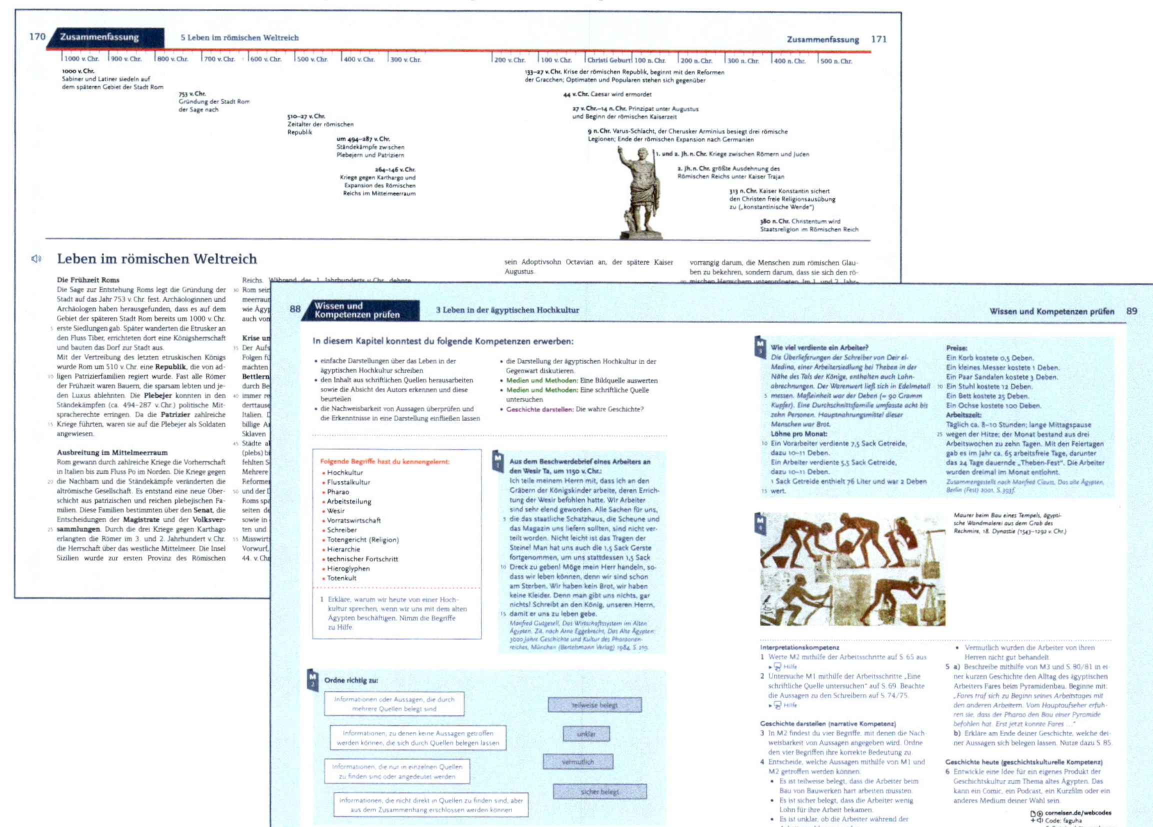

Auf der **Zusammenfassungsseite** am Schluss des Kapitels fasst ein Text den Inhalt noch einmal zusammen. Die Zeitleiste hilft dir, die wichtigsten Daten zu wiederholen. Wenn du wissen möchtest, was du im Kapitel gelernt hast, solltest du die Aufgaben auf der Seite **Fachwissen und Kompetenzen prüfen** lösen. Falls du mit einzelnen Aufgaben Schwierigkeiten hast, liest du im Kapitel noch einmal nach. Lösungshilfen findest du im Anhang. Ein weiteres Hilfsmittel zur Überprüfung der erlernten Kompetenzen eines Kapitels ist ein Selbsteinschätzungsbogen, den du dir über einen Webcode auf der Seite herunterladen und bearbeiten kannst.

Hilfen im Anhang und im Umschlag

Der **Anhang** unterstützt dich bei der Arbeit.
Hier findest du:

- Zusatzaufgaben
- Tipps zu den Aufgaben aus den jeweiligen Themeneinheiten
- Lösungshinweise zu den Seiten „Wissen und Kompetenzen prüfen“
- Arbeitshilfen zur Begriffs- und Texterschließung
- ein Lexikon mit Erklärungen schwieriger Begriffe
- ein Register zum schnellen Nachschlagen
- hilfreiche Tipps für Referate und Unterrichtsmethoden
- eine Übersicht digitaler Anwendungen zur Aufgabenbearbeitung

In den **Umschlagklappen** kannst du die „Operatoren“ nachschlagen, die in den Arbeitsaufträgen verwendet werden.

1 Fachpraktikum: Gegenständliche Quellen untersuchen

Was haben eine alte Zeichnung, eine alte Bibel, alte Münzen, eine alte Sichel, ein altes Bügeleisen, alte Gewehrkugeln und eine Brustleier (das ist eine Art Bohrmaschine) gemeinsam? Dies fragten sich auch die Schülerinnen und der Schüler und begannen mithilfe ihres Schulbuches, die Gegenstände zu untersuchen. Bei allen abgebildeten Gegenständen handelt es sich um Quellen. Aus diesen Quellen können wir etwas über die Vergangenheit sowie das Leben in früheren Zeiten erfahren. Auch du wirst dich in diesem Fachpraktikum auf eine Spurensuche mithilfe gegenständlicher Quellen begeben und durch sie etwas über die Vergangenheit erfahren.

Stelle Vermutungen an: Was erfahren die Schülerinnen und der Schüler über die Vergangenheit, wenn sie die alten Gegenstände untersuchen? Wofür wurden diese Gegenstände gebraucht?

alle Darstellungstexte zum Anhören

mohiri

Eine Schulklasse untersucht alte Gegenstände. Foto, 2024

2 Mio. v. Chr. | 1000 v. Chr. | Geburt Christi

Frühgeschichte* | 3000 v. Chr.–500 n. Chr. Altertum/Antike*

Zeitleiste
Geschichtliche Zeiträume oder Ereignisse werden oft in Zeitleisten dargestellt. An einer Linie oder einem Pfeil sind feste Zeitabstände markiert, unter denen wichtige Ereignisse oder Entwicklungen eingetragen werden. Zeitleisten verlaufen meistens von links nach rechts oder von oben nach unten. Man kann sie mit einem

Fachpraktikum: Gegenständliche Quellen untersuchen

Dein neues Schulfach Geschichte hat etwas mit der Vergangenheit zu tun. In diesem Fach geht es um das Leben der Menschen in früheren Jahrhunderten und Jahrtausenden.

Jeder Mensch hat unterschiedliche Interessen, aus denen sich verschiedene Fragen an die Vergangenheit ergeben. Weil wir so viele unterschiedliche Fragen an die Geschichte stellen und auch viele verschiedene Antworten darauf finden können, ist Geschichte nie etwas Abgeschlossenes: Immer kommen neue Fragen hinzu, auf die wieder Antworten gefunden werden müssen.

Wenn wir uns mit Geschichte beschäftigen, entdecken wir Gemeinsamkeiten und Unterschiede zwischen unserem Leben heute und früher. Du wirst dabei feststellen, dass die Art und Weise, wie Menschen ihr Leben gestaltet und Probleme gelöst haben, uns heute oft noch vertraut ist. Bei der Beschäftigung mit der Geschichte erkennen wir, dass viele Dinge, die heute so sind, wie wir sie kennen, sich erst entwickeln mussten. Manchmal finden wir frühere Verhaltensweisen aber auch fremd oder sogar brutal und unverständlich. Da lohnt es sich, nach den Gründen zu fragen und unser eigenes Urteil zu überprüfen.

In diesem Kapitel lernst du wichtiges Handwerkszeug für das Fach Geschichte kennen:

- Die Zeitleiste hilft dir, dich in der Zeit zu orientieren.
- Mit Karten kannst du dich im Raum orientieren.
- Die vielfältigen Quellen und Methoden, mit denen wir Kenntnisse über die Vergangenheit gewinnen, lernst du auf den folgenden Seiten kennen.

M1

Das Bundesland Sachsen-Anhalt heute

1 Wähle aus M2–M6 mindestens drei Bilder aus und ordne sie an die richtige Stelle in der Zeitleiste und in der Karte ein. Stelle ein Bild in der Klasse vor und begründe, warum du es ausgewählt hast.
▸ Hilfe

500 n. Chr.	1000 n. Chr.	1500 n. Chr.	2000 n. Chr.

500–1500 Mittelalter*

seit 1500 Neuzeit*

Stift und Lineal oder am Tablet/Computer erstellen. Manchmal finden lange Zeiträume nicht auf einer Zeitleiste Platz wie auf dieser Zeitleiste: Hier steht der Abstand zwischen zwei Strichen für 500 Jahre. Nur der erste Abstand steht für knapp zwei Millionen Jahre. Deshalb ist die Linie an dieser Stelle gestrichelt.

M 2 *Keilmesser aus Feuerstein, gefunden in Königsaue, Foto, ca. 80 000 Jahre alt*

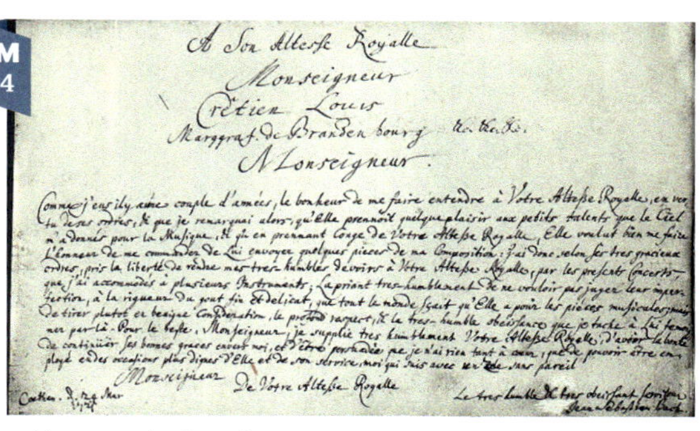

A Son Altesse Royalle
Monseigneur
Crétien Louis
Marggraf de Brandenbourg &c. &c. &c.
Monseigneur.

M 4 *Widmungsschreiben des Komponisten (= jemand, der Musikstücke verfasst) Johann Sebastian Bach an den Markgrafen von Brandenburg zum Anlass der „Brandenburgischen Konzerte" im Jahr 1721 in Köthen, Foto, undatiert*

M 5 *Schloss in Wernigerode. Es wurde im 12. und 13. Jh. als Burg erbaut und später in ein Schloss umgewandelt. Foto, 2014*

M 3 *Lutherdenkmal auf dem Marktplatz der Lutherstadt Wittenberg aus dem Jahre 1821, Foto, 2016*

M 6 *Öffnung der innerdeutschen Grenze zwischen der Deutschen Demokratischen Republik und der Bundesrepublik Deutschland am Grenzübergang Marienborn, Foto, 1989*

Woher wissen wir, was früher war?

Die Vergangenheit hinterlässt uns eine Vielzahl von Überresten, die wir als Quellen bezeichnen. Historikerinnen* und Historiker sammeln anhand dieser Quellen Informationen über die Vergangenheit. In einer eigenen Darstellung, einem Sachtext, erzählen sie dann die Geschichte, die mit den Funden verbunden ist.

- ***Untersuche auf dieser Doppelseite, wie Historikerinnen und Historiker dabei vorgehen.***

M1

Ein historischer Dampftraktor aus dem Jahr 1914, Foto, 2019

Geschichte und ihre Quellen

Mithilfe von alten Gegenständen können wir Erkenntnisse über die Vergangenheit gewinnen. Sie dienen uns als historische Quellen dazu, etwas über das Leben der Menschen früher zu erfahren. In unserem Alltag begegnen uns aber noch andere Quellen. Dies kann ein Denkmal sein, ein Brief oder ein Foto. Auch Straßennamen berichten von vergangenen Zeiten, genauso wie ein Gespräch mit den Großeltern über deren Leben. Allerdings verraten uns Quellen nur etwas, wenn wir Fragen an sie stellen. Was sagen uns zum Beispiel M1 bis M3 über die Landwirtschaft vor ungefähr 100 Jahren? Bei der Arbeit mit Quellen müssen wir ständig auf der Hut sein. Warum? Weil verschiedene Quellen ein Ereignis oft ganz unterschiedlich darstellen. Je nach Standpunkt und Sichtweise des Verfassers wird er oder sie nur bestimmte Ereignisse erwähnen, einige Dinge besonders betonen und diese vor allem aus der eigenen Perspektive heraus beurteilen. Quellen zeigen daher meist nur Ausschnitte eines bestimmten Ereignisses.

Aus Quellen werden Darstellungen

Historiker und Historikerinnen versuchen, aus den sich teilweise widersprechenden Quellen Erkenntnisse über die Vergangenheit zu erlangen. Am Anfang stehen dabei immer „W-Fragen", zum Beispiel: Wer hat was gemacht oder war beteiligt? Was ereignete sich oder wurde getan? Wie geschah es oder wie wurde etwas gemacht? Wo passierte es und wann?

Man kann die Arbeit von Historikerinnen und Historikern mit der Spurensuche eines Detektivs vergleichen: Da sie das, was geschehen ist, nicht selbst erlebt haben, sind sie auf Informationen aus verschiedenen Quellen angewiesen, wie zum Beispiel schriftlichen oder bildlichen Quellen. Sie holen sich auch Unterstützung bei anderen Historikerinnen und Historikern, die bereits zu dem Thema geforscht haben. Die Schlüsse, die sie aus den Quellen ziehen, beruhen zunächst auf Vermutungen und manche sind abhängig von der Perspektive des Verfassers. Durch Hinzuziehen weiterer Quellen und Forschungsergebnisse lassen sich manche Vermutungen beweisen und andere nicht. Die Erkenntnisse, die sie aus Quellen über die Vergangenheit gewinnen, werden von Historikerinnen und Historikern in Darstellungen verarbeitet. Sie geben ihre jeweilige Sicht wieder. Eine Gewissheit, dass es wirklich genauso gewesen ist, gibt es nicht.

M2

Feldarbeit, Foto, um 1900

Wortschatz: eine eigenen Perspektive haben • Fragen an die Vergangenheit stellen • in einer Darstellung die Erkenntnisse über die Vergangenheit zusammenfassen • versuchen, Widersprüche aufzudecken • Vermutungen überprüfen • Vergangenes rekonstruieren

Die Bäuerin Anna Wimschneider über ihre Kindheit um 1927

Die Bäuerin aus dem Landkreis Rottal-Inn (heutiges Bayern) musste nach dem Tod ihrer Mutter als Achtjährige Haus und Hof versorgen. Ihre Erinnerungen schrieb sie 1984 auf:

Ich habe Feuer gemacht und die Milch gekocht, in die Schüssel gegeben, ein wenig Salz dazu und dann Brot eingebrockt ... Ich ... musste ... die Kleinsten aus dem Bett holen, ... sie anziehen und füttern ... Ich konnte mich erst dann zur Schule fertig machen, wenn der Vater von der Stallarbeit hereinkam. Nun lief ich so schnell ich konnte die vier Kilometer zur Schule ..., und oft kam ich erst an, wenn die erste Pause war. Da lachten mich die anderen Kinder aus.

Anna Wimschneider, Herbstmilch, München (R. Piper) 1984, S. 10.*

Die Historikerin Sabine Kaufmann schreibt im Jahr 2015 über die Landwirtschaft in Deutschland um 1900:

Zu Beginn des 20. Jahrhunderts war Deutschland nach wie vor ein [landwirtschaftlich] geprägter Staat. Die Bauern machten etwa 60 Prozent der Bevölkerung aus. Mehr als die Hälfte von ihnen wirtschaftete auf einem Parzellenbetrieb[1], der nicht größer als zwei Hektar war. Die Klein- und Mittelbauern besaßen Betriebe mit einer [größeren Fläche]. Zu den Großgrundbesitzern zählten lediglich fünf Prozent aller Höfe.

*Sabine Kaufmann, Geschichte der Landwirtschaft, http://www.planet-wissen.de/gesellschaft/landwirtschaft/geschichte_der_landwirtschaft/pwwbgeschichtederlandwirtschaft100.html (Stand: 21.02.2024).***

[1] *kleines Stück Land*

(die) Quellen

Historische Quellen sind Überreste, aus denen wir Kenntnisse über das Vergangene gewinnen können. Es gibt unterschiedliche Arten von Quellen:

- gegenständliche Quellen, zum Beispiel Gebäude, Denkmäler, Schmuck, Werkzeuge, Maschinen, Knochen, Münzen
- schriftliche Quellen, zum Beispiel Urkunden, Akten, Rechtssammlungen, private Briefe, Großmutters Kochbuch
- mündliche Quellen, zum Beispiel erzählte Lebenserinnerungen, Sagen
- akustische Quellen, zum Beispiel Tonaufnahmen, Volkslieder
- Bildquellen, zum Beispiel Gemälde, Zeichnungen, Drucke, Fotos, Filme
- Traditionen, zum Beispiel religiöse Feste, Volksfeste, Bräuche, Sprache

(die) Darstellung

Eine Darstellung (Sachtext oder eine Zeichnung, wie etwas früher ausgesehen habe könnte, eine Rekonstruktion) wird von einer Historikerin oder einem Historiker verfasst und stellt ein bestimmtes Ereignis aus der Vergangenheit dar. Grundlage einer Darstellung sind unterschiedliche Arten von historischen Quellen, die die Historikerin oder der Historiker ausgewertet hat.

In einer Darstellung sind alle Standpunkte und Sichtweisen der Verfasser der Quellen beachtet und hinterfragt worden. So hat die Historikerin oder der Historiker die Gründe überprüft, wenn Quellen widersprüchliche Aussagen zu einem Ereignis treffen. Nach Auswertung der Quellen und anderer Darstellungen fällen Historikerinnen und Historiker ein eigenes Urteil aus ihrer Sicht. Andere Historikerinnen und Historiker können auch anderer Meinung sein.

1 Erkläre mithilfe des Darstellungstextes und der Begriffskästen, wie du Erkenntnisse über die Vergangenheit gewinnen kannst. Nutze dazu den **Wortschatz**.

2 Ordne M1–M3 den Quellenarten zu. Begründe deine Entscheidung. ▸ Hilfe

3 **a)** Erkläre mithilfe dieser Doppelseite den Unterschied zwischen einer Quelle und einer Darstellung.
b) Begründe, warum es sich bei M4 um eine Darstellung und nicht um eine Quelle handelt. **Tipp** → S. 181.

4 **Partnerarbeit:** Diskutiert, ob ein Schulbuchtext eine Quelle oder Darstellung ist. ▸ Hilfe

5 Notiere zu M1–M3, was du über die Landwirtschaft vor ungefähr 100 Jahren erfahren kannst.

Zusatzaufgabe → S. 174

Üben

Meine eigene Geschichte erforschen

Vergangenheit begegnet uns überall, selbst in unseren Familien. Denn jeder Mensch hat eine Geschichte.

- ***Wie kannst du etwas über deine Geschichte herausfinden?***
- ***In welchem Zusammenhang steht deine Geschichte mit Ereignissen und Entwicklungen, die nicht nur auf dich, sondern auf sehr viele Menschen einen Einfluss hatten?***

M1 **Zeitleiste „Meine Familiengeschichte“: Zeitleisten stellen chronologisch (in einer Reihenfolge von früher bis heute) Ereignisse kurz und übersichtlich dar. Sie geben Orientierung in der Zeit.**

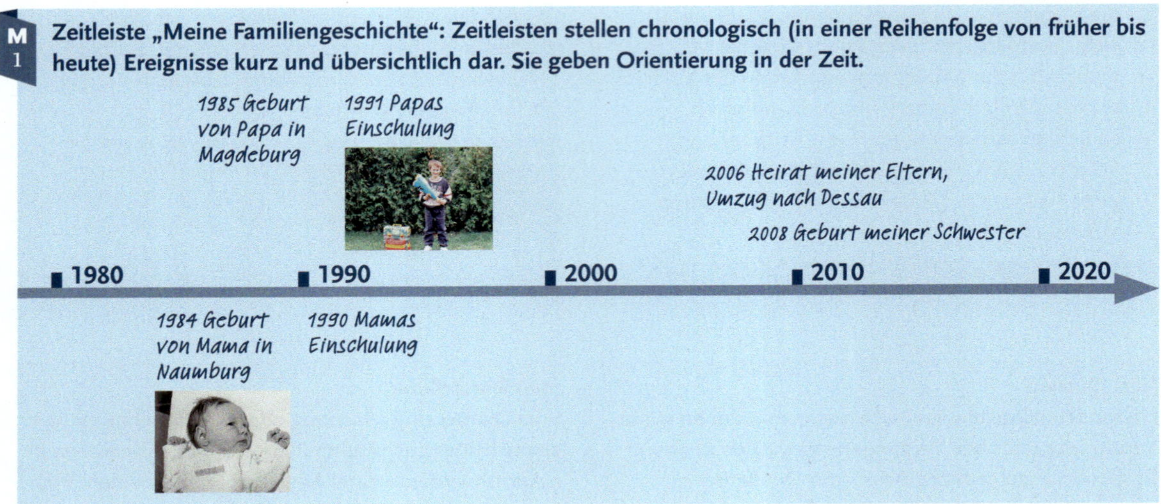

Deine Geschichte erforschen

Die Vergangenheit hat eine große Bedeutung für die Gegenwart: Unser Leben besteht aus Erlebnissen und Erfahrungen. Die Lebensgeschichte eines Menschen nennt man Biografie*. Obwohl deine Biografie erst ein kurzer Abschnitt der Vergangenheit ist, kannst du dich nicht an jedes einzelne Erlebnis erinnern. Hier können dir zum Beispiel deine Eltern, Geschwister und Großeltern helfen und dir als mündliche Quellen dienen.

Wenn du deine Familiengeschichte untersuchst, betrachtest du mehrere Generationen*. Dabei verbindet sich dein Leben mit Ereignissen, die vor deiner Geburt liegen.

Neben den mündlichen Quellen gibt es auch andere Quellen, die etwas über deine und die Vergangenheit deiner Familie verraten: Fotos und Videos, Dokumente wie Geburts- oder Heiratsurkunden, Briefe und Tagebücher oder andere Erinnerungsstücke. Sie alle können dir helfen, deine Vergangenheit zu erforschen.

Fragen an deine Vergangenheit stellen

Warum wohnst du in dieser Stadt, in jenem Haus? Weshalb besuchst du deine Schule und keine andere? Welche wichtigen Entscheidungen und Ereignisse gab es in eurer Familiengeschichte? Die Antworten auf

1914–1918 Erster Weltkrieg

1919–1933 Weimarer Republik (erste Demokratie in Deutschland)*

1933–1945 Nationalsozialistische Diktatur und Zweiter Weltkrieg*

1949 Gründung von zwei deutschen Staaten (Bundesrepublik und DDR)

diese oder ähnliche Fragen sind wichtig, um deine Gegenwart besser zu verstehen.
Biografien sind immer auch mit den größeren Ereignissen der jeweiligen Gegenwart* verbunden. So veränderte sich zum Beispiel mit der Vereinigung der beiden deutschen Staaten Bundesrepublik Deutschland und Deutsche Demokratische Republik im Jahre 1990 das Leben vieler Familien. Aber auch die Flucht von Menschen vor Krieg oder Unruhen in sichere Länder und Regionen bedeutet einen tiefen Einschnitt in deren Biografie und Familiengeschichte.

M 2

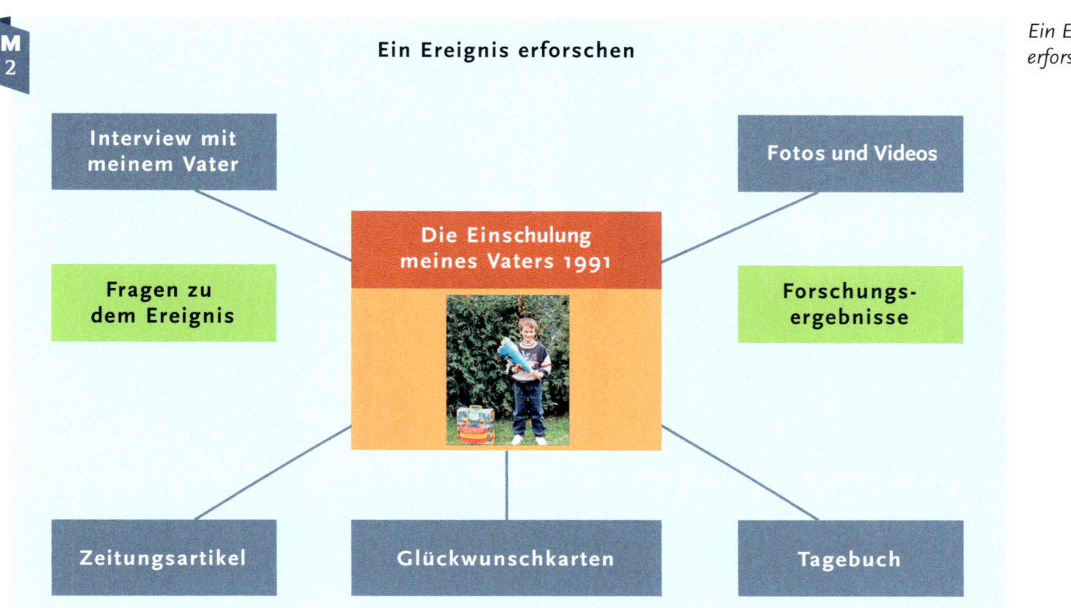

Ein Ereignis erforschen

1 Erkläre, warum es für Menschen wichtig ist, die eigene Biografie und Familiengeschichte zu kennen.

2 **a)** Lege auf einem DIN-A-4-Blatt eine Zeitleiste zu deiner Familiengeschichte an (Beispiel M1). Trage die Lebensdaten, Namen und Geburtsorte von dir, deinen Geschwistern, Eltern oder anderen für eure Familie wichtigen Personen ein.
b) Ergänze die Zeitleiste um weitere besondere Ereignisse aus deiner Familiengeschichte (zum Beispiel Umzug, Hochzeit).
c) Trage zusätzlich historische Ereignisse ein, die zur jeweiligen Zeit passiert sind. **Tipp** → S. 181.

3 Wähle ein besonderes Ereignis aus deiner Biografie oder deiner Familiengeschichte aus, das du genauer erforschen möchtest.
a) Schreibe deine Fragen zu diesem Ereignis auf.
b) Sammle möglichst viele Quellen zu dem Ereignis.
c) Gestalte ein Plakat mit deinen Materialien und Ergebnissen (Beispiel M2).

1970 | **1980** | **1990** | **2000** | **2010** | **2020**

1969 Mondlandung der US-Raumfähre Apollo 11

1989/90 Öffnung der Berliner Mauer und Vereinigung beider deutscher Staaten zur BRD
1990 Beginn des World Wide Web mit der ersten Website
1993 Gründung der EU

2011 Beginn des Bürgerkriegs in Syrien

Zeitliche Einteilungen in der Geschichte

Die Zeit ist von wichtiger Bedeutung für die Orientierung im eigenen Leben und in der Geschichte. Sie umfasst viele Jahrtausende. Daher teilen Historikerinnen und Historiker heute die Vergangenheit in verschiedene Zeitabschnitte ein. Die Einteilung, nach der wir uns orientieren, ist jedoch nicht für alle Menschen gültig.

- ***Welche zeitlichen Einteilungen gibt es in der Geschichte?***
- ***Warum gibt es auf der Erde unterschiedliche Kalendersysteme?***

M 1

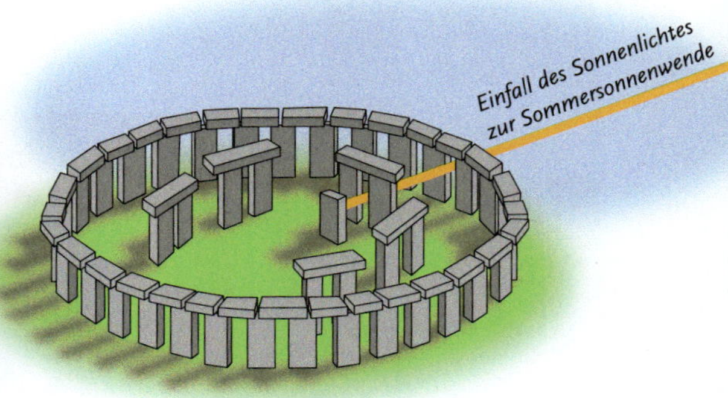

Stonehenge, Kultstätte in Südengland, Foto, undatiert. Mithilfe von Steinbögen und Positionssteinen konnten der Sommeranfang (Sommersonnenwende) und der Winteranfang (Wintersonnenwende) bestimmt werden. Die Anlage wurde in drei Bauabschnitten von etwa 3000 bis 1000 v. Chr. gebaut.

Epochen

Vergangenheit

Frühgeschichte **Altertum/Antike** **Mittelalter**

Die Zeit messen und darstellen

Schon immer haben Menschen Wege gefunden, sich in der Zeit zu orientieren. Die frühesten Versuche, die Zeit einzuteilen und sie zu messen, gingen von astronomischen Beobachtungen aus: Nach dem Lauf von Himmelskörpern – Sonne, Mond und Sterne – wurden Kalender* aufgestellt, nach denen sich zum Beispiel sesshafte* Völker bei der Aussaat richten konnten. Vieles über die Bedeutung und die Gründe solcher Anlagen wie der von Stonehenge in England bleibt für uns unklar.

Verschiedene Möglichkeiten der Zeitrechnung

Heute benutzen wir die sogenannte christliche Zeitrechnung, die von den meisten Menschen genutzt

Wortschatz: die Zeit einteilen, um sich zu orientieren • astronomische Beobachtungen machen • die Saat auf das Feld bringen • Himmelskörper beobachten • Kulturen und Religionen mit verschiedenen Zeitrechnungen • der Beginn einer Zeitrechnung

wird. In anderen Kulturen und Religionen wurde jedoch sehr lange nicht das Jahr der Geburt von Jesus Christus als Ausgangspunkt ihrer Zeitrechnung genommen. Daher kommen die Zeitangaben mit den Abkürzungen „v. Chr." (= vor Christus) und „n. Chr." (= nach Christus). Der jüdische Kalender nutzte als Ausgangspunkt die Erschaffung der Welt nach dem jüdischen Glauben. Diese wurde für das Jahr 3761 v. Chr. nach unserer Zeitrechnung ermittelt. Das Jahr 2025 wäre nach jüdischem Kalender demnach 5785. Für die Römer war das Jahr der Entstehung der Stadt Rom der Ausgangspunkt ihres Kalenders. Da dieses Ereignis der Sage nach im Jahr 753 v. Chr. stattgefunden haben soll, wäre das Jahr 2025 also 2778. Deutlich später beginnt die islamische Zeitrechnung. Hier ist der Ausgangspunkt die Auswanderung des Propheten Mohammed nach Medina im Jahr 622 n. Chr. Im Kalender von Muslimen entspricht das Jahr 2025 dem Jahr 1447. Es gab aber auch Kulturen, die keinen festen Ausgangspunkt für ihre Zeitrechnung nutzten. Sie zählten immer ab Beginn der Herrschaft eines neuen Königs.

Einteilung der Vergangenheit in Epochen

Um sich besser in der Geschichte orientieren zu können, ordnen Historikerinnen und Historiker die Vergangenheit, indem sie sie aufteilen, und zwar in große Zeitabschnitte, die sie Epochen nennen:

- *Frühgeschichte:* Zeitabschnitt vom Beginn der Menschheitsgeschichte bis ca. 3000 v. Chr. Für diesen Zeitraum gibt es keine schriftlichen Quellen, jedoch wurden gegenständliche Quellen gefunden.
- *Altertum/Antike:* Zeitabschnitt, der mit den frühen Hochkulturen* um 3000 v. Chr. begann und ca. 500 n. Chr. endete. Das Altertum umfasste die Hochkultur im alten Ägypten, ab 1000 v. Chr. folgten die Hochkulturen der Griechen und Römer.
- *Mittelalter:* Zeitabschnitt zwischen Antike und Neuzeit, der ca. 500 n. Chr. begann und um 1500 n. Chr. endete. Im europäischen Mittelalter bauten sich Adlige und Ritter Burgen, es entwickelten sich die Städte.
- *Neuzeit:* Zeitabschnitt, der um 1500 begann und bis heute andauert. In die Neuzeit fielen wichtige Erfindungen und Entdeckungen, wie die Fahrt des Kolumbus nach Amerika oder die Erfindung der Elektrizität.

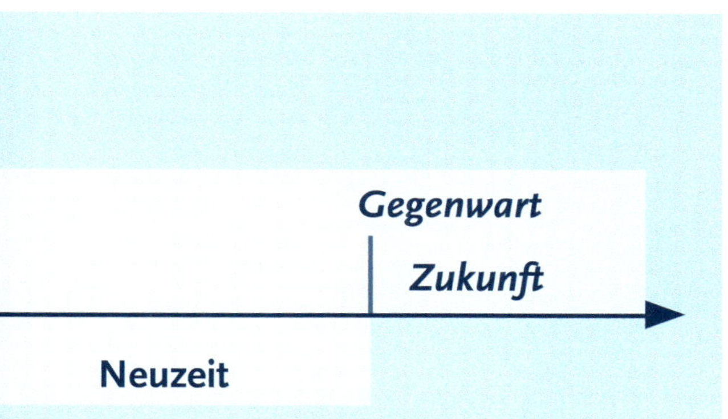

(die) Epoche

Geschichtsforscher sprechen von einer neuen Epoche, wenn sich die Lebensbedingungen der Menschen sehr stark verändert hatten. Die Veränderungen betreffen immer mehrere Bereiche wie Alltag, Politik, Wirtschaft oder Wissenschaft. Epochen sind also von Menschen festgelegte Zeiteinheiten, die uns helfen, die Vergangenheit zu ordnen. Dabei erlebt jeder Mensch seine Gegenwart als die neueste Zeit, deren Zukunft offen und unbekannt ist.

1 Erkläre mithilfe des Darstellungstextes die verschiedenen Möglichkeiten der Zeitrechnung. Nutze dazu den **Wortschatz**.

2 Berechne, wann folgende Ereignisse in den jeweiligen Kalendersystemen stattfanden: Entdeckung Amerikas durch Christoph Kolumbus 1492 n. Chr., Fall der Berliner Mauer 1989 n. Chr., Schlacht bei Issos 333 v. Chr., dein Geburtsjahr.
Tipp → S. 181.

3 a) Zeichne die Zeitleiste M2 in dein Heft ab und ergänze mithilfe des Darstellungstextes die Jahreszahlen für die vier Epochen.
b) Trage mithilfe des Darstellungstextes den Beginn der jüdischen und islamischen Zeitrechnung in deine Zeitleiste ein.
c) Vergleiche M2 mit M1 auf Seite 18 oder dem von dir erstellten Zeitstrahl. ▸ Hilfe
d) Diskutiert in der Klasse, warum eine Zeitleiste wichtig für den Geschichtsunterricht ist. Beachtet auch die Zeitleiste auf S. 14/15.

 Üben

Mein Ort hat Geschichte: Das Beispiel Magdeburg

Von deinen Eltern oder Großeltern hast du bestimmt schon Äußerungen gehört wie „Früher konnte man hier noch Reste der Stadtmauer sehen" oder „Der Bahnhof war vor 30 Jahren noch in Betrieb". Eine Stadtmauer, ein alter Bahnhof, Denkmäler oder alte Brunnen überliefern uns als gegenständliche Quellen etwas über die Geschichte eines Ortes.

- ***Welchen Spuren kannst du nachgehen, wenn du etwas über die Geschichte deines Wohnortes wissen möchtest?***

M 1

Ansicht von Magdeburg, Holzstich, 1572. 1 = Dom, 2 = Elbe, 3 = Wehrturm „Kiek in de Köken", 4 = Stadtmauer, 5 = Kloster „Unser lieben Frauen". Die Inschrift links unten bedeutet: „Magdeburg, von Venus (her), die einst hier verehrt wurde, Jungfrauenstadt genannt (Partheno-polis von parthenos: Jungfrau und polis: Stadt = altgriech. Übersetzung von Magde-Burg), Metropole Sachsens, durch Reichtum und Macht denkwürdig, durch den hocherhabenen Umlauf der Mauern und die Nachbarschaft der Elbe berühmt."

Aus der Geschichte der Stadt Magdeburg

ab ca. 15 000 v. Chr. erste Siedlungsspuren
805 erste urkundliche Erwähnung
936 Otto I. wird König (und später auch Kaiser), Magdeburg wird sein Herrschaftszentrum
955 Bau des Magdeburger Doms
1022 Bau der Befestigungsanlage (Stadtmauer)
1207 Stadtbrand, bei dem der Dom niederbrennt; danach wird er neu aufgebaut
1631 bei militärischen Angriffen wird die Stadt fast vollständig zerstört
1680 Magdeburg wird zur Festung ausgebaut
1899 erste Straßenbahn in Magdeburg
1912 die Festung Magdeburg wird aufgelöst
1945 die Innenstadt Magdeburgs wird bei Bombenangriffen zu 90 % zerstört
1952 Magdeburg wird Bezirksstadt des gleichnamigen Bezirks in der Deutschen Demokratischen Republik
1990 deutsche Wiedervereinigung: Magdeburg wird Hauptstadt des Bundeslandes Sachsen-Anhalt
2011 1. Kaiser-Otto-Fest in Magdeburg
Einwohner heute: ca. 238 000

Wortschatz: Herrschaftszentrum und Residenz • eine besondere Kirche wird erbaut • Mauern zum Schutz vor Angriffen • nach einer Zerstörung etwas wieder aufbauen • ein Fortschritt • Angriffe im Krieg

Der 1431 erbaute Wehrturm „Kiek in de Köken" („Guck in die Küche"), Foto. Er war Teil der Stadtmauer und so hoch, dass man von dort aus in die Küche des Erzbischofs sehen konnte. Stadtmauer und Wehrtürme hatten eine Aussichts- und Schutzfunktion. Bei Angriffen konnten Bogenschützen durch kleine Schießscharten auf die Feinde schießen.

Otto-von-Guericke-Denkmal am Magdeburger Rathaus, aufgestellt 1907, Foto. Otto von Guericke war einer der bedeutendsten Bürger Magdeburgs. 1646 wurde er Bürgermeister der Stadt. Er gilt als Erfinder der Luftpumpe. Heute ist die Magdeburger Universität nach ihm benannt. Um ihn zu ehren, benannten neben Magdeburg viele deutsche Städte zentrale Straßen und Plätze nach ihm.

Otto I. (912–973)

Otto I. war der mächtigste Herrscher seiner Zeit: 936 wurde er zum König und 962 zum Kaiser erhoben. Wenn er nicht auf Reisen war, regierte er von Magdeburg aus. 929 „schenkte" er seiner Frau Edith zur Hochzeit symbolisch die Stadt. Er starb in Memleben und wurde im Magdeburger Dom beerdigt.

Aus dem Internetauftritt der „Ottostadt" Magdeburg (2012):

Seit Beginn des Jahres 2010 besinnt sich die Landeshauptstadt Sachsen-Anhalts auf ihr historisches Erbe und präsentiert sich bundesweit als „Ottostadt Magdeburg". Mit dem neuen Beinamen möchte die Elbe- und Domstadt ... noch stärker auf sich aufmerksam machen.

Die dazugehörige Kampagne[1] ... setzt gezielt auf Persönlichkeiten und Traditionen, die den Besuchern seit jeher an vielen Orten der Stadt begegnen ... Kaiser Otto ... und der Erfinder und Diplomat[2] Otto von Guericke haben die Geschichte und Geschicke unserer Stadt maßgeblich geprägt und sie weit über die Grenzen hinaus bekannt gemacht. Noch heute verleihen sie ... der Elbestadt ein unverwechselbares Gesicht und machen neugierig auf eine moderne Stadt ... in der Mitte Europas.

*http://www.magdeburg.de/Start/B%C3%BCrger-Stadt/Stadt/Ottostadt (Stand: 16.02.2024).**

[1] *Werbeaktion*
[2] *höherer Beamter*

1 Vergleiche M1 mit der heutigen Stadtansicht von Magdeburg (nutze dazu Google Maps, Google Earth oder Apple-Karten) und halte in einer Tabelle die Unterschiede und die Gemeinsamkeiten fest.

2 Entwickle mithilfe der Angaben zur Geschichte Magdeburgs Erklärungen, warum sich das Aussehen der Stadt so stark verändert. Nutze den **Wortschatz**.

3 Beschreibe Lage und mögliche Funktion des Wehrturmes (M1, M2). ▸ Hilfe

4 Nenne Gründe, warum sich die Stadt Magdeburg als „Ottostadt" bezeichnet (Personenkasten, M3, M4).

Zusatzaufgabe → S. 174

Gegenständliche Quellen interpretieren

Manchmal sind gegenständliche Quellen die einzigen uns vorliegenden Quellen, denn aus bestimmten Zeiträumen der Geschichte liegen keine schriftlichen oder bildlichen Überlieferungen vor. Um von einem Gegenstand etwas über die Vergangenheit zu erfahren, musst du Fragen an ihn stellen und diese beantworten – du musst ihn interpretieren.

- ***Wie können gegenständliche Quellen, hier zum Beispiel ein altes Telefon, untersucht und interpretiert werden?***

Beschreiben – untersuchen – interpretieren

Neben schriftlichen und bildlichen Quellen sind gegenständliche Quellen die größte Gruppe historischer Überreste. Ein Vorteil ist, dass sie im Original berührt, vermessen und gewogen werden können. Sie fordern zu Vermutungen sowie Fragen und zum Weiterforschen auf. Bei den gegenständlichen Quellen wird zwischen beweglichen Objekten – Werkzeuge, Geld, Möbel, Kleidung, Spielzeug, Maschinen usw. – und ortsfesten Objekten wie Denkmäler unterschieden.

Wie alle anderen Quellenarten müssen auch gegenständliche Quellen auf ihre Echtheit hin überprüft und hinsichtlich ihrer Bedeutung interpretiert werden. Dabei sollte der Gegenstand beschrieben und seine frühere Funktion untersucht werden. Durch eine Interpretation können dann Aussagen zum Alltag, der Lebensweise oder zum technischen Fortschritt der Menschen früherer Zeiten abgeleitet werden.

M 1

Das erste Telefon (Länge: 16 cm, Breite: 19 cm, Höhe 32 cm, Material: Holz, Eisen und Messing) wurde 1876 von Alexander Bell entwickelt. Es bestand aus zwei baugleichen Apparaten, von denen der eine nur zum Sprechen und der andere nur zum Hören benutzt werden konnte. Anders als heute konnte man mit diesem Telefon nur mit einer Person (also nur zu einem anderen Apparat) Kontakt aufnehmen, denn die beiden Apparate mussten durch ein Kabel direkt miteinander verbunden sein.

M 2

Telefon mit Wählscheibe aus den 1960er Jahren (Länge: 15,5 cm, Breite: 18,5 cm, Höhe: 16 cm, Material: Kunststoff, Gewicht: 1,5 kg). Der Hörer war mit einem Kabel mit dem Gerät verbunden. Das Telefon war ebenso mit einem Kabel mit einer Leitung in der Wand verbunden. Das abgebildete Telefon steht heute als Dekoration in einer Wohnung in Berlin. Foto, 2016

M 3

Smartphone aus dem Jahr 2021 (Länge: 16 cm, Breite: 7,5 cm, Höhe: 0,6 cm, Material: Kunststoff, Gewicht: 0,186 kg)

Arbeitsschritte „Gegenständliche Quellen interpretieren“

Die gegenständliche Quelle beschreiben	Sprachliche Formulierungshilfen
1. Was sind die äußeren Merkmale (zum Beispiel Aussehen, Größe, Gewicht, Material) des Gegenstandes?	– *Das Telefon besteht aus … Daher war es vermutlich schwerer als heutige Telefone.* – *Die Maße des Telefons betragen …* – …
2. Wie alt ist der Gegenstand?	– *Das Telefon stammt aus dem Jahr …* – *Es ist ca. … Jahre alt.*
3. Wo wird der Gegenstand heute aufbewahrt?	– *zum Beispiel in einem Museum, in einer Ausstellung …*
Die Funktion und Bedeutung der gegenständlichen Quelle untersuchen	
4. Wie funktioniert bzw. wie bedient man den Gegenstand?	– *Das Gerät bestand aus einem Mikrofon und einem Hörer.* – *Es war mit einem … mit einem anderen baugleichen Gerät verbunden.* – *Man benutzte es, indem man …* – …
5. Wozu wurde der Gegenstand in der Vergangenheit genutzt?	– *Das Gerät war nicht wie heutige Telefone zu gebrauchen, denn …*
6. Wem gehörte der Gegenstand?	– *Das erste Telefon gehörte …*
7. Welche Bedeutung hatte der Gegenstand damals und heute?	– *Der Gegenstand hatte eine große Bedeutung, weil …* – *Es gilt als Vorreiter von …*
Die gegenständliche Quelle interpretieren	
8. Welche Aussagen lassen sich mithilfe des Gegenstandes über das Leben der Menschen (zum Beispiel auf Lebensweisen, Alltag, technischer Fortschritt) treffen?	– *Diese Erfindung muss für die Menschen etwas Besonderes gewesen sein, denn …*
9. Ist der Gegenstand für unser heutiges Leben noch bedeutsam oder wurde er von einem anderen ersetzt?	– *Das Telefon ist heute immer noch bedeutsam, weil …*

1 Untersuche M1 mithilfe der Arbeitsschritte. Ergänze die Lösungshinweise an den entsprechenden Stellen. Tipp → S. 181.

2 Interpretiere M2 oder M3 mithilfe der Arbeitsschritte. ▸ Hilfe

3 a) Vergleicht eure Lösungen in der Klasse.
b) Diskutiert, warum nicht alle zu den gleichen Ergebnissen gekommen sind. ▸ Hilfe
c) Stelle dar, was du aus M1–M3 über den technischen Fortschritt der Menschen erfahren kannst. Beginne deine Darstellung mit: *„Das Telefon hat sich von 1876 bis heute weiterentwickelt. Zuerst konnte man …“*

4 Erkläre, wie du vorgehen würdest, um mehr über M1 und M2 zu erfahren.

5 **Partnerarbeit:**
a) Diskutiert, welche Aussagen man anhand von M1 über das Ende des 19. Jahrhunderts (1800–1899) machen kann. ▸ Hilfe
b) Notiert fünf Fragen, die ihr über diese Zeit mithilfe von M1 nicht beantworten könnt.
c) Beurteilt die Aussagekraft von gegenständlichen Quellen für Kenntnisse über die Vergangenheit. Tipp → S. 181.

cornelsen.de/webcodes
Code: sewire
Kopiervorlage Methodentabelle

Wie erforschen Archäologinnen und Archäologen die Vergangenheit?

cornelsen.de/webcodes
Code: vemaje
Was machen Archäologinnen und Archäologen?

„Bauvorhaben gestoppt! – Ausgrabungen haben Vorrang" lesen wir oft in der Zeitung. Dabei geht es immer um die Arbeit von Archäologen, die nach Überresten aus der Vergangenheit suchen, die später oft in Museen ausgestellt werden.

- ***Welche Bedeutung haben Archäologie* und Museen?***

Die Bedeutung von Archäologie und Museen

Archäologinnen und Archäologen sind Detektive, die durch Ausgrabungen die Vergangenheit aufspüren und die gefundenen gegenständlichen Quellen untersuchen und interpretieren. Besondere gegenständliche Quellen werden restauriert, das heißt ihr ursprüngliches Aussehen und Zustand werden wieder hergestellt. Sie werden dann untersucht und ihre Bedeutung für die Vergangenheit erforscht. Danach werden sie in Museen ausgestellt und der Öffentlichkeit zugänglich gemacht. Die Archäologie und die Museen leisten einen wichtigen Beitrag, dass vergangenes Geschehen nicht in Vergessenheit gerät. Die Fundstellen, an denen die Archäologinnen und Archäologen ihre Entdeckungen machen, werden oft zufällig gefunden, zum Beispiel beim Bau von Tunneln oder Gebäuden. Oft suchen sie aber auch gezielt an historisch bedeutsamen Orten, wie zum Beispiel Kirchen.

Arbeit in vier Schritten

1. Schritt Suchen und Finden: Zunächst muss die Fundstelle festgestellt und beschrieben werden. Häufig geben Zufallsfunde beim Haus- oder Straßenbau erste Hinweise. Manchmal weisen aber auch schriftliche Quellen oder Luftbilder auf archäologische Überreste hin.

2. Schritt Graben: Die Ausgrabung muss sehr vorsichtig durchgeführt werden: Grabungsgelände vermessen, Schicht für Schicht den Boden abtragen, fotografieren, genaue Lage von Gegenständen eintragen (Grabungstagebuch, Fundprotokoll führen).

3. Schritt Auswerten: Beschreiben, Datieren, Funktion der Funde klären; eventuell Fachleute aus der Biologie, Geologie, Chemie und Kunstgeschichte heranziehen.

4. Schritt Bewahren und Ausstellen: Funde reinigen, restaurieren, ergänzen; für Ausstellungen vorbereiten.

Von der Ausgrabung zum Ausstellungsstück, Foto. Im 2500 Jahre alten Grab eines keltischen Fürsten entdeckten Archäologen 1978 in Hochdorf (Baden-Württemberg) die Überreste eines keltischen Prunkkessels. Er hatte einen Durchmesser von 104 Zentimetern und ein Fassungsvermögen von 500 Litern. Er war ursprünglich mit Honigmet, einer Art Wein, gefüllt. Der Kessel wurde restauriert und in einem Museum ausgestellt. Durch die Erforschung dieser Quelle können Rückschlüsse auf das Leben vor 2500 Jahren gezogen werden.

Wortschatz: Informationen gewinnen • die Vergangenheit rekonstruieren • nachvollziehen, wie Menschen früher lebten • sich über die Vergangenheit informieren • sich weiterbilden • Verbindungen zwischen Gegenwart und Vergangenheit erleben • bewahren • vermitteln • ausstellen

M 3

In Pömmelte-Zackmünde bei Schönebeck haben Archäologinnen und Archäologen im Jahr 2005 eine Kreisgrabenanlage entdeckt, Foto, 2023. Die Funde sind etwa 4000 Jahre alt. Die Kreisgrabenanlage wurde am originalen Fundort von Archäologinnen und Archäologen rekonstruiert. Entdeckt wurde die Anlage aus der Luft. Die Luftbildarchäologie erlaubt die Entdeckung von Wällen, Fundamenten, Gräben und Grabhügeln aus der Luft ohne Eingriffe ins Erdreich. Mit Wärmebildkameras können Fachleute bei bestimmten Wetterlagen auch Steinfundamente in der Erde sichtbar machen. Oft sind alte Fundamente auch mit bloßem Auge erkennbar.

M 4

Archäologin bei der Ausgrabung eines Skeletts in Peißen (Sachsen-Anhalt), Foto, 2015

Pinsel

Handfeger

Maurerkelle

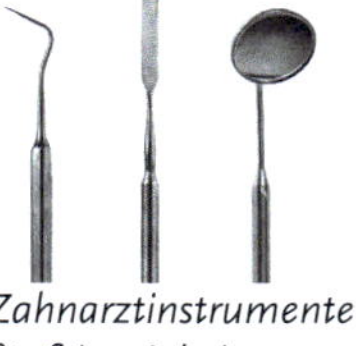

Zahnarztinstrumente für feine Arbeiten

Bandmaß zum Vermessen von Grabungsstätten

Digitalkamera

M 2 *Werkzeuge der Archäologen*

1 **Wähle eine Aufgabe aus:**
a) Ordne die vier Arbeitsschritte der Archäologie den Abbildungen in M1, M3 und M4 zu.
b) Beschreibe die Arbeitsweise von Archäologen mithilfe von M1.

2 Betrachte die Werkzeuge in M2. Notiere für jedes Werkzeug den Zweck, für den es eingesetzt wird.

3 Erläutere, welche Werkzeuge (M2) du bei der Ausgrabung in M4 verwenden würdest.
Tipp → S. 181.

4 **a)** Erkläre am Beispiel von M1, warum es wichtig ist, dass Historikerinnen und Historiker sowie Archäologinnen und Archäologen Quellen untersuchen. Nutze den **Wortschatz**. ▸ Hilfe
b) Arbeite mithilfe des Darstellungstextes und M1 die Bedeutung von Archäologie und Museen heraus.

Zusatzaufgabe → S. 174

 Üben

Gegenständliche Quellen vorstellen

Du hast auf den letzten Doppelseiten verschiedene Quellenarten und die Arbeit von Historikerinnen und Historikern sowie von Archäologinnen und Archäologen kennengelernt. Am Ende dieses Fachpraktikums sollst du nun selbstständig einen Gegenstand deiner Wahl untersuchen und seine Entwicklung im Verlauf der Zeit in einer digitalen Zeitleiste darstellen.

- *Suche zu Hause nach einem spannenden und alten Gegenstand. Interpretiere ihn mithilfe der dir bekannten Schritte, stelle ihn, seine Bedeutung und seine Entwicklung anhand des Steckbriefes und der digitalen Zeitleiste vor.*

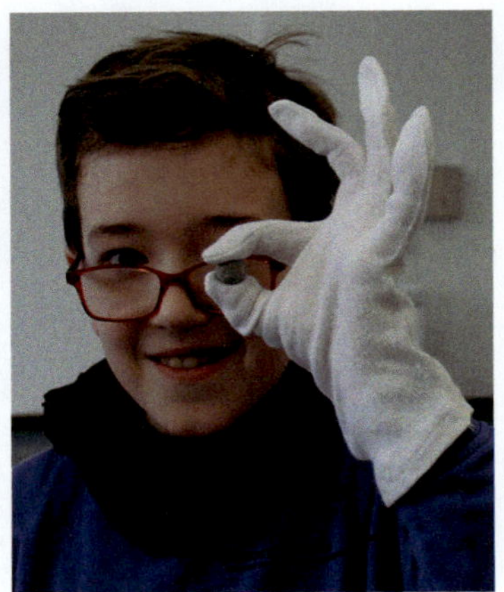

M1 Steckbrief meiner gegenständlichen Quelle

Bezeichnung des Gegenstandes:	
Aussehen (Größe, Gewicht, Material):	
Fundort zu Hause:	
Alter:	
Herstellungsort:	
Im Familienbesitz seit:	
Frühere und aktuelle Aufbewahrungsorte:	
Frühere Verwendung:	
Heutige Verwendung:	
Bedienung:	
Bedeutung für Menschen früher:	
Bedeutung für Menschen heute:	
Meine Informationsquelle(n):	

1 Untersuche deine gegenständliche Quelle mithilfe der Arbeitsschritte auf S. 25. Frage zu Hause nach weiteren Informationen, um mehr über sie erzählen zu können. ► Hilfe

2 Erstelle einen Steckbrief nach dem Muster M1. Du kannst den Steckbrief auch als Plakat anfertigen und im Klassenzimmer aufhängen.

3 Bring deinen Gegenstand wenn möglich mit in die Schule (mache ansonsten Fotos) und stelle ihn mithilfe des Steckbriefes in der Klasse vor.

Die Erstellung einer digitalen Zeitleiste
Auf den Seiten 18 bis 21 hast du die Funktionen einer Zeitleiste kennengelernt und eine solche mithilfe von Stift und Lineal erstellt. Du kannst aber auch unter Verwendung von Präsentationsprogrammen am Computer oder Tablet eine digitale Zeitleiste erstellen. Dazu kannst du zum Beispiel PowerPoint oder Keynote verwenden.

Die Vorteile von digitalen Zeitleisten sind: Du kannst im Nachhinein immer noch Ergänzungen einfügen, du kannst Bilder oder Filme in deine digitale Zeitleiste aufnehmen. In Bezug auf die von dir vorzustellende gegenständliche Quelle fällt es der Klasse leichter, wenn du deren Veränderung und Entwicklung im Verlauf der Zeit zeigen kannst.

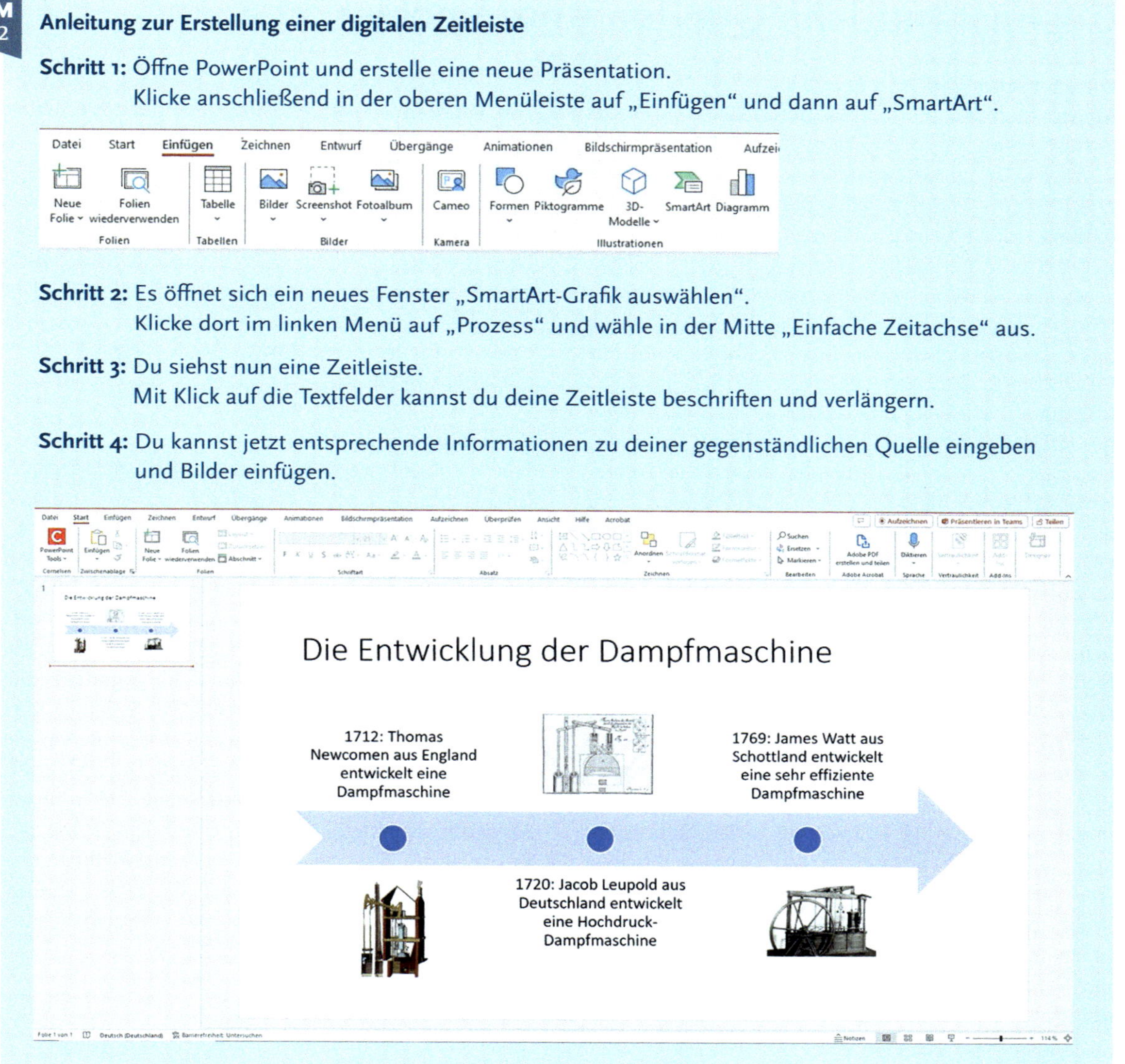

M 2

Anleitung zur Erstellung einer digitalen Zeitleiste

Schritt 1: Öffne PowerPoint und erstelle eine neue Präsentation.
Klicke anschließend in der oberen Menüleiste auf „Einfügen" und dann auf „SmartArt".

Schritt 2: Es öffnet sich ein neues Fenster „SmartArt-Grafik auswählen".
Klicke dort im linken Menü auf „Prozess" und wähle in der Mitte „Einfache Zeitachse" aus.

Schritt 3: Du siehst nun eine Zeitleiste.
Mit Klick auf die Textfelder kannst du deine Zeitleiste beschriften und verlängern.

Schritt 4: Du kannst jetzt entsprechende Informationen zu deiner gegenständlichen Quelle eingeben und Bilder einfügen.

4 Erstelle mithilfe von M2 eine digitale Zeitleiste zu deiner gegenständlichen Quelle. Benutze dabei die christliche Zeitrechnung.

5 Suche im Internet nach weiteren Informationen und Bildern, um die Veränderungen und Entwicklungen deiner gegenständlichen Quelle aufzuzeigen.

6 Übertrage deine Zeitleiste in die jüdische oder islamische Zeitrechnung.

2 Mio. vor Christus	40 000 v. Chr.	5500 v. Chr.	3000 v. Chr.

Ur- und Frühgeschichte

Altertum

ab ca. 2 Mio. Jahre vor heute
Altsteinzeit

ab 10 000 v. Chr.
Übergang zur Jungsteinzeit

Fachpraktikum: Gegenständliche Quellen untersuchen

Die Menschen leben in der Zeit

Menschen leben und finden durch Zeit und Raum **Orientierung**. Schon sehr lange haben Menschen versucht, die Zeit zu messen und einzuteilen. Über die Beobachtung der Sonne, des Mondes und der Sterne entwickelten sie Kalender. Die Ausgangspunkte für die unterschiedlichen Kalender konnten religiöse Ereignisse wie die Geburt von Jesus Christus oder auch bedeutende Ereignisse für eine Kultur wie die Gründung der Stadt Rom darstellen. In Bezug auf die Zeit wird die Geschichte in **Epochen** eingeteilt, um sich besser zu orientieren und Ereignisse zeitlich einordnen zu können. Diese Epochen umfassen die **Steinzeit** (beispielsweise mit den sesshaftwerdenden Jägern und Sammlern), das **Altertum** (beispielsweise mit der Hochkultur der Ägypter), das **Mittelalter** (mit Burgen, Klöstern, Dörfern und Städten) und die **Neuzeit**, in der wir heute leben. Um die Zeit und die Ereignisse dazustellen, können analoge (mit Stift und Lineal) oder digitale Zeitleisten angefertigt werden. Auf einer Zeitleiste sind feste Zeitabstände markiert, unter denen wichtige Daten, Ereignisse oder Entwicklungen eingetragen werden.

Genauso wie wir die Zeit organisieren, teilen wir auch unseren Raum auf verschiedene Weisen ein. Das kann durch persönliche Ereignisse wie unser Geburtsjahr oder das unserer Eltern und Großeltern geschehen. Aber auch Orte haben ihre eigene Geschichte – unser Wohn- oder Schulort, die Region, zu der er gehört, und sogar unser Bundesland. Diese Zugehörigkeiten können Gefühle von Verbundenheit und Verwurzelung erzeugen.

Vergangenheit und Geschichte

Doch sowohl unsere Vorstellungen von Zeit als auch von Raum würden ohne die Erkenntnisse aus der Vergangenheit chaotisch erscheinen. Deshalb nutzen wir verschiedene Arten von **Quellen: schriftliche Quellen** (Dokumente, Briefe oder Zeitungen), **gegenständliche Quellen** (Gebäude, Denkmäler oder Schmuck), **bildliche Quellen** (Fotos, Gemälde, Plakate), **mündliche Quellen** (Lieder, Erzählungen und Sagen) und **akustische Quellen** (Tonaufnahmen und Musik), um unser Wissen über die Vergangenheit zu sichern. Historikerinnen und Historiker untersuchen diese Quellen und halten ihre Erkenntnisse in **Darstellungen** fest. Diese helfen uns, die unendliche Vielfalt der Vergangenheit besser zu verstehen. Auch wenn viele Quellen nur einen Ausschnitt der Vergangenheit darstellen, sind sie für unser Verständnis von Geschichte unbedingt notwendig.

Archäologie und Museen

Eine wichtige Unterstützung bei der **Erforschung von Geschichte** bietet die **Archäologie**. Mit ihrer Hilfe ist es möglich, das Zusammenleben von Menschen in Epochen zu untersuchen, aus denen keine schriftlichen Quellen überliefert sind. Archäologinnen und Archäologen nutzen modernste Techniken, wie die **Luftbildarchäologie**, um neue Erkenntnisse zu gewinnen. Sie finden und untersuchen vor allem **gegenständliche Quellen**, die sie **restaurieren**. Dies bedeutet, dass sie das ursprüngliche Aussehen und den damaligen Zustand eines Fundes wiederherstellen. Der restaurierte Gegenstand wird danach untersucht und in einem **Museum** ausgestellt, wo er der Öffentlichkeit zugänglich gemacht wird. Die Arbeit der Archäologinnen und Archäologen hilft uns, etwas über das Leben und die Lebensbedingungen der Menschen in vergangenen Zeiten zu erfahren.

1 Wähle eine Aufgabe aus:

a) Begründe in eigenen Worten, was für dich das Interessanteste in diesem Fachpraktikum „Gegenständliche Quellen untersuchen" war.

b) Stelle in einem kurzen Sachtext dar, warum der Inhalt in diesem Fachpraktikum wichtig für das Fach Geschichte ist.

500 v. Chr.	Christi Geburt	500 nach Christus	1000 n. Chr.	1500 n. Chr.

Antike ··· Mittelalter ··· Neuzeit

Die Struktur-Lege-Technik

Auf dieser Seite lernst du eine neue Arbeitstechnik kennen: die „Struktur-Lege-Technik". Diese Technik hilft dir, einen Text, den du gelesen hast, noch besser zu verstehen und die wichtigsten Informationen zu lernen. Du benötigst dafür kleine Papierkärtchen und Stifte.

1 a) Lies den Darstellungstext auf S. 30 (Zeile 1–31) und kläre die im Text fett gedruckten Begriffe mit deinem Partner.
b) Erkläre die Struktur M1 deinem Partner: Warum sind die Begriffe so angeordnet? Welcher Zusammenhang besteht zwischen ihnen?

2 a) Lies den zweiten Abschnitt und kläre die im Text fett gedruckten Begriffe mit deinem Partner.
b) Ergänze die Struktur M2 mit Begriffen aus dem Text und erkläre sie deinem Partner.

3 Bearbeite den Abschnitt **Archäologie und Museen** selbstständig.
a) Einzelarbeit: Schreibe die wichtigen Begriffe auf Papierkärtchen (ein Begriff pro Kärtchen).
b) Einzelarbeit: Lege die Kärtchen so auf den Tisch oder ein Blatt Papier, dass sie eine sinnvolle Struktur bilden.
c) Partnerarbeit: Erkläre deinem Partner, warum du deine Kärtchen in diese Struktur gelegt hast. Du kannst deine Struktur im Gespräch mit deinem Partner auch verändern.
d) Einzelarbeit: Klebe deine Struktur in dein Heft oder schreibe sie ab. Ergänze Pfeile oder Symbole und beschrifte diese.

M1

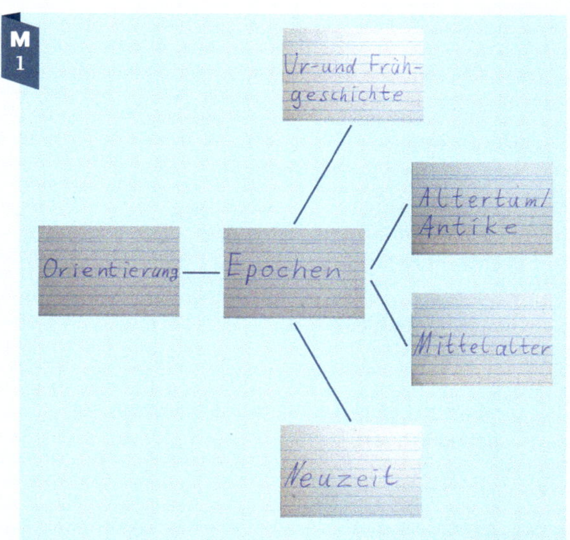

M2

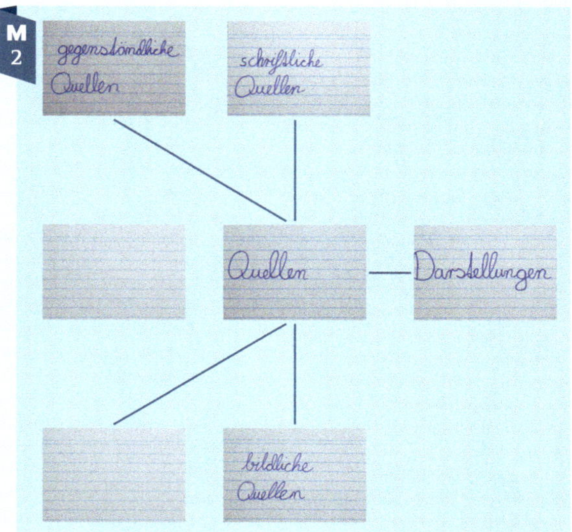

In diesem Kapitel konntest du folgende Kompetenzen erwerben:

- unterschiedliche Quellenarten benennen
- die Aussagekraft gegenständlicher Quellen für die Erforschung der Vergangenheit beurteilen
- gegenständliche Quellen mithilfe eines Steckbriefes vorstellen
- Unterschiede zwischen Quelle und Darstellung erklären
- gegenständliche Quellen in eine digitale Zeitleiste mit verschiedenen Zeitrechnungen einordnen
- den Sinn der Erforschung von Quellen erklären
- Bedeutung und Methoden von Archäologie und Museen herausarbeiten
- **Medien und Methoden:** Gegenständliche Quellen interpretieren
- **Geschichte darstellen:** Gegenständliche Quellen vorstellen

Folgende Begriffe hast du kennengelernt:

- Quelle
- Darstellung
- verschiedene Zeitrechnungen
- Kalender
- Historikerinnen und Historiker
- Archäologie
- Museum
- (digitale) Zeitleiste

1 Erläutere die oben aufgeführten Begriffe mit eigenen Worten.

M 1

M 2

M 3

M4 Richtig oder falsch?

a Darstellungen werden von Historikerinnen und Historikern verfasst, nachdem sie Quellen ausgewertet und miteinander verglichen haben.

b Tagebücher und Briefe sind schriftliche Quellen.

c Zeitleisten helfen dir, dich in der Geschichte und den Epochen zu orientieren.

d Die Zeitmessung wurde erst für die Menschen in unserer Zeit wichtig.

e Um deine Familiengeschichte zu erforschen, genügen Bildquellen.

f Feste und Bräuche gehören zu den Traditionen.

M5 Ein Journalist berichtete am 3. Oktober 1928 von einer Fahrt des Luftschiffs „Graf Zeppelin" über Berlin:

Kurz nach neun Uhr überfuhr „Graf Zeppelin" den südlichen und östlichen Teil Berlins und grüßte die großen Fabriken, die Stätten der Arbeit. Wo immer sich das Schiff zeigte, war alles auf den Beinen. Die Maschinen der Fabriken standen einige Augenblicke still ... Besonders auffallend war der ruhige Lauf der Motoren, die man kaum hörte. Das Geräusch eines einzigen Fliegers war stärker als alle fünf Zeppelin-Motoren.

*Berliner Tageblatt, 3.10.1928.**

M6 Abbildungen der Zeit

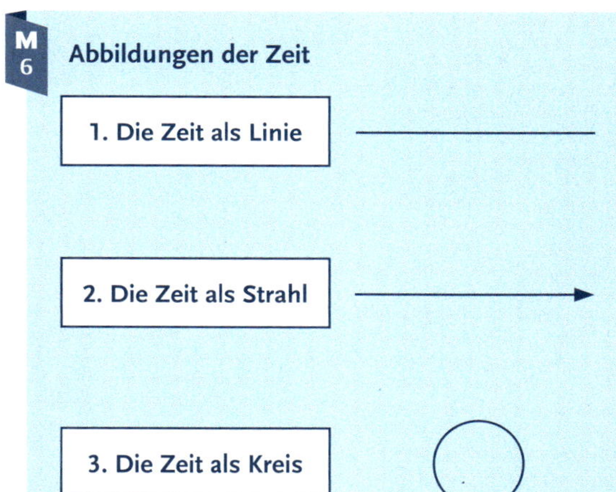

Methoden- und Interpretationskompetenz

1 Erkläre, was man durch die Interpretation von gegenständlichen Quellen über das Leben von früher erfahren kann. **Tipp** → S. 181.

2 Begründe, warum es nicht möglich ist, ein vergangenes Ereignis allein mithilfe von gegenständlichen Quellen darzustellen. **Tipp** → S. 181.

Geschichte darstellen (narrative Kompetenz)

3 a) Ordne die Bildunterschriften „Bauern bei der Heuernte, Malerei um 1510", „Frühgeschichtliche Höhlenmalerei einer Rinderherde um 8000 v. Chr., Foto" und „Statue des ägyptischen Pharaos Cheops, vermutlich zwischen 2613–2494 v. Chr. erstellt, gefunden in Abydos, Ägypten, Foto" den Abbildungen M1–M3 zu.

b) Nenne für M1–M3 und M5 die jeweilige Quellenart.

c) Erstelle eine digitale Zeitleiste, in die du M1 bis M3 und die dazugehörige Epoche aufnimmst.

4 Prüfe die Aussagen in M4 auf ihre Richtigkeit. Korrigiere die falschen Aussagen und schreibe alle Aussagen richtig auf.

5 **Partnerarbeit:** Begründet, welche Abbildung die Zeit am besten darstellt (M6).

Geschichte heute (geschichtskulturelle Kompetenz)

6 Auf einer Baustelle in Benzingerode stoßen Bauarbeiter auf Gegenstände aus der Frühgeschichte. Statt den Fund zu melden, arbeiten die Bauarbeiter weiter. Diskutiert in der Klasse das Verhalten der Bauarbeiter im Hinblick auf die Bedeutung von Quellen zur Erforschung der Vergangenheit. **Tipp** → S. 181.

cornelsen.de/webcodes
Code: qujoti
Selbsteinschätzungsbogen

Check

2

Das Leben der Menschen in frühgeschichtlicher Zeit

„Seht mal dort!“ Die Person am linken Bildrand hat soeben eine Gruppe von Jägern am Waldrand entdeckt. Die anderen Bewohnerinnen und Bewohner der Siedlung unterbrechen ihre Arbeit, um zu sehen, was los ist. Doch auch die Jägergruppe ist aufgeschreckt durch das Feuer am Waldrand im Bildhintergrund. Einer von ihnen deutet aufgeregt dorthin.
Dies ist eine Rekonstruktionszeichnung – eine Zeichnung aus der heutigen Zeit, die uns darstellt, wie etwas in der Vergangenheit gewesen sein könnte. Im Falle dieser Zeichnung könnte so eine Begegnung von Menschen vor 6000 Jahren ausgesehen haben.

Worüber könnten die beiden Gruppen – die sesshaften Bewohnerinnen und Bewohner und die umherziehenden Jäger – gesprochen haben, als die Jäger in der Siedlung ankamen? Schreibe eine kurze Erzählung.

alle Darstellungstexte zum Anhören

wigona

Menschen in der Steinzeit, Rekonstruktionszeichnung, 2011

4 Mio. v. Chr.	2 Mio. v. Chr.	200 000 v. Chr.	100 000 v. Chr.	40 000 v. Chr.	5500 v. Chr.
Entwicklung des Vormenschen	Ur- und Frühmensch in Afrika	Jetztzeitmensch in Afrika	Neandertaler in Mitteleuropa	Jetztzeitmensch in Mitteleuropa	

Altsteinzeit in Mitteleuropa – Jungsteinzeit in Mitteleuropa

Das Leben der Menschen in frühgeschichtlicher Zeit

Menschen gibt es auf der Erde schon seit mindestens zwei Millionen Jahren. Noch viel älter ist die Erde selbst – ungefähr fünf Milliarden Jahre. Das sind für uns unvorstellbar lange Zeiträume! Sicher scheint, dass die ersten Menschen in Afrika lebten und dass es einige andere Menschenarten gab, bevor unsere direkten Vorfahren entstanden. Viele hunderttausend Jahre lebten die Menschen als Wildbeuter* und Sammler. Als Nomaden – Menschen, die umherziehen und nicht an einem Ort sesshaft werden – wanderten sie den Tieren nach. Warum es vor etwa 6000 Jahren in Europa zum Umbruch in der Lebensweise der Menschen kam und sie sich an einem festen Ort niederließen, gehört zu den großen ungelösten Rätseln der Menschheitsgeschichte. In diesem Kapitel lernst du den Ursprung und die Entwicklung der Menschen kennen, so wie sie in der Geschichtsforschung heute gesehen werden. Du kannst dann das Leben der Menschen in der Vorgeschichte charakterisieren. Dabei leiten dich folgende Fragen:

- Woher kamen die ersten Menschen?
- Wie haben sie in früheren Zeiten gelebt?
- Welche Werkzeuge und Techniken hatten sie?

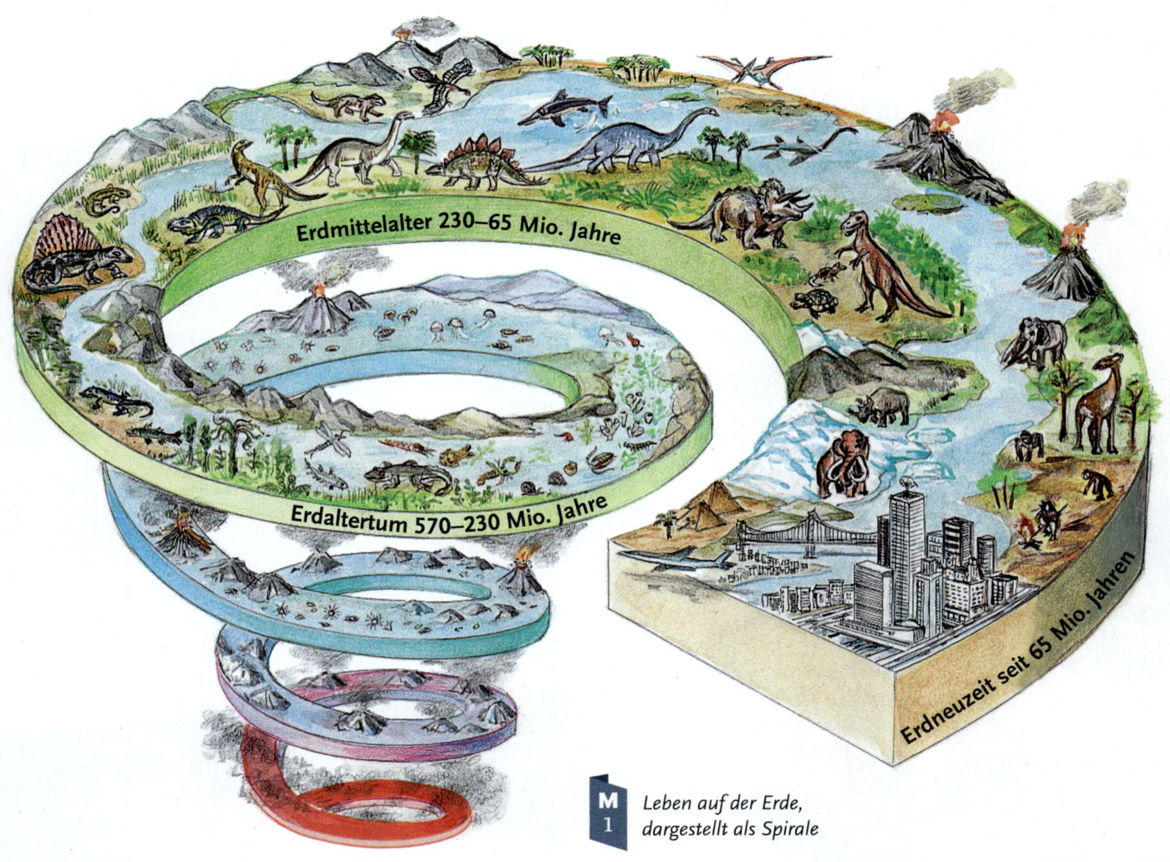

M 1 *Leben auf der Erde, dargestellt als Spirale*

2200 v. Chr.	800 v. Chr.	Christi Geburt	500 n. Chr.	1000 n. Chr.	1500 n. Chr.	2000 n. Chr.

Entstehung der ägyptischen Hochkultur um 3000 v. Chr.

Antike → Mittelalter → Neuzeit

Bronzezeit in Mitteleuropa → Eisenzeit in Mitteleuropa

M 2

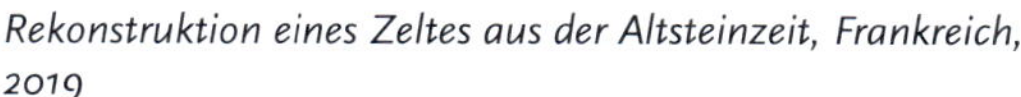

Rekonstruktion eines Zeltes aus der Altsteinzeit, Frankreich, 2019

M 3 *Mahlstein aus der Jungsteinzeit, 3./4. Jahrtausend v. Chr., Foto*

M 4

Skelette aus einem Familiengrab in Eulau bei Naumburg in Sachsen-Anhalt, Foto, 2005. In diesem mehr als 4400 Jahre alten Grab, das 2005 entdeckt wurde, sind ein etwa 50-jähriger Mann, eine etwa 45-jährige Frau und zwei Kinder bestattet, die etwa sechs bis acht Jahre und zwei Jahre alt waren. Insgesamt wurden in Eulau bei Naumburg vier Familiengräber mit Skeletten von 13 Menschen gefunden.

1 Beschreibe M1 und finde eine Erklärung dafür, warum eine Spirale als Darstellungsform gewählt wurde.

2 Beschreibe das Foto M4.

3 Erkläre, warum es sich bei dem abgebildeten Grab im Foto M4 um ein Familiengrab handelt.
Tipp → S. 181.

4 Fasse mithilfe von M2 bis M4 deine Eindrücke über die Lebensweise und die technischen Kenntnisse der Menschen in der Vorgeschichte zusammen.

Seit wann gibt es Menschen?

cornelsen.de/webcodes
Code: gisugo
Seit wann gibt es Menschen?

Das Wissen über die Entstehung und die weltweite Ausbreitung der Menschen verändert sich ständig. Immer wieder werden neue Funde gemacht. Das können ein Zahn, ein Fingerknochen oder Teile eines Schädels sein. Moderne wissenschaftliche Methoden ermöglichen es heute, offene Fragen zur Entstehung und Ausbreitung des Menschen zu beantworten oder neue Fragen zu stellen.

- ***Auf dieser Doppelseite untersuchst du die Entstehung der Menschen.***

M 1

Stufen der menschlichen Evolution. Von links nach rechts zu sehen sind: ein Vormensch (Australopithecus), ein Urmensch (Homo habilis), ein Frühmensch (Homo erectus), ein Neandertaler (Homo sapiens neanderthalensis) und ein Jetztzeitmensch (Homo sapiens sapiens). Illustration*

Woher kommt der Mensch?

Die ersten Menschenarten entwickelten sich vor über vier Millionen Jahren in Afrika aus menschenaffenartigen Vorfahren, die nicht aufrecht gehen konnten. Von ihnen stammen neben den verschiedenen Menschenarten auch die heutigen modernen Menschenaffen (Orang-Utan, Gorilla, Schimpansen) ab. Afrika wird deshalb als die „Wiege der Menschheit" bezeichnet. In Afrika entstanden unterschiedliche Menschenarten. Lange glaubten die Forscher, dass immer nur eine Menschenart die nächste ablöste. Das hat sich als falsch erwiesen. Noch bis vor 10 000 Jahren lebten unterschiedliche Menschenarten nebeneinander auf der Erde, so wie es heute verschiedene Arten von Bären oder Walen gibt. Neue wissenschaftliche Untersuchungen belegen, dass sich die einzelnen Menschenarten auch miteinander fortpflanzten und sich die Menschenarten so genetisch* vermischten.

Menschenarten und Entwicklungsstufen

Der Vormensch (*Australopithecus*) lebte vor etwa 4,5 bis 1 Million Jahren in Afrika. Er ging aufrecht und hatte eine Größe von 110 bis 140 cm. Der Vormensch ernährte sich von Pflanzen und wahrscheinlich auch Fleisch, stellte einfache Werkzeuge her und kannte kein Feuer. Wegen seines kleinen Gehirns ist umstritten, ob er tatsächlich zu den Menschenarten zählt.

Der Urmensch (*Homo habilis*) lebte vor etwa 2,1 bis 1,5 Millionen Jahren in Afrika und war ungefähr 100 bis 145 cm groß. Er ernährte sich von Pflanzen und Tieren und stellte einfache Werkzeuge her. Der Urmensch kannte vermutlich kein Feuer und konnte wahrscheinlich einfache sprachliche Laute erzeugen.

Wortschatz: die „Wiege der Menschheit" • nach Norden und Osten gehen • Meerengen nutzen, um andere Kontinente zu erreichen • sich von Afrika aus über die Erde ausbreiten • aufrecht gehen • das Meer überqueren • über den afrikanischen Kontinent wandern

Der Frühmensch (*Homo erectus*) lebte vor etwa 1,8 Millionen bis vor 40 000 Jahren in Afrika und verbreitete sich über Asien und Europa. Er war ungefähr 165 cm groß und wog circa 65 Kilogramm, konnte aufrecht gehen, aß Pflanzen und Tiere, nutzte das Feuer, stellte einfache Steinwerkzeuge her und besaß vermutlich eine einfache Sprache.

Der Neandertaler (*Homo sapiens neanderthalensis*) ist nach dem ersten Fundort im Neandertal bei Düsseldorf benannt. Er stammt vom Frühmenschen (Homo erectus) ab und lebte vor circa 400 000 bis vor circa 39 000 Jahren in Europa und in Teilen Asiens. Er war etwa 160 cm groß. Der Neandertaler produzierte verschiedenste Steinwerkzeuge und Waffen. Er ging auf die Jagd und konnte denken und sprechen.

Der Jetztzeitmensch (*Homo sapiens sapiens*) entwickelte sich vor rund 300 000 Jahren parallel zum Neandertaler in Afrika aus dem Frühmenschen (Homo erectus). Somit stammen der Neandertaler und der Jetztzeitmensch vom Frühmensch ab. Vor etwa 100 000 Jahren begann er sich über die Welt zu verbreiten. Der Jetztzeitmensch war nicht die erste Menschenart, die Afrika verließ. Allerdings war er der erste, der Meerengen überwand und die ganze Erde besiedelt hat. Der Jetztzeitmensch war bis circa 180 cm groß, ernährte sich von Fleisch und Pflanzen und stellte Werkzeuge und Waffen her. Auch hatte der Jetztzeitmensch ein weiterentwickeltes Gehirn und glaubte an übersinnliche Mächte. Heute gibt es nur noch den Jetztzeitmenschen.

M 2

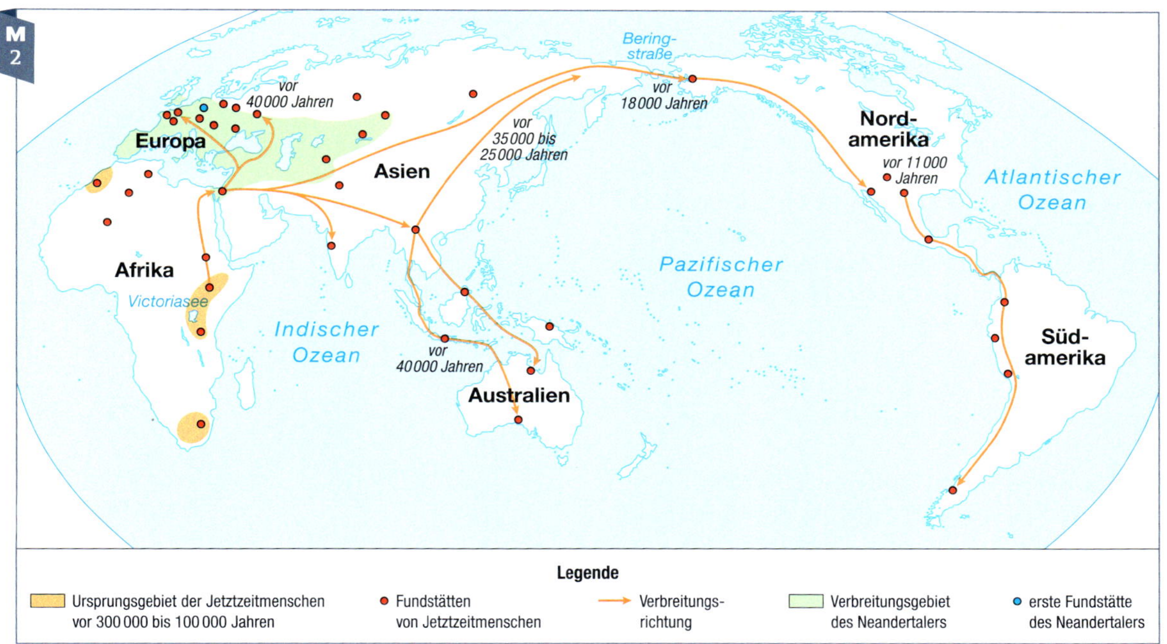

Räumliche und zeitliche Ausdehnung des Jetztzeitmenschen. Die Karte entstand aufgrund von Knochenfunden. Der Jetztzeitmensch wanderte vermutlich zuerst über den afrikanischen Kontinent, bevor er sich über die ganze Welt ausbreitete.

1 Stelle mithilfe des Darstellungstextes und M1 dar, was du über Lebenszeiten, Verbreitung, Größe, Fähigkeiten und Ernährung der einzelnen Menschenarten herausfindest. ▸ Hilfe

2 Stelle Vermutungen an, warum sich das Wissen über die Ursprünge der Menschheit verändert hat und weiter verändern kann.

3 **Wähle eine Aufgabe aus:**

a) Fasse die Aussagen der Karte M2 in eigenen Worten zusammen.

b) Beschreibe mithilfe der Karte M2 die Ausbreitung des Jetztzeitmenschen. Nutze den **Wortschatz**. **Tipp** → S. 181.

Zusatzaufgabe → S. 175

Kartenanimation: *Die Ausbreitung des Menschen*

Einen Sachtext lesen und verstehen

Historikerinnen und Historiker, aber auch Schulbuchautorinnen und Schulbuchautoren nutzen Quellen, um bestimmte historische Sachverhalte aus ihrer Sicht darzustellen – also um vergangene Ereignisse zu rekonstruieren. Sie erstellen Darstellungen. Eine Form der Darstellung ist der Sachtext, den zum Beispiel Schulbuchverfasser schreiben, um in ein Thema einzuführen und über vergangenes Geschehen zu erzählen. Auch auf dieser Seite findest du einen Sachtext, den der Verfasser mithilfe von Quellen aus der Vergangenheit und Darstellungen anderer Historikerinnen und Historiker erstellt hat. Mit den fünf Arbeitsschritten in der grünen Tabelle kannst du ihn erschließen.

Klima und Lebensräume verändern sich

Insgesamt waren die klimatischen Bedingungen vor 75 000 Jahren in Europa sehr anders als heute. Europa war von einer Eiszeit oder Kaltzeit geprägt. Während dieser Zeit war Europa von mächtigen Gletschern bedeckt, die das Klima stark beeinflussten. Die Temperaturen waren in der Regel viel kälter als heute, und große Teile des Kontinents waren von Schnee und Eis bedeckt. Auf dem Gebiet des heutigen Deutschlands gab es riesige Graslandschaften und Steppe mit wenig Bewuchs. Nur um das Mittelmeer herum gab es Waldgebiete, wie wir sie heute in Mitteleuropa kennen.
Mit dem Ende der letzten Kaltzeit vor etwa 11 700 Jahren begann sich die Landschaft Europas dramatisch zu verändern. Die Temperaturen stiegen allmählich an, und das Eis der Gletscher begann zu schmelzen und sich zu verkleinern. Durch das Schmelzwasser entstanden neue Flüsse mit breiten Flusslandschaften und die Küsten veränderten sich. Die Wälder breiteten sich nun in ganz Europa aus und in den Grassteppen entwickelten sich neue Gräser und wilde Getreidepflanzen.

Die Menschen ziehen in Richtung Norden

Durch die Klimaveränderungen verschlechterten sich vermutlich die Ernährungsmöglichkeiten in Afrika und die Jetztzeitmenschen zogen in Richtung Norden. In den Wäldern und Graslandschaften zogen große Herden von Wildtieren umher, die gejagt werden konnten. Die Wälder boten ein reichhaltiges Angebot an Beeren, Wurzeln und Pilzen. Die Menschen schützten sich nun mit Fellen, einfachen Zeltbehausungen und dem Feuer in kalten Phasen. Sie entwickelten auch neue Werkzeuge, Fähigkeiten, zum Beispiel bei der Jagd, und Lebensweisen. Diese Anpassung an die Umgebung war nötig, um in den neuen Lebensräumen zu überleben. Durch die Ernährung veränderte sich auch ihr Aussehen und ihr Körperbau. Dies dauerte aber viele Generationen (eine Generation sind in etwa 30 Jahre). Diesen Prozess nennt man auch Evolution.

(die) Evolution
Evolution ist ein Entwicklungsprozess, bei dem sich Arten von Menschen im Laufe der Zeit verändern und an ihre Umgebung anpassen. Dies kann dazu führen, dass sich die Merkmale, wie Aussehen und Körperbau, verändern und neue Menschenarten entstehen können. Die Menschen entwickeln auch neue Fähigkeiten, um sich an die Umgebung anzupassen.

Europa im Eiszeitalter

Arbeitsschritte „Einen Sachtext lesen und verstehen“

1. Schritt: Ersten Überblick verschaffen	**Lösungshinweise zum Text S. 40**
Welche Überschrift hat der Text?	...
Wie ist der erste Eindruck von Inhalt und Aufbau des Textes?	*Veränderungen des Klimas werden beschrieben; Zusammenhang zwischen Klima und Lebensorten*
2. Schritt: Fragen stellen	
Was weiß ich schon über das Thema?	*Zu Beginn der Entwicklung der Menschen gab es unterschiedliche Menschenarten; die Menschen lebten zunächst in Afrika, später auf der ganzen Welt; siehe S. 39.*
Wer kommt in dem Text vor?	*Jetztzeitmenschen*
Wo und wann findet das Dargestellte statt?	*Jetztzeitmenschen; Afrika und Europa; Zeit der Kaltzeit; siehe Karte M1*
Worum geht es?	*Das Klima und die Landschaft veränderte sich mit Ende der letzten Kaltzeit. Die Menschen zogen von Afrika nach Europa.*
Welche Fragen bleiben offen?	*Offen bleibt zum Beispiel die Frage, warum es zu Klimaveränderungen kam.*
3. Schritt: Schlüsselwörter klären (= es handelt sich hier um schwierige Fachbegriffe, die für das Verstehen des Textes ganz wichtig sind)	
Welche schwierigen Wörter oder Unklarheiten muss ich klären?	*Evolution, klimatische Bedingungen, Steppe (Lexikon, Internet, Kasten)*
Welche Schlüsselwörter hat der Text?	*Jetztzeitmensch, klimatische Veränderungen, Kaltzeit, Evolution*
4. Schritt: Textaufbau erfassen	
In welche Abschnitte lässt sich der Text gliedern? Welche Überschriften passen zu den Textabschnitten?	• *Europa zur Zeit der Eiszeit (Z. 1–11)* • *Veränderungen nach Ende der Eiszeit (Z. 12–20)* • *Menschen passen sich an (Z. 21–33)* • *(...)*
5. Schritt: Inhalt wiedergeben	
Gib mithilfe der Überschriften und Schlüsselwörter den Inhalt des Textes wieder.	*schriftlich (wenige kurze Sätze) oder mündlich (Stichworte)*

1 Untersuche den Sachtext auf Seite 40 mithilfe der Arbeitsschritte.

2 Vergleiche die Landschaft in Europa während und nach der letzten Eiszeit. Nutze die Karte M1.

3 Erkläre den Begriff Evolution am Beispiel der Jetztzeitmenschen.

4 **Partnerarbeit:**

a) Ein Partner wiederholt mithilfe der S. 18/19 seine Kenntnisse über Quellen und der andere Partner seine Kenntnisse über Darstellungen.

b) Stellt euch eure Ergebnisse gegenseitig vor.

c) Benennt den Unterschied zwischen Quellen und Darstellungen.

d) Diskutiert, warum sich ein zweiter Sachtext von einem anderen Autor zum gleichen Thema von dem auf S. 40 deutlich unterscheiden könnte.

Zusatzaufgabe → S. 176

cornelsen.de/webcodes
Code: nenihe
Kopiervorlage Methodentabelle

Üben   Kartenanimation: *Europa in der Eiszeit*

Wie lebten die Menschen in der Altsteinzeit?

Mammute, wie in der Rekonstruktion M1 zu sehen, lebten in der Altsteinzeit. Diese begann vor ungefähr 2 Millionen Jahren und endete etwa 9000 v. Chr. Mammute gab es auch im Gebiet der heutigen Stadt Sangerhausen in Sachsen-Anhalt. Hier wurde bei Grabungen im Jahre 1930 ein 500 000 Jahre altes Mammutskelett gefunden. Die Frühmenschen in dieser Zeit jagten diese und andere Tiere, um zu überleben. Im thüringischen Dorf Bilzingsleben entdeckten 1969 Archäologinnen und Archäologen bei Ausgrabungen einen Lagerplatz, der vor ca. 350 000 bis 400 000 Jahren von Frühmenschen besiedelt war.

- ***Am Beispiel dieses Lagerplatzes kannst du untersuchen, wie sie sich an die Bedingungen ihrer Umwelt anpassten.***

M 1

3-D-Rekonstruktion von drei Mammuts, Foto, 2018

Kaltzeiten und Warmzeiten in Europa

Der Frühmensch (Homo erectus) war der erste Menschentyp, der Afrika in Richtung Norden verließ. Warum aber tauchte er erst vor 1,2 Millionen Jahren in Südeuropa und dann in Osteuropa vor 650 000 Jahren auf?

Vor rund 2,5 Millionen Jahren hatte in den nördlichen Regionen der Erdkugel das Eiszeitalter begonnen. Kalt- und Warmzeiten wechselten sich ab. Dies dauerte jeweils zwischen zehn- und hunderttausend Jahren. Es bildeten sich bis zu 3000 Meter dicke Eisschichten, die Nordeuropa bedeckten und bis über die Elbe reichten. Danach schmolz in den Warmzeiten das Eis und die Gletscher zogen sich zurück. Es entstanden wieder Wälder: Tiere und Menschen rückten von Neuem in die verlassenen Gegenden vor. Die letzte Warmzeit, in der wir heute leben, begann um 9000 v. Chr.

Die Frühmenschen von Bilzingsleben

Funde an verschiedenen Orten belegen, dass die Frühmenschen ihre Lagerplätze in Wassernähe hatten. Hier fand sich das Wild ein (zum Beispiel Rentiere, Wollnashörner, Schneehasen und Wildfüchse). So auch in Bilzingsleben. Da die Frühmenschen dieses Wild jagten, bezeichnet man sie auch als Wildbeuter.

Die Jagd auf große Tiere war gefährlich, da die Waffen aus Holz, Stein oder Geweih sehr einfach waren und viel Mut sowie Geschick erforderten. Die Erfindung der Speerschleuder ermöglichte das Erlegen von Tieren aus sicherer Entfernung.

In Bilzingsleben wurden insgesamt etwa 500 000 Objekte gefunden. Diese Objekte dienen uns als Quelle. Sie belegen sicher, dass sich die Menschen in der Altsteinzeit von Tieren ernährten. Die Menschen nahmen aber auch Wildfrüchte, Wurzeln, Eier und Bienenhonig zu sich. Diesen Teil ihrer Nahrung mussten sie sammeln. In Gruppen von 25 bis 30 Personen lebten die Wildbeuter und Sammler als Nomaden*. Zeltartige Hütten nutzten sie, um sich vor den Wettereinflüssen zu schützen. Die Frühmenschen blieben nur so lange an einem Ort, wie die Umgebung sie ernähren konnte. Gab es keine Beutetiere oder andere Nahrungsmittel mehr, zogen sie weiter. Ein Leben in der Gruppe war in der Altsteinzeit lebensnotwendig. Auch in Bilzingsleben sorgte die Gemeinschaft für ausreichend Schutz und Versorgung. Es wird vermutet, dass die Männer Werkzeuge anfertigten und zur Jagd gingen. So wurden in Bilzingsleben Faustkeile, Schaber und messerartige Schneidegeräte aus Stein sowie Spitzen und Meißel aus Knochen gefunden. Für das Sammeln von Nahrung waren Frauen und Kinder zuständig. Sie nahmen jedoch auch an der Treibjagd teil.

Wortschatz: einen Ort Richtung Norden verlassen • Tiere erlegen • Waffen entwickeln und anfertigen • etwas herstellen • Nahrung zu sich nehmen • mit einer Speerschleuder den Speer weit werfen • als Nomaden in Gruppen umherziehen

M 2 *Lebensbild des altsteinzeitlichen Siedlungsplatzes von Bilzingsleben, Rekonstruktionszeichnung, 1999*

M 3

0 2 4 6 m

steinzeitlicher See
Uferterrasse
Grundriss der Behausungen
Feuerstelle
Werkplatz
bearbeitete Tierknochen
Funde von menschlichen Knochen

Schematischer Plan des Lagerplatzes von Bilzingsleben

Der Ausgrabungsleiter Dietrich Mania über den Fundort Bilzingsleben (2004):

Mit Sicherheit haben sich die frühen Menschen von Bilzingsleben nicht nur von Fleisch und Fisch ernährt. Zwar fanden wir in dem Lager nur ein paar Schalenstücke von großen Flussmuscheln und Vogeleiern ... Doch ist anzunehmen, dass diese Menschen vielerlei Pflanzenprodukte zu sammeln und zu nutzen wussten. Sicherlich ernteten sie Nüsse, Eicheln, Beeren, Pilze, junge Sprossen und Salate ... Die vielen gefundenen Bohrer ... bedeuten vermutlich, dass mit ihnen organische Materialien hergerichtet wurden, etwa Holz, Bast oder vielleicht auch Felle und Häute. Benutzten die Bewohner solches Spezialwerkzeug, um etwa Behältnisse, Tragen, vielleicht sogar einfache Kleidung anzufertigen? Zumindest im Winter liefen sie vermutlich nicht nackt herum. Allerdings reagiert menschliche Haut auf ungegerbte[1] Felle und Häute mit schlimmen Ekzemen[2]. Kannten diese Frühmenschen schon einfache Gerbverfahren? ... Offensichtlich war das Lager von Bilzingsleben dauerhaft über mehrere Jahre bewohnt ... Hier hatte sich der Homo erectus eine eigene Umwelt geschaffen, die vor Zwängen und Gefahren der Natur einigermaßen schützte. Solch eine abgeschirmte Siedlung bot viele Vorteile. Beispielsweise konnten Teilgruppen zur Jagd oder zum Sammeln losziehen, während andere Gruppenmitglieder im Lager zurückblieben. Allein diese unterschiedlichen Aufgaben ... vertieften eine Arbeitsteilung.

*Dietrich Mania, Die Urmenschen von Thüringen, in: Spektrum der Wissenschaft, Heidelberg, 10/2004, S. 43 ff.**

[1] *gerben: Tierhäute zu Pelzen oder Leder verarbeiten*
[2] *Hautentzündungen*

1 Begründe mithilfe des Darstellungstextes, warum M1 in die Altsteinzeit einzuordnen ist.

2 Erkläre mithilfe des Darstellungstextes, warum Frühmenschen auch als Wildbeuter oder Sammler bezeichnet werden können. Nutze den **Wortschatz**.

3 **Methode:** Untersuche M4 mithilfe der Arbeitsschritte auf S. 41. ▸ Hilfe

4 **Partnerarbeit:**
a) Arbeitet aus dem Darstellungstext und M4 heraus, welche Werkzeuge, welche Nahrung, welche Behausung und welche Kleidung die Frühmenschen von Bilzingsleben nutzten. Jeder untersucht zwei.
b) Vergleicht eure Ergebnisse und diskutiert, ob diese Informationen als sicher gelten können. Nutzt dazu auch M3. **Tipp** → S. 181.

5 Wie das Titelbild auf S. 34/35 ist auch M2 eine Rekonstruktionszeichnung. Erkläre, warum das in M2 Dargestellte in der Vergangenheit so passiert sein kann, aber nicht unbedingt genauso, wie es hier abgebildet ist.

Üben   Video: *Jäger in der Altsteinzeit*

Eine Internetrecherche durchführen

cornelsen.de/webcodes
Code: giceke
Kopiervorlagen Rechercheprotokoll und Methodentabelle

Die Menschen aus der Altsteinzeit haben uns keine schriftlichen Quellen hinterlassen, die über ihre Lebensweise informieren. Dafür aber viele bildliche Quellen, sogenannte Höhlenmalereien. Wie gehst du vor, wenn du mehr über ein Thema, wie etwa über Höhlenmalereien der Altsteinzeit, wissen möchtest? Wenn du im Internet suchst, erhältst du oft sehr viele Suchergebnisse, und die richtige Auswahl geeigneter Internetseiten kostet viel Zeit.

- ***Am Beispiel der Höhlenmalereien von Lascaux und Chauvet (Aussprache: laskó und schowé) in Frankreich erfährst du, wie du bei einer Internetrecherche vorgehst.***

M1

Wie wurden Höhlenmalereien angefertigt?
Höhlenmalereien sind Bilder auf Felswänden. In der Höhle von Lascaux wurden über 600 und in der Höhle Chauvet rund 400 Tiermotive gezählt. Die Wände wurden vor der Bemalung angeraut, um die benutzten Farben Rot, Gelb, Orange und Schwarz besser hervorzuheben. Die Farben wurden aus Erde, zermahlenem Gestein, Erzen, Pflanzen und Holzkohle hergestellt. Zunächst zeichneten die Künstler die Umrisse vor oder ritzten diese ein, um sie dann mit den Fingern oder einem Pinsel nachzuziehen. Neuere Forschungen belegen, dass Männer, Frauen und Kinder diese Felsbilder malten. Beide Höhlen dürfen nur von Forscherinnen und Forschern betreten werden. Um die originalen Felsmalereien zu erhalten, wurden sie für Touristen originalgetreu nachgebaut.

Warum wurden Höhlenmalereien angefertigt?
Felsbilder, kunstvoll geschnitzte Figuren oder Musikinstrumente sind keine Gegenstände, die für das tägliche Leben benötigt wurden. Die Malereien zeigen, dass die Menschen der Altsteinzeit nicht nur jagten und sammelten, sondern auch künstlerisch tätig waren. Über die genaue Bedeutung der Kunstwerke gibt es unterschiedliche Meinungen in der Forschung. Hatten die Malereien eine religiöse Bedeutung? Sollten sie Glück bei der Jagd bringen?

Ausschnitt aus dem „Saal der Stiere" in der Höhle von Lascaux, Foto, 2016. Die Höhle wurde 1940 von Kindern zufällig entdeckt und ist 15 000 Jahre alt.

Besucher in der Höhle Caverne du Pont d'Arc, dem Nachbau der Höhle von Chauvet, Foto, 2018. Die ursprüngliche Höhle ist 31 500 Jahre alt und wurde nach ihrem Entdecker Jean-Marie Chauvet benannt, der sie 1994 als Erster betrat.

Internetseite

Arbeitsschritte „Eine Internetrecherche durchführen"

Die Suche beginnen	Sprachliche Formulierungshilfen
1. Zu welchem historischen Thema, zu welcher Frage suche ich Informationen?	• *zum Beispiel: Warum wurden die Höhlen von Lascaux und Chauvet nachgebaut?*
2. Welche Internet-Suchmaschine wähle ich aus?	• *zum Beispiel Google oder eine Kindersuchmaschine wie Frag Finn oder Blinde Kuh*
3. Welche Internethinweise gibt das Schulbuch?	• *Nutze die Webcodes im Schulbuch.*
Die Suchabsicht festlegen	
4. Welche Suchwörter helfen mir zur Beantwortung meiner Fragen weiter?	• *Lege eine Liste mit Suchwörtern an: Höhle von Lascaux, Höhle von Chauvet, Entstehungszeit, Bedeutung der Höhlenmalereien ... Gib anschließend die Suchbegriffe in das Suchfeld der Startseite der Suchmaschine ein.*
Überblick über das Suchergebnis bekommen	
5. Welche Links sind interessant und brauchbar für mich?	• *Lies die Überschriften und Kurzerläuterungen der Links. Brauchbar erscheinende Links kannst du für die Auswertung auswählen und als Favorit auf dem Computer sammeln.* **Tipp:** *Oft kannst du über eine Auswahl auf der Webseite die Sprache ändern.*
6. Welche Links stammen von glaubwürdigen Anbietern?	• *Prüfe immer, wer die Webseite mit welchem Interesse betreibt (eine Privatperson, ein Unternehmen, ein Museum). Frage, wenn du unsicher bist, die Lehrkraft oder deine Eltern.*
Ergebnisse ordnen	
7. Wie gehe ich mit den Informationen einer Webseite um?	• *ausgewählte Webseite lesen und die Informationen auswählen, die hilfreich und verständlich sind*
Informationen sichern und auswerten	
8. Wie halte ich die gefundenen Informationen fest?	• *Textteile und Bilder mit vollständiger Internetadresse und Entnahmedatum (= Quellenangabe) als Datei speichern und die inhaltliche Aussage schriftlich zusammenfassen*

1 Begründe mithilfe von M1, weshalb die Menschen in der Altsteinzeit nicht nur Jäger und Sammler gewesen sind.

2 **a)** Stelle „Hitlisten" mit fünf besonders guten Internetseiten zum Thema „Höhlenmalereien der Altsteinzeit" zusammen. Denke daran, die Internetadressen genau anzugeben, damit auch andere die Seite finden können.
b) Begründe in einem kurzen Text, warum dir die Seiten gefallen haben.
c) Vergleiche die Ergebnisse in der Klasse.

3 **Partnerarbeit:** Führt mithilfe der Arbeitsschritte und eines Rechercheprotokolls eine Internetrecherche zu der Höhle von Lascaux und der Höhle von Chauvet durch. Verteilt unter euch die Höhlen und vergleicht anschließend.

4 Nimm Stellung: Sind Kopien wie die Höhle Caverne du Pont d'Arc sinnvoll, um etwas über die Vergangenheit zu erfahren (M1)?

Warum wurden die Menschen sesshaft?

Zwischen der Altsteinzeit und der Jungsteinzeit vollzog sich der bisher radikalste Umbruch in der Geschichte der Menschheit: Die Menschen wurden sesshaft und lebten in Dörfern. Dies kam einer Revolution – einem grundlegenden Wandel – gleich. Die Ursachen dafür werden im Folgenden dargestellt.

- ***Lies den Darstellungstext und arbeite die wichtigsten Informationen zur Sesshaftwerdung des Menschen in der Jungsteinzeit in kurzen Stichpunkten heraus.***
- ***Wähle ein Material (A, B, C) aus und bearbeite es mithilfe der Aufgaben.***

Der Mensch greift in die Umwelt ein

Zehntausende Jahre hatten die Menschen der Altsteinzeit vom Jagen und Sammeln gelebt. In der Jungsteinzeit wurden aus herumziehenden Jägern und Sammlern sesshafte Bauern und Viehzüchter, die an einem Ort blieben. Die Menschen lebten nun vermehrt in Dörfern und nutzten die Natur für ihre Zwecke: Sie betrieben Ackerbau und Viehzucht. Dabei griffen sie in die Natur ein und veränderten sie. Dichte Wälder wurden gerodet. Das bedeutet, dass die Bäume gefällt wurden. Zur Erschließung von Ackerland brannten die Bauern regelmäßig Waldstücke ab. Die Böden wurden nach wenigen Jahren unfruchtbar und man brannte weitere Waldgebiete nieder. Aus dem gerodeten Holz bauten die Menschen Häuser, Geräte und Gebrauchsgegenstände.

Die Menschen ernteten ihr eigenes Getreide. Wildtiere wurden durch Zucht zu Haustieren, vor allem Schafe, Ziegen, Schweine und Rinder. Nahrungsmittel wie Käse oder Brot produzierten die Menschen selbst. Gefäße aus Keramik ermöglichten die Aufbewahrung von Vorräten.

Die Selbstversorgung bot große Vorteile. Jetzt konnte eine größere Zahl von Menschen ernährt werden. Die Vorratshaltung ermöglichte das Überleben bei schlechten Ernten. Allmählich spezialisierten sich einzelne Menschen auf bestimmte Berufe.

Die neue Lebensweise hatte auch Nachteile. Schädlinge wie Ratten fraßen oft die Vorräte auf. Durch das enge Zusammenleben größerer Gruppen verbreiteten sich Krankheiten. Die Dörfer mussten vermutlich auch mit Waffengewalt verteidigt werden, da sie ein beliebtes Ziel von Angriffen von Nomaden sein konnten.

(die) Jungsteinzeit oder Neolithische Revolution
Am Ende der letzten Eiszeit, um 10 000 v. Chr., wurde es wärmer und die Landschaft veränderte sich. In dieser Zeit begann die Jungsteinzeit (griech. Neolithikum) im Raum des heutigen Irak. Von dort verbreitete sich die neue Lebensform in andere Teile Asiens und nach Europa. Mitteleuropa erreichte sie um 5500 v. Chr. Die Menschen wurden allmählich sesshaft, lebten als Bauern und Viehzüchter in Dörfern. Sie ernährten sich von Ackerbau und Viehhaltung. Nach Ansicht vieler Wissenschaftlerinnen und Wissenschaftler war der Übergang von der Alt- zur Jungsteinzeit so bedeutsam in der Geschichte der Menschheit, dass sie von der „Neolithischen Revolution" sprechen. Die Jungsteinzeit endete um 2200 v. Chr.

M 1

Neue Techniken und Geräte in der Jungsteinzeit, Rekonstruktionszeichnung, 1999. Steinbohrer, Pflug, Räderwagen, Webstuhl, polierte Steinaxt, Töpferwaren

1 Beschreibe die neuen Techniken und Geräte in M1. **Tipp** → S. 181.
2 Erkläre mithilfe von M1 und des Darstellungstextes, welche Vorteile sich aus den neuen Techniken und Geräten für die Menschen ergaben.

B

M2

Bau eines Hauses in der Jungsteinzeit, Rekonstruktionszeichnung aufgrund von Untersuchungsergebnissen von Archäologen. Die verschiedenen Arbeitsgänge werden hier zeitgleich gezeigt; tatsächlich wurden sie vermutlich nacheinander ausgeführt.

1 Erkläre anhand von M2 die Technik des Hausbaus. Bringe dabei die Arbeitsschritte in die richtige Reihenfolge: *Flechtwände herstellen, die Wände mit Lehm verputzen, Dachkonstruktionen bauen, Tragpfosten errichten, das Dach mit Schilf decken.*

2 Fasse mithilfe von M2 und des Darstellungstextes zusammen, wie die Menschen die Umwelt veränderten, nachdem sie sesshaft geworden waren.

C

M3

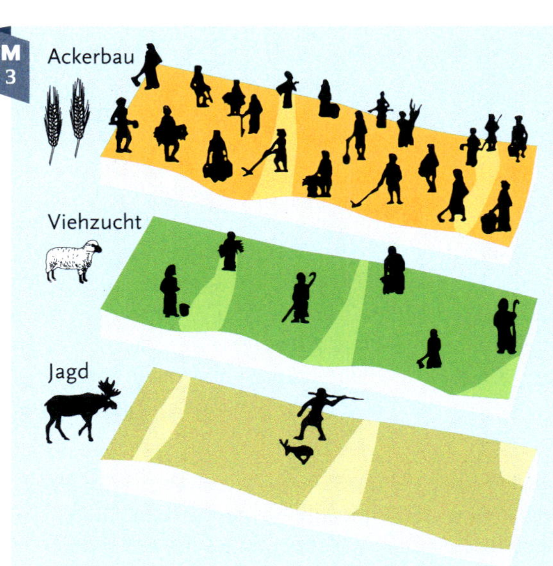

Naturverbrauch von Jägern und Sammlern sowie Bauern und Viehzüchtern pro Quadratkilometer

1 Fasse die Aussage von M3 in zwei Sätzen zusammen.

2 Erkläre mithilfe von M3 und des Darstellungstextes, welche Folgen die neue Lebensweise der Menschen für die Umwelt hatte.

Aufgabe für alle:
Diskutiert, wie wichtig die Neolithische Revolution in der Entwicklung der Menschheit gewesen ist und welche Auswirkungen sie hatte. ▸ Hilfe

Die Kelten – Handwerker und Händler der Metallzeit

Auch in der Jungsteinzeit nutzten die Menschen vor allem Holz und Stein als Werkstoffe. Seit ca. 2200 v. Chr. gewannen aber Metalle in Europa immer mehr an Bedeutung: Auf die Steinzeit folgte die Metallzeit. Meister in der Metallverarbeitung waren die Kelten, die um 500 v. Chr. im Zentrum Europas ihr Siedlungsgebiet hatten. Die Römer nannten sie Gallier.

- ***Wie wurden Metalle gewonnen und verarbeitet?***
- ***Wo lassen sich heute noch keltische Überreste finden?***

M 1

Erzbergbau in der Metallzeit, Rekonstruktionszeichnung, 1999

(die) Metallzeit
Die neuen Werkstoffe aus Metall veränderten das Alltagsleben. Für Mitteleuropa wird der Zeitraum von 2200 bis ca. 800 v. Chr. als „Bronzezeit" und die Zeit ab ca. 800 v. Chr. als „Eisenzeit" bezeichnet.

Neuer Fortschritt durch Metallgewinnung

Die Menschen bemühten sich schon während der Jungsteinzeit ständig um eine Verbesserung ihrer Geräte. Auf der Suche nach neuen Werkstoffen entdeckten sie das Metall. Metalle kommen in bestimmten Gesteinen (= Erzen) vor, die sich in der Erde befinden und in Bergwerken abgebaut werden. Aus diesen Erzen werden bei hohen Temperaturen die Metalle herausgeschmolzen. Kupfer war das erste Metall, das Menschen im Vorderen Orient schon im 6. Jahrtausend v. Chr. gewannen. Da Kupfer relativ weich ist, suchten Handwerker nach anderen Möglichkeiten. Sie fanden heraus, dass eine Mischung aus Kupfer und Zinn im Verhältnis 9 : 1 ein härteres Metall ergibt: die Bronze. Ein noch härteres Metall ist das Eisen.

Die Kelten – Handwerker und Händler

Kelten bedeutet sinngemäß „die Mächtigen, die Starken". Das Volk der Kelten stellte Gebrauchsgegenstände für den Alltag und Waffen aus Eisen her. Die Kelten breiteten sich durch Kriegszüge und Wanderungen über große Teile Europas aus. Sie lebten auf einzelnen Bauernhöfen und in kleinen Dörfern. Im 3. und 2. Jahrhundert v. Chr. gründeten die Kelten stadtähnliche Siedlungen mit militärischen Befestigungen auf Anhöhen.

Der Abbau von Eisenerzen und seine Verarbeitung zu Metallgegenständen wie Werkzeugen, Waffen, aber auch Schmuck erforderte Fachwissen und Geschicklichkeit. Aus diesem Grund entstand eine Arbeitsteilung*. Es bildeten sich Handwerksberufe wie der des Schmiedes oder des Bergmannes heraus. Neben Produkten aus Metall wurden auch Stoffe zu Kleidung verarbeitet und Keramikprodukte hergestellt.

Keltische Händler transportierten und tauschten Rohstoffe und Produkte aus eigener und fremder Herstellung auf Handelswegen über Tausende Kilometer hinweg – zum Beispiel ins heutige Spanien, nach Italien oder in die Türkei. Diese langen Strecken legten sie meistens zu Fuß zurück. Durch die Kontakte mit anderen Völkern, vor allem im Mittelmeerraum, lernten die keltischen Händler neue Lebensformen und Arbeits-

Wortschatz: der Abbau von Erzen • die Gewinnung von Metallen • Metalle in einem Bergwerk abbauen • die Metalle einschmelzen • das Kupfer/die Bronze/das Eisen • die Kelten • die Entstehung einer Arbeitsteilung • die Herausbildung einer neuen Adelsschicht • Gruppen von Kriegern schließen sich zusammen • der Reichtum • der Handelsweg verläuft durch ...

Die Handelswege und Ausbreitung der Kelten

techniken kennen, die sie nach Hause mitbrachten. Die Handwerker spezialisierten sich immer mehr auf die Herstellung ihrer Produkte und konnten so die Qualität verbessern, aber auch mehr produzieren. Das, was sie selbst nicht benötigten, tauschten sie gegen andere Produkte ein und bildeten so ein Vermögen.

Durch Handel und Reichtum entstehen Konflikte

Keltische Fürsten kontrollierten vermutlich den Abbau der Metalle sowie den Fernhandel. Die Ausgrabungen der Fürstengräber weisen darauf hin, dass es in der Bronzezeit große Unterschiede zwischen den Menschen gegeben haben muss. Durch den Reichtum entstanden Konflikte. Oft schlossen sich Krieger zusammen. Sie zogen mit Metallwaffen durchs Land und raubten Getreide, Schmuck, Tiere oder auch Metalle.

Keltische Eisenwerkzeuge und Schmuckstücke, freigelegt in Gräbern bei Hallstatt (heutiges Österreich). Gefunden wurden ein Messer, eine Speerspitze, ein Angelhaken, eine Gewandnadel, ein Beil und eine Schmuckscheibe, die zu einem Pferdegeschirr gehörte.

1 Beschreibe den Abbau von Erzen in der Metallzeit (M1). Nutze dazu auch den **Wortschatz**.

2 Erkläre mithilfe des Darstellungstextes und M3 die Vorteile von Werkzeugen aus Metall im Vergleich zu Werkzeugen aus Knochen, Holz und Steinen.

3 **a)** Fasse mithilfe des Darstellungstextes (Z. 15–39) und M2 zusammen, womit die Kelten Handel trieben.
b) Untersuche anhand von M2 die Handelswege der Kelten. In welchen Ländern Europas trieben die Kelten Handel? ▸ Hilfe
c) Berechne, wie viele Kilometer keltische Händler vom Zentrum ihres ursprünglichen Siedlungsraumes bis Rom und nach Ankara zurücklegten. Du benötigst ein Lineal und den Maßstab der Karte.

4 **Wähle eine Aufgabe aus:** ▸ Hilfe
a) Nimm Stellung zu dieser Aussage: Handel und Handwerk brachten den Kelten ein Vermögen (Darstellungstext, M2).
b) Beurteile, inwiefern der Reichtum durch die Metalle zu Konflikten führte (Darstellungstext).

Üben   Kartenanimation: *Bodenschätze und Handelswege in der Metallzeit*

Ötzi – eine Mumie als touristische Attraktion?

cornelsen.de/webcodes
Code: pibiva
Ötzi

Im September 1991 fand ein Ehepaar bei einer Bergwanderung in den Alpen eine mumifizierte Leiche. Bald wurde klar, dass es sich um eine Sensation handelte, denn der Fund erwies sich als ein Mann aus der späten Jungsteinzeit bzw. frühen Kupferzeit. In den folgenden Jahren wurde „Ötzi“, wie er nach seinem Fundort genannt wurde, zu bestuntersuchten Mumie und zum Publikumsmagneten des Museums in Bozen (Südtirol).

- ***Was haben Forscherinnen und Forscher über Ötzi herausgefunden und wie wird heute mit der Mumie umgegangen?***

M 1

Die Leiche des Gletschermannes am Fundort, Foto, 1991

Ötzis Tod – ein Krimi?

Es ist Frühsommer, als der ungefähr 45 Jahre alte Mann den Südhang der Ötztaler Alpen hinaufsteigt. Seine Hand umklammert einen Dolch aus Feuerstein. Mit seiner Mütze aus Bärenfell, dem Grasumhang über seinem Fellmantel und den gepolsterten Schuhen aus Hirschleder ist er gut gegen die Kälte des Hochgebirges gerüstet. Da surrt von hinten ein Pfeil heran, dringt tief in seine Schulter und bleibt in ihr stecken. Auf über 3000 Metern Höhe legt er sich entkräftet hin und stirbt. Der einsetzende Schnee begräbt und gefriert den Mann über die nächsten 5300 Jahre.

Die Antworten der Wissenschaftler

Ob sich der „Fall Ötzi“ genau so zugetragen hat, wissen wir nicht, denn er beruht auf vielen Einzelergebnissen der Forschung. Fest steht, dass Ötzi vor rund 5300 Jahren starb und damit aus der Kupferzeit (ca. 4300 bis 2200 v. Chr.) stammt. Wegen seines wertvollen Kupferbeils wird der Gletschermann der gesellschaftlichen Oberschicht zugerechnet. Seine Kleidung bestand überwiegend aus Fell und Leder. Noch kurz vor seinem Tod arbeitete er an einem Bogen und an Pfeilen, die halbfertig in seinem Köcher gefunden wurden. In einem Gefäß aus Birkenrinde transportierte er Glut zum Feuermachen. Das mitgeführte Birkenharz ergab gekocht als Teer den Alleskleber der späten Jungsteinzeit und frühen Kupferzeit.

Wortschatz: Glut, um ein neues Feuer zu machen • mit Pfeil und Bogen schießen • Tiere jagen • sich vor Kälte schützen • den Dolch schärfen • Holz zerkleinern • sich zur Wehr setzen

Der Umgang mit Ötzi heutzutage

Seit 1998 befindet sich der gut erhaltene Körper von Ötzi im Südtiroler Archäologiemuseum in Bozen. Hier können die Besucher die Leiche sehen, aber auch entscheiden, ob sie darauf verzichten möchten und sich auf andere Teile der Ausstellung konzentrieren. Die Frage, ob man eine Mumie öffentlich präsentieren darf oder nicht, ist nämlich nicht leicht zu beantworten. Einerseits ist Ötzi eine Quelle aus der Jungsteinzeit bzw. frühen Kupferzeit und es besteht ein großes öffentliches Interesse, diese Quelle auch sehen zu können. Es handelt sich schließlich um die älteste und am besten erhaltene Mumie der Welt. Auf der anderen Seite handelt es sich bei Ötzi aber um eine Leiche. Selbst Wissenschaftler sind sich nicht einig, ob diese Zurschaustellung zu weit geht. Mumien haben schließlich nicht ihre Einwilligung gegeben, dass man sie untersucht oder öffentlich ausstellt.

M2 *Der Gletschermann, Rekonstruktion von Kleidung und Ausrüstung nach neuesten wissenschaftlichen Erkenntnissen, Südtiroler Archäologiemuseum in Bozen (Italien), Foto, 2011. Die Rekonstruktion ist 154 cm groß, der Gletschermann war bei seinem Tode etwa 45 Jahre alt und wog etwa 50 kg. Mithilfe von neueren Untersuchungsmethoden fanden Forscherinnen und Forscher 2023 heraus, dass Ötzi wesentlich dunklere Haut und eine Glatze hatte.*

M3 *Funde in der Nähe von Ötzis Leiche*

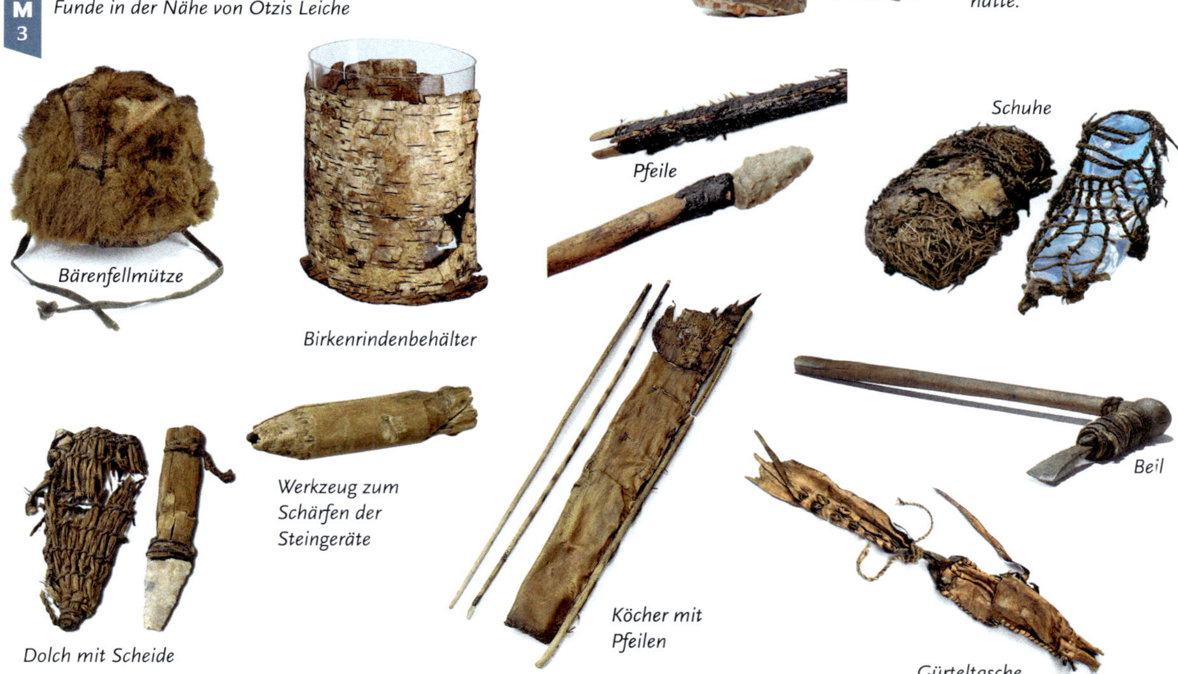

1 Beschreibe mithilfe von M1 Fundort und Zustand des Gletschermannes Ötzi.

2 Zeige anhand von Ötzis Ausrüstung (M2 und M3), wie er sich versorgte und schützte. Nutze den **Wortschatz**.

3 **a)** Erkläre mithilfe des Darstellungstextes und M1, wie es den Forschern gelang, die Rekonstruktion von Ötzi anzufertigen (M2), und was nach neuesten Erkenntnissen aus dem Jahr 2023 an der Rekonstruktion verändert werden müsste. Nutze auch den Webcode.
b) Begründe, warum es sich bei M2 nicht um eine Quelle handelt, aber bei M3 schon.

4 Charakterisiere anhand der Materialien das Leben im Alpenraum zu Lebzeiten Ötzis.

5 Verfasse eine persönliche Stellungnahme: Sollte Ötzi weiterhin für Touristen zur Schau gestellt werden? **Tipp** → S. 181.

Welche Bedeutung hat die Himmelsscheibe von Nebra?

cornelsen.de/webcodes
Code: zoduce
Himmelsscheibe von Nebra

Im Jahr 1999 fanden zwei Raubgräber in den Wäldern von Nebra in Sachsen-Anhalt eine etwa 30 cm große Bronzescheibe. Erst 2002 stellte sich heraus, dass es sich dabei um ein etwa 3600 Jahre altes Artefakt – einen von Menschen hergestellten Gegenstand – handelte. Die Scheibe stammt aus der Bronzezeit und weist darauf hin, dass die Menschen damals bereits den Himmel beobachteten. Sie gilt als älteste Abbildung des Himmels, die uns bekannt ist.

- ***Wie ist die Himmelsscheibe gestaltet und welche Funktion hatte sie?***
- ***Wie gelangte sie zu ihrem heutigen Standort, dem Landesmuseum für Vorgeschichte Sachsen-Anhalt in Halle?***

Die Himmelsscheibe von Nebra, Foto, 2004

Gestaltung und Aufbau der Himmelsscheibe
Durch den Fund der Himmelsscheibe von Nebra gelangten Historiker zu der Erkenntnis, dass die Menschen der Bronzezeit nicht nur einfache Jäger, Bauern, Waffenschmiede oder Händler sein konnten. Die Menschen aus der Bronzezeit hatten auch den Himmel, also Sonne, Mond und Sterne, genauestens beobachtet und ihre Erkenntnisse in der Himmelsscheibe festgehalten.

Wortschatz: die Menschen verfügten zu dieser Zeit nicht über • Naturphänomene beobachten • den Himmelsverlauf beobachten und deuten • Regelmäßigkeiten erkennen • ein komplexer Sachverhalt • Vorstellungen entwickeln

Wissenschaftler verschiedener Fachrichtungen haben die Himmelsscheibe erforscht. Ihre Ergebnisse sind dabei in vielen Punkten identisch:

Die Wissenschaftler sind sich einig, dass auf der Scheibe Himmelskörper abgebildet sind (M1). Die goldenen Auflagen wurden aber nicht zur gleichen Zeit aufgetragen, sondern erst nach und nach. Sicher scheint, dass auf der dunklen Scheibe zuerst Vollmond (1), Sichelmond (2) und Sterne (3) angebracht wurden. Zu erkennen sind auch die Plejaden, eine Gruppe von sieben Sternen (5).

Später wurden zwei goldene Bögen (6) an den Rändern der Himmelsscheibe zugefügt, wobei der linke Bogen heute fehlt. Beide Bögen lassen den Sonnenverlauf zwischen Frühling und Herbst am Taghimmel nachvollziehen. Die Scheibe selbst besteht aus Kupfer.

Zu einem sehr viel späteren Zeitpunkt als die anderen goldenen Elemente wurde der Scheibe ein Schiff (4) zugefügt. Dadurch sieht man den Vollmond (1) nun als Sonne, die von dem Schiff getragen wird. Die Menschen der Bronzezeit stellten sich vor, dass das Schiff für Tag und Nacht verantwortlich war, indem es die Sonne jeden Tag über den Himmel fährt.

Die Funktion der Himmelsscheibe

Die Himmelsscheibe wurde von den Menschen als eine Art Gedächtnisstütze genutzt, um im nächsten Jahr zu wissen, wann sie mit der Aussaat und später mit der Ernte beginnen müssen. Schließlich waren die Menschen der Bronzezeit vor allem auch Bauern.

Die Endpunkte der beiden Bögen (6) an den Rändern gaben auch genau Auskunft darüber, wo die Sonne auf dem Mittelberg, einem Berg bei Nebra, am längsten und am kürzesten Tag des Jahres auf- und untergeht. Des Weiteren lässt die Himmelsscheibe Rückschlüsse auf die Vorstellungen der Menschen von der Welt vor 3600 Jahren zu: Wie eine Kuppel wölbt sich der Himmel über die flache Erde, die wie eine Scheibe ist (M2).

Quelle mit besonderem Status

Die Himmelsscheibe ist im Landesmuseum für Vorgeschichte in Halle (Saale) zu sehen. Hier können Besucherinnen und Besucher ihre Größe und Beschaffenheit erkunden – es handelt sich um eine analoge Präsentation der Quelle. Aber sie wird auch digital präsentiert. Unter anderem auf der Internetseite des Museums finden sich viele Bilder und Filme über die Himmelsscheibe. Per virtueller Reise ist es mit einer Virtual-Reality-Brille im Museum möglich, die Scheibe in den eigenen Händen zu halten. Dass der Bevölkerung die Quelle analog und digital so zugänglich gemacht wird, war eine Voraussetzung dafür, dass sie 2013 in das Programm UNESCO-Weltdokumentenerbe aufgenommen wurde. Diese Aufnahme hebt den universellen Wert und die Bedeutsamkeit des Dokumentes hervor. Die Himmelsscheibe ist damit Teil eines weltumspannenden digitalen Netzwerkes.

Mittlerweile kann man die Himmelsscheibe auch auf T-Shirts, Socken, Tassen und vielen anderen Gegenständen käuflich erwerben.

M2

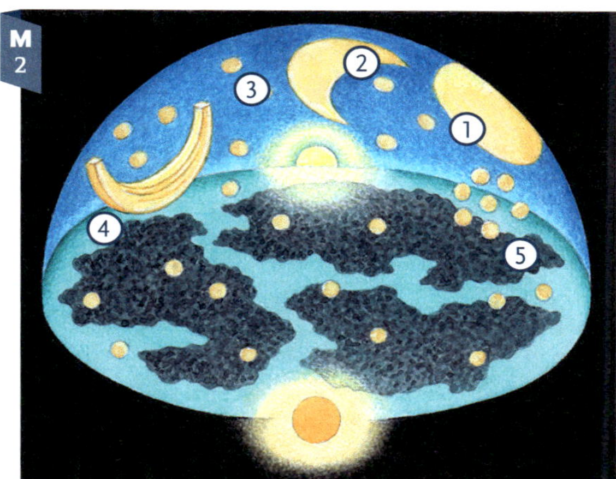

Die Vorstellung von der Welt in der Bronzezeit, eine Rekonstruktionszeichnung nach der Himmelsscheibe von Nebra

1 Erstelle eine Zeitleiste, die den Verlauf von der Entstehung der Himmelsscheibe bis zu deren Ausstellung im Museum darstellt (Darstellungstext).

2 Informiere dich im Internet über die Fundumstände der Himmelsscheibe von Nebra und arbeite heraus, wie sie ins Landesmuseum für Vorgeschichte Sachsen-Anhalt in Halle kam. Nutze den Webcode.

3 Begründe, warum es wichtig war, dass der Direktor des Landesmuseums alles daran gesetzt hat, die Himmelsscheibe zu (M1) bekommen. **Tipp** → S. 181.

4 Stell dir vor, im Internet gibt es eine Seite mit dem Titel „Die Menschen der Bronzezeit“. Dort hat jemand einen Kommentar verfasst, der besagt, dass das Leben der Menschen in der Bronzezeit primitiv gewesen sei. Verfasse mithilfe von M1, M2 und des Darstellungstextes eine Antwort darauf. Nutze den **Wortschatz**.

5 Nimm mithilfe des Darstellungstextes Z. 45 ff. Stellung, ob die Präsentation der Himmelsscheibe von Nebra sowohl in digitaler als auch in analoger Form sinnvoll ist. ▸ Hilfe

Zusatzaufgabe → S. 176

Einen Sachtext verfassen

Du hast bereits mit Darstellungen gearbeitet, wie zum Beispiel Rekonstruktionszeichnungen oder Sachtexten. Wie kannst du selbst einen Sachtext verfassen, der über ein historisches Ereignis oder das Handeln von Menschen in der Vergangenheit berichtet? Um Geschichte in einem zusammenhängenden Sachtext darzustellen, ist es wichtig, zeitliche Verläufe zu beachten. Die Arbeitsschritte zeigen dir am Beispiel des Lebens der Urmenschen in der Altsteinzeit, wie du dabei vorgehst.

Arbeitsschritte „Einen Sachtext verfassen"

Eine Leitfrage formulieren	**Lösungshinweise**
1. Worüber soll der Sachtext informieren?	• *Wie lebten die Urmenschen in der Altsteinzeit?*
Informationen sammeln, ordnen und in kurzen Stichpunkten notieren	
2. Suche nach Quellen und Darstellungen, die dir Informationen zu deiner Leitfrage liefern.	• *Nutze die Seiten 38/39 und 42–44 des Schulbuches.* • *Suche im Internet, in Büchern oder im Lexikon nach weiteren Quellen und anderen Darstellungen.*
3. Schreibe dir stichpunktartig Informationen auf, mit denen du die Leitfrage beantworten kannst. Ordne diese nach Wichtigkeit.	• *Sammle Informationen, zum Beispiel: Wann und wo lebten die Frühmenschen? Wie ernährten sie sich? Wie lebten sie zusammen? Welche Werkzeuge hatten sie? ...*
Den Sachtext gliedern und schreiben	
4. Die Einleitung • Stelle das Thema und die Leitfrage(n) vor.	• *„Dieser Sachtext berichtet über ..."* • *„Dabei soll auch geklärt werden, ..."*
5. Der Hauptteil • Formuliere aus den vielen Informationen und Stichpunkten aus dem dritten Arbeitsschritt ganze, zusammenhängende Sätze. • Damit der Sachtext verständlich ist, musst du das Geschehene zeitlich ordnen (siehe unten): Was geschah zuerst, was folgte darauf, was geschah gleichzeitig zu einer Handlung/einem Ereignis?	• *„Die Urmenschen zogen aufgrund der ... von ... nach ... Danach bauten sie ihr Lager in der Nähe von ..."* • *„Die Urmenschen lebten unter anderem in ..."* • *„Für die Jagd mussten sie vorher erst ... herstellen. Dazu nutzten sie ... "* • *„Die Frauen sammelten ... und nahmen zeitgleich an ... teil."* • *„Die Urmenschen ernährten sich von ..."* • ...
6. Der Schluss • Beantworte die Leitfrage(n) aus Arbeitsschritt 1 und erkläre, woher deine Informationen stammen.	• *„Die Urmenschen in der Altsteinzeit ..."* • *„Die Aussagen über den Urmenschen sind aufgrund folgender Quellen/Darstellungen möglich: ..."*

Zeitliche Verläufe in einem Sachtext darstellen

Beim Schreiben eines Sachtextes, der über ein historisches Ereignis oder eine Handlung berichtet, helfen dir folgende Begriffe:

- **vorher** (zunächst, zuerst, davor)
- **nachher** (später, danach, dann)
- **zeitgleich** (währenddessen, zur selben Zeit, gleichzeitig)

1 Verfasse mithilfe der Arbeitsschritte einen Sachtext, der über das Leben der Urmenschen in der Altsteinzeit berichtet. Gehe in deiner Erzählung auch darauf ein, wo und wann sie lebten.

2 Partnerarbeit:

a) Vergleicht eure Sachtexte.

b) Diskutiert, warum eure Sachtexte nicht identisch sind, obwohl ihr dieselben Informationen hattet.

Üben

2 Mio. v. Chr.	800 000 v. Chr.	5500 v. Chr.	2200 v. Chr.	800 v. Chr.
Altsteinzeit in Afrika	Altsteinzeit in Mitteleuropa	Jungsteinzeit in Mitteleuropa	Bronzezeit in Mitteleuropa	Eisenzeit in Mitteleuropa

Das Leben der Menschen in frühgeschichtlicher Zeit

Spuren der ersten Menschen

Die ältesten Spuren der Menschen sind rund vier Millionen Jahre alt. Der heutige Mensch (= **Jetztzeitmensch** oder **Homo sapiens sapiens**) entwickelte sich aber erst vor rund 200 000 Jahren im warmen Klima im Süden Afrikas und hat menschenaffenartige Vorfahren.

Leben in der Altsteinzeit

In der **Altsteinzeit**, die vor ungefähr zwei Millionen Jahren in Afrika begann, lebten die Menschen als Wildbeuter und Sammler und zogen als Nomaden von Ort zu Ort. Um besser überleben zu können, lebten sie in kleinen Gruppen. In die Natur griffen sie kaum ein. Die Menschen stellten **Werkzeuge** aus Stein, Holz und Knochen her und nutzten das Feuer. Sie ernährten sich von Wild und Früchten. Funde von Felsmalereien und kleinen Steinfiguren zeigen, dass die Menschen auch künstlerisch tätig waren. Die genaue Bedeutung der Kunstwerke kennen wir nicht. Zu vermuten ist aber eine kultische Verehrung der Natur – also eine Art von Glauben. In der Altsteinzeit wechselte das Klima mehrfach zwischen Warm- und Kaltzeiten. Mit dem Ende der letzten Eiszeit um 10 000 v. Chr. ging diese Epoche der Menschheitsgeschichte zu Ende.

Leben in der Jungsteinzeit

Seit etwa 5500 v. Chr. veränderten die Menschen in Mitteleuropa ihre Lebensweise: Sie wurden **sesshaft** und lebten als Bauern und Viehzüchter in dorfähnlichen Siedlungen. Diese neue Epoche wird als **Jungsteinzeit** bezeichnet. Die Menschen der Jungsteinzeit griffen in die Natur ein, um sie für ihre Zwecke zu nutzen. Sie rodeten Wälder, züchteten Getreide aus wilden Gräsern, zähmten und züchteten Schafe, Ziegen und Rinder. Dabei dehnten sie Acker- und Weideflächen immer mehr aus, passten sich aber in Bauweise und Anlage der Felder auch der Natur an. Diese extreme Veränderung der bisher bestehenden Verhältnisse wird auch als **Neolithische Revolution** bezeichnet. Freigelegte Grundrisse von Häusern und große Gräberfelder belegen, dass die Menschen in größeren Gemeinschaften lebten.

Das Leben der Kelten in der Metallzeit

Die Gewinnung von Metallen aus Erzen gelang den Menschen zuerst mit Kupfer. Das war um 6000 v. Chr. im Vorderen Orient. Doch erst die Bronze, eine Mischung aus Kupfer und Zinn, war hart genug für eine Vielzahl von Geräten und Waffen. Schwieriger zu gewinnen und zu verarbeiten, aber noch widerstandsfähiger und härter erwies sich das Eisen, was sich in seiner Vorform als Eisenerz an vielen Stellen in Europa fand und hier 800 v. Chr. die **Eisenzeit** einläutete. Spezialisten der Eisenverarbeitung waren die **Kelten**. Sie lebten in Stämmen mit Fürsten und Häuptlingen an der Spitze, die die Stammesgeschäfte regierten und den Fernhandel kontrollierten. Die Kelten waren auch Händler und als solche legten sie Handelswege an. Sie tauschten ihre Güter wie Werkzeuge oder Waffen aus Eisen, Salz sowie Keramik mit den Menschen, die in den Gebieten des heutigen Spanien oder Italien lebten. Die Kelten kannten die Arbeitsteilung zwischen bäuerlichen und handwerklichen Berufen (Schmied, Töpfer, Händler) und besiedelten große Teile Europas.

Der Mann aus dem Eis

Im September 1991 wurde die Leiche von **Ötzi**, einem Mann aus der späteren Jungsteinzeit, gefunden. Er starb vor etwa 5300 Jahren und lebte in den Ötztaler Alpen. Bei ihm fanden Forscher ein Kupferbeil, Kleidung aus Fell und Leder sowie Bogen und Pfeile in einem Köcher, das war ein Gefäß aus Birkenrinde. Im Jahr 2023 fanden Forscherinnen und Forscher heraus, dass Ötzi wesentlich dunklere Haut hatte als angenommen und dass er eine Glatze hatte.

1 Erarbeitet die Absätze 2 bis 4 (Z. 6–22, Z. 23–39 und Z. 40–60) mithilfe der Strukturlege-Technik. Nutzt dazu S. 31.

In diesem Kapitel konntest du folgende Kompetenzen erwerben:

- zeitliche Verläufe in der Geschichte darstellen
- das Leben von Menschen in der Frühgeschichte charakterisieren
- den unterschiedlichen Erkenntniswert von Quellen und Darstellungen (zum Beispiel Sachtexte und Rekonstruktionszeichnungen) erkennen und nachweisen
- eine Darstellung (Sachtext) über Handlungen von Menschen in der Frühgeschichte verfassen und dabei zeitliche Verläufe formulieren
- die Bedeutung der Himmelsscheibe von Nebra beurteilen
- **Medien und Methoden:** Einen Sachtext lesen und verstehen
- **Medien und Methoden:** Eine Internetrecherche durchführen
- **Geschichte darstellen:** Einen Sachtext verfassen

Folgende Begriffe hast du kennengelernt:

- Höhlenmalerei
- Frühmensch und Homo sapiens sapiens
- Neolithische Revolution
- Himmelsscheibe von Nebra
- Altsteinzeit, Jungsteinzeit und Metallzeit

1 Ordne den Begriffen die Jahreszahl oder den Zeitraum zu, für den sie kennzeichnend waren.
Tipp: Nimm die Zeitleiste auf S. 36/37 und die jeweiligen Seiten aus dem Kapitel zu Hilfe.

M 1 **Buchstabensalat**

V	H	A	E	N	D	L	E	R	Y
H	O	E	H	L	E	A	I	T	M
F	M	Y	O	W	Z	S	S	I	U
D	O	R	F	S	X	I	E	K	M
A	S	A	L	Z	P	E	N	U	I
K	A	D	O	X	L	D	O	W	E
O	P	U	W	A	V	L	E	F	B
W	I	L	D	B	E	U	T	E	R
F	E	T	Q	M	A	N	Z	U	O
H	N	E	B	R	A	G	I	E	N
C	S	N	K	F	C	X	O	R	Z
S	E	S	S	H	A	F	T	O	E

M 2

Techniken und Werkzeuge in der Altsteinzeit, Rekonstruktionszeichnung

a Tiersehnen
b Pfeile
c Herdstein
d Hacke
e Speere mit Speerschleuder
f geräuchertes Fleisch
g Stein zum Mahlen von Körnern
h Bogen
i Harpune
j Brennholz
k Speer- und Pfeilspitzen aus Feuerstein

M3 Der Historiker Yuval Noah Harari über das Leben der Menschen in der Jungsteinzeit, 2013:

Lange wollte uns die Wissenschaft den Übergang zur Landwirtschaft als großen Sprung für die Menschheit verkaufen und erzählte uns eine Geschichte von Fortschritt und Intelligenz. Irgendwann seien die Menschen so intelligent gewesen, dass sie lernten, Schafe zu halten und Weizen anzubauen. Danach gaben sie das entbehrungsreiche und gefährliche Leben der Jäger [Wildbeuter] und Sammler auf und ließen sich nieder, um als Bauern ein angenehmes Dasein in Wohlstand zu genießen. Das ist jedoch ein Märchen ... Der Alltag der Bauern war härter und weniger befriedigend als der ihrer Vorfahren. Die Jäger [Wildbeuter] und Sammler ernährten sich gesünder, arbeiteten weniger, gingen interessanteren Tätigkeiten nach und litten weniger unter Hunger und Krankheiten.

*Yuval Noah Harari, Eine kurze Geschichte der Menschheit, aus dem Engl. von Jürgen Neubauer, Deutsche Verlags-Anstalt, München 2013, S. 104.***

M4

Die Himmelsscheibe von Nebra als Motiv auf einem T-Shirt, Foto, 2024

M5

Die Himmelsscheibe von Nebra als Motiv auf einer Christbaumkugel, Foto, 2024

Methoden- und Interpretationskompetenz

1 Erkläre, warum es sich bei M2 um eine Darstellung und nicht um eine Quelle handelt.

2 Stelle dar, warum es unklar ist, ob die Szene in M2 wie abgebildet stattgefunden hat.

3 Analysiere M3 mithilfe der Arbeitsschritte „Einen Sachtext lesen und verstehen“ auf S. 41. ▸ Hilfe

4 Die Mumie „Ötzi“ wird heute in einem Museum öffentlich präsentiert. Arbeite mithilfe des Webcodes auf S. 50 heraus, wie seine Ausrüstung für die Ausstellung restauriert wurde.

Geschichte darstellen (narrative Kompetenz)

5 Schreibe die Begriffe rechts von M2 in dein Heft und ordne ihnen die Zahlen im Bild richtig zu.

6 In M1 sind 14 Begriffe versteckt, die in diesem Kapitel verwendet wurden.
a) Finde die 14 Begriffe und notiere diese in dein Heft.
b) Wähle fünf Begriffe aus und erkläre sie mit eigenen Worten. Ordne diese zeitlich und räumlich in die vorgeschichtliche Zeit des Menschen ein.

7 Erstelle mithilfe der Arbeitsschritte auf S. 54 einen Sachtext über das Leben der Menschen in der Jungsteinzeit. Gehe in deiner Erzählung auch darauf ein, wo und wann sie lebten. Nutze die entsprechenden Seiten aus dem Kapitel. ▸ Hilfe

Geschichte heute (geschichtskulturelle Kompetenz)

8 Beurteile die Vor- und Nachteile der Vermarktung der Himmelsscheibe von Nebra (M4, M5).
Tipp → S. 181.

cornelsen.de/webcodes
Code: memogu
Selbsteinschätzungsbogen

Check

3

Leben in der ägyptischen Hochkultur

Am Stadtrand von Kairo, der heutigen Hauptstadt Ägyptens, ragen gewaltige Pyramiden aus dem Wüstensand. Über 4500 Jahre sind die Riesenbauwerke alt. Tag für Tag stehen Tausende von Besuchern aus aller Welt staunend vor diesen faszinierenden und zugleich geheimnisvollen Überresten einer großen Vergangenheit. Doch die Geschichte des antiken Ägyptens bietet mehr als nur Pyramiden: geheimnisvolle Sarkophage von Herrschern, Götter in Tiergestalten und vieles mehr. Schon zur damaligen Zeit waren die Ägypter weiter entwickelt als andere Kulturen. Doch warum sind wir so fasziniert von den alten Ägyptern?

Welche Fragen möchtest du einem Ägyptenexperten gerne stellen?

alle Darstellungstexte zum Anhören

sufape

Blick auf die Pyramiden von Giseh. Vorne: zwei kleinere Königinnenpyramiden. Dahinter (von links nach rechts): die Pyramiden der Pharaonen Mykerinos, Chephren und Cheops.

3000 v. Chr. | 2500 v. Chr. | 2000 v. Chr.

Vereinigung von Ober- und Unterägypten unter einem König

Erfindung der Hieroglyphenschrift

Altes Reich: Bau der großen Pyramiden als Königsgräber

Mittleres Reich: Ausdehnung des Reichs nach Nubien im Süden

5500–2200 v. Chr. Jungsteinzeit in Mitteleuropa; Metallzeit im Vorderen Orient

2200–800 v. Chr. Bronzezeit in Mitteleuropa

Leben in der ägyptischen Hochkultur

M1

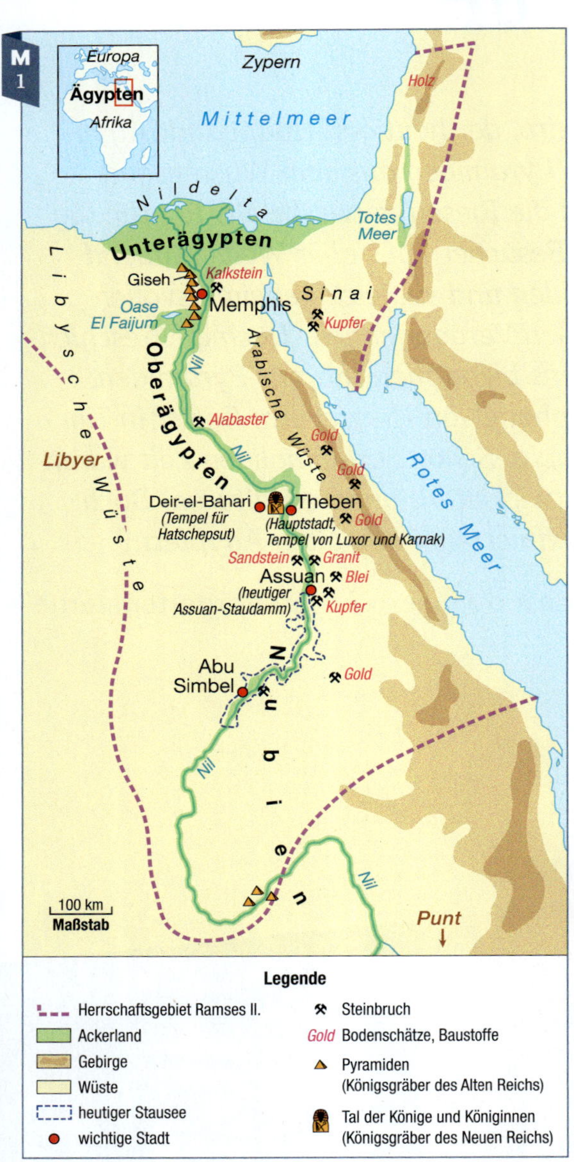

Ägypten zur Zeit seiner größten Ausdehnung unter Pharao Ramses II. um 1250 v. Chr.

Während die Menschen in Europa in kleinen Dörfern lebten, entstand in Ägypten um 3000 v. Chr. ein großes Reich mit vielen Einwohnern und prächtigen Bauwerken. Einige seiner Könige – die Pharaonen – ließen sich als Grabstätten Pyramiden bauen. Als Bezeichnung für diese Zeit wird der Begriff „altes Ägypten" verwendet; den heutigen Staat Ägypten gibt es seit 1922. Wissenschaftlerinnen und Wissenschaftler haben wertvolle Entdeckungen machen können und eine Vielzahl von Erkenntnissen über das Pharaonenreich und die beeindruckenden Bauwerke gesammelt. Bis heute werden immer wieder neue Funde gemacht. Ein Beispiel dafür ist die Grabkammer des Pharaos Tutanchamun (M4). Die Geschichte Ägyptens fasziniert. Heute reisen Millionen von Touristinnen und Touristen nach Ägypten oder sie besuchen die großen ägyptischen Museen in aller Welt. Zwischen 3500 und 1500 v. Chr. gab es auch in anderen Teilen der Erde große Reiche. Aber die Überreste aus der ägyptischen Vergangenheit sind zahlreicher und haben sich im trockenen Wüstenklima besser erhalten. Deshalb kann man in Ägypten noch viele Überreste besichtigen.

In diesem Kapitel untersuchst du,

- wie die Hochkultur in Ägypten entstand,
- was die Kennzeichen einer antiken Hochkultur waren.

M2

Das Nildelta, Satellitenfoto, 2000

1500 v. Chr. | 1000 v. Chr. | 500 v. Chr.

332 v. Chr.
Der griechische Herrscher Alexander der Große besetzt Ägypten und übernimmt die Macht

Neues Reich:
Ägypten wird Großmacht

berühmte Königinnen und Könige:
Hatschepsut, Echnaton, Nofretete, Tutanchamun, Ramses II.

753 v. Chr.
Gründung Roms

M 3

Statue von Pharao Ramses II. mit seiner Tochter Merit-Amun im größten ägyptischen Tempel von Karnak, um 1250 v. Chr., Foto, 2013

M 4

Grabkammer mit dem Sarg von Pharao Tutanchamun im sogenannten „Tal der Könige" in West-Theben, 14. Jh. v. Chr.

M 5

Großer Tempel von Abu Simbel, um Ramses II. zu ehren. Durch den Bau des Nasser-Stausees wären zwei riesige Tempel im Nilsee versunken: Sie wurden von 1963 bis 1968 auf ein höheres Gelände versetzt. Foto, o. J.

1 Bearbeite mithilfe der Karte M1 und der Zeitleiste die folgenden Fragen und Aufgaben:
   a) Welche Bodenschätze gab es auf dem Gebiet des alten Ägypten?
   b) Berechne mithilfe des Maßstabs:
   - die Länge des Nils von Abu Simbel bis Mündung ins Mittelmeer
   - die durchschnittliche Breite des Ackerlandes auf dieser Strecke

   c) Nenne die drei großen Epochen der altägyptischen Geschichte mit den zugehörigen Jahreszahlen.

2 Ordne die Bilder M2–M5 der Karte zu.

3 Bis heute sind Menschen von der ägyptischen Geschichte und ihren Geheimnissen fasziniert. Berühmt ist der angebliche „Fluch des Pharao". Was hat es damit auf sich? Recherchiere mithilfe der Arbeitsschritte auf S. 45. ▸ Hilfe

Das alte Ägypten – ein Geschenk des Nils?

Als sich vor etwa 9000 Jahren das Klima auf der Erde änderte und es immer wärmer wurde, trockneten große Teile Nordafrikas aus und wurden zur Wüste. Die Menschen ließen sich als Bauern an den Flussufern des Nils nieder.

- ***Untersuche, welche Bedeutung der Nil für die Ägypter hatte und wie er ihr Leben beeinflusste.***

M1

Nillandschaft, 250 km südlich von Kairo, Foto, 21. Jh.

Die Nilschwemme bietet fruchtbares Land

Im Gebiet der Nilquellen im heutigen Äthiopien regnet es im Frühsommer fast ununterbrochen. Bäche und Flüsse schieben Massen fruchtbarer Erde in den Nil. Im alten Ägypten, der natürliche Flusslauf war noch nicht durch die modernen Staudämme verändert, stieg das Wasser des Nils zwischen Juni und Oktober um bis zu acht Meter an. Das flache Land verschwand unter den Fluten dieser Nilschwemme. Wenn dann von Oktober bis Dezember der Wasserstand wieder sank, blieb auf den überschwemmten Flächen der fruchtbare Schlamm zurück. Diesen Schlamm nutzten die Menschen: Sie pflügten und wässerten die Äcker, säten Getreide und bauten viele verschiedene Pflanzen an. Vier Monate später konnten das Getreide, Papyrus, Linsen, Bohnen, Trauben, Datteln und Feigen geerntet werden. Danach lag das Land vier Monate brach, das heißt, es wurde nichts darauf angebaut.

Der Kalender der Ägypter

Den Ägyptern fiel auf, dass die Nilflut immer dann Ägypten erreichte, wenn der Stern Sirius kurz vor Sonnenaufgang hell am Himmel erschien. Sie legten dieses Ereignis als Jahresanfang fest. Die Zeit bis zum nächsten Auftauchen des Sterns teilten sie in zwölf Monate auf. So entwickelten die Ägypter erstmals einen Kalender. Er legte genau fest, welche Aufgaben im Laufe des Jahres zu erledigen waren.

Technischer Fortschritt der Ägypter

Der Nil ermöglichte den Ägyptern zwar einen ertragreichen Ackerbau, trotzdem stellte er sie auch vor schwierige Aufgaben: War die Flutwelle zu hoch, so wurden Dörfer und Siedlungen überschwemmt und zerstört. Wenn die Flut niedrig war, blieben weite Gebiete trocken, und es drohte eine Hungersnot.

Um das Hochwasser des Nils zu bändigen, schlossen sich die Menschen zu Gemeinschaften zusammen. Sie bauten gemeinsam Deiche, Dämme und Bewässerungskanäle. Mit einfachen Schöpfwerken wurde das Wasser auf die höher gelegenen Felder gebracht. Durch die Umgestaltung der Umwelt wurde aus dem Flusstal des Nils im Laufe der Zeit eine fruchtbare Flussoase. Wegen der Lage am Nil und der Nutzung des Wassers sprechen wir heute auch von einer Flusstalkultur*.

Wortschatz: das Feld wird überschwemmt • das Feld pflügen/bewässern • Getreide aussäen • die Aussaat • etwas ernten • die Ernte • brach liegen • die Vorräte speichern • einen Überschuss erwirtschaften

M2 Ein ägyptisches Lied über den Nil aus dem 2. Jahrtausend v. Chr.:

Sei gegrüßt, Nil, hervorgegangen aus der Erde, gekommen, um Ägypten am Leben zu erhalten! Herr der Fische, der die Zugvögel stromauf ziehen lässt, der Gerste schafft und Bohnen entstehen lässt.
Wenn er faul ist, dann werden die Nasen verstopft und jedermann verarmt.
Wenn er habgierig ist, ist das ganze Land krank, Große und Kleine schreien.
Beständig an Regeln, kommt er zu seiner Zeit, Ober- und Unterägypten zu füllen.
Der die Menschen kleidet mit dem Flachs[1], der den Webergott seine Erzeugnisse herstellen lässt und den Salbengott sein Öl.
Alle Erzeugnisse werden aus ihm hervorgebracht.
... Fließe, Nil! Man opfert dir. Komm nach Ägypten! Auf, Verborgener!
Der Menschen und Tiere am Leben erhält mit seinen Gaben des Feldes.

*Zit. nach Jan Assmann (Hg.), Ägyptische Hymnen und Gebete, Zürich (Artemis) 1975, S. 500ff.***

[1] *Pflanze zur Herstellung von Leinenstoff und Öl*

Aus dem alten Ägypten sind viele technische Errungenschaften auf dem Gebiet der Landwirtschaft sicher belegt. So war die Erfindung des Pfluges von besonderer Bedeutung. Vermutlich haben einfache Hakenpflüge schon im 6. Jahrtausend v. Chr. Furchen über die Äcker am Nil gezogen. Das Pflügen lockerte den Boden auf, Unkraut und zum Teil auch Schädlinge wurden vernichtet. Die Effizienz der landwirtschaftlichen Arbeit stieg erheblich. Da die Ernte aber nicht immer gleich gut war, wurden die Überschüsse an Nahrungsmitteln aus guten Jahren in Speichern aufbewahrt. So entstand eine Vorratswirtschaft, die zur Versorgung der Bevölkerung in schlechten Jahren beitrug.

Schaduf, ein Gerät zum Wasserschöpfen

Durch Arbeitsteilung entstehen neue Berufe

Die Mehrheit der Ägypter waren Bauern und Bäuerinnen. Sie erwirtschafteten mehr Getreide, als sie brauchten, und konnten damit auch die Teile der Bevölkerung ernähren, die nicht in der Landwirtschaft arbeiteten. Diese Menschen übernahmen dafür andere Aufgaben: Handwerker stellten Geräte für die Landwirtschaft her. Arbeiter und Arbeiterinnen waren in Spinnereien* und Webereien*, im Hafen oder beim Bau von Tempeln und Pyramiden beschäftigt. Architekten und Landvermesser waren für die Planung großer Bauvorhaben zuständig, Mathematiker entwickelten dafür die Pläne. Händler kauften und verkauften Produkte aller Art. So entstand eine Arbeitsteilung zwischen Landwirtschaft, Handwerk, Handel und Wissenschaft.

1 Wende die Struktur-Lege-Technik an: Lies den Darstellungstext Z. 1–43 und erkläre dann mithilfe der Kärtchen die Bedeutung des Nils für die Ägypter. Nimm auch das Bild M1 zu Hilfe. **Tipp** → S. 182.

2 Erkläre mithilfe der Abbildung M3 die Bewässerung der Felder im alten Ägypten.

3 „Der Nil war Segen und Fluch für die Ägypter." Erläutere diese Aussage anhand der Quelle M2. Belege deine Antwort mit passenden Textstellen. Nutze den **Wortschatz**. ▸ Hilfe

4 **Gruppenarbeit:** Bildet Gruppen von drei bis vier Lernenden. Diskutiert, ob die Eingriffe des Menschen in die Natur im alten Ägypten eine positive Entwicklung sind. Berücksichtigt dabei die Ergebnisse aus den Aufgaben 1 bis 4, aber auch mögliche Umweltzerstörungen. **Tipp** → S. 182.

Zusatzaufgabe → S. 177

 Üben   Video: *Nillandschaft in Ägypten*

Eine Bildquelle auswerten

Aus alten Kulturen stehen uns als Quellen oft nur Bilder wie Felszeichnungen, Wandmalereien oder Abbildungen zum Beispiel auf Vasen zur Verfügung.

- ***Hier lernst du die Methode kennen, wie du Bildquellen möglichst viele Informationen entnimmst. Beachte aber: Auch bei einer gründlichen Untersuchung bleiben immer Fragen offen.***

M 1

Grabbild des Amenemhet aus Theben in Oberägypten, Kalkstein mit Bemalung, Höhe 30 cm, Breite 50 cm, um 2000 v. Chr. Die Hieroglyphen oben drücken eine Bitte für Sach- und Lebensmittelspenden für den Verstorbenen aus.*

Bilder erzählen Geschichte(n)

Bilder zeigen Menschen, Dinge oder die Natur nicht immer so, wie sie in Wirklichkeit aussahen. Ein Beispiel: Manchmal ist eine Person auffallend kleiner gezeichnet als die andere. Ob sie wirklich kleiner war, wissen wir aber nicht. Häufig will der Künstler durch die Größe der Personen einen Rangunterschied zeigen. Bei Bildern aus dem alten Ägypten muss man beachten, dass sie Menschen nicht naturgetreu darstellen, sondern immer nach einem bestimmten Schema, das heißt:

- Der Kopf wird oft in der Seitenansicht (im Profil) abgebildet. Dabei sieht aber ein Auge den Betrachter direkt an (Frontalansicht).
- Der Oberkörper ist oft von vorn zu sehen – Unterkörper, Beine und Füße sind wie der Kopf im Profil gemalt.
- Personen oder Dinge sollten möglichst einzeln, ohne Überschneidung dargestellt und klar erkennbar sein.
- Braune Hautfarbe (Männer) zeigt an, dass man sich viel im Freien aufhält, weil man dort arbeitet. Helle Haut (Frauen) zeigt, dass man vorwiegend im Haus tätig ist.

Schwierig wird es auch dann, wenn der Künstler Bildzeichen (Symbole) benutzt, die eine bestimmte Bedeutung haben. Beispiel: Das Kreuz ist das Symbol des Christentums. Bei den Ägyptern war das Zeichen ☥ (anch) das Symbol für „Leben".

1 „Experiment": Zwei Schülerinnen und zwei Schüler sollen als „lebendige Puppen" das Bild M1 so genau wie möglich darstellen. Die anderen „formen" dieses Standbild durch Anweisung und Vormachen. Achtet hierbei auf die Stellung der Köpfe, der Oberkörper, der Arme, Hände, Beine und Füße. Was fällt euch auf? Nutzt die Anleitung für ein Standbild auf S. 190. ▸ Hilfe

2 Beschreibe und deute M1 mithilfe der Arbeitsschritte auf S. 65. Ergänze die Lösungshinweise an den markierten Stellen (…).

3 Werte mithilfe der Arbeitsschritte die Bildquelle M2 aus.

4 Untersuche, welche zusätzlichen Informationen der Text M1 auf S. 88 im Vergleich zu M2 enthält. **Tipp** → S. 182.

Arbeitsschritte „Eine Bildquelle auswerten“

Einzelheiten des Bildes erfassen	Sprachliche Formulierungshilfen
1. Wann wurde das Bild gemalt?	• *Das Bild wurde circa ... gemalt.*
2. Ist etwas über den Künstler oder Auftraggeber bekannt?	• *Es wurde im Grab des königlichen Schreibers ... gefunden, der vermutlich auch Auftraggeber des Bildes war.*
3. Welche Personen sind dargestellt? 4. Wie sind sie gekleidet und dargestellt? 5. Welche weiteren Gegenstände oder Tiere sind zu sehen? 6. Wo befinden sich die Personen und Gegenstände?	• *Dargestellt sind vier Personen, zwei Männer und zwei Frauen. Die Männer tragen ...; bekleidet sind sie mit ... Die Frauen tragen ... Männer und Frauen unterscheiden sich durch ...*
Zusammenhänge erklären	
7. In welcher Beziehung stehen die abgebildeten Personen, Tiere oder Gegenstände zueinander? 8. Findest du Merkmale, die auf bestimmte Eigenschaften, Beruf oder gesellschaftliche Stellung der dargestellten Personen hinweisen?	• *Drei Personen, zwei ... und eine ..., sitzen eng beieinander und umarmen sich. Die zweite Frau steht in respektvollem Abstand zu den anderen. Jetzt wird der Zusammenhang klar: Es ist ein Familienbild. Der Vater (mit Bart) und seine Ehefrau umarmen ihren Sohn. Die Schwiegertochter steht in gebührendem Abstand an der Seite. Sie gehört auch auf das Bild, aber nicht ganz eng dazu.* • *An der unterschiedlichen Hautfarbe erkennt man die Aufgabenverteilung zwischen Mann und Frau.*

M2

Soldaten erhalten einen Teil ihrer Entlohnung in Getreidesäckchen. Malerei aus dem Grab des königlichen Schreibers Userhat, um 1400 v. Chr.

cornelsen.de/webcodes
Code: suzuse
Kopiervorlage Methodentabelle

Woran glaubten die alten Ägypter?

Die Papyruszeichnung auf dieser Seite war eine Grabbeigabe für den ägyptischen Schreiber Hunefer. Sie erzählt uns in Bildern und Hieroglyphen*, wie sich die Ägypter den Übergang vom Leben zum Tod vorstellten.

- ***Untersuche diese Zeichnung und finde heraus, woran die Ägypter glaubten.***

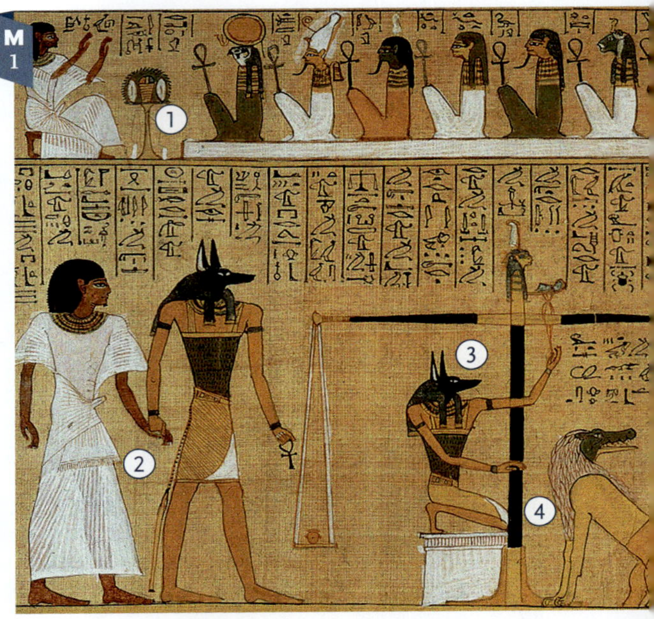

M1

Viele Götter in verschiedenen Gestalten

Viele Quellen aus dem alten Ägypten zeigen, dass der Götterglaube das Leben der Menschen bestimmte. Die Götter waren für vieles zuständig, wie zum Beispiel für den täglichen Lauf von Sonne und Mond, für die Herrschaft des Königs oder die Sorge um die Toten. Die zahlreichen Götter wurden als Tiere, als Personen oder auch als Mischwesen – halb Mensch, halb Tier – dargestellt und in Abbildungen verehrt.

Unter den vielen Göttinnen und Göttern wird die Göttin Maat (sprich Ma-at) besonders hervorgehoben. Ihr Erkennungszeichen war eine Feder auf ihrem Kopf. Maat stand für die Beachtung von Wahrheit, Gerechtigkeit und der richtigen Ordnung in der Welt.

Der Sonnengott Re war der König der Götter und Herr der Maat. Die Ägypter glaubten, dass sein Sohn der Pharao war.

Die verschiedenen Götter wurden in speziell für sie errichteten Tempeln verehrt. Stellvertretend für alle Ägypter brachten Priester hier täglich Opfer dar, um die Götter gnädig zu stimmen. Bei religiösen Festen öffneten die Priester die Tempel, und die Bevölkerung konnte bei Festzügen den Götterbildern direkt zujubeln.

Leben nach dem Tod – der Totenkult der Ägypter

Die Ägypter glaubten, dass das Leben nicht mit dem Tod zu Ende sei. Es ist sicher belegt, dass sie sich vorstellten, dass es im Jenseits (Totenreich) ähnliche Lebensmöglichkeiten wie im Diesseits (Welt der Lebenden) gebe. Deshalb gab man den Verstorbenen häufig alles Lebensnotwendige mit in das Grab: Nahrungsmittel, Kleider, Schmuck, Teller und Krüge, sogar Möbel und Kosmetik. Wohlhabende Ägypter erhielten auch ein Totenbuch als Grabbeigabe. Es enthielt Gebete und Sprüche, die dem Verstorbenen helfen sollten, wenn er sich vor dem Totengericht verantworten musste. Für ein Weiterleben nach dem Tod sollte der Körper erhalten werden (Mumifizierung, siehe S. 68).

Das Totengericht der Ägypter

Die Ägypter glaubten, dass sich jeder Mensch nach seinem Tod bei einem Totengericht vor den Göttern für sein Handeln im Leben verantworten musste. Wie die Ägypter sich den Ablauf des Totengerichts vorstellten, zeigt das Bild (M1) aus dem Totenbuch des Schreibers Hunefer. Die Abbildung zeigt verschiedene Szenen, die wie eine Geschichte angeordnet sind.

(der) Polytheismus/(der) Monotheismus (griech. polys = viel und griech. theos = Gott)

Polytheismus steht für den Glauben an viele Götter. Polytheistische Religionen wie bei den alten Ägyptern, Griechen und Römern gibt es heute noch, zum Beispiel den Hinduismus.

Im Gegensatz zum Polytheismus bezeichnet der Monotheismus (griech. monos = einzig) den Glauben an einen einzigen Gott. Das Judentum, das Christentum und der Islam sind monotheistische Religionen.

cornelsen.de/webcodes
Code: fojogo
Kopiervorlage Totengericht

Wortschatz: den Gott/die Götter verehren • sich vor den Göttern verantworten • die Waage • etwas wiegen • ein Opfer bringen • der Göttin opfern • das Jenseits • das Diesseits • an ein Leben nach dem Tod glauben • die Götter gnädig stimmen • die Grabbeigabe • etwas beigeben • sich für etwas verantworten

Totengericht, Papyrus aus dem Grab des Schreibers Hunefer, um 1300 v. Chr.

A Osiris ist der Herrscher des Totenreichs und trägt eine Doppelkrone mit Federn, Götterbart, Krummstab und Geißel (Peitsche) als Herrschaftszeichen. Er verkündet das Urteil.

C Hunefer wird von Anubis zur Waage geführt. Anubis trägt den Kopf eines Schakals, ist der Wächter der Toten und für die Mumifizierung zuständig.

B Isis galt als ideale Ehefrau und Beschützerin der Kinder. Sie steht hinter ihrem Ehemann Osiris. Isis trägt eine Hieroglyphe für „Thron" auf dem Kopf und wird oft mit Nephtys, der Beschützerin des Sargs, abgebildet.

D Thot mit dem Ibiskopf ist der Schreiber der Götter und notiert das Ergebnis der Prüfung.

E Anubis wiegt Hunefers Herz, das für seinen Charakter und seine Lebensweise steht. Gegengewicht auf der Waage ist die Feder als Symbol für die Maat (Wahrheit, Gerechtigkeit, Ordnung). Beides muss sich im Gleichgewicht befinden.

F Ammit („Totenfresserin") mit dem Krokodilkopf verschlingt den Verstorbenen, falls Hunefer die Prüfung seines Herzens auf der Waage nicht besteht. Ein Weiterleben im Jenseits wäre nicht möglich.

G Horus führt den Toten zur Urteilsverkündung vor den Thron seines Vaters Osiris. Er hat einen Falkenkopf und ist der Gott des Himmels.

H Der verstorbene Hunefer kniet vor 42 ägyptischen Göttern (nur 14 sind hier zu sehen, die anderen sitzen in der zweiten und dritten Reihe dahinter). Er beteuert, in seinem Leben keine Sünden begangen zu haben.

1 Ordne die Bilderklärungen A bis H den Zahlen in der Abbildung zu.

2 **Partnerarbeit:**
a) Nennt monotheistische Religionen, die heute weitverbreitet sind.
b) Diskutiert, welche Gemeinsamkeiten und Unterschiede zwischen der Religion der Ägypter und heutigen Religionen bestehen.

3 Erstelle mithilfe der blauen Textkarten und des Bildes M1 eine Tabelle, in der du die Götter im alten Ägypten, ihr Erkennungsmerkmal und ihre Aufgaben notierst. **Tipp** → S. 181.

4 **Geschichte darstellen:**
Fertige aus dem Papyrus des Hunefer ein Comic an.
a) Kopiere M1 oder lade dir die Kopiervorlage aus dem Webcode herunter.
b) Schneide Sprechblasen, Denkblasen und Textboxen aus.
c) Erzähle in der Textbox knapp die Geschichte des Totengerichts. Nutze den **Wortschatz**.
d) Vermerke in den Sprechblasen, was die Figuren sagen und in Denkblasen, was sie denken könnten.
e) Lege die Texte an passender Stelle auf das Bild.

Eine schriftliche Quelle untersuchen

Bereits vor über 5200 Jahren haben die Ägypter damit begonnen, ihre Verstorbenen zu mumifizieren, damit ihre Körper nach dem Tod erhalten blieben. Wie sie dabei vorgegangen sind, wissen wir nicht. Es gibt keine Überlieferungen, die uns darüber berichten. Erst der griechische Geschichtsschreiber Herodot (um 484 – um 425 v. Chr.) beschrieb viel später den Vorgang der Mumifizierung. Er hat die Textquelle auf dieser Seite verfasst.

- ***Was erfahren wir aus dieser Quelle? Wie kannst du ihr Aussagen entnehmen und was musst du beachten, damit du sie verstehst und richtig einschätzen kannst?***

Warum gab es Mumien?

Zunächst bestatteten die Ägypter ihre Verstorbenen in einfachen Gruben im trockenen, salzhaltigen Wüstensand. Das führte dazu, dass die Leichen austrockneten und auf natürliche Weise erhalten blieben. So kam es zu einer „natürlichen Mumifizierung".

Als man dazu überging, die Toten aufwendiger in Holzsärgen zu bestatten, gab es keinen direkten Kontakt mehr zwischen der Leiche und dem Wüstensand. Die Folge war, dass der Körper Feuchtigkeit anzog und die Leiche schneller verweste. Dies durfte nicht geschehen, denn für den Glauben an ein Weiterleben nach dem Tod war es wichtig, dass der Körper erhalten blieb. Die Seele, die nach dieser Vorstellung den Körper beim Tod verließ, konnte so in den Körper zurückkehren. Aus diesem Grund begannen die Ägypter um 3200 v. Chr. damit, die Leichen zu mumifizieren. Sie perfektionierten diese Technik so weit, dass selbst in heutiger Zeit ausgegrabene Mumien noch hervorragend erhalten sind.

Da es aus ägyptischer Zeit keine schriftlichen Quellen gibt, die uns darüber berichten, vermuten Historikerinnen und Historiker, dass die Ägypter das Vorgehen bei einer Mumifizierung geheimhalten wollten. Der Priester, der die Mumifizierung leitete, trug den Titel „Hüter des Geheimnisses".

Der griechische Geschichtsschreiber Herodot über die Mumifizierung im alten Ägypten, um 430 v. Chr.

Herodot soll um 450 v. Chr. Ägypten bereist haben. Seine Beobachtungen hielt er in seinem historischen Werk, den „Historien", fest.

Es gibt besondere Leute, die dies berufsmäßig ausüben. Zu ihnen wird die Leiche gebracht ... Zunächst wird mittels eines eisernen Hakens das Gehirn durch die Nasenlöcher herausgeleitet, teils auch mittels eingegossener Flüssigkeiten. Dann macht man mit einem scharfen ... Stein einen Schnitt in die Leiche und nimmt die ganzen Eingeweide heraus.

Sie werden gereinigt, mit Palmwein und dann mit geriebenen Gewürzen durchspült. Dann wird der Magen mit reiner geriebener Myrrhe, mit Zimt und mit anderem Räucherwerk ... gefüllt und [der Bauch] zugenäht.

Nun legen sie die Leiche ganz in Natronlauge[1], siebzig Tage lang. Länger als siebzig Tage darf es nicht dauern. Sind sie vorüber, so wird die Leiche gewaschen, der ganze Körper mit Binden von Leinwand umwickelt und mit Gummi bestrichen, was die Ägypter anstelle von Leim zu verwenden pflegen.

Nun holen die Angehörigen die Leiche ab, machen einen hölzernen Sarg in Menschengestalt und legen die Leiche hinein. So eingeschlossen, wird sie im Begräbniszimmer ... aufrecht gegen die Wand gestellt.

*Hans Wilhelm Haussig (Hg.), Herodot, Gesamtausgabe, 2. Buch, 4. Aufl., Stuttgart (Kröner) 1971, S. 145f. Übers. v. August Horneffer.***

1 *Salzlösung*

Arbeitsschritte „Eine schriftliche Quelle untersuchen“

Informationen zum Autor und zur Entstehungszeit beachten	Sprachliche Formulierungshilfen
1. Wer war der Autor/die Autorin der Quelle?	• *der griechische Geschichtsschreiber …*
2. Wann und wo wurde die Quelle geschrieben?	• *um … in …*
3. An wen war der Text gerichtet?	• *Vermutung: …*
Inhalte der Textquelle entnehmen und verstehen	
4. Welche Begriffe muss ich klären?	• *hier zum Beispiel Palmwein Z. 9, Myrrhe Z. 11*
5. Wie ist die Quelle aufgebaut? Finde Überschriften für die wichtigsten Abschnitte.	*1) Vorbereitung der Mumifizierung: Entnahme der Organe (Z. 1–8)* *2) …*
6. Was ist die Hauptaussage des Textes?	• *Herodot möchte beschreiben, wie …*
Absicht des Autors einschätzen und die Textquelle beurteilen	
7. Welche Absicht verfolgte der Autor?	• *Herodot wollte der Nachwelt beschreiben, wie …*
8. Wie zuverlässig erscheinen die Aussagen der Quelle? (Wann lebte der Autor? Wann schrieb er den Text? Wie groß war der zeitliche Abstand zu dem Ereignis?)	• *Es gibt keine Quellen, die uns … Erst der Grieche Herodot berichtete um …* • *Er bereiste Ägypten zwar erst um …, konnte dabei vermutlich aber eine Mumifizierung beobachten.* • *Unklar bleibt, ob die Ägypter bei der Mumifizierung schon immer so vorgegangen sind, wie Herodot es um 430 v. Chr. beschrieb.*
9. Welche Meinung vertrittst du zum Inhalt der Quelle? (Sind die Aussagen glaubwürdig, schlüssig, fragwürdig, einseitig, zweifelhaft?)	• *Ich denke, dass Herodot … Denn …*

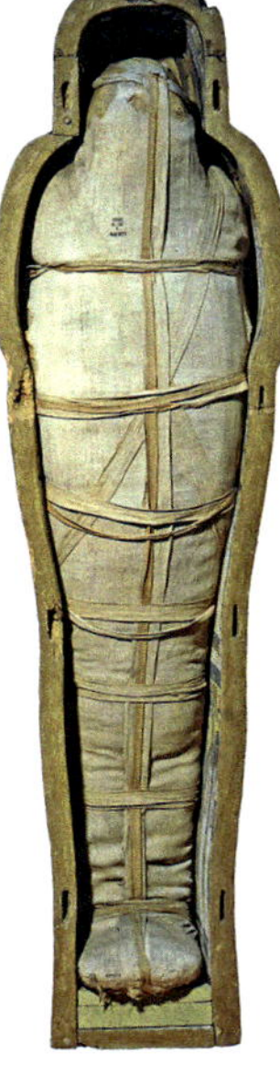

M 2 *Mumie einer ägyptischen Prinzessin im geöffneten Sarg, um 1000 v. Chr.*

1 Untersuche M1 mithilfe der Arbeitsschritte. ▸ Hilfe
2 Beschreibe mithilfe von M1 und M2 den Vorgang einer Mumifizierung.
3 Erkläre mithilfe des Darstellungstextes die besondere Bedeutung der Mumifizierung für die Menschen im alten Ägypten. ▸ Hilfe

cornelsen.de/webcodes
Code: pexiga
Kopiervorlage Methodentabelle

Video: *Mumifizierung in Ägypten*

Stationenlernen: Das alte Ägypten – eine Hochkultur?

cornelsen.de/webcodes
Code: kukupe
Kopiervorlage Laufzettel zum Stationenlernen

Du weißt schon einiges über das alte Ägypten. Hier kannst du an acht Stationen (S. 71–84) weiterforschen. Finde heraus, warum wir das alte Ägypten zu den großen Hochkulturen in der Weltgeschichte zählen.

(die) Hochkultur
Als Hochkultur bezeichnet man größere Gruppen von Menschen im Altertum, die gemeinsam in bestimmten Gebieten lebten. Wie in Ägypten lagen diese meist an Flüssen wie dem Jangtse (China), dem Indus (Indien/Pakistan) oder an Euphrat und Tigris (Türkei/Syrien/Irak).
Die Kennzeichen einer Hochkultur sind:
- eine zentrale Regierung und Verwaltung
- die Gesellschaft ist in verschiedene Gruppen unterteilt, Befehle werden von den oberen an die unteren Gruppen erteilt
- eine Arbeitsteilung innerhalb der Gesellschaft
- die Verwendung einer Schrift
- eine Zeitrechnung mithilfe eines Kalenders
- eine gemeinsame Religion
- weit entwickelte wissenschaftliche und technische Kenntnisse

Regeln für das Stationenlernen

Für das Stationenlernen benötigst du einen Ordner/Schnellhefter. Beschrifte den Laufzettel mit deinem Namen und hefte ihn als erste Seite im Ordner ab. Dahinter kommen auf eigenen Blättern deine Aufzeichnungen zu den einzelnen Stationen.
Bearbeite die Arbeitsaufträge an einer Station in der angegebenen Reihenfolge. Schreibe immer die Aufgabenstellung ab, damit du deine Notizen später eindeutig zuordnen kannst.
Schreibe deine Ergebnisse gut lesbar und, wenn nicht anders angegeben, in ganzen Sätzen auf.
Wenn du eine Station bearbeitet hast, notierst du auf dem Laufzettel, wann – und bei einer Partnerarbeit mit wem – du daran gearbeitet hast.

Laufzettel:
Die Grundlage des Stationenlernens ist der Laufzettel. Er gibt dir einen Überblick über die Pflicht- und Wahlstationen.
Hier gibt es insgesamt acht Stationen: Du bearbeitest die ersten sechs Stationen (= Pflichtstationen). Aus den Wahlstationen wählst du mindestens eine aus. Die andere Wahlstation kannst du je nach Interesse und verbleibender Zeit bearbeiten. Eine bestimmte Reihenfolge bei der Bearbeitung musst du nicht einhalten.

Das alte Ägypten – eine Hochkultur?	bearbeitet am ... Partnerarbeit mit ...
Pflichtstationen	
Station 1	
Station 2	
Station 3	
Station 4	
Station 5	
Station 6	
Wahlstationen	
Station 7	
Station 8	

Lapbook
Zum Abschluss des Stationenlernens kannst du ein „Lapbook" gestalten. Eine Anleitung findest du auf S. 191. Zu jedem Merkmal einer Hochkultur sollte es in deinem Lapbook einen Eintrag geben. Fertige dir zu jeder Station Notizen für dein Lapbook an: Welche Informationen möchtest du aus der Station verwenden? Welche Bilder benötigst du?

Station 1: Die Herrschaft des Pharaos

Der Pharao regierte Ägypten

Die Könige im alten Ägypten nannten sich lange Zeit „Herr der beiden Länder". Damit waren Ober- und Unterägypten gemeint (siehe Karte S. 60). Erst seit Beginn des Neuen Reichs erhielten sie den Titel Pharao. Der Begriff Pharao bedeutet Königspalast.
Als alleiniger Herrscher stand der Pharao an der Spitze des Staates und entschied mit unbegrenzter Macht über alle wichtigen Angelegenheiten: Er machte die Gesetze und setzte Beamte ein. Er war für die Bewässerung, die Nahrungs- und Vorratsbeschaffung und als höchster Richter für den Frieden im Land verantwortlich. Im Krieg führte er die Armee an.

König oder Gott?

Ab etwa 2500 v. Chr. ist es durch Quellen sicher belegt, dass der Pharao als Sohn des Sonnengottes Re verehrt wurde. Man sah in ihm den Vermittler zwischen den Menschen und den Göttern. Deshalb konnte er die Götter um das Lebensnotwendige bitten und seine Untertanen vor allen Gefahren schützen. Im Gegenzug musste die Bevölkerung dem Pharao dienen, zum Beispiel indem sie bei den großen Bauvorhaben arbeiteten und Abgaben leisteten.

Herrschaftszeichen des Pharaos

Der Pharao wurde immer mit bestimmten Herrschaftszeichen dargestellt. Dazu gehörten das gestreifte Kopftuch (Nemes), das entweder allein oder mit der Krone getragen wurde. Tiersymbole wie die Kobra (für die Göttin Unterägyptens) oder der Geier (für die Göttin Oberägyptens) betonten die gottähnliche Stellung des Pharaos. Ein künstlicher Bart am Kinn brachte die besondere Kraft des Pharaos zum Ausdruck. Häufig zeigen die Darstellungen den König auch mit einem gekrümmten Hirtenstab und einer Geißel (einer Art Peitsche oder Fliegenwedel) in den Händen. Die genaue Bedeutung dieser Zeichen ist unklar; Forscherinnen und Forscher vermuten, dass der Pharao damit zum Ausdruck bringen wollte, dass er die Ägypter so beschützte wie ein Hirte seine Schafe.

(die) Monarchie
(griech. monos = einzig und archein = herrschen) bedeutet wörtlich übersetzt „Alleinherrschaft" und beschreibt eine Staatsform, in der eine einzelne Person adliger Herkunft (zum Beispiel eine Königin, ein Kaiser oder ein Fürst) in der Regel auf Lebenszeit die Herrschaft ausübt. Das alte Ägypten war eine Monarchie.

M1

Oberer Teil des Sarkophags des Pharaos Tutanchamun, 1323 v. Chr. Der goldene Sarg besteht aus bis zu 3 mm dickem Gold (Länge 187,5 cm, Breite 51,3 cm, Höhe am Fuß 51 cm). Sein Gewicht beträgt 110 Kilogramm. Er ist der innerste von vier ineinander verschachtelten Sarkophagen. Auch er ist mit Edelsteinen besetzt.

1 **Wähle eine Aufgabe aus:**
   a) Liste die im Text genannten Herrschaftszeichen des Pharaos auf und notiere ihre Bedeutung.
   b) Der Pharao war für die Ägypter ein gottähnlicher König. Arbeite aus M1 und dem Darstellungstext Beweise für diese Aussage heraus. Nutze den **Wortschatz**.
2 Fertige dir Notizen für dein Lapbook an. Welche Informationen aus dieser Station willst du verwenden? Welche Bilder benötigst du?

Zusatzaufgabe → S. 177 und 178

Wortschatz: die Herrschaft ausüben • allein herrschen • wie ein Gott verehrt werden • die Herrschaftszeichen tragen • Beamte einsetzen • die Pharaonen • die Pharaonin

Station 2: Wie war die ägyptische Gesellschaft aufgebaut?

Getreidespeicher mit Bauern und Beamten, Modell aus Holz, Ton und Leinen, um 2000 v. Chr.

Bäcker und Bierbrauer, Holzmodell, um 2000 v. Chr.

Eine „hierarchische*“ Gesellschaft

An der Spitze der ägyptischen Gesellschaft stand der Pharao. Danach folgten die Mitglieder der Herrscherfamilie und eine kleine Gruppe ausgewählter Berater. Sie lebten ständig am Königshof und berieten den Pharao in allen wichtigen Fragen.

Die Mehrheit der Bevölkerung bildeten Bauern, Handwerker und Arbeiter. Sie bildeten die untere Schicht der ägyptischen Gesellschaft. Etwas höher gestellt waren Händler, die im Auftrag des Pharaos wichtige Rohstoffe aus anderen Ländern besorgten (zum Beispiel Holz zum Palast- und Schiffsbau). Je mehr sich das Reich ausdehnte, desto wichtiger wurden auch die Soldaten. Auch sie stammten aus der unteren Gesellschaftsschicht.

Zwischen der Führungsschicht um den Pharao und der unteren Gesellschaftsschicht bildeten die Beamten eine Mittelschicht. Die Beamten gaben Befehle und Aufträge von oben nach unten an Händler, Bauern, Arbeiter und Handwerker weiter. Sie überwachten die Ausführung der Befehle und erstatteten regelmäßig Bericht darüber nach oben. Der oberste Beamte hieß Tschati oder Wesir.

Eine weitere wichtige Bevölkerungsgruppe waren die Priester. Sie waren sehr angesehen. Manche gehörten zur unteren Gesellschaftsschicht und leisteten in Tempeln einfache Hilfsdienste oder sprachen Gebete bei der Totenbestattung. Es gab aber auch höher gestellte Priester, die in großen Tempeln arbeiteten. Einige lebten als einflussreiche Berater direkt am Königshof. Männer und Frauen konnten Priester werden.

In der ägyptischen Gesellschaft hatte jeder seinen festen Platz, der meist schon mit der Geburt feststand: Die Kinder eines Bauern wurden Bauern, die Kinder der Handwerker oder Beamten lernten meistens den Beruf ihres Vaters.

Getreide wird gemahlen. Bemalte Kalksteinfigur, um 2400 v. Chr.

Wortschatz: die Steuer schätzen • jemanden beauftragen • Bericht erstatten • einen höheren/niedrigeren Rang haben • zu einer höheren/niedrigeren Schicht gehören • die Bevölkerungsmehrheit • in der Hierarchie über/unter jemandem stehen • das Reich verwalten • das Ansehen der Priester

M4

In ägyptischen Schreibschulen wurden folgende Zeilen als Übungstext eingesetzt:
Werde Schreiber! Dies wird dir die Mühsal[1] ersparen und dich vor jeder Arbeit bewahren. Du brauchst keine Hacke in die Hand zu nehmen und wirst keinen Korb tragen müssen. Du wirst kein Ruder bewegen müssen und von aller Not verschont bleiben.
Denk an die missliche Lage, in die der Bauer gerät, wenn die Beamten kommen, um die Erntesteuer zu schätzen. Schlangen und Nilpferde haben die Hälfte der Ernte verschlungen. Das im Speicher des Bauern verbliebene Getreide ist gestohlen worden. Was er für den gemieteten Ochsen bezahlen muss, kann er nicht bezahlen … Und genau in dem Moment legt der Beamte am Ufer an, um die Erntesteuer zu schätzen. Bei sich hat er ein Gefolge von Bediensteten. Sie sagen: „Zeig uns das Getreide!" Aber es gibt kein Getreide und der Bauer wird gnadenlos geschlagen. Seine Frau und seine Kinder werden gefesselt. Der Beamte befiehlt allen. Seine Arbeit wird nicht besteuert; er hat keine Schulden. Merke dir das gut!

*Zit. nach Sergio Donadoni (Hg.), Der Mensch des alten Ägypten, Frankfurt a. M./New York (Campus) 1992, S. 36. Übers. v. Asa-Bettina Wuthenow.***

[1] *von Mühe (anstrengender Arbeit) verschont bleiben*

M5

Priesterin mit Opfergaben, Holzmodell, um 2000 v. Chr.

(die) Hierarchie
(griech. hieros = heilig und archein = herrschen) bedeutet wörtlich übersetzt „heilige Herrschaft" und beschreibt eine streng von oben nach unten geordnete Rangordnung innerhalb einer Gesellschaft. Die hierarchische Ordnung war ein Kennzeichen der altägyptischen Gesellschaft.

M6

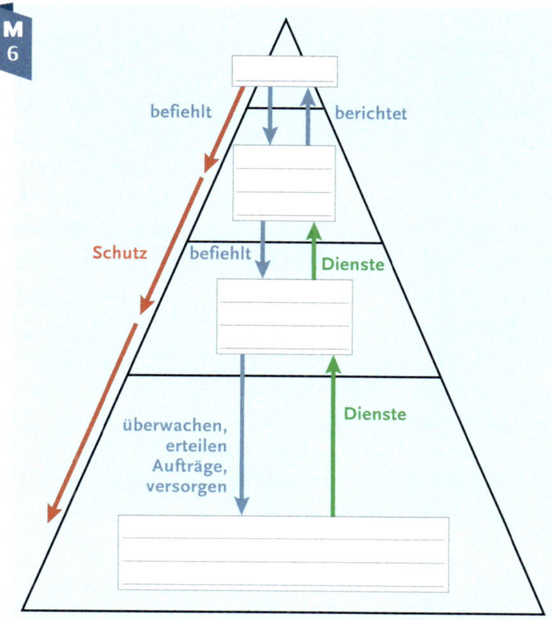

Die ägyptische Gesellschaft

1 Die ägyptische Gesellschaft wird oft mit einer Pyramide verglichen. Zeichne das Schaubild M6 in dein Heft. Finde anschließend im Darstellungstext und in den Materialien M1–M5 alle Personen oder Gruppen der ägyptischen Bevölkerung. Trage sie an der richtigen Stelle in dein Schaubild ein. Alternativ kannst du das Schaubild auf der Kopiervorlage im Webcode herunterladen. ▸ Hilfe

2 Untersuche folgende Aussage: „Bauern und Arbeiter gehörten zur untersten Schicht der Gesellschaftspyramide, weil sie für die Gesellschaft im alten Ägypten überhaupt nicht wichtig waren." Begründe, ob du der Aussage zustimmst. Nutze den **Wortschatz**.

3 Fertige dir Notizen für dein Lapbook an. Welche Informationen aus dieser Station willst du verwenden? Welche Bilder benötigst du?

cornelsen.de/webcodes
Code: cazeyo
Kopiervorlage Schaubild M6

Video: *Gesellschaftspyramide Ägypten*

Station 3: Was wäre der Pharao ohne seine Beamten?

M1

Zwei Ausschnitte einer Wandmalerei aus dem Grab des ägyptischen Beamten Mennah, ca. 1400 v. Chr. Mennah war unter Pharao Thutmosis IV. als Beamter in der Landwirtschaft tätig.

Der Pharao herrscht durch seine Beamten

Damit der Pharao ein so großes Reich wie Ägypten verwalten konnte, brauchte er die Hilfe von gut ausgebildeten Beamten. Die Beamten konnten, im Gegensatz zu den meisten Ägyptern, lesen und schreiben. Deshalb wurden die Beamten auch einfach nur „Schreiber" genannt.

Der oberste Beamte war der Wesir. Er war der Stellvertreter des Pharaos und überwachte die jedes Jahr notwendigen Feldvermessungen nach der Nilschwemme und die gesamten Steuereinnahmen des ägyptischen Staates. Regelmäßig erstattete der Wesir dem Pharao über alle wichtigen Ereignisse und Entscheidungen Bericht. Dem Wesir unterstanden alle anderen höheren und niederen Beamten in den Provinzen, den Städten und den Dörfern. Von oben nach unten wurden so die Befehle des Pharaos im ganzen Land weitergegeben.

Die Aufgaben der Beamten:

- die Einhaltung der Gesetze kontrollieren
- Viehzählungen, Wasser- und Landzuteilungen durchführen
- die Getreideabgaben der Bauern an den Pharao kontrollieren
- die Arbeit der Handwerker und Arbeitskräfte auf den Großbaustellen überwachen
- die Großbaustellen des Pharaos überwachen: Kontrolle der Arbeiter und Handwerker und deren Versorgung mit Lebensmitteln und Kleidung
- Ausbildung und Einsatz der Soldaten

Die Ausbildung und das Ansehen der Beamten

Schreiben zu können war die wichtigste Voraussetzung für eine Beamtenlaufbahn. Oft wurden die Söhne der Beamten auch Schreiber, weil ihre Väter sie unterrichten konnten. Als der Staat aber immer mehr Schreiber brauchte, übernahmen erfahrene Beamte die Ausbildung neuer Schreiber. Die Ausbildung zum Schreiber konnte bis zu zehn Jahre dauern. In dieser Zeit lernten die Schüler mehrere hundert Schriftzeichen, die Landeskunde von Ägypten, Mathematik und Geometrie, Astronomie, die Feste der Götter, gerechtes Verhalten gegenüber den Schwachen und Gehorsam gegenüber den Vorgesetzten.

Die Beamten machten nur eine sehr kleine Gruppe in der Bevölkerung Ägyptens aus. Inschriften oder die oft prächtig ausgestatteten Gräber hoher Beamte zeigen, dass diese Männer angesehen, mächtig und oftmals sehr reich waren. Aber immer wieder kam es vor, dass Beamte ihre Stellung für sich missbrauchten und zum Beispiel Steuern und Abgaben für sich behielten.

Wortschatz: das Reich verwalten • Stellvertreter von jemandem sein • jemanden vertreten • Bericht erstatten • über etwas informieren • einen Befehl geben • das Bauwerk errichten • die Gesetze einhalten • Abgaben leisten • die Felder vermessen • die Ausbildung • jemanden ausbilden • die Beamtenlaufbahn

M2

Schreiberstatue eines Beamten, Kalkstein, um 2450 v. Chr.

M3

Ratschläge eines Schreibers an seinen Sohn (um 2000 v. Chr.):

Ich lasse dich die Schriften mehr lieben als deine Mutter. Ich führe dir ihre Schönheit vor Augen; sie ist größer als die aller anderen Berufe; und im ganzen Land gibt es nichts, was ihnen gliche. Kaum hat ein Schriftkundiger angefangen heranzuwachsen – er ist noch ein Kind –, so wird man ihn grüßen und als Boten senden; er wird nicht zurückkommen, um sich in den Arbeitsschurz zu stecken ... Ich habe den Erzarbeiter bei seiner Arbeit beobachtet, an der Öffnung seines Schmelzofens. Seine Finger sind krokodilartig, er stinkt mehr als Fischlaich ... Der Steinmetz graviert mit dem Meißel in allerlei harten Steinen. Hat er die Arbeit vollendet, so versagen ihm seine Arme und er ist müde; wenn er sich abends hinsetzt, sind seine Knie und sein Rücken gebrochen. Der Barbier schert noch spät am Abend ... Der Töpfer steckt in seinem Lehn; der beschmiert ihn mehr als ein Schwein ... Siehe, es gibt keinen Beruf, in dem einem nicht befohlen wird, außer dem des Beamten; da ist er es, der befiehlt. Wenn du schreiben kannst, wird dir das mehr Nutzen bringen als alle die Berufe, die ich dir dargelegt habe.

*Zit. nach Friedrich Wilhelm v. Bissing, Altägyptische Lebensweise, München (Artemis) 1955, S. 57ff.**

1 **Methode:** Untersuche das Bild M1 mithilfe der Arbeitsschritte auf S. 65. ▸ Hilfe

2 Untersuche anhand der Bilder M1, welche typischen Aufgaben eines Beamten abgebildet werden. Nutze den **Wortschatz**.

3 Stelle die Aufgaben der Beamten mithilfe des Darstellungstextes in Form einer Mind-Map dar.

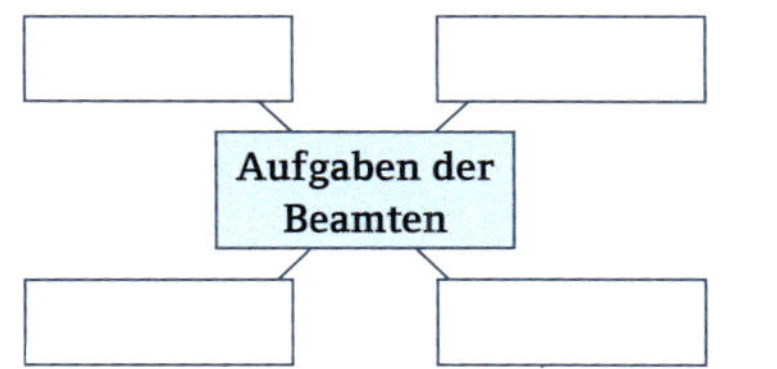

Du kannst die Mind-Map auch digital erstellen (→ S. 188).

4 **a)** Arbeite heraus, wie der Verfasser von M3 versucht, seinen Sohn von dem Beruf des Schreibers zu überzeugen. ▸ Hilfe

b) Erkläre die Sichtweise des Schreibers auf die verschiedenen Schichten im alten Ägypten.

5 Überprüfe die Aussage: „Das Amt des Schreibers war der wichtigste Beruf in Ägypten." Sammle Argumente für und gegen diese Behauptung. ▸ Hilfe

6 Fertige dir Notizen für dein Lapbook an. Welche Informationen aus dieser Station willst du verwenden? Welche Bilder benötigst du?

Station 4: Welche Rechte hatten Frauen?

M 1

Wandmalerei aus dem Grab des Nacht, um 1400 v. Chr.

M 2

Geschichte erzählt: Ein Familienausflug vor ungefähr 3 500 Jahren:

Ein hoher Beamter und seine Familie gehen einem beliebten Vergnügen nach: der Jagd auf Wildgänse. Das ist nicht ganz ungefährlich, denn am dicht bewachsenen Ufer des Nils könnten Krokodile lauern. Seiner Frau Tani gehen vielleicht die folgenden Gedanken durch den Kopf: „Ich bin froh, dass die ganze Familie wieder einmal Zeit miteinander verbringen kann. Das ist leider nicht selbstverständlich. Mein Mann ist ein hoher Beamter beim Pharao und deshalb ist er die meiste Zeit unterwegs. In der Zwischenzeit muss ich mich alleine um unser großes Haus kümmern. Ich teile die Arbeit der Bediensteten ein, organisiere die Empfänge meines Mannes und kümmere mich um die Erziehung unserer beiden Kinder. Nebenher bleibt mir allerdings auch etwas Zeit für mich: Ich betreibe mit sieben Angestellten ein Geschäft für Perücken, denn die sind bei uns groß in Mode. Ich werde von meinen Kunden mit Silberstücken oder Lebensmitteln bezahlt. Einen kleineren Teil des Verdienstes muss ich zwar als Steuern abgeben, mit dem übrigen Verdienst kann ich mir aber kaufen, was ich will. Das gibt mir ein Gefühl von Selbstständigkeit und auch ein Stück weit Unabhängigkeit.

Darstellung des Verfassers nach zeitgenössischen Quellen

M 3

Wandmalerei aus dem Grab des Sennedjem, um 1290 v. Chr.

Die rechtliche Stellung der Frau

Als der griechische Geschichtsschreiber und Weltreisende Herodot im 5. Jahrhundert v. Chr. Ägypten bereiste, kam er aus dem Staunen nicht heraus. Verwundert beschrieb er Tätigkeiten und Freiheiten von Frauen, die er sonst nirgendwo in der antiken Welt gesehen hatte.

Heute wissen wir, dass Herodot richtig beobachtet hatte. Es ist sicher belegt, dass Ägypterinnen mehr Rechte besaßen als Frauen in den anderen damaligen Kulturen: Sie vertraten sich selbst vor Gericht und erhielten die gleichen Strafen wie Männer. Sie durften selbstständig Verträge abschließen, einen Beruf ausüben, Vermögen besitzen und ohne Zustimmung ihres Mannes vererben. In einigen Teilen Europas wären solche Rechte noch bis vor 100 Jahren für Frauen unvorstellbar gewesen.

Vollkommen gleichberechtigt waren die Frauen aber nicht: Zu öffentlichen Ämtern wurden Frauen selten zugelassen. Vermutlich gab es auch einige Beamtinnen. Grundsätzlich standen die Schreibschulen auch Mädchen offen, doch unklar ist, ob Mädchen aus höhergestellten Familien auch tatsächlich zur Schule gingen. Priesterinnen mit unterschiedlichen Aufgaben gab es in allen Epochen der altägyptischen Geschichte.

Wortschatz: eine rechtliche Stellung besitzen • Rechte besitzen • sich selbst vor Gericht vertreten • einen Vertrag abschließen • einen Beruf ausüben • etwas besitzen

Die Ehe im alten Ägypten
Im Vergleich zu heute war eine Eheschließung im alten Ägypten eine recht formlose Angelegenheit: Lebte ein Paar zusammen, dann galt es als verheiratet. Umgekehrt wurde durch die Auflösung der gemeinsamen Behausung die Scheidung vollzogen. Die Mehrheit der Ägypter lebte in Einehe. Männer aus der Führungsschicht konnten auch mit zwei und mehr Frauen zusammenleben. Es ist teilweise belegt, dass es Eheverträge zwischen Eheschließenden gegeben haben muss.

Geschichte erzählt: Ein Ehepaar bei der Feldarbeit vor ungefähr 3500 Jahren:
In den Bauernfamilien arbeiteten die Frauen wie ihre Männer in der Landwirtschaft. Gemeinsam mit ihrem Ehemann erntet diese Bäuerin das reife Getreide. Was könnte sie wohl aus ihrem Leben erzählen? „Mein Name ist Tama. Ich bin eine Bäuerin aus der Nähe von Beni Hasan. Wir leben dort in einem einfachen Lehmhaus mit einer Terrasse auf dem Dach. Mehrmals am Tag mahle ich mühsam Korn zu Mehl zum Brotbacken und Bierbrauen. Das Wasser dazu muss ich in schweren Krügen vom Nil heraufschleppen. Dazu kommt die Feldarbeit, die viel Zeit in Anspruch nimmt. Mehrmals im Jahr müssen die Schafe geschoren und die Wolle anschließend verarbeitet werden. Von der täglichen Arbeit im Haushalt will ich gar nicht reden. Was uns nach den Abgaben von unserer Ernte bleibt, reicht nur für das Nötigste. Wer bei den Abgaben betrügt, der wird von den Beamten schwer bestraft. Meine vier Kinder sind noch klein, aber sie helfen mir, wo sie können. Vielleicht mache ich später, wenn sie älter sind, ein Friseurgeschäft oder einen kleinen Obsthandel als Zubrot zur Landwirtschaft auf.

Darstellung des Verfassers nach zeitgenössischen Quellen

Ägyptischer Ehevertrag (um 1500 v. Chr.):
Datum – Name der Eheschließenden
Es hat gesagt der Mann zu seiner Ehefrau: Ich habe dich zur Ehefrau gemacht. Gegeben habe ich dir fünf Silberkite[1] als deine Frauengabe[2].

Scheidungsklausel 1:
Entlasse ich dich als Ehefrau und nehme ich eine andere zur Frau, so werde ich dir fünf Silberkite zusätzlich zu den oben beschriebenen fünf Silberkiten geben, die ich dir als Frauengabe gegeben habe. Dazu gebe ich dir ein Drittel von allem und jedem, was ich für uns erwerben werde ... Siehe das Verzeichnis der Sachen, die du mit in mein Haus gebracht hast (es folgt eine Liste mit Hausrat und Kleidern). Bist du drinnen, sind sie mit dir drinnen. Bist du draußen, sind die Dinge mit dir draußen.

Scheidungsklausel 2:
Wenn du es bist, die geht, indem du mich als Ehemann entlässt, so wirst du mir 2½ Silberkite von den fünf Silberkiten geben, die ich dir als Frauengabe gegeben habe.
Unterschrift und Zeugen

Zit. nach Walther Wolf, Das alte Ägypten, 2. Aufl., München (dtv) 1978, S. 429f.

[1] *Kite = Silberstück von ca. neun Gramm*
[2] *diente zur Absicherung der Frau, etwa im Scheidungsfall*

1 M1–M4 kannst du entnehmen, wie das Leben ägyptischer Frauen vor ungefähr 3500 Jahren aussah.
a) Verfasse eine Darstellung zum Leben der ägyptischen Frau anhand von M1.
b) Vergleiche deine Darstellung mit der Geschichte in M2. Tipp → S. 182.
c) Begründe, warum es Unterschiede gibt. Tipp → S. 182.

2 Verfasse eine eigene Darstellung, in der du die Rolle der Frau in der ägyptischen Gesellschaft zusammenfasst (M1, M3, M4, Darstellungstext). Nutze den Wortschatz. Tipp → S. 182.

3 Fasse zusammen, welche Regelungen im Ehevertrag M5 getroffen wurden.

4 „Männer und Frauen waren im alten Ägypten nahezu gleichberechtigt." Beurteile diese Aussage (M5, Darstellungstext). Nutze den Wortschatz. Tipp → S. 182.

5 Fertige dir Notizen für dein Lapbook an. Welche Informationen aus dieser Station willst du verwenden? Welche Bilder benötigst du?

Zusatzaufgabe → S. 178

Video: *Vogeljagd in Ägypten*

Station 5: Die Schrift – ein göttliches Werkzeug?

M1

Hieroglyphenschrift

Lesen und Schreiben in der Hochkultur

Ohne Buchstaben wäre unser Leben nur schwer vorstellbar: Schreiben ist das Erste, was Kinder in der Schule lernen. Um ein Smartphone zu benutzen, brauchst du Buchstaben und Zeichen. Die Ägypter waren eine der ersten Hochkulturen, die eine Schrift benutzten. Die ägyptische Schrift entstand vermutlich um 3200 v. Chr. Bis heute sind die Schriftzeichen an Wänden von Tempeln und Gräbern erhalten. Wir kennen sie unter der griechischen Bezeichnung Hieroglyphen, das bedeutet „heilige Einritzungen". Die Schrift verwendeten die Ägypter für den Handel, die Staatsführung und die Religion. Im Alltag nutzten die ägyptischen Schreiber eine Schreibschrift; diese ritzten sie in Tonscherben oder Wachstafeln. Später schrieben sie auf Papyrus, eine Art Papier, das aus der Papyrus-Pflanze hergestellt wurde.

Die Regeln der Hieroglyphenschrift

Den Kern der Hieroglyphenschrift bildeten einfache Bildzeichen, die den abgebildeten Gegenstand bezeichneten, zum Beispiel Wellen für Wasser. Schwierigere Begriffe stellte man durch die Kombination mehrerer Bildzeichen dar. Außerdem konnten Hieroglyphen auch einzelne Laute ausdrücken. Meist wurden nur Konsonanten geschrieben, Vokale mussten mitgedacht werden. In der Hieroglyphenschrift gab es mehrere Tausend Bild- und Lautzeichen. Im Alltag wurde auf Tonscherben, auf Stein-, Wachs- und Holztafeln und später vor allem auf Papyrus geschrieben (siehe S. 66, M1). Dieses aus der Papyruspflanze im Niltal gewonnene „Papier der Antike" erleichterte den Schriftverkehr und die Aufzeichnung wichtiger Informationen.

Das Rätsel um die Hieroglyphen wird gelöst

Die Bedeutung der Hieroglyphen war lange ein Rätsel. Im Jahr 1799 wurde in der Nähe des Ortes Rosette im Nildelta ein etwa ein Meter hoher schwarzer Stein gefunden, auf dem ein Text in drei unterschiedlichen

M2

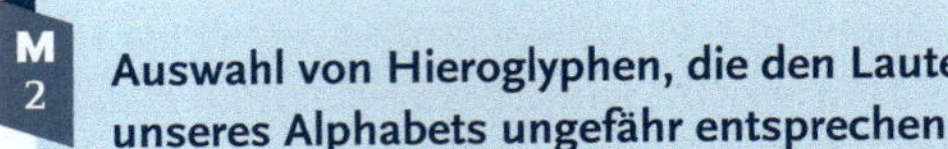

Auswahl von Hieroglyphen, die den Lauten unseres Alphabets ungefähr entsprechen:

Hieroglyphe	Bildbedeutung	Aussprache
	Geier	a
	Bein	b
	Hand	d
	Arm	a oder e
	Viper	f
	Krugständer	g
	Hof(-grundriss)	h
	Schilfblatt	i oder j
	Abhang	k oder q
	Henkelkorb	k
	Löwe	l
	Eule	m
	Wasser	n
	Hocker	p
	Mund	r
	gefalteter Stoff	s
	Teich(-grundriss)	sch
	Seil	tsch
	Brotlaib	t
	Wachtelküken	w
	Seil und gefalteter Stoff	z
	Zeichen für Frauen/Mädchen vor oder nach dem Namen	
	Zeichen für Männer/Jungen vor oder nach dem Namen	
	Kartusche = Umrahmung für Herrschernamen	

Wortschatz: Hieroglyphen entziffern • Schriftzeichen schreiben • auf Papyrus schreiben • eine Schrift verwenden • ein Original gegen eine Kopie tauschen • mit einer Schrift Informationen und Wissen verbreiten

M 3

Original des Steins von Rosette im British Museum in London, Foto, 2021

Schriften eingemeißelt worden ist: Im obersten Abschnitt waren ägyptische Hieroglyphen zu sehen, in der Mitte eine spätägyptische Schrift und im unteren Teil eine griechische Schrift. Da den damaligen Altertumsforschern die griechische Schrift bekannt war, konnten sie den Text entziffern. Die Hieroglyphenzeichen waren jedoch noch nicht zu entschlüsseln.
Dies gelang 1822 dem Franzosen Jean-François Champollion. Champollion war Sprachforscher und wusste bereits, dass die Namen von Königen in der ägyptischen Hieroglyphenschrift in sogenannten Kartuschen (= Umrahmungen) geschrieben wurden. Er fand im griechischen Text auf dem Stein den Herrschernamen Ptolemaios und vermutete, dass dieser auch in der Hieroglyphenschrift in einer Kartusche eingemeißelt war. Er ordnete den Hieroglyphen die jeweiligen Buchstaben zu. In einem anderen Hieroglyphentext fand er später eine ähnliche Kartusche. Darin konnte er den Namen der Königin „Kleopatra" erkennen. Er verglich beide Namen und fand drei Zeichen, die übereinstimmten. Das Rätsel der Hieroglyphen war gelöst.

M 4

Kopie des Steins von Rosette im Australischen Nationalmuseum in Canberra (Australien), Foto, 2023

1 Finde mithilfe von M2 heraus, welches Wort sich hinter M1 verbirgt.
2 **Partnerarbeit:** Jeder schreibt mithilfe von M2 eine Inschrift in Hieroglyphenschrift. Entschlüsselt anschließend gegenseitig eure Inschriften.
3 Nenne Vorteile unserer heutigen Buchstabenschrift gegenüber der Hieroglyphenschrift.
4 **Partnerarbeit:** Diskutiert, ob das British Museum das Recht hat, den Stein von Rosette zu behalten oder ob er mit der Kopie im Ägyptischen Nationalmuseum getauscht werden sollte (M3, M4).
5 „Von allen großen Fortschritten der Menschheit ist die Entwicklung der Schrift vielleicht der größte." Nimm Stellung zu dieser Aussage.
Nutze den **Wortschatz**. ▸ Hilfe
6 Fertige dir Notizen für dein Lapbook an. Welche Informationen aus dieser Station willst du verwenden? Welche Bilder benötigst du?

Station 6: Wie bearbeiteten die Ägypter ihr Land?

M 1

Szenen landwirtschaftlicher Arbeit, Malerei aus dem Grab des Nacht, um 1425 v. Chr.

Die Bildquelle M1 lässt sich in acht Teile gliedern. Alle Teile zeigen die Arbeit auf dem Feld während der Aussaat. Die Bauern arbeiteten täglich ca. acht bis zehn Stunden auf dem Feld. Wegen der großen Hitze gab es eine lange Mittagspause. Ein Arbeitsmonat bestand aus drei Arbeitswochen zu zehn Tagen. Insgesamt gab es im Jahr ca. 65 arbeitsfreie Tage.

Start: Der erste Teil des Bildes befindet sich oben rechts ①. Hier erschließen zwei Bauern neues Land, um Felder anzulegen. Dazu rodet ein Bauer die Bäume mit einer einfachen Axt. Der andere schneidet das hohe Gras zurück.

A Dem linken Bauern folgt ein anderer Bauer, der das Getreide aussät. Er streut die Körner auf den vorbereiteten Ackerboden. In einer kleinen Tasche bewahrt er das Saatgut auf.

B Im Hintergrund kniet ein Bauer unter einem Baum, an dem ein Wasserbehälter aufgehängt ist. Er ist durstig und trinkt. Darunter befinden sich Vorratsbehälter, die Nahrung und Wasser für die Verpflegung der Bauern enthalten.

C In der linken unteren Hälfte der Bildquelle sieht man drei Bauern. Einer von ihnen streut Körner auf das Feld. Er trägt ein Weidentäschchen mit Saatgut in seiner Hand. Ihm gegenüber stampfen zwei Bauern in gebückter Haltung die Körner mit langstieligen Hämmern in die aufgelockerte Erde.

D In den Körben und Krügen vor ihm befinden sich vermutlich Getreide und Früchte, die auf den Feldern geerntet werden.

E Auf der anderen Seite der oberen Bildhälfte bereiten zwei Bauern den Boden vor, indem sie ihn mit Grabstöcken auflockern. Sie arbeiten in gebückter Haltung und halten ihre Grabstöcke mit beiden Händen fest, was auf eine schwere Tätigkeit schließen lässt. Am Rand liegt ein kleiner Teich, der vermutlich für die Bewässerung der Felder genutzt wird.

F Im Gegensatz zu den Bauern, die alle nur mit einem weißen Ledenschurz bekleidet sind, trägt der Beamte rechts im Bild ein weißes Gewand. Er beaufsichtigt die Feldarbeit.

G Unten, in der Mitte der Bildquelle, sind zwei Bauern abgebildet, die das Feld pflügen. Ihre Pflüge werden jeweils von zwei Rindern gezogen. Blieb der Pflug im Boden stecken, mussten die Ägypter selbst große Kraft aufwenden, um den Pflug wieder aus der Erde zu befreien.

Der griechische Geschichtsschreiber Herodot (um 484–425 v. Chr.) berichtete nach einer Ägyptenreise:

Denn es ist klar und der Verständige sieht es, ohne dass man es ihm sagt, dass die Gebiete Ägyptens, die von den Hellenen [Griechen] besucht werden, neugewonnen und ein Geschenk des Stromes [Nil] sind ...

Heute freilich gibt es kein Volk auf der Erde, auch keinen Landstrich in Ägypten, wo die Früchte des Bodens so mühelos gewonnen werden wie hier. Sie [die Bauern] haben nicht nötig, mit dem Pfluge Furchen in den Boden zu ziehen, ihn umzugraben und die anderen Feldarbeiten zu machen, mit denen die übrigen Menschen sich abmühen. Sie warten einfach ab, bis der Fluss kommt, die Äcker bewässert und wieder abfließt. Dann besät jeder sein Feld und treibt die Schweine darauf, um die Saat einzustampfen, wartet ruhig die Erntezeit ab, drischt das Korn mithilfe der Schweine aus und speichert es auf.

*Hans Wilhelm Haussig (Hg.), Herodot, Gesamtausgabe, 2. Buch, 4. Aufl., Stuttgart (Kröner) 1971, S. 108ff. Übers. v. August Horneffer.***

1 Beschreibe M1 mithilfe der Bildbeschreibungen A bis G. Beginne mit 1 und folge den Zahlen in der Abbildung. Nutze auch den **Wortschatz**.

2 **a)** Überprüfe mithilfe von M1, inwiefern die Arbeiten anstrengend für die Ägypter waren.
b) **Methode:** Untersuche M2 mithilfe der Arbeitsschritte auf S. 69. ▸ Hilfe
c) Vergleiche mithilfe einer Tabelle die Informationen, die du aus M1–M2 sowie M4 auf S. 73 zum Leben der Bauern im alten Ägypten entnehmen konntest. **Tipp** → S. 182.

3 Vergleiche die Darstellungen von Herodot und des ägyptischen Schreibers (S. 73, M4) über die Arbeit der Bauern in Ägypten. ▸ Hilfe

4 Fertige dir Notizen für dein Lapbook an. Welche Informationen aus dieser Station willst du verwenden? Welche Bilder benötigst du?

Wortschatz: Landwirtschaft betreiben • das Feld anlegen • die Bäume roden • die Erde auflockern • der Pflug • pflügen • das Getreide dreschen • das Korn zu Mehl mahlen • etwas vorrätig halten

Wahlstation 7: Wie bauten die Ägypter Pyramiden?

M1

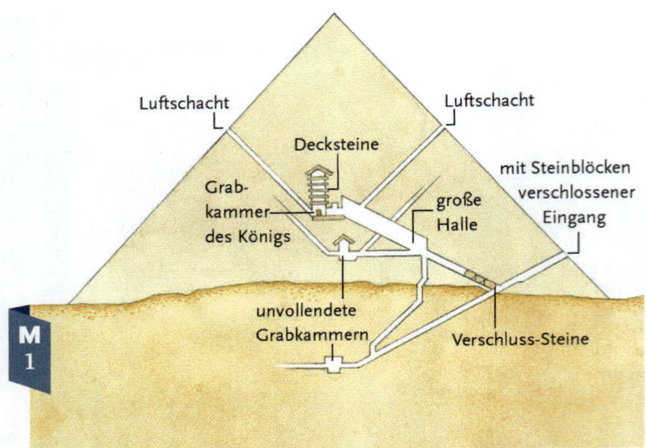

Querschnitt durch die Cheops-Pyramide

Ein Haus für die Ewigkeit

Die Pyramiden waren vor allem Gräber für die Pharaonen. Starb ein Pharao, so stieg er nach den Vorstellungen der Ägypter auf einer Himmelsleiter zu den Sternen auf und wurde selbst zu einem Gott. Im 3. Jahrtausend vor Christus ließen sich die Könige in Pyramiden bestatten, später fanden die Herrscher ihre letzte Ruhe in verborgenen, unterirdischen Begräbnisstätten im „Tal der Könige und Königinnen" (siehe S. 60, M1).
Die Ägypter legten ihre Gräber als „Häuser für die Ewigkeit" an, denn sie glaubten an ein Weiterleben nach dem Tod. Im Inneren der Pyramide befanden sich die Grabkammern, in denen prächtige Wandmalereien, Speisen, Kleider, Möbel, Schmuck, Geschirr, Waffen und Spiele zu finden waren.

Die Cheops-Pyramide – ein Weltwunder?

Die drei größten Pyramiden wurden um 2500 v. Chr. in Giseh erbaut, dort, wo heute der Stadtrand von Kairo ist. Die größte und älteste von ihnen ist die Cheops-Pyramide. Sie hat eine quadratische Grundfläche von 230 mal 230 Metern und war ursprünglich 146 Meter hoch. Etwa 2,3 Millionen Steinblöcke wurden in ihr verbaut, von denen einer durchschnittlich 2,5 Tonnen wiegt. Im Inneren der Pyramide finden sich sogar Granitblöcke mit einem Gewicht von fast 50 Tonnen. (Zum Vergleich: Ein Auto wiegt 1,5 Tonnen.) In der Antike zählte man die Pyramide für den Pharao Cheops zu den sieben Weltwundern – bis heute ist sie eines der gewaltigsten Steinbauwerke der Erde.

Wer baute die Pyramiden?

Da die Bauzeit der Pyramiden sehr lange dauerte, erteilten die Pharaonen bereits zu Beginn ihrer Herrschaft den Befehl zum Bau. Die oberste Bauleitung hatte der Wesir. Er war auch für den Transport des Baumaterials aus den Steinbrüchen im Süden Ägyptens verantwortlich. Da die Pyramiden mit einfachen Werkzeugen (Hammer, Meißel, Säge, Beil und Schleifstein) gebaut wurden, brauchte man sehr viele Arbeiter. Sie wohnten in eigens angelegten Siedlungen bei den Pyramiden und den Steinbrüchen.
Ob die Ägypter freiwillig beim Bau der Pyramiden mitgeholfen haben, ist nicht eindeutig zu beantworten. Für die meisten einfachen Arbeiter war der Bau an den Pyramiden vermutlich verpflichtend und vergleichbar mit dem Bezahlen von Steuern. Denkbar ist auch, dass die Arbeit als Dienst für den Pharao angesehen wurde, den sie als Gott und Herrscher verehrten.

Welche Technik wurde angewandt?

Es gibt heute viele Theorien, die erklären wollen, wie die Ägypter die tonnenschweren Steinblöcke zu riesigen Pyramiden aufbauen konnten. Vermutlich wurden die Steinblöcke mithilfe von Rundhölzern auf langen, ansteigenden Rampen aus Schutt und Sand nach oben gezogen. Wie diese Rampen aber aussahen, ist umstritten.
Eine Theorie geht davon aus, dass die Ägypter eine lange Rampe gebaut haben, die mit der Höhe der Pyramide immer weiter vergrößert wurde. Über diese Rampe sollen die Arbeiter die Steine auf die Pyramide gezogen haben. Das Problem dieser Theorie ist, dass die Rampe Berechnungen zufolge dann aber mehr als drei Kilometer lang gewesen wäre und fast zehnmal so viel Baumaterial wie die eigentliche Pyramide benötigt hätte.
Eine andere Theorie stellte der Architekt Jean-Pierre Houdin 2007 vor (M3).

Wortschatz: das Bauwerk errichten • die Gräber ausstatten • eine Theorie aufstellen • Steinblöcke über eine Rampe nach oben ziehen • im Inneren der Pyramide befinden sich • die Grabkammern sind mit langen, schmalen Gängen verbunden • etwas mit Steinblöcken verschließen • durch etwas geschützt sein

Der griechische Geschichtsschreiber Herodot (um 485–425 v. Chr.) über den Bau der Cheops-Pyramide:

Cheops hat das Land ins tiefste Unglück gestürzt ... Er hat alle Ägypter gezwungen, für ihn zu arbeiten. Die einen mussten aus den Steinbrüchen im arabischen Gebirge Steinblöcke bis an den Nil schleifen. Über den Strom wurden sie auf Schiffe gesetzt und andere mussten die Steine weiterziehen bis hin zu den sogenannten libyschen Bergen. Hunderttausend Menschen waren es, die daran arbeiteten und alle drei Monate abgelöst wurden. So wurde das Volk bedrückt, und es dauerte zehn Jahre, ehe nur die Straße gebaut war, auf der die Steine dahergeschleift wurden, ein Werk, das mir fast ebenso gewaltig scheint wie der Bau der Pyramide selber. Denn die Straße ist fünf Stadien [890 m] lang, zehn Klafter [14,4 m] hoch und aus geglätteten Steinen hergestellt, in die Tiergestalten eingemeißelt sind ... An der Pyramide selber wurde zwanzig Jahre gearbeitet.

*Hans Wilhelm Haussig (Hg.), Herodot, Gesamtausgabe, 2. Buch, 4. Aufl., Stuttgart (Kröner) 1971, S. 164. Übers. v. August Horneffer.***

M 3

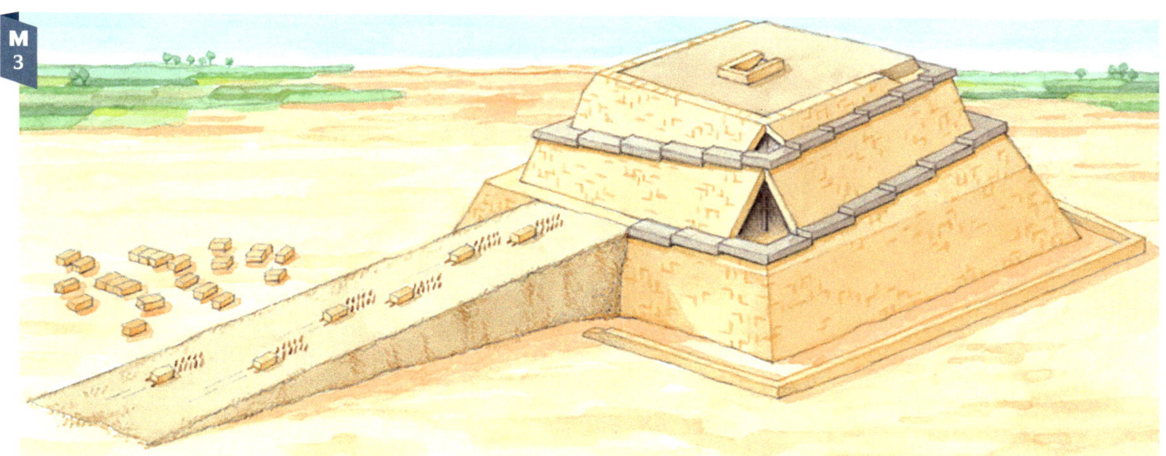

Der Bau der Cheops-Pyramide nach der Theorie des französischen Architekten Jean-Pierre Houdin, Rekonstruktionszeichnung, 2019. Zuerst wurden die Steinblöcke für die unteren Schichten der Pyramide auf einer Außenrampe nach oben transportiert. Die Steinblöcke für den oberen Teil der Pyramide wurden über leicht ansteigende, spiralförmig angeordnete Gänge innerhalb der Pyramide nach oben gezogen. Das Material der Rampen wurde nach und nach auch zum Bau der Pyramiden verwendet.

1 **Methode:** Recherchiere im Internet nach den antiken Weltwundern (→ S. 45). ▸ Hilfe

2 **Wähle eine Aufgabe aus:**
a) Fertige mithilfe des Darstellungstextes, M1 und M3 eine Mind-Map an, die darstellt, warum die Cheops-Pyramide weiterhin zu den sieben Weltwundern gehören soll.
b) Begründe mithilfe des Darstellungstextes und M1, warum die Cheops-Pyramide in der Antike als ein „Weltwunder" bezeichnet wurde.
Tipp für beide → S. 182.

3 **a)** Beschreibe den inneren Aufbau der Cheops-Pyramide (M1).
b) Erkläre, wie die Ägypter versuchten, die Grabkammern des Pharaos zu schützen. Nutze den **Wortschatz**.

4 **Partnerarbeit:** Untersucht, wie die Pyramiden gebaut wurden.
Partner 1: Arbeite heraus, wie Herodot den Weg des Baumaterials zur Pyramide beschreibt. Beachte hierzu auch die Karte M1 auf S. 60.
Partner 2: Erläutere mithilfe von M3 die Theorie von Jean-Pierre Houdin zum Bau der Cheops-Pyramide.

5 Ein Bauer hilft während der Flutzeit beim Pyramidenbau und will mithilfe eines Schreibers seiner Familie darüber berichten. Gestalte diesen Brief.

6 Fertige dir Notizen für dein Lapbook an. Welche Informationen aus dieser Station willst du verwenden? Welche Bilder benötigst du?

cornelsen.de/webcodes
Code: yoxade
Cheops-Pyramide

Wahlstation 8: Pharao Echnaton schafft die Götter ab

M 1

Pharao Echnaton (1365–1348 v. Chr.) und seine Frau Nofretete opfern dem Sonnengott Aton Gefäße mit Wasser. Flachrelief aus Achetaton, um 1350 v. Chr. Der Sonnengott Amun-Re, bisher in menschlicher Gestalt und mit Falkenkopf dargestellt, erscheint nun als Sonnenscheibe (ägyptisch: Aton). Der durch seine Größe hervorgehobene Echnaton steht dem Sonnengott am nächsten. Aton sendet sein Licht als Sonnenstrahlen aus; mit den offenen Händen an ihren Enden werden sie zum Segen für die gesamte Schöpfung.

M 2

Aus dem von Pharao Echnaton verfassten Sonnengesang (14. Jahrhundert v. Chr.):

Schön erscheinst du im Horizont des Himmels, du lebendige Sonne [Aton], die das Leben bestimmt ... Deine Strahlen umfassen die Länder bis ans Ende von allem, was du geschaffen hast ... Am Morgen aber bist du aufgegangen im Horizont und leuchtest als Sonne am Tage; du vertreibst die Finsternis und schenkst deine Strahlen ... Alles Vieh ist zufrieden mit seinem Kraut, Bäume und Kräuter grünen ... Lastschiffe fahren stromab und wieder stromauf, jeder Weg ist offen durch dein Erscheinen. Die Fische im Strom springen vor deinem Angesicht, deine Strahlen sind im Innern des Meeres ... Wie zahlreich sind deine Werke, die dem Angesicht verborgen sind, du einziger Gott, dessengleichen nicht ist ... Kein anderer ist, der dich kennt, außer deinem Sohne [Echnaton], den du dein Wesen und deine Macht erkennen lässt ... Seit du die Welt gegründet hast, erhebst du sie für deinen Sohn, der aus deinem Leib hervorgegangen ist, den König beider Ägypten ... Echnaton, groß in seiner Lebenszeit.

*Zit. nach Erik Hornung, Echnaton. Die Religion des Lichtes, 2. Aufl., Düsseldorf und Zürich (Patmos/Artemis & Winkler) 2001, S. 88ff.***

Die Sonne als Gott

Die Ägypter verehrten viele Götter. Pharao Amenophis IV. bestimmte im 14. Jahrhundert v. Chr. jedoch Aton, den Sonnengott, als einzige Gottheit. Damit wurde er ein Vorläufer der späteren monotheistischen Religionen. Der König selbst nannte sich jetzt Echnaton (sprich Ach-en-Aton, das bedeutet „dem Aton wohlgefällig"). Außerdem gründete er die neue Hauptstadt Achetaton (sprich Achet-Aton, das bedeutet „Horizont des Aton"). Dort entstand das heilige Zentrum der Aton-Religion. Die Tempel der alten Götter wurden geschlossen – ihre Priester und sämtliche bisherigen hohen Beamten wurden entlassen. An ihre Stellen setzte Echnaton ihm und seinem Gott treu ergebene Männer ein. Die Sonnenscheibe war das Symbol der neuen Religion. Die bisherigen Götternamen und tiergestaltigen Götterbilder wurden aus Tempelwänden ausgemeißelt. Wer weiterhin der alten Religion anhing, sah sich vielfach der Verfolgung durch Echnatons Polizeitruppen ausgesetzt.

Die neue Religion hatte nicht lange Bestand. Der übernächste Nachfolger Echnatons, der junge König Tutanchamun, ordnete die Rückkehr zum alten Glauben an. Er ließ die Stadt Achetaton restlos zerstören.

1 Liste die Eigenschaften der Sonne auf, die im Sonnengesang M2 beschrieben werden.
2 Schreibe aus der Sicht eines Priesters der bisherigen Religion einen Beschwerdebrief an Echnaton (Darstellungstext, M1, M2). Nutze den **Wortschatz**.
3 Fertige dir Notizen für dein Lapbook an. Welche Informationen aus dieser Station willst du verwenden? Welche Bilder benötigst du?

Wortschatz: eine Hauptstadt gründen • jemand wird entlassen • ohne Rücksicht auf jemanden oder etwas handeln • Götterbilder aus Tempelwänden entfernen • etwas hat nicht lange Bestand

Die wahre Geschichte?

Viele Quellen aus dem alten Ägypten sind bis heute verlorengegangen oder zerstört worden. Da nur wenige Menschen schreiben konnten, war die Anzahl der schriftlichen Quellen im Vergleich zu späteren Epochen sehr gering. Die überlieferten Quellen sind oft lückenhaft. Daher ist es für Historikerinnen und Historiker schwierig, das Leben im alten Ägypten wahrheitsgemäß nachzuerzählen. Während einige Informationen durch mehrere Quellen belegbar sind, können andere nur vermutet werden.

- ***Wie kann man in einer Darstellung belegbare Informationen von Vermutungen oder Unklarem unterscheiden?***

Nachweisbarkeit prüfen und darstellen

Eine der wichtigsten Aufgaben einer Historikerin oder eines Historikers ist es, Informationen aus Quellenmaterial zu entnehmen. Sie ziehen Schlüsse aus den Quellen, befragen weitere Personen und Quellen und sichern so ihre Vermutungen und Ergebnisse ab. Dieser letzte Schritt gelingt aber nicht immer, da oftmals weitere Quellen fehlen, die eine Information bestätigen könnten. In dem anschließend von der Historikerin oder dem Historiker geschriebenen Text, einer Darstellung, müssen sie den Lesenden mitteilen, welche Informationen abgesichert sind und welche nicht, und dies auch begründen.

In der Tabelle findest du Begriffe, die dir helfen, in deinen Sachtexten wie die Historiker zu arbeiten.

Belegbarkeit der Aussage	Aussage und Begründung
sicher belegt	Informationen, die *sicher belegt* werden können, lassen sich durch mehrere Quellen von verschiedenen Personen aus verschiedenen Sichtweisen übereinstimmend belegen.
teilweise belegt	*Teilweise* belegbare Informationen sind in einzelnen Quellen zu finden oder werden angedeutet. Es fehlen aber Quellen zu weiteren Sichtweisen von anderen Personen.
vermutlich	Informationen, die mit *vermutlich* gekennzeichnet werden, sind so direkt in den Quellen nicht zu finden. Sie können aber aus dem Zusammenhang einer oder mehrerer Quellen abgeleitet werden. Archäologinnen und Archäologen können auch anhand verschiedener Gegenstände oder des Zustandes von Knochen Vermutungen auf Verwendung eines Gegenstandes oder Lebensweise der Menschen aufstellen. Dabei können Vermutungen auch unterschiedlich sein.
unklar	Zu diesen Informationen können keine Aussagen getroffen werden, die sich durch Quellen belegen lassen.

1 Schreibe die folgenden Sätze ohne die Begriffe aus der linken Spalte der Tabelle in dein Heft ab. Dabei musst du die Sätze umformulieren.

a) Unklar ist, ob die Nilschwemme für fruchtbares Land in Ägypten sorgte.

b) Es ist teilweise belegt, dass ägyptische Bauern auch die Schreiberschule besuchten.

c) Sicher belegt ist, dass die Bauern ihre Arbeit auf dem Feld aufteilten.

d) Vermutlich war die Feldarbeit in der Hitze Ägyptens sehr anstrengend.

2 Partnerarbeit: Diskutiert, ob sich die Aussage der Sätze durch das Weglassen der Begriffe verändert.

3 a) Überprüfe mithilfe der S. 74/75 und der S. 80/81, ob die Begriffe aus der Tabelle den Sätzen richtig zugeordnet wurden, und verbessere bei Bedarf.

b) Markiere in deinen Notizen für dein Lapbook, welche Begriffe für deine Aussagen passen.

Tipp → S. 182.

Was fasziniert Menschen am alten Ägypten?

Sich Kinofilme über Mumien ansehen, Podcasts anhören und Kinderbücher lesen; das alte Ägypten erfreut sich in unserem Alltag großer Beliebtheit. Sich im Alltag so mit Geschichte auseinanderzusetzen heißt „Geschichtskultur“.

- ***Finde heraus, warum sich die Geschichte des alten Ägyptens besonders gut für das Thema „Geschichtskultur“ eignet.***

M 1

Der acht Meter lange goldene Anubis, der altägyptische schakalköpfige Gott der Toten, fährt unter der Tower Bridge in London hindurch. Die riesige Statue sollte für die Ausstellung „Tutanchamun und das Goldene Zeitalter der Pharaonen“ in einem Museum in London werben. Foto, 2007

Das alte Ägypten: ein spannendes Thema

Dunkle Gänge in Pyramiden, flackernde Fackeln, geheimnisvolle Hieroglyphen und gruselige, herumirrende Mumien. Das alte Ägypten fasziniert bis heute viele Menschen. Auch wegen der vielen ausschmückenden Erzählungen (= Legenden), die es um die Hochkultur gibt. Die wohl wichtigste Legende zum alten Ägypten ist der sogenannte Fluch der Pharaonen. Er besagt, dass die Pharaonen ihre Gräber angeblich mit Flüchen magisch schützen ließen. Diese Flüche sollten alle treffen, die die Totenruhe (= ein rechtlich gewährter Schutz vor Übergriffen auf den Leichnam oder seine Ruhestätte) der Pharaonen stören.

Auch faszinieren heute die kunstvollen Wandbilder und die Hieroglyphen. Diese geben Einblicke in eine Welt, die ganz anders war als unsere heutige. Die Ägypter waren schon vor 3000 Jahren sehr fortschrittlich, schufen erstaunliche Kunstwerke und entwickelten technische Neuerungen, vor allem in der Landwirtschaft, die ihnen im Alltag halfen. Weil sich Menschen bis heute so gerne mit dem alten Ägypten beschäftigen, wird die Epoche immer wieder aufgegriffen.

Geschichtskultur und altes Ägypten

In dem Moment, wo heute Filme über das alte Ägypten gedreht werden, Mumien in Comics zum Leben erweckt werden oder spannende Hörbücher uns etwas über das Leben der Pharaonen berichten, haben wir es mit Geschichtskultur zu tun. Hier geht es nicht ausschließlich darum, uns weiterzubilden. Es geht vor allem darum, uns zu unterhalten und aus der heutigen Zeit in die Vergangenheit eintauchen zu können.

Wortschatz: mit Geschichte Geld verdienen • Werbung machen • eine Legende • jemanden soll einen Fluch treffen • die Totenruhe stören • einen Einblick in eine andere Welt erhalten • in die Vergangenheit eintauchen

1. Beschreibe mithilfe des Darstellungstextes und M1, was unter dem Begriff „Geschichtskultur“ verstanden wird. Nutze den **Wortschatz**.
2. Erkläre, warum das alte Ägypten sich besonders gut für Geschichtskultur eignet. Nutze hierfür Informationen aus dem Darstellungstext und deinem Wissen aus der Stationsarbeit.
3. **Methode:** Recherchiere mithilfe der Arbeitsschritte „Eine Internetrecherche durchführen“ auf S. 45, welche Kennzeichen der ägyptischen Hochkultur in verschiedenen Medien besonders hervorgehoben werden. Beziehe dich auf deine Erkenntnisse aus der Stationsarbeit. ▸ Hilfe

3000 v. Chr.	2500 v. Chr.	2000 v. Chr.	1500 v. Chr.	1000 v. Chr.	500 v. Chr.

um 3000 v. Chr.
Entstehung von Hochkulturen in Ägypten (Hieroglyphenschrift) und Mesopotamien (Keilschrift)

Altes Reich (2700–2155 v. Chr.)
Bau der großen Pyramiden

Mittleres Reich (2134–1785 v. Chr.)
Bewässerungstechniken

Neues Reich (1550–1070 v. Chr.)
Ägypten wird Großmacht, Blütezeit von Kunst und Architektur

332 v. Chr.
Ägypten wird griechisch

30 v. Chr.
Ägypten wird römische Provinz

Leben in der ägyptischen Hochkultur

Die ägyptische Hochkultur

In Ägypten entstand seit etwa 3000 v. Chr. eine **Hochkultur**: ein Staat mit zentraler Regierung und Verwaltung, Arbeitsteilung, Schrift, Zeitrechnung (Kalender), Kunst, Architektur und Anfängen von Wissenschaft (zum Beispiel Geometrie) und Technik. Das technische Können der Ägypter zeigte sich beim **Pyramidenbau**. Diese konnten nur durch genaue mathematische Berechnungen gebaut werden. Wegen der Lage am Nil und der Nutzung des Wassers spricht man auch von einer **Flusstalkultur**.

Leben nach den Regeln des Nils

Als etwa um 9000 v. Chr. die Warmzeit begann, zogen sich die als Wildbeuter und Sammler lebenden Menschen aus den allmählich austrocknenden Grasländern Nordafrikas an die wasserreichen Ufer des Nils zurück. Sie gaben das Leben als Nomaden auf, wurden sesshaft und schlossen sich in Dorfgemeinschaften zusammen. Sie bauten Deiche und **Bewässerungsanlagen** und nutzten so das lebenswichtige Wasser für die Landwirtschaft. Ernteüberschüsse legten sie in Vorräten an (**Vorratshaltung**). Das Leben wurde vom Rhythmus des Nils bestimmt: Einerseits nutzten die Ägypter den angeschwemmten fruchtbaren Boden nach der alljährlichen **Nilschwemme**, andererseits die Kraft des Wassers für ihr Bewässerungssystem und die Schifffahrt.

Herrschaft und Staat

Um 3000 v. Chr. wurden die Reiche von Ober- und Unterägypten zu einem Staat vereinigt. An der Spitze stand der König (Pharao), der mit unbegrenzter Macht regierte (**Monarchie**). Er wurde von den Ägyptern wie ein Gott verehrt und im Alten und Mittleren Reich in Pyramiden begraben.

Als Stellvertreter des **Pharaos** galt der Wesir. Ihm unterstanden alle Beamten im Land. Als wichtiges Hilfsmittel hierfür entwickelten die Ägypter die **Hieroglyphenschrift**.

Gesellschaft und Wirtschaft

Der größte Teil der Bevölkerung lebte als Bauern, Arbeiter und Handwerker. Die Vorratshaltung ermöglichte es, dass nicht mehr alle Menschen ständig in der Landwirtschaft arbeiten mussten. So konnten sie andere Tätigkeiten ausüben und es entstand eine **arbeitsteilige Gesellschaft**. Frauen hatten vergleichsweise mehr Rechte als in anderen damaligen Kulturen – gleichberechtigt waren sie aber nicht.

Die Religion der Ägypter

Die Religion war geprägt von der Vorstellung, dass das Leben der Menschen nach dem Tod nicht zu Ende sei. Deshalb waren Grabbau, Grabausstattung und **Mumifizierung** von großer Bedeutung. Allen Menschen gemeinsam war die **polytheistische Religion**. Die Anzahl der verehrten Götter war groß. Besondere Bedeutung genoss die Göttin Maat. Sie verkörperte Wahrheit, Gerechtigkeit und Ordnung. Das Weiterleben nach dem Tod konnte nach dem Glauben der Ägypter nur erlangen, wer im **Totengericht** nachwies, dass er im Diesseits nichts Unrechtes getan hatte. Die Religion war ein wichtiges Element, das die Einhaltung von Gesetzen und den Zusammenhalt der Gesellschaft stark förderte.

1 Entwickle zu jedem Textabschnitt der Zusammenfassung zwei Quizfragen. Sammelt die Fragen in der Klasse und spielt das Quiz. Ihr könnt dafür auch eine Quiz-App nutzen.

In diesem Kapitel konntest du folgende Kompetenzen erwerben:

- einfache Darstellungen über das Leben in der ägyptischen Hochkultur schreiben
- den Inhalt aus schriftlichen Quellen herausarbeiten sowie die Absicht des Autors erkennen und diese beurteilen
- die Nachweisbarkeit von Aussagen überprüfen und die Erkenntnisse in eine Darstellung einfließen lassen
- die Darstellung der ägyptischen Hochkultur in der Gegenwart diskutieren.
- **Medien und Methoden:** Eine Bildquelle auswerten
- **Medien und Methoden:** Eine schriftliche Quelle untersuchen
- **Geschichte darstellen:** Die wahre Geschichte?

Folgende Begriffe hast du kennengelernt:

- Hochkultur
- Flusstalkultur
- Pharao
- Arbeitsteilung
- Wesir
- Vorratswirtschaft
- Schreiber
- Totengericht (Religion)
- Hierarchie
- technischer Fortschritt
- Hieroglyphen
- Totenkult

1 Erkläre, warum wir heute von einer Hochkultur sprechen, wenn wir uns mit dem alten Ägypten beschäftigen. Nimm die Begriffe zu Hilfe.

Aus dem Beschwerdebrief eines Arbeiters an den Wesir Ta, um 1150 v. Chr.:

Ich teile meinem Herrn mit, dass ich an den Gräbern der Königskinder arbeite, deren Errichtung der Wesir befohlen hatte. Wir Arbeiter sind sehr elend geworden. Alle Sachen für uns, die das staatliche Schatzhaus, die Scheune und das Magazin uns liefern sollten, sind nicht verteilt worden. Nicht leicht ist das Tragen der Steine! Man hat uns auch die 1,5 Sack Gerste fortgenommen, um uns stattdessen 1,5 Sack Dreck zu geben! Möge mein Herr handeln, sodass wir leben können, denn wir sind schon am Sterben. Wir haben kein Brot, wir haben keine Kleider. Denn man gibt uns nichts, gar nichts! Schreibt an den König, unseren Herrn, damit er uns zu leben gebe.

Manfred Gutgesell, Das Wirtschaftssystem im Alten Ägypten. Zit. nach Arne Eggebrecht, Das Alte Ägypten: 3000 Jahre Geschichte und Kultur des Pharaonenreiches, München (Bertelsmann Verlag) 1984, S. 219.

Ordne richtig zu:

Informationen oder Aussagen, die durch mehrere Quellen belegt sind

Informationen, zu denen keine Aussagen getroffen werden können, die sich durch Quellen belegen lassen

Informationen, die nur in einzelnen Quellen zu finden sind oder angedeutet werden

Informationen, die nicht direkt in Quellen zu finden sind, aber aus dem Zusammenhang erschlossen werden können

teilweise belegt

unklar

vermutlich

sicher belegt

Wie viel verdiente ein Arbeiter?

Die Überlieferungen der Schreiber von Deir el-Medina, einer Arbeitersiedlung bei Theben in der Nähe des Tals der Könige, enthalten auch Lohnabrechnungen. Der Warenwert ließ sich in Edelmetall messen. Maßeinheit war der Deben (= 90 Gramm Kupfer). Eine Durchschnittsfamilie umfasste acht bis zehn Personen. Hauptnahrungsmittel dieser Menschen war Brot.

Löhne pro Monat:

Ein Vorarbeiter verdiente 7,5 Sack Getreide, dazu 10–11 Deben.

Ein Arbeiter verdiente 5,5 Sack Getreide, dazu 10–11 Deben.

1 Sack Getreide enthielt 76 Liter und war 2 Deben wert.

Preise:

Ein Korb kostete 0,5 Deben.

Ein kleines Messer kostete 1 Deben.

Ein Paar Sandalen kostete 3 Deben.

Ein Stuhl kostete 12 Deben.

Ein Bett kostete 25 Deben.

Ein Ochse kostete 100 Deben.

Arbeitszeit:

Täglich ca. 8–10 Stunden; lange Mittagspause wegen der Hitze; der Monat bestand aus drei Arbeitswochen zu zehn Tagen. Mit den Feiertagen gab es im Jahr ca. 65 arbeitsfreie Tage, darunter das 24 Tage dauernde „Theben-Fest". Die Arbeiter wurden dreimal im Monat entlohnt.

Zusammengestellt nach Manfred Clauss, Das alte Ägypten, Berlin (Fest) 2001, S. 393f.

M 4

Maurer beim Bau eines Tempels, ägyptische Wandmalerei aus dem Grab des Rechmire, 18. Dynastie (1543–1292 v. Chr.)

Interpretationskompetenz

1 Werte M2 mithilfe der Arbeitsschritte auf S. 65 aus.
▸ Hilfe

2 Untersuche M1 mithilfe der Arbeitsschritte „Eine schriftliche Quelle untersuchen" auf S. 69. Beachte die Aussagen zu den Schreibern auf S. 74/75.
▸ Hilfe

Geschichte darstellen (narrative Kompetenz)

3 In M2 findest du vier Begriffe, mit denen die Nachweisbarkeit von Aussagen angegeben wird. Ordne den vier Begriffen ihre korrekte Bedeutung zu.

4 Entscheide, welche Aussagen mithilfe von M1 und M2 getroffen werden können:
- Es ist teilweise belegt, dass die Arbeiter beim Bau von Bauwerken hart arbeiten mussten.
- Es ist sicher belegt, dass die Arbeiter wenig Lohn für ihre Arbeit bekamen.
- Es ist unklar, ob die Arbeiter während der Arbeit geschlagen wurden.
- Vermutlich wurden die Arbeiter von ihren Herren nicht gut behandelt.

5 a) Beschreibe mithilfe von M3 und S. 80/81 in einer kurzen Geschichte den Alltag des ägyptischen Arbeiters Fares beim Pyramidenbau. Beginne mit: *„Fares traf sich zu Beginn seines Arbeitstages mit den anderen Arbeitern. Vom Hauptaufseher erfuhren sie, dass der Pharao den Bau einer Pyramide befohlen hat. Erst jetzt konnte Fares …"*

b) Erkläre am Ende deiner Geschichte, welche deiner Aussagen sich belegen lassen. Nutze dazu S. 85.

Geschichte heute (geschichtskulturelle Kompetenz)

6 Entwickle eine Idee für ein eigenes Produkt der Geschichtskultur zum Thema altes Ägypten. Das kann ein Comic, ein Podcast, ein Kurzfilm oder ein anderes Medium deiner Wahl sein.

cornelsen.de/webcodes
Code: faguha
Selbsteinschätzungsbogen

Check

1000 v. Chr. | 500 v. Chr. | Geburt Christi | 500 n. Chr.

1000–500 v. Chr.
Entstehung griechischer Stadtstaaten

148 v. Chr.
Griechenland wird Teil des Römischen Reichs

750–550 v. Chr.
griechische Kolonisation

5./4. Jh. v. Chr.
Demokratie in Athen

27 v. Chr.
Rom wird zum Kaiserreich

753 v. Chr.
Gründung der Stadt Rom der Sage nach

264–133 v. Chr.
Rom wird durch Eroberung zur Großmacht

2. Jh. n. Chr.
größte Ausdehnung des Römischen Reichs

ca. 500 v. Chr.
Rom wird Republik

476 n. Chr.
Ende des Weströmischen Reichs

Zusammenleben in der Polis Athen und im römischen Weltreich untersuchen

Zwei Hochkulturen am Mittelmeer

In der Antike gab es neben der ägyptischen Hochkultur noch zwei weitere wichtige Hochkulturen: die griechische Staatenwelt und das Römische Reich. Beide hatten ihren Ausgang und Mittelpunkt am Mittelmeer. Beide dehnten ihren Einflussbereich im Laufe der Jahrhunderte deutlich aus, wenn auch auf unterschiedliche Weise und mit unterschiedlichen Zielen. Es ergaben sich räumliche Überschneidungen, die dazu führten, dass sich beide Hochkulturen gegenseitig stark beeinflussten.

Kleine Stadtstaaten und ein großes Weltreich

In Griechenland wurden etwa 1000 v. Chr. die ersten Städte gegründet. Diese und das sie umgebende Land heißen Stadtstaaten. Im griechischen wurden sie als Polis* bezeichnet. Am bedeutendsten wurde die Polis Athen. Die Stadtstaaten waren voneinander unabhängig, eine zentrale Regierung oder Staatsform gab es in Griechenland zu dieser Zeit nicht.

Ganz anders war das beim römischen Weltreich. Aus einem kleinen Dorf am Fluss Tiber entwickelte sich die große Stadt Rom, die ihren Einfluss immer weiter ausdehnte. Rom wurde der Mittelpunkt eines Reichs, das sich unter Kaiser Trajan 117 n. Chr. über große Teile der damals bekannten Welt erstreckte. Deshalb spricht man auch vom römischen Weltreich. Von Rom aus wurde dieses Reich zentral regiert und alle Teile des Reichs mussten sich an die römische Lebensweise anpassen.

Das betraf auch die griechischen Stadtstaaten, die im 2. Jahrhundert v. Chr. von den Römern unterworfen wurden.

Am Ende der Antike, um 500 n. Chr., gab es große Veränderungen. Das große römische Weltreich zerfiel in kleinere Reiche.

Geschichte im Querschnitt

Du kannst diese beiden Hochkulturen mit ihren räumlichen und zeitlichen Überschneidungen vergleichend untersuchen. So kann festgestellt werden, worin sie sich ähnlich waren und worin sie sich unterschieden. Das geht am besten, wenn man Merkmale und Kennzeichen auswählt, zum Beispiel zum Alltag, zur Politik oder zur Religion, und diese miteinander vergleicht. Wenn verschiedene Kulturen anhand von ausgewählten Merkmalen und Kennzeichen miteinander verglichen werden, ist von einem Querschnitt die Rede.

Auf dieser und auf der nächsten Doppelseite erhaltet ihr Anregungen, welche Fragestellungen ihr in diesem Querschnitt bearbeiten könnt, um das Zusammenleben in der Polis Athen und im römischen Weltreich vergleichend zu untersuchen.

Ihr könnt die Kapitel 4 und 5 aber auch einzeln und nacheinander bearbeiten. Entscheidet gemeinsam mit eurer Lehrkraft, wie ihr vorgehen wollt.

1 Beschreibe mithilfe von M1 die griechische Ausdehnung im 8. bis 6. Jh. v. Chr. **Tipp** → S. 182.

2 Beschreibe mithilfe von M2 die römische Ausdehnung auf ihrem Höhepunkt im 2. Jh. n. Chr. **Tipp** → S. 182.

3 Erkläre mithilfe des Darstellungstextes den Begriff „Geschichte im Querschnitt".

M 1

500 km
Maßstab
Kelten
Skythen
Olbia
Tyras
Theodosia
Chersonesos
Tomis
Schwarzes Meer
Massalia
Ligurer
Illyrer
Italiker
Keltiberer
Emporion
Korsika
Alalia
Apollonia
Sinope
Trapezunt
Herakleia
Byzantion
Hemeroskopeion
Balearen
Sardinien
Kymai
Meta-pont
Epidamos
Tarent
Makedonen
Olynthos
Poteidaia
Mainake
Elea
Sybaris
Apollonia
Lipara
Zankle
Himera
Kroton
Rhegion
Korkyra
Chalkis
Phokaia
Lyder
Sizilien
Selinus
Akragas
Gela
Naxos
Katane
Syrakus
Korinth
Megara
Milet
Numider
Sparta
Thera
Rhodos
Mittelmeer
Kreta
Zypern
Phönizier
Kyrene
Libyer
Legende
griechisches Mutterland um 750 v. Chr.
Mutterstadt einer Kolonie
Kolonie einer Mutterstadt
Einflussgebiet der Griechen
Italiker einheimische Bevölkerung

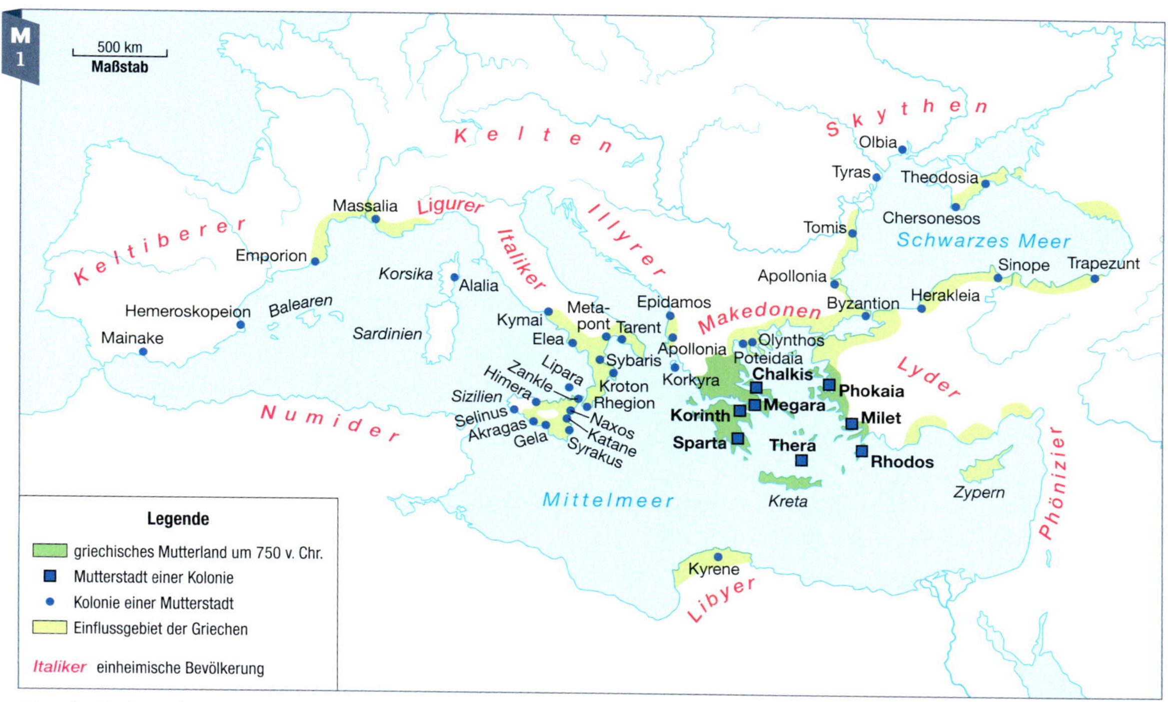

Die griechische Kolonisation 750–550 v. Chr. Kolonisation: Die Griechen gründeten außerhalb der Mutterstadt (= bedeutende und mächtige Stadtstaaten) neue Städte (= Kolonien).

M 2

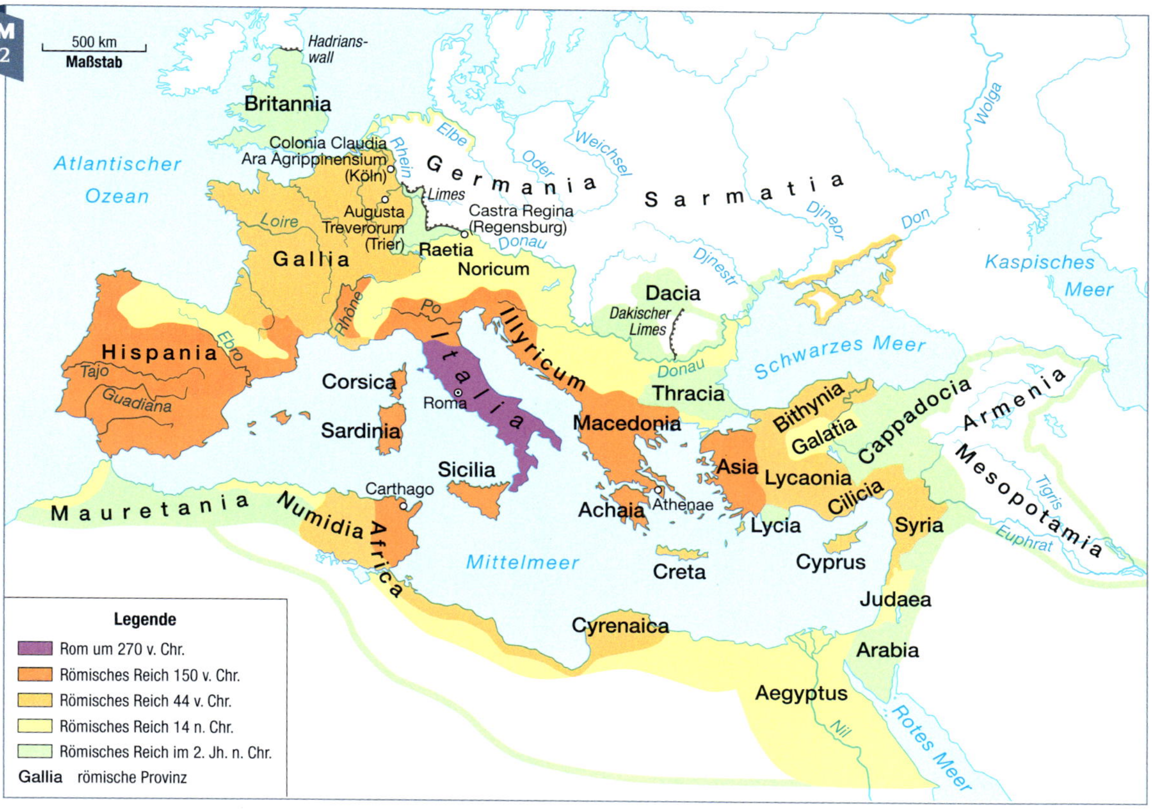

500 km
Maßstab
Hadrians-wall
Britannia
Atlantischer Ozean
Colonia Claudia Ara Agrippinensium (Köln)
Rhein
Elbe
Germania
Oder
Weichsel
Wolga
Limes
Augusta Treverorum (Trier)
Castra Regina (Regensburg)
Sarmatia
Dnjepr
Don
Loire
Donau
Raetia
Noricum
Gallia
Dnjestr
Kaspisches Meer
Dacia
Dakischer Limes
Rhône
Po
Hispania
Ebro
Tajo
Guadiana
Corsica
Italia
Illyricum
Donau
Thracia
Schwarzes Meer
Roma
Sardinia
Macedonia
Bithynia
Galatia
Cappadocia
Armenia
Asia
Mesopotamia
Sicilia
Lycaonia
Cilicia
Tigris
Carthago
Athenae
Mauretania
Numidia
Africa
Achaia
Lycia
Syria
Euphrat
Mittelmeer
Creta
Cyprus
Judaea
Cyrenaica
Arabia
Aegyptus
Nil
Rotes Meer
Legende
Rom um 270 v. Chr.
Römisches Reich 150 v. Chr.
Römisches Reich 44 v. Chr.
Römisches Reich 14 n. Chr.
Römisches Reich im 2. Jh. n. Chr.
Gallia römische Provinz

Die Ausdehnung des Römischen Reichs. Limes = Grenzbefestigungen aus Mauern und Wällen

Laufzettel: Geschichte im Querschnitt

Untersuche auf den hier angegebenen Seiten zu den einzelnen Themen den Darstellungstext sowie die Materialien und bearbeite damit die Aufgaben dieses Laufzettels.

Thema 1: Kolonisation und Expansion – wie verbreiteten sich griechische Kultur und römische Herrschaft? (Athen: S. 100–103; Rom: S. 134/135):

1 Erschließe dir mithilfe der Struktur-Lege-Technik jeweils die beiden Darstellungstexte.
2 **Geschichte darstellen:** Erkläre mithilfe der Karten und Quellen, wie die griechische Kolonisation und die Ausbreitung des römischen Herrschaftsbereiches verliefen. Beachte dabei möglichst auch zeitliche Verläufe und die Belegbarkeit deiner Aussagen.
3 Erkläre die Begriffe Kolonisation und Expansion.

Thema 2: Welche Bedeutung hatte der Glauben an die Götter für die Griechen und Römer? (Athen: S. 106/107; Rom: S. 136/137):

M 1

1 Bearbeite die Aufgaben 1 und 2 auf der S. 107 und Aufgabe 2 auf S. 137.
2 Vergleiche den Glauben der Römer mit dem der Griechen, indem du Gemeinsamkeiten und Unterschiede nennst.
3 Ordne in einer Tabelle folgende römische Gottheiten den griechischen Gottheiten zu:
Jupiter – Göttervater, Juno – Frau von Jupiter/Familiengöttin, Mars – Gott des Krieges, Diana – Göttin der Jagd, Neptun – Gott des Meeres, Merkur – Gott des Reisens, Bacchus – Gott des Weines
4 Bearbeite die Aufgabe 7 auf S. 137.
5 Beantworte die Leitfrage: Welche Bedeutung hatte der Glauben an die Götter für die Griechen und Römer? Nutze Adjektive wie *wichtig*, *groß* oder *bedeutsam*.

Thema 3: Wie konnten die Menschen in der Polis Athen und im Römischen Reich politisch mitbestimmen? (Athen: S. 110–113, 118; Rom: S. 138/139):

1 Erarbeite dir mithilfe der S. 110–113 sowie der dazugehörigen Aufgaben die Entstehung und Entwicklung der Demokratie in der Polis Athen.
2 Werte das Schaubild M1 auf S. 118 mithilfe der Arbeitsschritte der Methode „Ein Schaubild auswerten“ aus und bearbeite dann die Aufgabe 2 auf S. 118.
3 Untersuche mithilfe der S. 138/139 sowie der dazugehörigen Aufgaben die politische Ordnung der Römischen Republik.
4 Vergleiche die politische Ordnung in der Polis Athen mit der der Römischen Republik, indem du Unterschiede und Gemeinsamkeiten zusammenträgst.

M 2

Thema 4: Wie lebten Frauen im antiken Griechenland und im Römischen Reich?
(Athen: S. 116/117; Rom: S. 152/153):

1 Beschreibe anhand von M3, S. 117 die Rolle der Frau aus Sicht der Männer im antiken Griechenland.
2 Beschreibe anhand von M5, S. 153 die Rolle der Frau im Römischen Reich.
3 Vergleiche die Rolle der Frauen im antiken Griechenland und im Römischen Reich.
Tipp → S. 182.

M 3

Thema 5: Versklavte Menschen in der Polis Athen und im Römischen Reich – Stützen der Wirtschaft und des Zusammenlebens?
(Athen: S. 114/115; Rom: S. 156/157):

M 4

1 Erläutert die rechtliche Stellung sowie die Tätigkeiten von versklavten Menschen in der Polis Athen (S. 115, M3 und M4).
2 Wähle einen Materialbereich A, B oder C auf den S. 156/157 aus und bearbeite die dazugehörigen Aufgaben.
3 Beantworte die Leitfrage: Versklavte Menschen in der Polis Athen und im Römischen Reich – Stützen der Wirtschaft und des Zusammenlebens?
Tipp → S. 182.
4 Verfasse eine eigene Darstellung, in der du Kritik an der Sklaverei im antiken Griechenland oder im römischen Weltreich übst.

Thema 6: Welche Bedeutung haben die griechische Kultur und das Römische Reich für unsere heutige Lebenswelt?
(Athen: S. 124/125; Rom: S. 168/169):

1 **Geschichte heute / Gruppenarbeit:** Erstellt in Dreier-Gruppen ein eigenes Lernplakat (→ S. 189) zu den wissenschaftlichen und technischen Errungenschaften der Griechen und Römer, die unsere Welt heute noch prägen. Geht dabei wie folgt vor:

a) Tragt mithilfe der Darstellungstexte zusammen, welche wissenschaftlichen und technischen Entwicklungen der Griechen und Römer für uns heute noch wichtig sind.
b) Tragt Beispiele zusammen, mit denen ihr zeigen könnt, welche Bedeutung diese Entwicklungen und Erfindungen heute noch für unser Leben haben.

4
Leben in der Polis Athen

So wie auf dieser Zeichnung könnte die griechische Stadt Athen um 400 v. Chr. ausgesehen haben. Athen galt in seiner Blütezeit als eine der schönsten und wichtigsten Städte des Mittelmeerraums. Etwa 100 000 Menschen lebten dort auf engstem Raum. Meist lebten sie in einfachen Häusern, alle ohne fließendes Wasser und ohne Kanalisation. Noch mehr Menschen wohnten in der fruchtbaren Landschaft Attikas vor den Mauern der Stadt. Athen und Attika bildeten den Stadtstaat Athen. In Athen entschieden die Bürger über die politischen Angelegenheiten. Dafür versammelten sie sich auf der Pnyx, einem halbrunden Platz, der auf der Zeichnung gut zu erkennen ist. Auf der Akropolis, einem befestigten Hügel mitten in der Stadt, stand der größte Tempel für die Göttin Athene.

Sammelt anhand der Zeichnung Ideen, was die Athener Bürger in ihrem Stadtstaat regeln mussten.

alle Darstellungstexte zum Anhören

rowapi

Rekonstruktionszeichnung von Peter Connolly, 1998

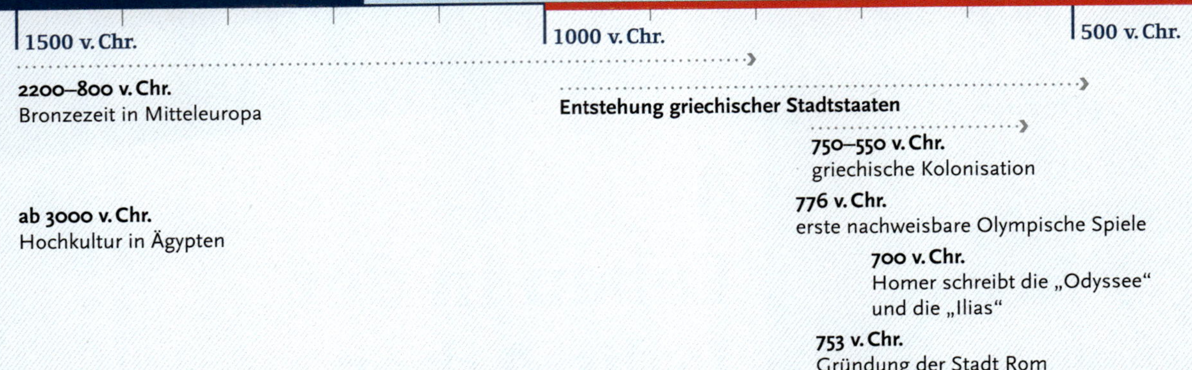

Leben in der Polis Athen

Im antiken Griechenland gab es viele kleine, voneinander unabhängige Stadtstaaten. Sie wurden von Königen und Adligen oder auch von den Bürgern regiert. Der Stadtstaat Athen ist für uns heute besonders wichtig. Hier entwickelte sich erstmals eine besondere Form der Regierung, die Volksherrschaft („Demokratie"). Obwohl jeder Stadtstaat politisch und wirtschaftlich eigenständig war, gab es unter den Griechinnen und Griechen ein starkes Gefühl der Zusammengehörigkeit: Sie alle sprachen die gleiche Sprache und kannten die Dichtungen des Schriftstellers Homer: die Geschichte vom Trojanischen Krieg („Ilias") und die Irrfahrten des Odysseus („Odyssee"). Zudem kamen die Menschen bei gesamtgriechischen Festen wie den Olympischen Spielen zusammen, um ihre Göttinnen und Götter zu ehren.

Bis heute beeinflusst das Erbe Griechenlands unsere Kultur, und auch viele unserer modernen Wissenschaften lassen sich auf Ursprünge in der griechischen Antike zurückführen.

- Wie sah das tägliche Leben der Menschen im antiken Griechenland aus?
- Wie funktionierte die athenische Demokratie?
- Wie beeinflusst uns die griechische Antike bis heute?

Siedlungsraum der Griechen um 750 v. Chr.

1 Finde in der Karte M1 Athen, Olympia und die Landschaften Attika und Peloponnes.

2 **Partnerarbeit:** Beschreibt euch gegenseitig M2, M3 und M4. Was erscheint euch fremd, was vertraut?

3 Tauscht euch in einem Kugellager (siehe S. 189) über euer Vorwissen zum antiken Griechenland aus. ▸ Hilfe

Christi Geburt

500 n. Chr.

5./4. Jh. v. Chr.
Demokratie in Athen

148 v. Chr.
Griechenland wird Teil des Römischen Reichs

500 n. Chr.
Beginn des Mittelalters

M 2 *Unterrichtsszene, athenische Schale, um 400 v. Chr. Ein Lehrer (Mitte) hält eine Schriftrolle mit dem Anfang der „Odyssee"; am Bildrand rechts sitzt ein Erzieher, der den Schüler zum Unterricht begleitet hat.*

M 3

Wettkampfszene, athenische Vase, 4. Jh. v. Chr. Gezeigt wird der Allkampf, eine Disziplin bei den Olympischen Spielen. Erlaubt war alles außer Beißen und Angriffe auf die Augenhöhlen. Rechts im Bild der Schiedsrichter.

M 4

Ringkampf zwischen der US-Amerikanerin Jacarra Gwenisha Winchester und Wanessa Kaladsinskaja aus Belarus, Foto von den Olympischen Spielen in Tokyo 2021

Wie entstanden die griechischen Stadtstaaten?

Einige von euch waren vielleicht schon in Griechenland. Was ist das Besondere an der griechischen Landschaft?

- ***Gehe auf Entdeckungsreise und finde heraus, wie die Landschaft das Zusammenleben der Griechen beeinflusste.***

M 1

Blick auf die Hafenstadt Livadia auf der Insel Thilos, Foto, 2013

Inseln und Gebirge

Gewaltige Bergketten durchqueren Griechenland. Sie bestehen aus Kalkgestein, das das Wasser nicht speichern kann. Deshalb sind die Böden hart und steinig. Die Gebirge setzen sich auf dem Meeresboden fort: Die Spitzen der Berge bilden dabei zahlreiche Inseln im Meer.

Der Kontakt zwischen den griechischen Siedlungen war wegen der vielen Gebirge schwierig. Wenn die Menschen Handel trieben, bevorzugten sie den schnelleren Seeweg. Seltener gingen sie zu Fuß und mit Lasteseln über steile Bergpfade.

Trotz aller Unterschiede fühlten sich die Griechinnen und Griechen untereinander verbunden. Sie nannten sich selbst Hellenen (= Griechen). Völker, die kein Griechisch konnten, sprachen in den Augen der Griechen nur unverständliche Wörter. Das klang für sie wie „bar-bar-bar", daher bezeichneten sie Fremde als „Barbaren".

Bauern und Adlige

Um 900 v. Chr. lebten die meisten Griechinnen und Griechen in verstreut liegenden Bauernhöfen. Das Bauernhaus, die dazugehörige Familie und der Landbesitz bildeten zusammen einen Oikos* (Hausgemeinschaft, Mehrzahl: Oikoi). Hier fanden die Menschen Schutz, Nahrung und Kleidung. Der Hausherr bestimmte über alle Mitglieder seines Oikos. Bei einem einfachen Bauern waren dies meist nur seine Ehefrau und die Kinder. Die meisten bäuerlichen Familien hatten gerade genug zum Überleben. Ganz anders war es bei adligen Menschen: Zu ihren Oikoi gehörten neben der Großfamilie zahlreiche versklavte Menschen und Bedienstete, die den großen Besitz an Land bebauten.

Nur Adlige konnten sich Pferde leisten. Wie Könige herrschten sie über ihre Gebiete. Untereinander stritten sie um Ruhm und Ehre, besuchten sich aber auch gegenseitig und veranstalteten Gastmähler*. Leitspruch des Adels war: „Immer der Beste sein und anderen überlegen."

Wortschatz: sich an einem Ort niederlassen • eine Siedlung gründen • miteinander in Kontakt stehen • sich vor etwas schützen • das Zusammenleben in der Polis regeln • gemeinsame Bräuche pflegen

M2

Bauern beim Pflügen und Säen, Vasenabbildung, 6. Jh. v. Chr.

Die Polis – ein Staat im Kleinen

Die Bevölkerung Griechenlands wuchs im 9. Jahrhundert v. Chr. und die Menschen ließen sich in den fruchtbaren Gegenden an den Küsten und Flüssen nieder. Zum Schutz vor feindlich gesinnten Menschen bauten sie ihre Höfe eng zusammen und umgaben sie mit einer Mauer. Das Ackerland lag damit oft außerhalb der Mauern. Diese neue Form der Siedlung, eine Stadt mit zugehörigem Umland, nannten die Griechen Polis* (Stadtstaat, Mehrzahl: Poleis).

Gemeinsam regelten die Bürger der Stadt die Angelegenheiten ihrer Polis. Bürger waren die männlichen Bewohner mit Landbesitz. In Versammlungen auf dem Marktplatz (griech. die Agora*) diskutierten sie zum Beispiel darüber, ob ein neuer Weg angelegt werden sollte, oder sie versuchten sich bei einem Streit zu einigen. Wichtige Regelungen schrieben sie auf: So entstanden Gesetze. Fremde, Frauen, Kinder und versklavte Menschen waren keine Bürger und durften nicht mitbestimmen.

Die Einwohnerschaft der Polis verehrte ihre Götter in Tempeln. Diese waren meist in der Oberstadt (griech. Akropolis) der Polis zu finden.

Im antiken Griechenland entwickelten sich circa 250 voneinander unabhängige Stadtstaaten. Oft lebten nur rund 2000 bis 3000 Menschen in einem Stadtstaat. Die ca. 400 bis 900 Bürger kannten sich untereinander. Deutlich größer waren die Stadtstaaten Athen, Sparta, Korinth und Milet.

M3

Die Polis Smyrna (heute Izmir, Türkei), wie sie wohl im 7. Jahrhundert v. Chr. aussah. Sie war vermutlich die Heimat des Dichters Homer. Die Gebäude mit kreisförmigem Dach waren Speicher. Rekonstruktionszeichnung auf Grundlage archäologischer Funde, 2014*

1 Verfasse mithilfe des Darstellungstextes und M1 einen kurzen Text, in dem du erklärst, welchen Einfluss die Landschaft Griechenlands auf das Zusammenleben der Griechinnen und Griechen hatte. Beginne so: *Die Landschaft Griechenlands besteht aus …*
Nutze dazu den **Wortschatz**.

2 Arbeite aus dem Darstellungstext und M2 Informationen zum Leben der bäuerlichen und der adligen Bevölkerung heraus. Notiere die Unterschiede in einer Tabelle.

3 **Wähle eine Aufgabe aus:**
a) Nenne die Merkmale einer Polis, die in der Zeichnung M3 dargestellt sind. Nimm auch den Darstellungstext Z. 39–68 zu Hilfe.
b) Beschreibe die Merkmale einer Polis mithilfe der Struktur-Lege-Technik. Nutze die Anleitung auf S. 31.

 Üben

Warum wanderten Griechen in die Fremde aus?

Bist du dort geboren, wo du heute lebst? Viele Griechen der Antike hätten diese Frage mit Nein beantwortet. Besonders vom 8. bis 6. Jahrhundert v. Chr. brachen zahlreiche Griechen in andere Länder auf und siedelten sich fern ihrer Heimat an.

- ***Die Ursachen für diese Wanderbewegung lernst du auf diesen Seiten kennen.***

M1

Nachbau des Schiffes Argo, Foto. Das nach der Legende sagenhaft schnelle Schiff mit 50 Ruderplätzen stand unter dem Befehl von Jason und seinen Ruderern (den Argonauten). Sie suchten jenseits des Schwarzen Meeres nach dem goldenen Fell eines Widders, der angeblich fliegen und sprechen konnte. 2007 segelten Forscher mit diesem Nachbau von Griechenland bis ins Schwarze Meer.

Ursachen der Auswanderung

Zwischen 750 v. Chr. und 550 v. Chr. entstanden im gesamten Mittelmeerraum und am Schwarzen Meer griechische Stadtstaaten. Ihre Bewohnerinnen und Bewohner waren aus anderen Stadtstaaten ausgewandert. Dafür gab es viele Gründe: Manche mussten ihre Heimat verlassen, weil bei einer schlechten Ernte die Nahrung oft nicht mehr für die gesamte Bevölkerung der Polis ausreichte. Auch Streitigkeiten zwischen den führenden Adligen oder Kriege zwangen Menschen zur Auswanderung.

Viele Menschen, die Handel betrieben, siedelten sich freiwillig an fernen Orten an. Sie erhofften sich dort größere Gewinne. Die neuen Siedlungen in der Fremde werden Kolonien genannt, der Vorgang der Besiedlung heißt Kolonisation*.

Die Gründung von Kolonien

In der historischen Forschung ist umstritten, welche Rolle Frauen bei der griechischen Kolonisation spielten. Es ist unklar, ob die Frauen aus den Mutterstädten später in die Kolonien nachzogen oder ob ihre Männer mit Frauen aus den Kolonien neue Familien gründeten.

Meist schlossen sich Auswanderer aus einer Polis zusammen und gründeten in der Fremde einen kleinen Handelsstützpunkt. Dies führte manchmal zu einem Streit mit den Einheimischen, die ihr Land oder die dort befindlichen Rohstoffe* nicht teilen wollten. Oft wurden die Griechen aber freundlich aufgenommen. Es wurden Produkte getauscht und Kontakte geknüpft. Waren die Lebensbedingungen in der Kolonie günstig, zogen immer mehr Menschen aus der „Mutterstadt“ nach. So entstanden aus den Kolonien neue Stadtstaaten. Viele wurden größer und mächtiger als ihre Mutterstädte. Ein Beispiel dafür ist Kyrene, eine sehr wohlhabende Kolonie. Die Umgebung Kyrenes war reich an Getreide, Öl oder Wolle und der Heilpflanze Silphion, mit der Vergiftungen geheilt wurden.

Die Siedler hielten Kontakt zu ihrer Mutterstadt und reisten bei wichtigen religiösen Festen dorthin. Zudem nahmen sie an gesamtgriechischen Festen wie den Olympischen Spielen teil. Durch die Kolonisation verbreiteten sich die Staatsform der Polis und die griechische Kultur im gesamten Mittelmeerraum. Aber die Griechen übernahmen auch viele Elemente von den Völkern, mit denen sie in Kontakt kamen.

Wortschatz: sich an einem Ort ansiedeln • sich zusammenschließen • an einen anderen Ort weiterziehen • den Kontakt mit jemandem halten • jemanden nach ... aussenden • um etwas losen • einen Orakelspruch deuten

Das Orakel von Delphi

Eine große Rolle bei der Kolonisation spielte das Orakel von Delphi. Da die Griechinnen und Griechen glaubten, dass die Göttinnen und Götter für ihr Glück und Unglück „zuständig" seien, wurden diese bei wichtigen Entscheidungen im Leben wie einer Schiffsfahrt oder Auswanderung um Rat gefragt. Dazu musste ein heiliger Ort aufgesucht werden, zum Beispiel Delphi. Dort saß die Priesterin Pythia über einer Erdspalte, aus der berauschende Dämpfe aufstiegen. Pythia entnahm, so glaubte man, den Dämpfen Vorhersagen des Gottes Apoll. Orakelsprüche waren häufig rätselhaft formuliert und mussten gedeutet werden, manchmal waren sie aber auch konkret und eindeutig.

M 2

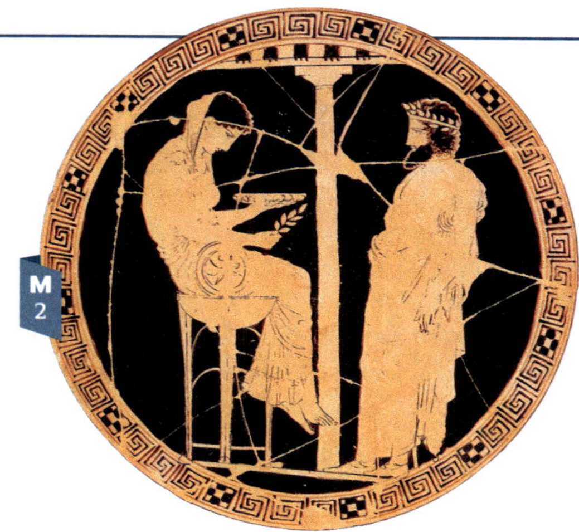

Die Pythia weissagt einem König, attische Trinkschale, 5. Jh. v. Chr.

M 3

Die Gründung der Kolonie Kyrene

Der griechische Geschichtsschreiber Herodot (um 485–425 v. Chr.) berichtete, wie die Bewohner der griechischen Insel Thera (heute Santorin) im Jahr 631 v. Chr. die Kolonie Kyrene gründeten:

Als sich Grinnos, der König von Thera, ein Orakel[1] über ganz andere Dinge sagen ließ, gab ihm die Pythia die Antwort, er solle in Libyen eine Stadt gründen. Darauf antwortete Grinnos: „Herr [Apollon], ich bin zu alt und schwerfällig, mich auf den Weg zu machen. Aber fordere doch einen von diesen Jüngeren dazu auf!" Während dieser Worte wies er auf Battos. Weiter geschah damals nichts. Nach ihrer Heimkehr ließen sie den Orakelspruch ganz unbeachtet; denn sie wussten nicht, wo in aller Welt Libyen liegt, und wollten es nicht gern wagen, Siedler ins Ungewisse auszusenden. Nun blieb sieben Jahre lang der Regen in Thera aus. Während dieser Zeit vertrockneten alle Bäume auf der Insel mit Ausnahme eines einzigen. Auf ihre Anfrage beim Orakel erinnerte die Pythia sie an die Kolonisation in Libyen ... Die Theraier bestimmten, dass aus allen sieben Gemeinden der Insel immer je einer von zwei Brüdern um die Auswanderung losen sollte. Führer und König der Auswanderer sollte Battos sein. So schickten sie zwei Fünfzigruderer nach Platea[2] ... [Da es ihnen dort nicht gut ging, fragten sie zwei Jahre später erneut bei der Pythia nach. Diese erinnerte sie an die Ansiedlung in Libyen.] Als Battos und seine Leute dies hörten, segelten sie wieder zurück; denn offenbar ersparte ihnen der Gott die Ansiedlung nicht, bis sie nach Libyen selbst gekommen seien. Sie ... siedelten sich auf dem libyschen Festland gegenüber der Insel an. Die Landschaft heißt Aziris ... Im siebten Jahr [boten die Libyer an,] sie an einen noch schöneren Platz zu führen. Sie entschlossen sich mitzugehen [und gründeten Kyrene].

*Herodot, Historien, IV 150–158, hg. und übers. v. Josef Feix, München und Zürich (Artemis), 4. Aufl., 1988, S. 613 ff.***

[1] *gemeint ist ein Orakelspruch*
[2] *eine Insel vor der libyschen Küste*

1 Nenne mithilfe des Darstellungstextes die Gründe für die Auswanderung der Griechen von 750 bis 550 v. Chr.

2 **Wähle eine Aufgabe aus:**

a) Arbeite aus M3 die einzelnen Etappen bis zur Gründung der Kolonie Kyrene heraus. **Tipp** → S. 183.

b) Arbeite aus M3 die Gründe heraus, warum die Einwohnerschaft von Thera sich zur Auswanderung entschloss.

Zusatzaufgabe → S. 179

3 Schreibe für eine Kinderzeitschrift einen Artikel über die Gründung der griechischen Kolonien und das Leben dort. Verwende die folgenden Begriffe: Adlige, Orakel, Handelsstützpunkt, Rohstoffe, Mutterstadt, Kolonisation, griechische Kultur. Nutze für den Artikel auch den **Wortschatz**. ▸ Hilfe

4 **Partnerarbeit:**

a) Recherchiert Gründe, warum Menschen heute in andere Länder auswandern und sich dort ansiedeln.

b) Vergleicht diese mit den Gründen im antiken Griechenland.

Üben Kartenanimation: *Griechische Kolonisation*

Eine Geschichtskarte auswerten

Auf dieser Seite lernst du Geschichtskarten kennen. Geschichtskarten zeigen, wie sich Menschen in einem bestimmten Raum zu einer bestimmten Zeit verhalten haben. Um eine Karte zu entwerfen, werten Historikerinnen und Historiker nicht nur Quellen aus, sondern greifen auch auf schriftliche Darstellungen und Geschichtskarten zurück, die von anderen Historikerinnen und Historiker erstellt wurden. Manche Geschichtskarten zeigen einen Zustand (statische Karten), manche verdeutlichen Entwicklungen (dynamische Karten).

M 1

Geschichtskarte zu den bedeutendsten griechischen Kolonien im Mittelmeerraum, ca. 750–550 v. Chr.

M 2

Thera und Rhodos und ihre Kolonien

1. Wann wurden die Mutterstädte gegründet?
   - Thera: sicher belegt ab dem 9. Jh. v. Chr. durch archäologische Funde; schriftliche Quellen berichten von früherer Besiedlung
   - Rhodos: sicher belegt ab dem 11. Jh. v. Chr. durch archäologische Funde

2. Wann wurden die Kolonien gegründet?
   - Lipara (zwischen 580–576 v. Chr.),
     Selinus (im 7. Jh. v. Chr.),
     Akragas (582 v. Chr.),
     Gela (um 688 v. Chr.),
     Kyrene (631 v. Chr.)

3. Was weist darauf hin, dass es Kolonien waren?
   - teilweise belegbar durch archäologische Funde (zum Beispiel Überreste von Gebäuden, Geld), sicher belegbar durch antike Schriftquellen

4. Warum wurden die Kolonien gegründet?
   - siehe S. 100/101.

Zusammengestellt v. Verf.

Arbeitsschritte „Eine Geschichtskarte auswerten“

Den Kartentitel auswerten	Sprachliche Formulierungshilfen
1. Welche Informationen kannst du dem Kartentitel entnehmen?	• *Der Kartentitel informiert über das Thema, den Zeitraum und das Gebiet. In diesem Fall lautet der Kartentitel „Geschichtskarte zu den bedeutendsten griechischen Kolonien im Mittelmeerraum, ca. 750 bis 550 v. Chr.“. Die Karte informiert also über …*
Die Kartenlegende entschlüsseln und den Maßstab feststellen	
2. Nimm dir Zeit, die Legende genau zu studieren. Sie ist der Schlüssel zum Verständnis der Karte: Wofür stehen die verwendeten Symbole?	• *Beschreibe die Elemente der Legende mit eigenen Worten. Beginne so:* *Die Legende enthält verschiedene Symbole für Mutterstädte und Kolonien. Quadrate kennzeichnen … Kreise stehen für … Gleiche Farben zeigen an, dass …*
3. Welche Bedeutung haben die kursiv gesetzten Namen?	• *Sie stehen für die …*
4. In welchem Maßstab ist die Karte angefertigt?	• *Der Maßstab wird in Geschichtskarten meist als Entfernungsleiste mit Kilometerangaben dargestellt. 1000 km entsprechen … cm auf deinem Lineal.*
Die Karte lesen	
5. Häufig gehst du von vorformulierten Fragen aus, manchmal stellst du selbst Fragen an die Karten.	• *Mögliche Fragen:* *In welchen Gegenden wurden Kolonien gegründet? …*
6. Was ist die Hauptaussage der Karte?	• *Um 550 v. Chr. siedelten Griechen …*
Weitere Fragen zur Karte stellen	
7. Karten können nicht alle wichtigen Informationen zu einem Thema aufnehmen, da sie ansonsten mit Symbolen überfrachtet und kaum mehr lesbar wären. Ausgehend von einer Karte ergeben sich deshalb oft Fragen, zu deren Klärung du weitere Hilfsmittel benötigst.	• *In diesem Fall liefert die Karte zum Beispiel keine Angaben über die Gründe der Auswanderung oder das Leben in den Kolonien.* • *Finde in deinem Schulbuch, in Sachbüchern oder im Internet Informationen dazu.*

1 Werte die Karte M1 mithilfe der Arbeitsschritte aus. Ergänze die Lösungshinweise an den markierten Stellen (…).

2 Berechne die ungefähre Länge des Seewegs von Sparta nach Syrakus. **Tipp** → S. 183.

3 **Partnerarbeit:** Listet in einer Tabelle Siedlungsräume, Anzahl der Kolonien und jeweils ein Beispiel auf. Entscheidet hierfür zunächst, wer welchen Siedlungsraum untersucht. Fasst anschließend eure Ergebnisse zusammen.

Siedlungsraum	*Anzahl*	*Beispiel*
Sizilien	9	Agrakas

4 **Geschichte darstellen:** Beschreibe am Beispiel der Kolonie Kyrene den Ablauf der Gründung einer Kolonie. Nimm die Karte M1, die Informationen aus M2 und die Quelle M3 auf S. 101 zu Hilfe. Achte dabei auf zeitliche Verläufe (siehe S. 54) und auf die Belegbarkeit deiner Aussagen (siehe S. 85).

cornelsen.de/webcodes
Code: cowoxe
Kopiervorlage Methodentabelle

Warum wurde Athen zum Zentrum des Handels?

Noch heute staunen wir über die Fülle der Güter, die im antiken Griechenland quer über das Mittelmeer transportiert wurden.

- ***Untersuche, warum gerade die Polis Athen so wichtig für den Handel wurde.***

M 1

Eine Unterwasserarchäologin findet Überreste von Amphoren, in denen in der Antike Handelsgüter transportiert wurden. Sie gehörten zur Fracht eines griechischen Handelsschiffes, das vor der Insel Paros gesunken ist. Foto, 21. Jh.

Zentrum Athen und Attika

Wir befinden uns im Jahr 430 v. Chr. Im Hafen von Piräus treffen täglich Handelsschiffe ein, die mit Waren angefüllt sind. Diese Segelschiffe können bis zu 100 Tonnen Ladung transportieren. Noch im Hafen schätzen Zöllner den Wert der Ware: Sie legen die Geldsumme fest, die die Händler für den Verkauf der Ware in Athen an die Stadtkasse zahlen müssen. Es ist sicher belegt, dass zu den Waren zum Beispiel oft Fisch, Getreide oder versklavte Menschen gehörten.

Bald nach dem Entladen werden die Schiffsbäuche wieder mit Waren gefüllt, denn die Handwerker der Polis Athen produzieren viele Produkte für den Export (= Ausfuhr): Besonders bekannt sind die Athener Töpferwaren. Hochbeladen verlassen die Schiffe Athen. Von Piräus nach Rhodos zum Beispiel brauchen sie dreieinhalb Tage, zur Küste Nordafrikas mehr als sieben Tage.

Warum ist die Wareneinfuhr für Athen so wichtig?

In Attika leben zu dieser Zeit etwa 300 000 Menschen. Sie müssen vor allem mit Getreide versorgt werden, denn der eigene Ernteertrag reicht bei Weitem nicht für die ganze Bevölkerung aus. Aber auch andere Waren sind in Athen begehrt. Die Bevölkerung benötigt Geld, um den Import (= Einfuhr) dieser Waren zu bezahlen. Deshalb ist der Export ihrer Güter für sie lebensnotwendig.

M 2

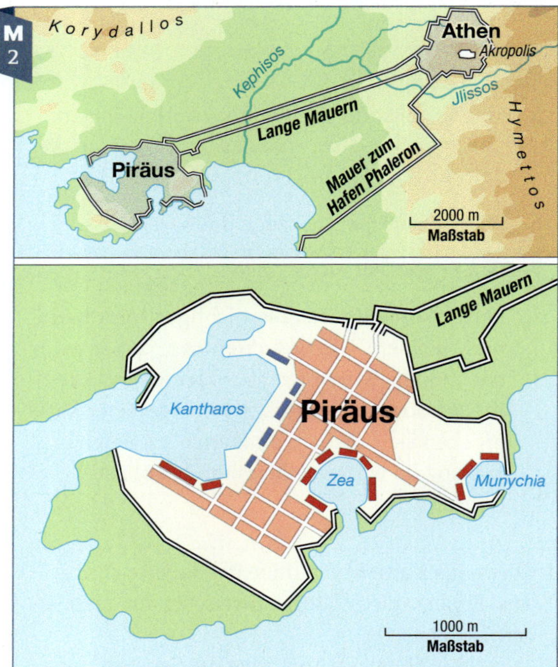

Athen und sein Hafen Piräus im 5. Jh. v. Chr. Insgesamt konnten im Hafen etwa 400 Schiffe liegen. Er war ummauert und der Weg in die Stadt Athen durch die „langen Mauern" geschützt.

Wortschatz: ausreichend Nahrung benötigen • einen Hafen anlegen • eigene Waren herstellen • die Warenwege sichern • Export und Import betreiben

M 3

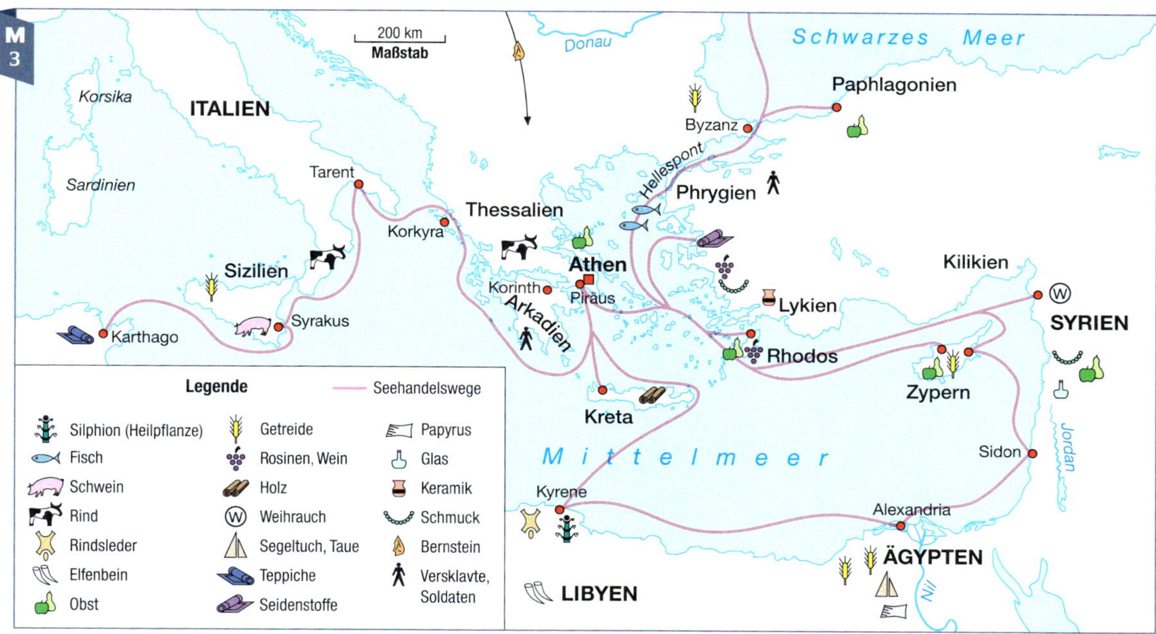

Der Importhandel Athens im 5. Jahrhundert v. Chr. (sicher belegt durch archäologische Funde)

M 4

Ein Gelehrter schrieb um 430 v. Chr. über die Handelsmacht Athen:

Nur die Athener können über die Erzeugnisse aller Griechen und Barbaren verfügen. Wie will eine andere Stadt ihre Überschüsse an Schiffsholz, Eisen, Kupfer und Flachs ausführen, ohne dass das seebeherrschende Athen zustimmt oder die Waren abnimmt? Würde sie gegen den Willen Athens Waren verfrachten, würde ihr die herrschende Seemacht die Handelswege abschneiden. Außerdem trifft eine Missernte die Seemacht weniger als die Landmacht. Denn da Missernten nicht überall gleichzeitig auftreten, kann die herrschende Seemacht immer noch Ernteerzeugnisse aus Überschussländern einführen.

Pseudo-Xenophon 1, 11–14, hg. u. übers. v. Ernst Kalinka. Zit. nach http://www.demokratia.org/files/Oligarch.pdf (Stand: 04.03.2024).

M 5

Händler beim Abwiegen von Ware, Vasenmalerei, um 550 v. Chr.

1 **a)** Begründe, warum Athen auf die Einfuhr von Gütern angewiesen war. Denke auch an die Landschaft Attikas.
b) Beschreibe anhand des Darstellungstextes und M2 Athen als Handelszentrum. Nutze den **Wortschatz**.

2 **a)** **Methode:** Werte die Karte M3 mithilfe der Arbeitsschritte auf S. 103 aus. ▸ Hilfe
b) Zeichne eine Tabelle mit den Spalten „Ware“ und „Herkunftsland“ und fülle sie mithilfe von M3 aus.

3 Diskutiere die Notwendigkeit ausgewählter Importwaren in der Geschichte und in der Gegenwart.

4 Erkläre anhand von M4, wie Handel und militärische Macht zusammenhingen.

5 Arbeite heraus, welche Informationen über den Handel du M1 und M5 entnehmen kannst.

Woran glaubten die Griechen?

Die Griechinnen und Griechen waren unter anderem durch die gemeinsame Sprache oder den Handel miteinander verbunden. Ihr Zusammengehörigkeitsgefühl wurde auch durch die Verehrung vieler Götter und Göttinen gestärkt. Viele ihrer Namen kennen wir bis heute.

- ***Welche Bedeutung hatten sie im antiken Griechenland?***

M 1

Griechische Göttinnen und Götter des Olymp, Zeichnungen, 2012

M 2

Eine frei erfundene Geschichte über ein Treffen der Götterfamilie auf dem Gipfel des Olymp:
Der Göttervater Zeus wollte wieder einmal seine Kinder und Geschwister bei sich vereint sehen. Daher ließ er Hermes, den Götterboten, zu sich kommen und befahl ihm: „Ziehe deinen Flügelhelm an und rufe mir deine Brüder und Schwestern herbei! Ich will mit Hera, meiner Frau, zu einem Essen einladen."
Hermes flog zuerst zu Hephaistos, dem Gott des Feuers. Der schmiedete großartige Waffen. Seine Frau war die schöne Aphrodite. Sie warf noch einen Blick in den Spiegel und machte sich dann auf den Weg zum Berg Olymp, dem Sitz der Götter. Ihr hinkender Mann Hephaistos konnte mit ihr nicht Schritt halten. Athene, die Lieblingstochter des Zeus, traf Hermes in der Polis Athen, deren Einwohner sie zur Schutzgöttin erwählt hatten. Sie nahm Lanze und Schild und eilte zu ihrem Vater. Artemis jagte gerade auf der Halbinsel Peloponnes. Nicht weit davon entfernt traf der Götterbote auch ihren Bruder Apollo. Auf den Befehl des Hermes hin ergriff er sein Musikinstrument, eine Leier, und suchte mit seiner Schwester seinen Vater auf. Dionysos, der Gott des Weines, schloss sich ihnen an. Zuletzt fand Hermes den Gott des Krieges, Ares. Wie er ihn antraf – mit Schild und Lanze –, so brachte ihn Hermes zu seinen Geschwistern auf den Olymp.
Auch die Brüder des Zeus waren gekommen: Poseidon mit seinem gabelförmigen Dreizack, der Gott des Meeres, und Hades, der Gott der Unterwelt und des Reichs der Toten. Er hatte seinen Richterstuhl verlassen, um der Einladung zu folgen. Kerberos, den mehrköpfigen Hund, ließ Hades als Wächter zurück.
Bei Nektar und Ambrosia – Getränk und Speise der Götter – unterhielten sich die Gäste und teilten Zeus ihre Sorgen mit.

*Gustav Adolf Süß, Curriculum Geschichte, Bd. 1: Altertum, Frankfurt a. M. (Verlag Moritz Diesterweg) 1975, S. 185.***

Wortschatz: Polytheismus • sich Göttinen und Götter wie Menschen vorstellen • einen Tempel bauen • auf dem Olymp leben • Feste feiern • ein Opfer bringen/ein Tier opfern • sich unter die Menschen mischen

M 3

Odysseus lauscht den Sirenen. Darstellung aus der „Odyssee" des Dichters Homer, Vasenmalerei, 480 v. Chr. Sirenen sind weibliche Fabelwesen, die mit ihrem Gesang Seefahrer auf ihre Insel locken, wo die Seefahrer dann sterben. Odysseus lässt sich an den Schiffsmast binden, damit er dem Sirenen-Gesang nicht folgen kann. Er ist ein Liebling der Göttin Athene. Der Meeresgott Poseidon aber macht ihm das Leben durch ungünstige Winde schwer.

M 4

Der griechische Dichter Xenophanes (570–475 v. Chr.) über den Götterglauben der Griechen:

Aber die Menschen meinen, Götter würden geboren und hätten Kleidung, Stimme und Körper wie sie selbst ... Alles haben Homer und Hesiod[1] den Göttern zugeschoben, was bei den Menschen Schuld und Tadel ist, Stehlen und Ehebrechen und einander Betrügen.

*Xenophanes, Fragmente und Werk. Zit. nach M. Laura Gemelli Marciano (Hg.), Die Vorsokratiker I, Regensburg (Artemis & Winkler) 2007 (= Sammlung Tusculum), S. 249ff.**

[1] *griechische Dichter*

Götter, Halbgötter und menschliche Helden

Wie in der ägyptischen Hochkultur war die Religion der Menschen im antiken Griechenland polytheistisch. Sie glaubten also an mehrere Göttinnen und Götter. Über 300 griechische von ihnen kennen wir heute noch mit Namen. Die wichtigsten waren die zwölf olympischen Göttinnen und Götter mit dem Göttervater Zeus als Mittelpunkt. Als ihr Wohnort galt der Olymp, ein fast 3000 Meter hoher Berggipfel in Griechenland. Die Götter im antiken Griechenland stellten sie sich wie Menschen vor. Sie sahen nicht nur aus wie Menschen, sie hatten auch menschliche Gefühle: Sie verliebten sich, wurden zornig oder übten Rache. Anders als Menschen waren die Göttinnen und Götter unsterblich und besaßen übernatürliche Kräfte. Eine Sage von Göttern, Halbgöttern und menschlichen Helden wird Mythos* genannt. Die Mythen erzählen oft davon, wie Göttinnen und Götter die Gestalt von Menschen oder Tieren annehmen und sich in die Welt der Menschen hineinbegeben. Die Halbgötter haben ein göttliches und ein menschliches Elternteil.

Das Opfer der Menschen für die Götter

Die Menschen im antiken Griechenland begegneten ihren Gottheiten mit Respekt und Ehrfurcht. Sie brachten täglich an einem Altar* in ihrem Haus einfache Speisen wie Brot und Wein als Opfergabe dar, um die Göttinnen und Götter freundlich zu stimmen. Außerdem wurden sie außerhalb des Hauses in öffentlichen Tempeln verehrt. Die Griechinnen und Griechen nahmen regelmäßig an Festen zu Ehren der Göttinnen und Götter teil, die in jeder Polis stattfanden. Dabei wurden Tiere geopfert. Ein Teil des geschlachteten Opfertiers wurde verbrannt, denn nach der Vorstellung der Menschen brauchten die Göttinnen und Götter den Rauch zum Leben. Der Rest wurde gebraten und gemeinsam verspeist.

1 Überprüfe mithilfe von M2, welche Göttinnen und Götter in M1 abgebildet sind und welche Aufgaben sie haben. Erstelle eine Tabelle. **Tipp** → S. 183.

2 Beschreibe mithilfe des Darstellungstextes und M3 den Götterglauben im antiken Griechenland. Beginne so: *„Die Menschen im antiken Griechenland glaubten, dass ..."* Verwende den **Wortschatz**.

3 a) Methode: Recherchiere nach Beispielen für die Verwendung griechischer Götternamen in der Gegenwart. Nutze die Arbeitsschritte auf S. 45.
▸ Hilfe

b) Diskutiert in der Klasse die heutige Verwendung griechischer Götternamen für Produkte und Firmen.

4 Erkläre, was Xenophanes (M4) am Götterglauben kritisiert.

cornelsen.de/webcodes
Code: soziha
Götter-Quiz

Üben

Olympia: Ist Dabeisein alles?

„Dabeisein ist alles", antworten heute viele Sportlerinnen und Sportler auf die Frage, was ihnen die Teilnahme an den Olympischen Spielen bedeute.

- ***Untersuche, wie es im alten Griechenland war und wo die Olympischen Spiele zuerst gefeiert wurden.***

M 1

Ein Weitspringer mit Sprunggewichten, attische Vasenmalerei, um 500 v. Chr.

M 2

Wagenrennen, Vasenmalerei, 6. Jh. v. Chr.

Die Olympischen Spiele – mehr als ein Sportfest

In Griechenland gab es viele sportliche Wettbewerbe, die alle in Zusammenhang mit religiösen Festen standen. Die wichtigsten davon waren die Olympischen Spiele. Sie wurden alle vier Jahre zu Ehren des Göttervater Zeus abgehalten und fanden spätestens ab dem Jahr 776 v. Chr. in Olympia statt. Jeder freie männliche Grieche konnte als Sportler teilnehmen. Versklavte Menschen, Frauen und Nichtgriechen waren ausgeschlossen. Vermutlich waren die meisten Athleten Adlige. Denn nicht jeder konnte es sich leisten, monatelang nur zu trainieren, um sich auf die Wettkämpfe vorzubereiten. Zudem war das Reisen nicht nur beschwerlich, sondern auch teuer.

Aus allen griechischen Stadtstaaten, selbst aus weit entfernten Kolonien, begaben sich Sportler und Zuschauerinnen und Zuschauer nach Olympia. Frauen durften nur dann zuschauen, wenn sie unverheiratet waren. Schätzungen zufolge konnten im Stadion bis zu 40 000 Menschen die Wettbewerbe verfolgen. Um eine sichere Anreise zu ermöglichen, verkündeten Boten bereits Monate vor den Spielen den „Gottesfrieden". Daraufhin ließen die griechischen Poleis die Waffen ruhen. Im Fall eines Sieges wurde dem Besten einer Sportart ein Olivenzweig überreicht. In seiner Heimat erhielt der Sieger weitere Geschenke oder besondere Rechte, etwa lebenslange Befreiung von der Steuer. Denn für jede Polis war es eine große Ehre, einen Olympiasieger vorweisen zu können. Die Olympischen Spiele waren für die Griechen so wichtig, dass sie diese zur Grundlage ihres Kalenders machten. Den Zeitraum zwischen den Spielen nannten sie Olympiade.

M 3

Ablauf der Olympischen Spiele im 5. Jh. v. Chr.:

1. Tag: feierliche Eröffnung mit einem Opfer am Altar des Zeus; Eid der Athleten, ihrer Brüder, Väter und Trainer im Rathaus: Versprechen, sich an die olympischen Regeln zu halten; Zusammenstellung der Kämpfer und Pferde in Altersgruppen durch die Schiedsrichter

2. Tag: Wettkämpfe der Jugend (Laufen, Ringen, Faustkampf)

3. Tag: Pferde- und Wagenrennen, nachmittags Fünfkampf (Weitsprung, Diskus, Speerwurf, Wettlauf, Ringkampf), abends Opfer für König Pelops

4. Tag: Tag des Vollmonds, Festzug zum Altar des Zeus, Opfer, abends Festmahl

5. Tag: morgens Laufwettbewerbe in unterschiedlichen Längen, nachmittags Kampfsportarten (Ringkampf, Faustkampf, Allkampf)

6. Tag: Ehrung der Sieger mit Olivenzweigen im Zeustempel, Festmahl der Sieger

Zusammengestellt v. Verf.

M 4

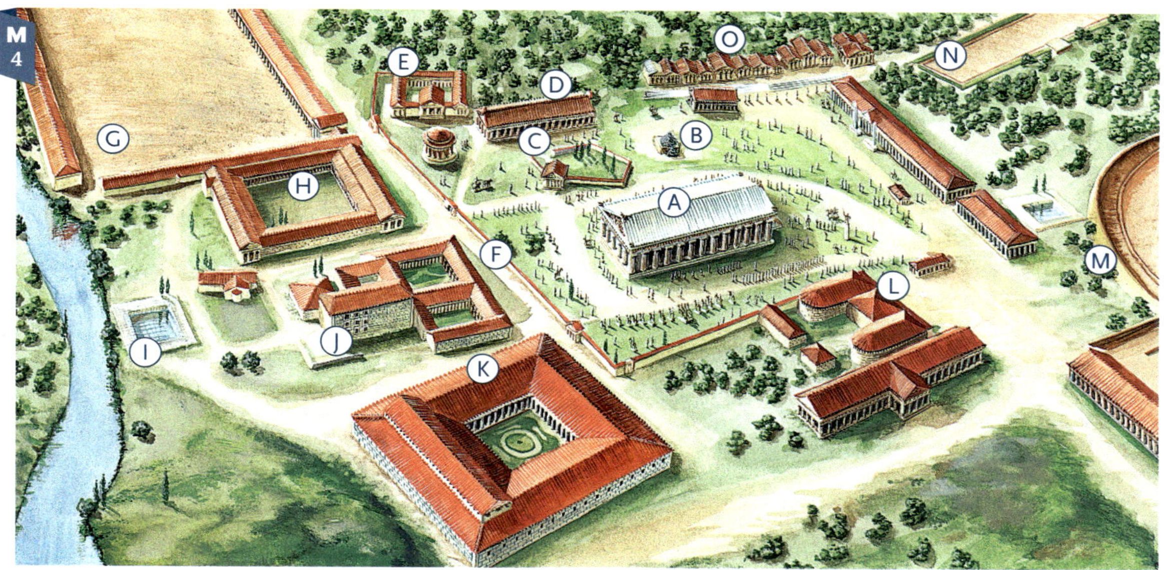

Olympia im 1. Jahrhundert v. Chr. Die Rekonstruktionszeichnung aus dem Jahr 1995 zeigt, wie die Anlage in Olympia damals wohl ausgesehen hatte. Beschriftet sind die wichtigsten Gebäude: A Zeustempel mit Zeusstatue; B Zeusaltar; C Grab des Königs Pelops; D Heratempel; E Prytaneion: Amtssitz hoher Verwaltungsbeamter (Ort der Festmähler); F Mauer um den heiligen Bezirk, der nur von griechischen Bürgern betreten werden durfte; G Gymnasion (Sportplatz); H Trainingsplatz für Kampfsportler; I Schwimmbad mit Badehaus; J Werkstatt des Bildhauers Phidias (hier wurde die Zeusstatue, die als Weltwunder galt, hergestellt); K Gästehaus; L Rathaus (Ort des Olympischen Eids); M Pferderennbahn; N Stadion (192 m Länge, Lauf- und Kampfwettbewerbe); O Schatzhäuser einzelner Poleis (hier wurden Weihegaben für die Götter aufbewahrt).*

M 5

Der Geograf Pausanias berichtete 174 n. Chr., dass verheirateten Frauen die Todesstrafe drohte, wenn sie bei den Olympischen Spielen zusahen:

Es soll aber noch keine ertappt worden sein außer allein Kallipateira ... Sie richtete sich, als ihr Mann gestorben war, ganz wie ein Sportlehrer her und brachte ihren Sohn zum Mitkämpfen nach Olympia. Als Peisirodos siegte, übersprang Kallipateira die Umfriedung [Zaun], in der man die Sportlehrer abgetrennt hielt, und entblößte sich dabei. Obwohl sie nun als Frau ertappt war, bekam sie keine Strafe, aus Rücksicht auf ihren Vater und ihre Brüder und ihren Sohn. Sie alle hatten olympische Siege erfochten und daraufhin machte man ein Gesetz, dass in Zukunft die Sportlehrer nackt zum Kampf antreten müssten.

*Pausanias, Reisen in Griechenland, V 6,7–9, Gesamtausgabe in drei Bänden, übers. v. Ernst Meyer, hg. v. Felix Eckstein, Bd. 2, 3. Aufl., Zürich und München (Artemis 1986, S. 18f.***

1 Erläutere anhand von M4, dass die Olympischen Spiele der Antike aus religiösen Gründen stattfanden.

2 Beschreibe den Ablauf der Olympischen Spiele für die Athleten. Gehe von M3 aus und verdeutliche dir an M4 die Wege eines Athleten. Beginne so: *„Am ersten Tag begaben sich die Teilnehmer zum Altar des Zeus (B). Dieser liegt im heiligen Bezirk …“* Nutze den **Wortschatz**.

3 **Gruppenarbeit:** Die Olympischen Spiele in der Antike und heute – stellt Gemeinsamkeiten und Unterschiede zusammen. **Tipp** → S. 183.

4 **Methode:** Recherchiere mithilfe der Arbeitsschritte „Eine Internetrecherche durchführen“ auf S. 45, warum heutzutage die Bevölkerung oftmals die Austragung der Olympischen Spiele verhindert.
▸ Hilfe

Wortschatz: ein Opfer bringen • einen Eid schwören • sich an Regeln halten • Wettkämpfe veranstalten • ein Festmahl veranstalten • die Sieger ehren

Video: *Das Gelände von Olympia*

In Athen entsteht eine Demokratie

Das Recht, dass alle Bürgerinnen und Bürger in der Politik mitbestimmen können, ist für uns heute in Deutschland selbstverständlich. Entstanden ist die Vorstellung der politischen Mitbestimmung in der Polis Athen. In Athen herrschten zuerst Könige und dann Adlige. Aber im 6. Jahrhundert v. Chr. erhielten auch die Bürger immer mehr Mitspracherechte.

- ***Wie entstand die Demokratie in Athen?***

M 1

Tonscherben mit eingeritzten Namen, Athen, um 470 v. Chr.

Monarchie und Aristokratie

Athen wurde anfangs von Königen regiert. Diese lebten auf der Akropolis, sehr viel mehr wissen wir nicht über sie. Die Griechen nannten diese Form der Herrschaft Monarchie*. Um 700 v. Chr. konnten die Adligen aufgrund ihres Reichtums an Macht und Einfluss gewinnen. Sie setzten den König ab und beendeten die Monarchie. Ihre neue Herrschaftsform nannten sie Aristokratie*. In der Aristokratie hatten die Bürger, Fremde, aber auch Frauen und Versklavte keine politischen Mitspracherechte.

Der Adlige Solon löst die Krise der Bauern

Schlechte Ernten verschärften im 7. Jahrhundert v. Chr. die Lage der Bauern. Sie mussten sich Saatgut von Adligen leihen, konnten die Schulden aber meist nicht zurückzahlen. So lange die Bauern Schulden hatten, waren sie vollständig von den Adligen abhängig und verloren ihre Freiheit. Diese Abhängigkeit der Bauern von den Adligen heißt Schuldknechtschaft*.

Die Unzufriedenheit der Bauern wuchs. Als um 600 v. Chr. ein Bürgerkrieg drohte, ernannten die Athener den angesehenen Adligen Solon zum „Schiedsrichter". Zunächst verbot Solon die Schuldknechtschaft. Die verschuldeten Bauern und ihre Familien bekamen ihre Freiheit und ihr Land zurück.

Solon teilte die männlichen Bürger in vier Vermögensklassen ein: Vom Besitz hing ab, wie viele Rechte und Pflichten jemand hatte. Zwar konnten die Bürger der untersten Vermögensklasse keine politischen Ämter übernehmen, aber sie durften erstmals mit den anderen Bürgern in der Volksversammlung über Angelegenheiten der Polis mitentscheiden. Alle Entscheidungen wurden nach dem Mehrheitsprinzip*, d. h. nur mit der Unterstützung einer Mehrheit, getroffen.

Mehr politische Mitbestimmung durch Kleisthenes

Ab 508 v. Chr. setzte der Adlige Kleisthenes Reformen* durch. Er führte das Scherbengericht* ein. Wenn die Bürger einen Mann verdächtigten, dass er die Herrschaft allein an sich reißen wollte, ritzten sie in der Volksversammlung seinen Namen auf eine Scherbe. Derjenige, dessen Name am häufigsten aufgeschrieben wurde, musste Athen für zehn Jahre verlassen. Er verlor aber weder Ehre noch Vermögen.

Kleisthenes erreichte, dass auch Bürger der untersten Vermögensklasse das Recht bekamen, politische Ämter zu übernehmen. Damit setzte sich der Gleichheitsgrundsatz* durch. Er wurde auch dadurch unterstützt, dass die meisten Ämter per Los vergeben wurden.

(die) Aristokratie
Nach den griechischen Wörtern aristoi (= die Besten) und kratein (= herrschen) Bezeichnung dafür, dass die Herrschaft in einem Staat von einer adligen Oberschicht ausgeübt wird.

(die) Demokratie
Nach den griechischen Wörtern demos (= Volk) und kratein (= herrschen) Bezeichnung für eine Staatsform, in der das Volk über die Politik eines Staates entscheidet.

Wortschatz: die Lage verschlechtert sich • in Schuldknechtschaft geraten • immer wieder etwas abschaffen • ein Amt übernehmen • für ein Amt ausgelost werden • Reformen durchführen • das Gesetz beschließen

M 2

Volksversammlung auf der Pnyx, Rekonstruktionszeichnung

M 3

Geschichte erzählt: Ein Athener Bürger hätte um 490 v. Chr. so über sein Amt im Rat der 500 berichten können:

Als Athener Bürger wurde ich zum Mitglied im Rat der 500 gelost. Unsere Aufgabe ist es, die Volksversammlungen vorzubereiten. An einer Volksversammlung nehmen manchmal bis zu 6000 Personen teil. Die Volksversammlung kommt rund vierzig Mal im Jahr auf der Pnyx* zusammen. Eine Versammlung mit so vielen Teilnehmern muss man gut vorbereiten!

Der Rat der 500 hat verschiedene Aufgaben. Wir überwachen die Einnahmen und Ausgaben des Staates. Außerdem kontrollieren wir die Beamten. Wenn ein neues Gesetz gebraucht wird, erarbeiten wir im Rat der 500 einen Gesetzesvorschlag, über den dann in der Volksversammlung diskutiert wird. Nur in der Volksversammlung werden Gesetze beschlossen und politische Entscheidungen, wie etwa über Krieg und Frieden, getroffen. Auch die Volksversammlung kontrolliert die Beamten und jeder Bürger kann dort einen Antrag für ein neues Gesetz einreichen. Neulich wurde ich ausgelost und durfte die Volksversammlung leiten.

Ich kenne einige Bürger, für die eine Mitarbeit in der Volksversammlung oder in einem Amt kaum infrage kommt. Sie sind nicht wohlhabend und können es sich nicht leisten, dass während ihrer politischen Tätigkeit ihre Arbeit ruht. Am besten wäre es, wenn wir für die Arbeit im Rat oder der Volksversammlung bezahlt würden!

Verfassertext

1 Erkläre mithilfe des Darstellungstextes und des Lexikons die Begriffe Monarchie, Aristokratie und Demokratie.

2 Beschreibe mithilfe des Darstellungstextes die Krise in der Polis Athen im 7. Jahrhundert v. Chr.
Tipp → S. 182. Nutze dazu den **Wortschatz**.

3 Erläutere, welche Elemente der Reformen von Solon und Kleisthenes jeweils die Entstehung der Demokratie in Athen unterstützten (Darstellungstext). Nutze deine Erklärung von Demokratie aus Aufgabe 1. ▸ Hilfe

4 **Wähle eine Aufgabe aus:**
a) Fasse die Aufgaben und Funktionen des Rates der 500 in einer Liste zusammen (M3).
b) Fasse die Aufgaben und Funktionen der Volksversammlung in einer Liste zusammen (M2, M3).

cornelsen.de/webcodes
Code: vemoye
In Athen entsteht eine Demokratie

Wie funktionierte die Demokratie in Athen?

Im Verlauf des 5. Jahrhunderts v. Chr. entwickelte sich die Demokratie in Athen weiter. Auch ärmere Bürger bekamen mehr politische Mitsprachemöglichkeiten. Gleichzeitig wurde kontrolliert, dass Bürger ihre Ämter verantwortungsvoll ausübten.

- ***Untersuche die Frage in der Überschrift.***

M 1

Teil einer Losmaschine zur Auslosung von Ämtern, Mitte des 4. Jh. v. Chr., Fundort: Athen, Foto, undatiert

Perikles führt demokratische Neuerungen ein

Ein bedeutender Politiker in Athen war Perikles. Die Athener wählten Perikles 15 Jahre lang, bis zu seinem Tod, in das Amt des Heerführers (Strategen*).

Unter Perikles erhielten ärmere Bürger „Tagegelder" (griech. Diäten), wenn sie ein politisches Amt ausübten. Sie wurden damit für den Verdienstausfall entschädigt. Dies galt ab 462 v. Chr. für Bürger mit Ämtern und ab der Zeit um 400 v. Chr. auch für die Teilnahme an der Volksversammlung. Diese tagte immerhin etwa 40-mal im Jahr. Nun erst konnten sich wirklich alle Bürger an der Politik beteiligen. Weiterhin von der Politik ausgeschlossen blieben Frauen, Versklavte und Menschen, die nicht aus Athen stammten. Historikerinnen und Historiker bezeichnen die Regierungszeit von Perikles als die „Vollendung der Demokratie".

Gegenseitige Kontrolle

In Athen bestimmte fast immer das Los*, wer ein Amt ausüben sollte. Die Bürger der Volksversammlung losten die Teilnehmer des „Rates der 500" aus. Auch die Richter, die in den Athener Gerichtsversammlungen Recht sprachen, wurden ausgelost. Pro Jahr waren das etwa 6000 Athener Bürger.

Nur die Strategen*, die Architekten, die Schreiber bei der Volksversammlung und die Aufseher für öffentliche Bauprojekte wurden gewählt. Fast alle Ämter wurden jährlich neu vergeben.

Die Tätigkeit der Beamten wurde ständig durch den Rat der 500 und die Volksversammlung kontrolliert. Beamte, mit denen man unzufrieden war, konnten sofort abgesetzt werden. Außerdem mussten die Beamten nach ihrer einjährigen Amtszeit vor einem Gericht Rechenschaft über ihre Tätigkeiten geben. Eine weitere Art der Kontrolle durch die Bürger war die Rückmeldung der Zuhörer in der Volksversammlung: Wenn ein Redner den Eindruck machte, dass er von seinem Thema nicht genug wusste, wurde er ausgelacht und manchmal sogar von der Rednertribüne entfernt. Jeder Bürger besaß ein Rederecht in der Volksversammlung. Damit niemand zu lange redete, wurde die Redezeit gestoppt.

M 2

In seiner Komödie „Die Wespen", um 422 v. Chr. geschrieben, lässt der Dichter Aristophanes den Richter Philokleon auftreten. Philokleon sagt in dem Stück:

Was gibt es heutzutage für ein größeres Glück, als Richter zu sein? Niemand hat mehr Vergnügen und niemand ist gefürchteter, und wenn er noch so alt ist! Zunächst beobachten mich die Leute, auch große Persönlichkeiten ... Und dann fleht man mich unter Verbeugungen mit weinerlicher Stimme an: „Hab Mitleid mit mir ... Dann gehe ich ins Gericht und tue nichts von dem, was ich den Bittstellern versprochen habe, sondern ich höre mir an, wie die Angeklagten in allen Tonlagen versuchen, ihren Freispruch zu erreichen ...
Und das Angenehmste von allem hätte ich fast vergessen: wenn ich mit meinem Gehalt nach Hause komme, wollen alle wegen des Geldes gut Freund mit mir sein ...
Ist meine Macht nicht enorm? Muss ich Zeus um irgendetwas beneiden?

*Aristophanes, Die Wespen, hg., übersetzt und kommentiert von Lutz Lenz, Berlin/Boston (de Gruyter) 2014, V. 548–619.***

Wortschatz: ein Amt wahrnehmen • jemanden absetzen • Rechenschaft über etwas ablegen • ein Tagegeld erhalten • jemanden kontrollieren/auslosen/wählen • Machtmissbrauch vorbeugen • Verantwortung übernehmen • gleiche Rechte wahren

Der Geschichtsschreiber Thukydides gibt eine Rede von Perikles wieder (5. Jh. v. Chr.):

a) Weil unsere Verfassung nicht auf einer Minderheit, sondern auf einer Mehrheit der Bürger beruht, trägt sie den Namen „Demokratie". Das ist so zu verstehen: Jeder hat, abgesehen von seiner persönlichen Besonderheit, mit allen vor dem Gesetz die gleichen Rechte.
Seine Stellung und Ehre im öffentlichen Leben aber richten sich nach der Anerkennung, die er sich in irgendeinem Bereich erwirbt. Man überträgt dem Einzelnen also Aufgaben nicht aufgrund seiner Zugehörigkeit zu einer Gruppe, sondern aufgrund seiner Tüchtigkeit. Bei uns ist Armut kein Grund für eine niedrige Stellung und auch kein Hindernis, dem Staat nützliche Dienste zu leisten.

b) Wir sehen in demjenigen, der am öffentlichen Leben nicht aktiv teilnimmt, nicht einfach einen ruheliebenden Bürger, sondern ein faules und unnützes Glied des Staates.
Es ist die Gesamtheit der Bürger, die Staatsgeschäfte durch Abgabe der Stimme zur Entscheidung bringt oder sich über sie ihre Gedanken macht.

Thukydides, Geschichte des Peloponnesischen Krieges, übers. von Georg Peter Landmann, Zürich/Stuttgart (Artemis) 1960, S. 34f. **

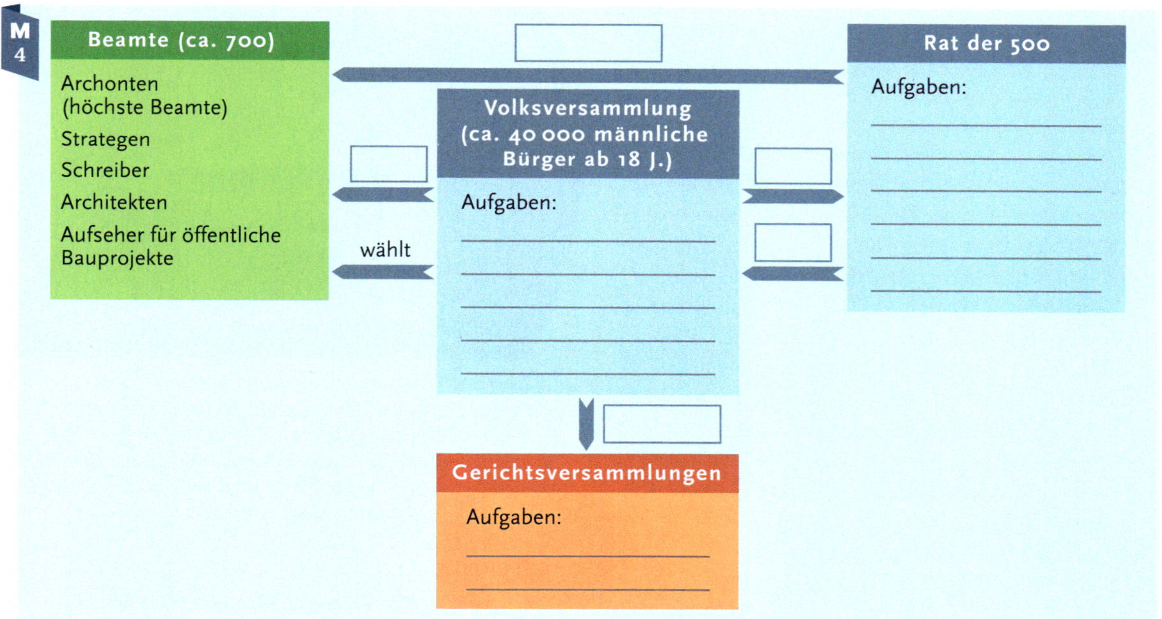

Die Demokratie in Athen im 5. Jahrhundert v. Chr., Schaubild

1 Stelle mithilfe von M3 dar, was nach der Meinung von Perikles zur athenischen Demokratie dazugehörte. **Tipp** → S. 183.

2 Zeichne das Schaubild M4 in dein Heft und vervollständige es mithilfe des Darstellungstextes (Z. 16–39) und M3 auf S. 111. **Tipp** → S. 183.

3 **Wähle eine Aufgabe aus:**

a) Schreibe einen kurzen Text, in dem du erklärst, wie die Demokratie in Athen nach Perikles' Reformen funktionierte (Darstellungstext, auch M1, S. 110). Nutze den **Wortschatz**.

b) Ein Bauer nimmt eine lange Reise auf sich, um an der Volksversammlung in Athen teilzunehmen. Nach seiner Rückkehr berichtet er seiner Dorfgemeinschaft von dieser Versammlung. Verfasse diesen Bericht (Darstellungstext, M1). ▸ Hilfe

4 Nimm Stellung zu der Art und Weise, wie der Richter aus M2 sein Amt wahrnimmt. ▸ Hilfe

5 Die Athener hielten das Losverfahren für die gerechteste Art, Ämter zu besetzen. Diskutiert in der Klasse die Vor- und Nachteile des Losverfahrens in der Demokratie.

Zusatzaufgabe → S. 179

cornelsen.de/webcodes
Code: fufefi
Losmaschine

 Üben

Frauen, Metöken, Versklavte: Einwohnerinnen und Einwohner ohne Rechte?

Neben den freien Bürgern und ihren Frauen und Kindern lebten in Athen viele Familien, die von außerhalb zugezogen waren, um dort zu arbeiten. Sie wurden Metöken* genannt. Die weitaus größte Bevölkerungsgruppe Athens waren aber Versklavte. Diese sowie Frauen und Metöken durften weder wählen noch gewählt werden.

- ***Bearbeitet in einem Gruppenpuzzle, welche Rechte diese Einwohnerinnen und Einwohner Athens hatten und welchen Tätigkeiten sie nachgingen.***

Der Historiker Peter Funke über die Metöken (2013):

Eine besondere Gruppe bildeten fremde Staatsbürger, die häufig – gemeinsam mit ihren Familien – in einer Polis ihren festen Wohnsitz genommen hatten. Diese wurden Metöken, Mitbewohner, genannt. In Athen gab es kaum einen Wirtschaftszweig, in dem nicht Metöken tätig waren. Man findet sie in allen Bereichen des Handwerks und Handels und als Stadtärzte, Bauleiter etc. Große Handelshäuser und Waffenfabriken waren ebenso in ihrer Hand wie Schifffahrtsunternehmen. Auch viele Künstler, Literaten und Wissenschaftler lebten als Metöken in Athen und beeinflussten nachhaltig[1] das kulturelle Leben der Stadt. Wie Bürger waren sie zu Kriegsdienst verpflichtet und mussten sich in Notfällen an besonderen Zahlungen für die Polis beteiligen. Allerdings wurde ihre Stellung als Fremde dadurch deutlich, dass sie jährlich eine besondere Steuer zahlen mussten und keinen Grundbesitz erwerben durften. Zudem musste sich jeder Metöke einen Bürger wählen, der ihn vor der Bürgerschaft vertrat.

Quellenangabe siehe M6.

[1] *dauerhaft/spürbar*

M2

Schuhmacherwerkstatt, Vasenmalerei, zwischen 500 und 490 v. Chr. Die Athener ermutigten Fremde, sich als Handwerker in der Stadt anzusiedeln. Die Metöken durften ihren Beruf frei ausüben. Die Tötung eines Metöken wurde allerdings von den Gerichten – wie bei Versklavten – nie als Mord, sondern als „unabsichtliche Tötung" behandelt.

Wortschatz: einer Tätigkeit nachgehen • zum Kriegsdienst verpflichtet werden • Grundbesitz erwerben • der Vormund für jemanden sein • jemanden in Rechtsfragen/vor Gericht vertreten • Eigentum von jemandem sein

1 Gruppenpuzzle:

Phase 1: Untersucht in Kleingruppen die Rechte und Tätigkeiten der Metöken (M1, M2), Versklavten (M3, M4) oder der Frauen (M5, M6). Ihr habt nun das Fachwissen für euer Thema.

Phase 2: Bildet neue Dreiergruppen, in denen immer eine Person mit dem Fachwissen für jedes Thema die Ergebnisse vorstellt. Übertragt die Tabelle (siehe rechts) in euer Heft und füllt sie gemeinsam aus. Nutzt den **Wortschatz**.

	Rechtliche Stellung	***Tätigkeiten (Beispiele)***
Freie Athenerinnen		
Metöken		
Versklavte		

Phase 3: Entwickelt in jeder Gruppe drei Quizfragen für ein Klassenquiz. Ihr könnt zum Beispiel ein „Suchsel" zu allen Fragen gestalten. **Tipp** → S. 183.

Zusatzaufgabe → S. 179

Grabstein eines jungen Mannes mit einem versklavten Menschen, um 430 v. Chr. Versklavte wurden oft kleiner als Freie dargestellt. Ihre Misshandlung durch ihre Besitzer war nicht verboten. Viele versklavte Menschen kamen als Kriegsgefangene nach Athen oder wurden dort als Kinder von bereits versklavten Menschen geboren. Dass sie freigelassen wurden, kam nur selten vor.

Eine reiche Athenerin bei der Körperpflege, Vasenmalerei, um 500 v. Chr. Reiche Bürgerinnen wie sie beaufsichtigten unter anderem den Haushalt. Freie Athenerinnen durften allein das Haus verlassen. An sportlichen Wettkämpfen und den meisten Theateraufführungen durften sie nicht teilnehmen. Ebenso durften sie ihren Ehemann nicht selbst aussuchen.

Der Historiker Peter Funke über die Stellung von versklavten Menschen (2013):

[Versklavte] waren Eigentum ihres Herrn, der allein über sie verfügen[1] durfte. Er konnte sie vermieten, verpfänden und verkaufen sowie vererben. Vor beliebiger Grausamkeit seines Herrn war ein [Versklavter] geschützt, weil der Kauf eines [Versklavten] immer eine teure Anschaffung war. Daher musste der Herr ein Interesse daran haben, die Arbeitskraft des [Versklavten] möglichst lange zu erhalten. [Versklavte] wurden in der Landwirtschaft und im Haus eingesetzt. Dort hatten sie die alltäglichen Dinge – vom Einkaufen, Kochen, Putzen bis hin zur Kindererziehung – zu erledigen. Die meisten [Versklavten] waren in der Wirtschaft tätig und in allen Teilbereichen – vom Hafenarbeiter bis zum Bankangestellten – anzutreffen. Sie arbeiteten als einfache Hilfsarbeiter ebenso wie als hochspezialisierte Fachleute. Die Anzahl der in einzelnen Betrieben tätigen [Versklavten] war überschaubar. Nur in Bergwerken arbeiteten bis zu 20 000 [Versklavte] unter erbärmlichsten Bedingungen.

Quellenangabe siehe M6.

[1] *bestimmen*

Der Historiker Peter Funke über die Bürgerinnen Athens (2013):

Die Athenerin war ihr Leben lang abhängig von einem Vormund[1]. Dies war zunächst ihr Vater und nach dessen Tod der älteste Bruder oder ein anderes männliches Familienmitglied. Bei der Heirat gingen die Vormundschaftsrechte auf den Ehemann über ...

Eine Frau hatte in der Regel nicht das Recht, etwas zu erben. Größere Geschäfte durfte sie nur über ihren Vormund tätigen, der sie auch vor Gericht zu vertreten hatte.

Es wäre aber falsch, ... auf eine entsprechend untergeordnete Stellung der Frauen in der Öffentlichkeit und im Alltagsleben zu schließen. Abgesehen von der Bürgerin [die das Haus möglichst nicht verlassen sollte], konnten sich die meisten Frauen in der Öffentlichkeit frei bewegen.

*Peter Funke, Die griechische Staatenwelt in klassischer Zeit (500–336 v. Chr.), in: Hans-Joachim Gehrke/ Helmuth Schneider (Hg.), Geschichte der Antike, 4. Aufl., Stuttgart/Weimar (J. B. Metzler) 2013. M1: S. 186**, M4: S. 186f.**, M6: S. 184f.***

[1] *männliche Person, die für Frauen und Minderjährige in allen Rechtsfragen die Entscheidungen traf*

Wie lebten Kinder und Jugendliche in Athen?

cornelsen.de/webcodes
Code: caqifi
Kinder im antiken Griechenland

Auf vielen griechischen Vasen finden wir Szenen, die vom Leben der Kinder und Jugendlichen berichten. Die meisten von ihnen zeigen den Alltag in den Familien der Athener Bürger. Über das Leben der Kinder von Versklavten ist dagegen fast nichts überliefert. Daher lassen sich über ihr Leben keine Aussagen sicher belegen.

- ***Auf dieser Doppelseite entscheidest du selbst, mit welchen Materialien du arbeiten willst: A Kindheit und Kinderspiele, B Ausbildung der Mädchen, C Ausbildung der Jungen.***

Aufgabe für alle:
Vergleicht euer Leben mit dem athenischer Jungen und Mädchen. Nennt Gemeinsamkeiten und Unterschiede.

Kindheit und Jugend

In Griechenland entschied der Vater, ob ein Neugeborenes angenommen oder ausgesetzt wurde. Das war auch in allen anderen antiken Kulturen außer Ägypten so üblich. Trug der Vater das Baby um den Herd des Oikos*, galt es als Familienmitglied und erhielt einen Namen. Schwache und (körperlich) beeinträchtigte Kinder wurden ausgesetzt. Dennoch belegen viele Quellen, dass Eltern zu Kindern auch damals ein herzliches Verhältnis entwickelten.

Kinder wurden früh zu bestimmten Geschlechterrollen erzogen. Im Alter von 7 bis 18 Jahren gingen die Söhne der Athener Bürger in die Schule, sofern der Vater dies bezahlen konnte. Eine wichtige Rolle im Bildungswesen spielte der Unterricht in der Redekunst (griech. Rhetorik). Mädchen aus reichem Haus erhielten daheim Unterricht in Lesen und Schreiben. Zudem wurden die Mädchen auf die Aufgaben im eigenen Haushalt vorbereitet. Sie heirateten oft schon mit 12 bis 14 Jahren. Ihre Ehemänner waren manchmal doppelt so alt wie sie.

Aus einem Lexikonartikel (1979):
Es gab Spiele mit Abzählversen, mit Puppen. Man spielte außer „Mutter und Kind" oft „Priesterin und Göttin", Reifen, Kreisel, Ball, es gab Huckepack, Verstecken und Hüpfen auf einem Bein, als Spielzeug dienten Steckenpferd und Peitsche, Wägelchen, Tiere, Schaukel, Drehscheiben („Jojo"), Wippe, kleines Geschirr usw.

*Der Kleine Pauly. Lexikon der Antike, hg. v. Konrat Ziegler/Walther Sontheimer/Hans Gärtner, Bd. 5, München (dtv © Alfred Druckenmüller Verlag) 1979, S. 310.***

1 Erarbeite aus M1, was die Abbildung über die Kindheit in Griechenland verrät.

2 Verfasse einen kurzen Schülerzeitungsartikel zum Thema Kindheit in Griechenland. Nutze hierfür den Darstellungstext, M1 und M2.

Eine Dienerin bringt einen Säugling zur Mutter, Vasenmalerei aus Athen, um 450 v. Chr.

B

Der Grieche Isomachos zum Philosophen Sokrates über seine Frau (5. Jh. v. Chr.):
Sie war doch noch nicht fünfzehn Jahre alt, als ich sie heiratete. Die Zeit vorher hatte man fürsorglich auf sie aufgepasst, dass sie möglichst wenig sah, hörte und fragte. Ich war schon damit zufrieden, dass sie bei ihrem Kommen bereits verstand, mit Wolle umzugehen und ein Gewand anzufertigen, und dass sie auch schon bei der Spinnarbeit der Dienerinnen zugesehen hatte. Außerdem war sie in der Magenfrage ganz vorzüglich erzogen, mein lieber Sokrates, was mir bei Mann und Frau die wichtigste Erziehungsfrage zu sein scheint.

Xenophon, Die Hauswirtschaftslehre 7,5, in: Die sokratischen Schriften, hg. und übers. v. Ernst Bux, Stuttgart (Kröner) 1956, S. 259.

M 4

Ein tanzendes Mädchen und eine Flötenspielerin, Vasenmalerei aus Athen, um 425 v. Chr.

1 Beschreibe anhand von M3 und M4, welche Rolle junge Mädchen aus Sicht der Männer einnehmen sollten.

2 Die Ehefrau des Isomachos erzählt über sich als 14-Jährige. Schreibe diesen Text in der Ich-Form. Nutze dabei deine Erkenntnisse aus Aufgabe 1.

C

Ein Athener Pädagoge zu dem Vater eines Schülers:
Ich möchte meinen, dass du in den ersten zwanzig Jahren nicht die Freiheit hattest, dich ohne deinen Pädagogen auch nur einen Finger breit vom Hause zu entfernen. Kamst du nicht schon vor Sonnenaufgang in die Palästra[1], verhängte der Vorsteher des Gymnasions[2] eine nicht geringe Strafe über dich ... Sie übten sich dort im Laufen, im Ringen, im Speerwurf, im Diskusschleudern und Faustkampf, mit dem Ball, im Sprung ... Dort verbrachten sie ihre Jugendzeit und nicht in Schlupfwinkeln. Wenn du dann von der Reitbahn oder dem Sportplatz nach Hause kamst, dann setztest du dich, ordentlich gegürtet, auf einen Stuhl zum Erzieher, und machtest du beim Lesen im Buch auch nur bei einer Silbe einen Fehler, wurde dir die Haut [durch Schläge] so fleckig wie das Kleid der Amme*. Aber heutzutage, bevor einer sieben Jahre ist, wenn man ihn als Pädagoge nur mit der Hand berührt, dann wirft der Junge einem gleich die Schreibtafel an den Kopf.

*Plautus, Bacchides III/3, übers. v. Susanne Tschirner, in: Praxis Geschichte, H. 6., 1989, S. 17.***

[1] *Trainingsplatz für Kampfsportler*
[2] *Sportplatz*

(der) Pädagoge
Der Pädagoge (griech. pais = Kind und ago = führen) war ursprünglich ein Versklavter, der das Kind auf dem Schulweg begleitete. Da der Pädagoge die Aufgabe hatte, das Kind zu beaufsichtigen und ihm gutes Benehmen beizubringen, erhielt der Begriff schon im alten Griechenland die Bedeutung „Erzieher". In diesem Sinne verwenden wir das Wort noch heute.

1 Arbeite aus M5 heraus, in welchen Fächern Jungen Unterricht erhielten. Nutze dazu auch den Darstellungstext.

2 Erkläre, worüber sich der Pädagoge (M5) beschwert. ▸ Hilfe

3 Stelle Verhaltensregeln für junge Griechen zusammen. Beginne wie folgt: *„1. Gehe nie ohne deinen Pädagogen aus dem Haus!"*

Ein Schaubild auswerten

cornelsen.de/webcodes
Code: famifo
Kopiervorlage Methodentabelle

Die Bevölkerung der Polis Athen war klar in Gruppen gegliedert, die unterschiedliche politische Rechte hatten. Um einen Überblick zu erhalten, kannst du ein Schaubild nutzen. Die Arbeitsschritte helfen dir dabei.

M 1

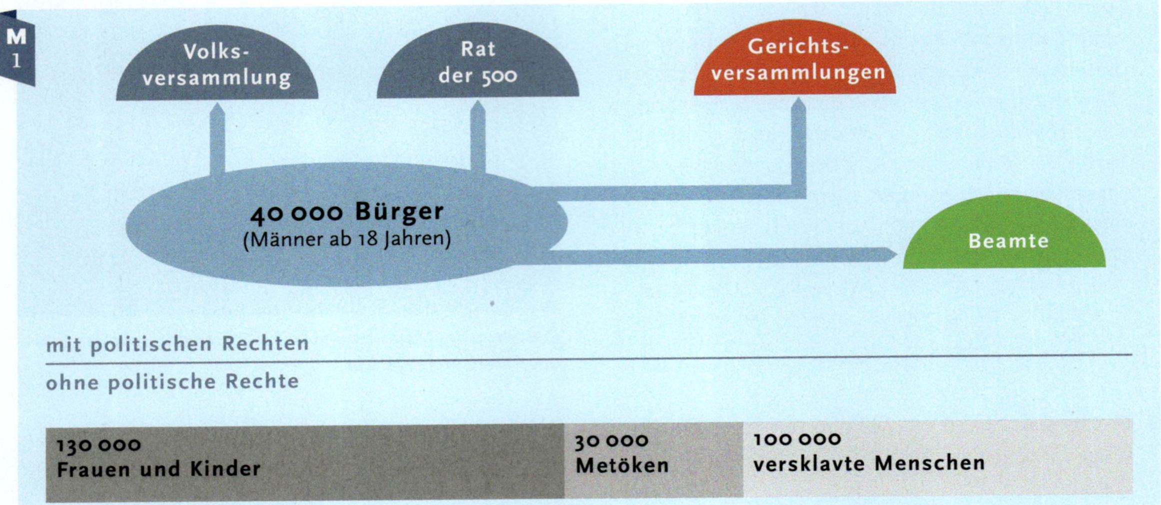

Politische Mitbestimmung in der Polis Athen um 430 v. Chr.

Arbeitsschritte „Ein Schaubild auswerten“

Einzelne Elemente des Schaubildes beschreiben	**Sprachliche Formulierungshilfen**
1. Was ist das Thema des Schaubildes?	• *Das Schaubild zeigt .../stellt ... dar.*
2. Lassen sich verschiedene Farben, Kästen und Symbole erkennen? Wofür stehen diese?	• *Die unterschiedlichen Farben stehen für ...* • *Die einzelnen Kästen stehen für ...*
3. Welche Gruppen, staatlichen Einrichtungen/Institutionen und Ämter werden genannt?	• *In dem Schaubild sind die Bürger, ... abgebildet.* • *Es sind die Volksversammlung, ... dargestellt.*
4. Wer darf in der Stadt oder im Staat mitbestimmen, wer nicht? Gibt es Unterschiede bei den Zahlenverhältnissen der einzelnen Gruppen?	• *Das Schaubild unterscheidet zwischen einer Gruppe mit ... und drei Gruppen ohne ...* • *Circa 260 000 Menschen haben keine ..., während ...*
Den Aufbau des Schaubildes untersuchen	
5. Wie ist das Schaubild am besten zu lesen? Gibt es Pfeile, die in eine bestimmte Richtung zeigen?	• *Das Schaubild lässt sich am besten von unten nach oben und dann von ... nach ... lesen, weil ...*
Die Gesamtaussage des Schaubildes formulieren	
6. Zusammenfassung der zentralen Inhalte des Schaubildes in eigenen Worten.	• *Politische Rechte hatten nur ... Sie waren in der Minderheit, denn ...*

1 Werte das Schaubild M1 mithilfe der Arbeitsschritte aus. Mache dir zunächst Notizen zu den Schritten 1–5, bevor du Schritt 6 bearbeitest.

2 Diskutiert, ob und inwiefern im Zusammenhang mit der Polis Athen von einer Demokratie gesprochen werden kann. ▸ Hilfe

Die athenische Demokratie – Vorgängerin unserer Demokratie?

Viele Staaten der Welt sind heute Demokratien, auch die 1949 gegründete Bundesrepublik Deutschland. Diese moderne Form der Demokratie ist aber nicht dieselbe wie die Demokratie der Polis Athen.
- *Untersuche, welche Gemeinsamkeiten und Unterschiede es gibt.*

Aus dem Grundgesetz der Bundesrepublik Deutschland, Artikel 2 und 3 (1949):

2.2 Jeder hat das Recht auf Leben und körperliche Unversehrtheit[1]. Die Freiheit der Person ist unverletzlich ...

3.1 Alle Menschen sind vor dem Gesetz gleich ...

3.3 Niemand darf wegen seines Geschlechts, seiner Abstammung, seiner Rasse, seiner Sprache, seiner Heimat und Herkunft, seines Glaubens, seiner religiösen oder politischen Anschauungen benachteiligt oder bevorzugt werden.

*Grundgesetz für die Bundesrepublik Deutschland, 1949.**

[1] *Jeder Mensch hat das Recht zu leben und darf nicht verletzt, gefoltert oder getötet werden.*

Sitzung im Deutschen Bundestag, Foto, 2010. Frauen und Männer ab 18 Jahren mit der deutschen Staatsbürgerschaft dürfen alle vier Jahre die Parteien in den Bundestag wählen. Meistens stellt die stärkste Partei die Bundeskanzlerin oder den Bundeskanzler.

Aus einem Jugendsachbuch zur Politik (2017):

a) Wenn in Deutschland eine politische Entscheidung getroffen wird, reden viele Leute mit. Allein entscheiden kann hier niemand. Aber natürlich können aber auch nicht alle Bürger bei jeder Entscheidung abstimmen, auch wenn wir in einer Demokratie leben ... Das gäbe großes Chaos. Stattdessen werden Volksvertreter gewählt, die Abgeordneten. Das passiert alle vier Jahre bei der Bundestagswahl. Mindestens 598 Abgeordnete sitzen im Parlament, dem Bundestag in Berlin, und stimmen ab, wenn eine wichtige Entscheidung getroffen werden soll, zum Beispiel, ob ein neues Gesetz beschlossen werden soll. Sie stimmen auch darüber ab, wer Kanzler oder Kanzlerin werden soll ...

b) Die Medien gehören nicht offiziell zum politischen System, aber sie haben viel Einfluss. Wenn ein Journalist zum Beispiel herausfindet, dass ein Abgeordneter grobe Fehler gemacht hat, kann er darüber einen Artikel schreiben. Dann wissen alle Bescheid und der Politiker verliert vielleicht seinen Sitz im Parlament. Auch die Medien helfen also, die Politik zu kontrollieren.

*Jan von Holleben/Lisa Duhm, Wenn ich Kanzler(in) von Deutschland wär, Hamburg (Gabriel) 2017, S. 36ff.***

1 **Partnerarbeit:** Diskutiert, wo ihr im Alltag bemerkt habt, dass ihr in einer Demokratie lebt.

2 Vergleiche die Demokratie Athens mit der heutigen Demokratie (M1–M3). Nutze den **Wortschatz**.

3 Vergleiche die Möglichkeiten der Athener, die Arbeit ihrer Politiker zu kontrollieren, mit denen, die wir in unserer heutigen Demokratie haben (M2, M3).

Wortschatz: eine politische Anschauung/Meinung haben • Möglichkeiten der Mitbestimmung • Abgeordnete wählen • ein Gesetz beschließen • die Arbeit der Politiker kontrollieren • mitbestimmen

Das griechische Theater – mehr als Unterhaltung?

cornelsen.de/webcodes
Code: dumuya
Die griechische Tragödie

Athen im März 458 v. Chr. Alt und Jung, Einheimische und Fremde – alle streben zum Dionysos-Theater am Fuße des Burgbergs Akropolis. Es finden die Feiern und Festspiele zu Ehren des Gottes Dionysos statt, die „Großen Dionysien". Heute werden wieder den ganzen Tag Theaterstücke aufgeführt. Ausgerüstet mit Süßigkeiten, getrocknetem Obst und verdünntem Wein, suchen sich die Zuschauer einen Platz im Freilichttheater. Noch unterhalten sich alle lautstark, da beginnt schon das erste Stück: „Agamemnon" von dem Dichter Aischylos …

M 1 *Maske, die einen Versklavten darstellt, 4. Jh. v. Chr.*

M 2 *Das Dionysos-Theater in Athen entstand im 6. Jh. v. Chr. und gilt als das älteste Theater der griechischen Antike. Es hatte 15 000 Plätze und war bekannt für seine ausgezeichnete Akustik, da die Schauspieler überall gut zu verstehen waren.*

Die Schauspieler und ihre Bühne

Die Schauspieler im Theater wurden aus der Staatskasse bezahlt. Sie übernahmen teilweise mehrere Rollen; dazu wechselten sie Kleidung und Masken. Auch weibliche Rollen wurden von Männern gespielt, denn Frauen durften auf der Bühne nicht auftreten. Die Schauspieler trugen bei jedem Stück Masken mit Mundöffnungen.

Die Spielfläche des Theaters wurde durch ein Bühnengebäude (Skene) mit einem Bühnenbild im Hintergrund begrenzt. Dort traten die Schauspieler auf.

Bühnentechnik

Die Bühnentechnik war aufwendig. Es gab Spezialeffekte wie Feuer, Rauch und Donnergetöse. Für besondere Spielszenen wurde eine Plattform aus dem Bühnenhaus gefahren. Sogar echte Tiere traten auf: In dem Schauspiel „Agamemnon" zog der Held zu Beginn mit Pferd und Wagen ein. Seine spätere Ermordung wurde nicht direkt dargestellt. Allerdings rollte man eine in Tücher gehüllte Puppe als Leiche an den Bühnenrand. Ein Kran ermöglichte das Herabschweben von Göttern am Schluss des Theaterstücks.

Wortschatz: auf die Bühne treten • eine Rolle übernehmen • die Handlung kommentieren • eine Pflicht erfüllen • das Preisgeld erhalten • die Aufführung besuchen/finanzieren • Spezialeffekte nutzen

Der griechische Theaterchor

Der Chor war während der ganzen Aufführung vor dem Bühnenhaus auf der halbrunden Spielfläche (Orchestra) anwesend. Er sang, sprach und tanzte, begleitet von Flötenmusik, und kommentierte die Handlung. In der Tragödie* „Agamemnon" erzählte er zum Beispiel die Vorgeschichte. In Athen konnte sich jeder Bürger für den Chor bewerben. Die Ausgewählten erhielten Verpflegung und Geld für den Verdienstausfall.

Die Preisverleihung

Der Theaterbesuch war für die Bürger eine politische und religiöse Pflicht. Ob Frauen in dem ansteigenden Zuschauerraum (Theatron) dabei sein durften, ist unklar. Seit Perikles bekamen bedürftige Bürger einen Zuschuss zum Eintrittsgeld.

Zehn aus dem Publikum ausgeloste Preisrichter entschieden am Ende, welcher Dichter das beste Stück geschrieben hatte. Dieser erhielt ein hohes Preisgeld. Geehrt wurde auch der Bürger, der die Aufführung finanziert hatte. Die Finanzierung verbesserte seine Chancen, bei den Wahlen in der Volksversammlung ein wichtiges Amt zu erhalten.

Ablauf der „Großen Dionysien" in Athen:

1. Festtag: Feierliche Prozession durch die Stadt, die vor dem Dionysos-Tempel endete, Darbringung von Opfern und Gang ins benachbarte Theater, wo politische Ehrungen vorgenommen wurden. Aufführungen von Männer- und Knabenchören am Nachmittag.

2. Festtag: Wettbewerb von fünf Komödien*, die jeweils etwa zwei Stunden dauerten.

3.–5. Festtag: Wettbewerb der Tragödien*. Jeder der drei Tragödiendichter hatte einen ganzen Tag zur Verfügung, an dem drei bis vier Stücke von ihm zur Aufführung kamen, die insgesamt bis zu sieben Stunden dauern konnten.

*Ute Preuße-Hüther, Das griechische Theater, in: Geschichte lernen. Sammelband Antike, Seelze (Friedrich Verlag) 1996, S. 37.***

(das) Theater

Das Wort Theater leitet sich vom griechischen Wort für „schauen" ab. Es bezeichnet den Raum, in dem ein Theaterstück aufgeführt wird, aber auch das aufgeführte Schauspiel selbst. Man unterscheidet dabei die ernsthafte Tragödie* von der eher lustigen Komödie*. Athen gilt als Geburtsstätte des Theaters.

Aischylos (525–456 v. Chr.)

Aischylos war der erste bedeutende Tragödiendichter Athens. Bei den Großen Dionysien gewann er dreizehnmal den ersten Preis, so auch 458 v. Chr. für die dreiteilige „Orestie". Im ersten Teil „Agamemnon" wird das Schicksal des Königs Agamemnon dargestellt. Er kommt als Sieger aus dem Trojanischen Krieg* zurück und wird von seiner Frau und ihrem Geliebten ermordet. Die beiden folgenden Teile handeln von seinem Sohn Orest, der seinen Vater rächt, indem er die Mutter ermordet. Daraufhin verfolgen ihn die Rachegöttinnen.

1 Erstelle mithilfe aller Materialien eine Mind-Map zum griechischen Theater. **Tipp** → S. 183.

2 Wähle eine Figur aus der Zeichnung aus und schreibe die Erzählung aus dem Moderationstext auf S. 120 oben aus deren Sicht weiter. Verwende dabei die Ich-Form. Nimm den **Wortschatz** zu Hilfe.

3 Beurteile: Bot das griechische Theater mehr als nur Unterhaltung? ▸ Hilfe

Zusatzaufgabe → S. 179

Die Griechen: Begründer der Philosophie?

„Philosophie" heißt aus dem Griechischen übersetzt „Liebe zur Weisheit". Die Griechen gelten als Begründer der Philosophie. Vor keiner noch so schwierigen Frage schrecken Philosophen zurück: Wie entstand die Welt? Wie sollen wir leben? Wie denken wir?

- *Wer waren die griechischen Philosophen und was waren ihre Antworten?*

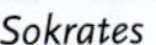

M 1
Sokrates

M 2
Platon

M 3
Aristoteles

Der Umbruch des Denkens in der Antike

Anfangs prägten die Mythen* das Weltbild der Griechen: Erscheinungen in der Natur wurden mit dem Wirken der Götter erklärt. Aber schon im 6. Jahrhundert v. Chr. stellten einige Philosophen diese Auffassung infrage. Sie suchten die Ursache für die Entstehung der Welt und der Menschen in der Natur selbst. Dabei beriefen sie sich auf logisches Denken (griech. logos = Vernunft, Sprache). So entwickelten sie eine neue Sicht auf die Welt. Die Philosophen versammelten ab dem 4. Jh. v. Chr. immer mehr Schüler um sich. Diese konnten jeweils auf die Erkenntnisse ihrer Lehrer zurückgreifen und Ideen weiterentwickeln. Zu den bedeutendsten griechischen Philosophen gehörten Sokrates, Platon und Aristoteles.

Sokrates (470–399 v. Chr.)

„Ich weiß, dass ich nichts weiß" war das Motto des Sokrates. Er beschäftigte sich vor allem mit der Frage, was „richtiges" und was „falsches" Handeln ist. Seinen Mitmenschen stellte er in sogenannten „sokratischen Gesprächen" unbequeme Fragen. Dadurch kamen sie selbst zu neuen Erkenntnissen. Mit seinen Reden erregte er in der Öffentlichkeit viel Aufmerksamkeit. Man warf ihm vor, die Jugend verführt und zum Aufruhr überredet zu haben. Deshalb wurde er von den Athenern zum Tode verurteilt.

Platon (427–347 v. Chr.)

Platon war einer der Schüler von Sokrates und schrieb die Gespräche seines Lehrers auf. Für ihn stand fest, dass nur Nachdenken zur wahren Erkenntnis führen könne. Der Wahrnehmung der menschlichen Sinne, also zum Beispiel den Augen und den Ohren, misstraute er hingegen. Damit er mit seinen Schülern ungestört diskutieren konnte, gründete er vor den Toren Athens als erster Philosoph eine eigene Schule. Hier befasste er sich auch mit der Frage, welcher Staat für die Menschen am besten ist. Er war überzeugt, dass es irgendwann einmal die ideale Polis geben würde.

Aristoteles (384–322 v. Chr.)

Aristoteles wiederum war 20 Jahre lang ein Schüler Platons. Nach dessen Tod gründete auch er eine eigene Schule und baute eine Bibliothek auf. Im Gegensatz zu Platon glaubte er an die Macht der Wirklichkeit. Zu echten Erkenntnissen könne der Mensch dann kommen, wenn er die Dinge, die ihn umgeben, genau beobachte. Als erster Mensch versuchte er alles, was es in der Natur gibt, zu erfassen und zu ordnen. Er gilt deshalb als Vater der Tier- und Pflanzenkunde. Außerdem beschäftigte er sich mit den Gesetzen des Denkens, mit der Frage nach der besten Verfassung eines Staates und und mit der Dicht- und Redekunst. Er hinterließ ein umfassendes Werk zu vielen philosophischen Themen.

Wortschatz: Fragen stellen • auf die Vernunft vertrauen • die Welt mit dem Handeln der Götter erklären • Schüler von jemandem sein • die Rolle des Denkens einschätzen • die Rolle des Wahrnehmens einschätzen

Aristoteles (384–322 v. Chr.) über den Menschen und die Gesellschaft:

Dass ferner der Mensch in höherem Grade ein staatenbildendes Lebewesen ist als jede Biene, ... ist klar. Denn die Natur macht nichts vergebens. Der Mensch ist aber das einzige Lebewesen, das Sprache besitzt. Die Stimme zeigt Schmerz und Lust an und ist darum auch den anderen Lebewesen eigen (denn bis zu diesem Punkte ist ihre Natur gelangt, dass sie Schmerz und Lust wahrnehmen und dies einander anzeigen können); die Sprache dagegen dient dazu, das Nützliche und Schädliche mitzuteilen und so auch das Gerechte und Ungerechte. Dies ist nämlich im Gegensatz zu den andern Lebewesen dem Menschen eigentümlich, dass er allein die Wahrnehmung des Guten und Schlechten, des Gerechten und Ungerechten besitzt ... Wer aber nicht in Gemeinschaft leben kann, ... der ist kein Teil des Staates, sondern ein wildes Tier oder Gott.

Aristoteles: Politik, 1. Buch, hg. und übers. von Olof Gigon, München (dtv) 1996, S. 49f. © Artemis Verlag, Zürich, Bearb. v. Verf.

Platon (427–347 v. Chr.) über die Grenzen der Sinneseindrücke der Menschen:

Ich sprach: vergleiche unsere Natur in Bezug auf Bildung mit folgendem Zustande. Stelle dir Menschen in einer unterirdischen, höhlenartigen Wohnung vor. Diese hat einen gegen das Licht geöffneten Zugang längs der ganzen Höhle. In dieser Wohnung sind die Menschen von Kindheit an gefesselt an Hals und Schenkeln, sodass sie auf demselben Fleck bleiben und wegen der Fesseln auch nur nach vorne hin sehen können.

Licht haben sie von einem Feuer, welches von oben und von ferne her hinter ihnen brennt. Zwischen dem Feuer und den Gefangenen verläuft hinter den Gefangenen ein Weg. Auf dem Weg tragen Menschen allerlei Geräte und arbeiten. Einige reden dabei, andere schweigen ... Dieser Zustand ist uns ganz ähnlich ... Denn die Menschen haben von sich selbst und voneinander ... nie etwas anderes gesehen als die Schatten, welche das Feuer auf die ihnen gegenüberstehende Wand der Höhle wirft.

*Zit. nach Plato: Sämtliche Werke 2, übersetzt von Friedrich Schleiermacher, Hamburg (Rowohlt), 1970, S. 514.**

Ein Gespräch zwischen Sokrates (470 bis 399 v. Chr.) und seinem Sohn Lamprokles, der wütend auf seine Mutter war:

Sokrates. Sage mir, mein Sohn, hast du je Gelegenheit gehabt, Menschen kennen zu lernen, die man undankbar nennt?

Lamprokles. O Ja.

Sokrates. So wirst du vermutlich auch wissen, wodurch sie sich diesen Namen zuziehen?

Lamprokles. Allerdings; wer Gutes von einem andern empfangen hat, und es ihm nicht vergilt[1], wenn er Gelegenheit dazu bekommt, wird undankbar genennt[2].

Sokrates. Denkst du, es geschehe den Undankbaren zu viel, wenn man sie mit den Ungerechten in eine Linie stellt?

Lamprokles. Ich denk' es nicht.

...

Sokrates. Wenn dem so ist, so wäre also Undankbarkeit deiner Meinung nach offenbare Ungerechtigkeit?

Lamprokles. Ich bin gänzlich dieser Meinung.

Sokrates. Und je größer die empfangenen Wohlthaten wären, die einer nicht zu vergelten suchte, desto größer das Unrecht?

Lamprokles. Unläugbar.

Sokrates. Wo fänden wir nun wohl den Menschen, der von einem andern größere Wohlthaten empfangen hätte, als Kinder von ihren Eltern?

*Xenophon, Sokratische Denkwürdigkeiten, übers. v. Christoph Martin Wieland. Zit. nach https://www.projekt-gutenberg.org/xenophon/sokrates/sokrat31.html (Stand: 28.03.2024).**

[1] *auf etwas reagieren*
[2] *genannt*

1 Beschreibe die Entwicklung der griechischen Philosophie bis zum 4. Jahrhundert v. Chr. (Darstellungstext). Nutze den **Wortschatz**.

2 **Gruppenarbeit:**

a) Fasst die Hauptaussagen der Philosophen arbeitsteilig zusammen. **Tipp** → S. 183.

b) Stellt euch eure Ergebnisse gegenseitig vor.

c) Diskutiert, inwiefern die griechischen Philosophen das Denken der Menschen bis heute beeinflussen.

Wie beeinflusst uns die griechische Antike bis heute?

In diesem Kapitel hast du dich ausführlich mit der griechischen Antike auseinandergesetzt. Sicherlich hast du an einigen Stellen schon bemerkt, dass neben der attischen Demokratie noch weitere Errungenschaften und Entwicklungen der griechischen Antike bis heute in irgendeiner Form spürbar sind.

- *Untersuche, in welchen Bereichen unseres heutigen Lebens die Spuren der griechischen Antike immer noch sichtbar sind und inwiefern die griechische Antike auch auf dein Leben und deinen Alltag Einfluss hat.*

M 1 *Der Tempel zu Ehren der Göttin Athene auf der Akropolis in Athen, erbaut 447–432 v. Chr., Foto, 2014*

M 2 *Das Säulenhaus in Merseburg, Foto, 2016. Es wurde im Sommer 1914 gebaut. Über viele Jahre war es ein Krankenhaus, heute befindet sich dort ein Gesundheitszentrum.*

Einflüsse in Kunst und Kultur

Bis heute sind griechische Sagen, wie die Irrfahrt des Odysseus, weit verbreitet und finden in Jugendbüchern zahlreiche Leser. Ganze moderne Filmgenres sind von griechischen Sagen inspiriert. Besonders beliebt sind auch Filmproduktionen, die sich der griechischen Antike widmen.

Ebenso finden sich heute griechische Komödien und Tragödien immer wieder auf den Spielplänen von Theatern. Dort werden die großen Themen der Menschheit, wie Leben und Tod, Liebe und Verrat, Mut und Furcht in fesselnden Handlungen erzählt, die auf Ereignissen der Vergangenheit beruhen.

Griechische Architektur

Noch heute finden Archäologinnen und Archäologen Überreste von Gebäuden aus dem antiken Griechenland. Die Art und Weise, wie diese Gebäude mit all ihren Säulen aus Kalkstein und Marmor gebaut wurden, belegen, dass die alten Griechen großen Wert auf die Architektur legten. Noch heute orientieren sich Architekten an den antiken Bauwerken.

Wissenschaft und Bildung

Griechische Gelehrte gelten als die Vordenker der modernen Forscher. Nachdem die Welt über Jahrtausende mit dem Eingreifen von Göttern erklärt wurde, begann der griechische Historiker Herodot damit, eine Geschichte der Menschheit zu schreiben, in der die Götter nicht mehr für Krieg, Frieden und Zusammenleben der Menschen verantwortlich waren. Dies war etwas grundlegend Neues.

Andere beobachteten die Natur, experimentierten und versuchten Gesetzmäßigkeiten zu erkennen. In dieser

Wortschatz: Wissenschaft betreiben/forschen • nach bestimmten Grundsätzen handeln • Geschichte erzählen • ins Theater gehen • Bücher lesen • Filme sehen • Bauwerke betrachten und nutzen • demokratische Rechte haben

M3 Auszug aus dem Eid des Hippokrates (um 460–370 v. Chr.)

Bis heute schwören manche Ärzte freiwillig den Eid, obwohl dies nicht verpflichtend ist:

Ich schwöre bei Apollon dem Arzt und bei Asklepios Hygieia und Panakeia sowie unter Anrufung aller Götter und Göttinnen als Zeugen, dass ich nach Kräften und gemäß meinem Urteil diesen Eid und diesen Vertrag erfüllen werde: Denjenigen, der mich diese Kunst gelehrt hat, werde ich meinen Eltern gleichstellen und das Leben mit ihm teilen; falls es nötig ist, werde ich ihn mitversorgen. Seine männlichen Nachkommen werde ich wie meine Brüder achten und sie ohne Honorar und ohne Vertrag diese Kunst lehren, wenn sie sie erlernen wollen. Ich werde die Heilkunst nach bestem Wissen und Können zum Wohl der Kranken anwenden, nie aber zu ihrem Verderben und Schaden. Ich werde auch niemandem eine Arznei geben, die den Tod herbeiführt, auch nicht, wenn ich darum gebeten werde, auch nie einen Rat in dieser Richtung erteilen. Ich werde auch keiner Frau ein Mittel zur Vernichtung keimenden Lebens geben ... Was ich in meiner Praxis sehe oder höre ..., darüber werde ich schweigen in der Überzeugung, dass man solche Dinge streng geheim halten muss.

*Axel W. Bauer, Der Hippokratische Eid, https://archiv.ub.uni-heidelberg.de/volltextserver/15743/1/Bauer_Hippokratischer_Eid.pdf (Stand: 04.03.2024).**

Zeit entstanden auch die ersten Karten für die Seefahrt und es wurde davon ausgegangen, dass die Erde eine Kugel ist. Ein Vertreter dieser Theorie war Pythagoras, der sich nicht nur mit Astronomie, Musik und Politik beschäftigte, sondern auch mit Mathematik. Bis heute wird der Lehrsatz zur Berechnung von Seitenlängen in rechtwinkligen Dreiecken „Satz des Pythagoras“ genannt.

Forschung in der Medizin

Auch in der Medizin waren die Griechen Vorreiter. Der Arzt Hippokrates (um 460–370 v. Chr.) übertrug die Denkweise der Forscher auf das Heilen von Menschen. Er beobachtete und schrieb sorgfältig nieder, was ihm an den Erkrankungen seiner Patienten wichtig erschien. Nach und nach konnte Hippokrates so Anzeichen für Krankheit erkennen, deuten und deshalb Mittel zur Heilung finden und anwenden.

M4 Der Historiker Axel W. Bauer schätzt den Eid des Hippokrates aus heutiger Sicht ein (1993):

Als unmittelbar gültige ... Richtschnur für das konkrete Handeln des heutigen Arztes kann er [der Hippokratische Eid] allerdings nicht mehr dienen; die Geschichte entlässt uns nicht aus der Verantwortung für unsere eigene Zeit.

*Quellenangabe: siehe M3.***

1 Vergleicht die Gebäude in M1 und M2: Haltet Gemeinsamkeiten, Ähnliches und Unterschiedliches in einer Tabelle fest.

2 Gib die Meinung des Historikers Axel M. Bauer zum Eid des Hippokrates in eigenen Worten wieder (M4).

3 Finde Aussagen in M3, die dir heute nicht mehr zeitgemäß erscheinen. Begründe deine Entscheidung.

4 Wähle eine Aufgabe aus:

a) In einem Internetforum beschwert sich eine Schülerin über ihre Geschichtshausaufgaben zum antiken Athen, weil sie der Meinung ist, dass „diese alten Griechen heute niemanden mehr interessieren“. Erkläre ihr mithilfe des Darstellungstextes und der Materialien, warum die griechische Antike bis heute bedeutsam ist. Nutze auch den **Wortschatz**.

b) Griechenland gibt jährlich rund zwölf Millionen Euro für den Erhalt antiker Stätten aus, die uns als gegenständliche Quellen dienen. Sollte dieser Betrag gekürzt werden? Nimm Stellung.

900 v. Chr. | 800 v. Chr. | 700 v. Chr. | 600 v. Chr.

um 900–700
Bildung von griechischen Stadtstaaten (Poleis)

776 v. Chr.
erste nachweisbare Olympische Spiele

um 750–500 v. Chr.
Gründung von griechischen Kolonien rund um das Mittelmeer und am Schwarzen Meer

Leben in der Polis Athen

Zusammenleben im Stadtstaat

Die Art der Landschaft beeinflusst das Zusammenleben der Menschen und ihren Alltag. Du hast dies bereits am Beispiel des Niltals in Ägypten kennengelernt. Typisch für die griechische Landschaft sind hohe Gebirgsketten und ein unregelmäßiger Küstenverlauf. Es gibt viele Buchten und Inseln. Das Land war zersplittert in Inseln und Siedlungen in Gebirgen und Tälern. Daher entstanden viele selbstständige Herrschaftsgebiete in Form von **Stadtstaaten (Poleis, Singular: Polis)**. In Griechenland entstand somit kein zusammenhängendes Staatsgebiet.

Die Griechen setzten sich aus verschiedenen Volksgruppen zusammen. Dennoch fühlten sie sich vereint durch eine gemeinsame Sprache, Schrift und Religion. Zur Verehrung der Götter trafen die Griechen an für sie heiligen Orten zusammen: In Olympia führten sie alle vier Jahre Wettkämpfe zu Ehren des Zeus durch, die **Olympischen Spiele**.

Vom 8. bis zum 6. Jahrhundert v. Chr. gründeten die Griechen viele Stadtstaaten an den Küsten des Mittelmeeres und Schwarzen Meeres. Diese als **Kolonien** bezeichneten Städte entwickelten sich nach dem Vorbild ihrer Mutterstädte, waren aber unabhängige Stadtstaaten. Die **griechische Sprache und Kultur** verbreiteten sich durch die Kolonisation und einen regen Handel im ganzen Mittelmeerraum.

Athenische Demokratie und Gesellschaft

Zu den bekanntesten Stadtstaaten gehörte Athen. Ursprünglich herrschten dort Könige (Monarchie), später Adlige (Aristokratie). Ausgelöst durch Krisen führten mehrere Reformen zur **Demokratie (Volksherrschaft)**, einer völlig neuen Herrschaftsform. Wichtige Anstöße dazu gingen von den Adligen Solon, Kleisthenes und schließlich von Perikles aus. Um 450 v. Chr. war die Demokratie vollendet. In der athenischen Demokratie verfügten alle männlichen Bürger über die gleichen Mitspracherechte. Sie trafen in der **Volksversammlung** politische Entscheidungen und jeder Bürger hatte Zugang zu politischen Ämtern. Die meisten Ämter wurden im **Losverfahren** vergeben. Tagegelder sorgten dafür, dass sich auch ärmere Bürger an der Politik beteiligen konnten. Mit dem **Scherbengericht** konnten Bürger deren Streben nach Macht einschränken.

Frauen, Fremde (Metöken) und versklavte Menschen hatten keine politischen Rechte. Sie bildeten die Mehrheit der Bevölkerung. Frauen lebten meist unter der Bevormundung ihres Ehemannes zurückgezogen im Haus. Metöken bestimmten als Händler oder Handwerker das wirtschaftliche Leben. Versklavte Menschen waren oft im Haushalt oder in Wirtschaftsbetrieben tätig. In der athenischen Gesellschaft waren die Geschlechterrollen klar bestimmt. Jungen und Mädchen wurden schon im Kindesalter auf ihre späteren Aufgaben vorbereitet. Die Gesellschaft in Athen war von Ungleichheit gekennzeichnet. Dennoch beeinflusst die athenische Demokratie bis heute unser Leben. Der in der athenischen Demokratie entwickelte Gleichheitsgrundsatz und das Mehrheitsprinzip sind bis heute gültige Erscheinungsformen.

Griechische Kultur

Im 5. Jahrhundert entwickelte sich Athen zum Zentrum für Künste und für die **Philosophie**. Im ersten **Theater** Griechenlands, das unterhalb der Akropolis lag, wetteiferten Dichter um den Preis für das beste Theaterstück. Das Erbe der griechischen Antike ist auf vielfältigste Weise bis heute spürbar.

Was sind Begriffskarten?
In jeder Themeneinheit lernst du neue Fachbegriffe kennen. Diese sollst du nicht nur verstehen, sondern auch selbst erklären und aktiv verwenden können – zum Beispiel in deinen Antworten im Unterricht oder bei der Bearbeitung der Aufgaben. Ein Beispiel findest du rechts.

500 v. Chr. | 400 v. Chr. | 300 v. Chr. | 200 v. Chr.

5. und 4. Jahrhundert v. Chr.
Demokratie in Athen, Blütezeit der Kunst, Philosophie und des Theaters in Athen

500 v. Chr.
Athen führende See- und Handelsmacht im Mittelmeer

M1 Beispiel für eine Begriffskarte zum Fachbegriff „Polis“

(die) Polis

Erklärung:

selbstständiger Stadtstaat im antiken Griechenland

Merkmale:

- städtischer Kern
- umgeben von landwirtschaftlichen Flächen
- politisch und wirtschaftlich eigenständig

Beispiele:

Athen, Sparta, Milet

Gegenbeispiele:

Siedlungen in der Jungsteinzeit
Pharaonenreich im alten Ägypten

Darüber sprechen/schreiben:

die Polis (Singular) - die Poleis (Plural)
eine Polis gründen
die Entstehung der Poleis
Merkmale aller Poleis waren …

M2 So erstellst du eine Begriffskarte:

1. Zeichne die Begriffskarte M1 in dein Heft. Verwende dazu etwa die Hälfte einer Heftseite. Mithilfe des Webcodes kannst du dir auch eine Vorlage herunterladen.
2. Notiere den Fachbegriff in dem Feld in der Mitte (gib auch den Artikel an).
3. Fülle die vier Felder deiner Begriffskarte aus. Sollte es keine Gegenbeispiele für deinen Begriff geben, kannst du sie weglassen.
4. Stelle deine Begriffskarte in einem Kurzvortrag vor. Nutze die Anleitung auf S. 189.

1 Entwickle mithilfe von M2 eine Begriffskarte zum Begriff „Demokratie“.

cornelsen.de/webcodes
Code: devaco
Vorlage Begriffskarte

In diesem Kapitel konntest du folgende Kompetenzen erwerben:

- mithilfe von Quellen das Zusammenleben der Menschen in der Polis Athen untersuchen und beurteilen
- auf Grundlage einer Geschichtskarte und weiterer Quellen eine kurze Darstellung verfassen und dabei die Belegbarkeit von Aussagen kennzeichnen
- die Bedeutung der griechischen Antike für die Gegenwart beurteilen und zum angemessenen Umgang mit ihr Stellung nehmen
- **Medien und Methoden:** Eine Geschichtskarte auswerten
- **Medien und Methoden:** Ein Schaubild auswerten

Folgende Begriffe hast du kennengelernt:

- Götter und Mythenwelt
- Theater
- Geschlechterrollen
- Polis
- Philosophie
- Kolonisation
- Olympische Spiele
- attische Demokratie
- Mehrheitsprinzip

1 **Partnerarbeit:** Jeder sucht sich drei der oben stehenden Begriffe aus und erklärt seinem Partner mündlich deren Bedeutung in der griechischen Antike. Nehmt die Seiten aus dem Kapitel zur Hilfe.

Der griechische Geschichtsschreiber Xenophon (ca. 430–354 v. Chr.) beschreibt die Aufgaben von Frauen und Männern:

Da zwei Arten von Arbeit nötig sind, die draußen und drinnen, schuf Gott die Natur der Frau für die Arbeiten im Haus und die des Mannes für die Arbeit außerhalb des Hauses. Männer sind eher dazu geschaffen, Kälte und Wärme, Märsche und Kriegszüge zu ertragen ... Der Körper der Frau ist weniger widerstandsfähig, deshalb ist sie besser für die Arbeiten im Haus geeignet. Da sie besser in Kindererziehung ist, gaben die Götter ihr die größere Liebesfähigkeit ... Weil beide Teile geben und nehmen müssen, verteilten die Götter Gedächtnis und Sorge in gleichem Maße. Deshalb kann man nicht sagen, ob Frauen oder Männer den Vorzug bekommen.

*Xenophon, Oikonomikos, 7,3ff. Übers. v. Verf.**

M2

Eine Versklavte reicht ihrer Herrin ein Schmuckkästchen, Grabstein, frühes 4. Jh. v. Chr.

Ein Gleichnis des Philosophen Platon über die mögliche Gefahr von versklavten Menschen für ihren Herrn

Wie wäre es aber, wenn ein Gott einen einzelnen Mann, der fünfzig oder mehr [Versklavte] besitzt, aus der Stadt forttrüge und ihn samt seinem Weib, seinen Kindern, seiner übrigen Habe und seinen [Versklavten] in eine einsame Gegend versetzte, wo ihm kein Freier zu Hilfe kommen könnte? In welch großer Furcht, glaubst du, würde er um sich selbst, um seine Kinder und um sein Weib schweben, dass sie von seinen [Versklavten] umgebracht werden könnten? „Ich glaube, sie müssten alles befürchten", sagte er.

*Platon, Staat 578e, übers. von R. Rufener. Zit. nach Josef Fischer, Sklaverei in der Antike, Darmstadt (wbg Academic) 2012, S. 64.***

M 4

Bergwerksklave mit Fußfessel, schwarzfigurige Standfußschale (Rijksmuseum van Oudheden, Leiden)

M 5

Die Akropolis in Athen heute, Foto, o. J. Auf der Akropolis ist der größte Tempel, der Parthenontempel (1), gut zu erkennen. Er war der Göttin Athene geweiht. Den Eingang der Akropolis bilden die Propyläen, eine Torhalle (2). Unten ein Theater aus römischer Zeit (3).

Methoden- und Interpretationskompetenz

1 a) Stelle dar, wie Xenophon (M1) die Rollenverteilung zwischen Männern und Frauen begründet.
b) Vergleiche diese Rollenverteilung mit heute.

2 a) Beschreibe ausgehend von M2, M3 und M4 die unterschiedlichen Lebensbedingungen und Tätigkeiten von versklavten Menschen.
b) Erläutere, was mit dem letzten Satz in M3 gemeint ist.
c) Nimm Stellung zur Sklaverei in der Polis Athen.

Geschichte darstellen (narrative Kompetenz)

3 Schreibe einen Artikel für eine Geschichtszeitschrift, die von Kindern und Jugendlichen deines Alters gelesen wird, in dem du die Bedeutung des Handels für die Athener darstellst. Nimm dazu die Materialien auf S. 116/117 zu Hilfe. Tipp → S. 183.

Geschichte heute (geschichtskulturelle Kompetenz)

4 Verfasse eine Reisebeschreibung für Athen, die den Reisenden an die antiken Stätten führt. Erstelle dabei Verhaltensregeln, an die sich die Touristen halten sollen (M5).

5 Stelle in einer Mind-Map alle Bereiche zusammen, in denen wir heute von der griechischen Antike beeinflusst sind.

griechische Antike

Theater

6 Bewerte die attische Demokratie aus heutiger Sicht. Tipp → S. 183.

cornelsen.de/webcodes
Code: xoyubu
Selbsteinschätzungsbogen

5

Leben im römischen Weltreich

Eine Gruppe Männer marschiert verkleidet als römische Soldaten in die Arena des Archäologischen Parks Xanten ein. In diesem ehemaligen römischen Lager am Rhein findet alle zwei Jahre das größte Römerfest in Deutschland statt. Es zieht Zehntausende Besucher an. Rund 450 Mitwirkende aus vielen europäischen Ländern zeigen ihre Kenntnisse in römischer Lebensart beim Handwerk, im Gladiatorenkampf, beim Kochen oder Musizieren.

Nenne mögliche Gründe, warum sich so viele Menschen für Römerfeste interessieren. Eventuell hast du auch schon einmal ein Römerfest besucht. Fasse deine Eindrücke zusammen.

alle Darstellungstexte zum Anhören

soresa

Römerfest in Xanten (Nordrhein-Westfalen), Foto, 2014

800 v. Chr. | 700 v. Chr. | 600 v. Chr. | 500 v. Chr. | 400 v. Chr. | 300 v. Chr. | 200 v. Chr.

753 v. Chr.
Gründung Roms der Sage nach

ca. 500 v. Chr.
Rom wird Republik

494–287 v. Chr.
Ständekämpfe zwischen Patriziern und Plebejern

508/507–322 v. Chr.
Demokratie in Athen

264–133 v. Chr.
Rom wird durch Eroberungen zur Großmacht

221 v. Chr.
Gründung Chinesisches Reich

Leben im römischen Weltreich

Rom war lange Zeit eine kleine Stadt, vergleichbar mit einer griechischen Polis. Doch anders als in Griechenland wurde aus der kleinen Bauernsiedlung das Zentrum eines riesigen Weltreichs, das sich über drei Kontinente erstreckte. Nur in Ostasien entstand zur gleichen Zeit mit dem Chinesischen Reich ein ähnlich mächtiger Staat. Das Römische Reich hat bis heute Spuren hinterlassen, denn römische Lebensart und Kultur begegnen uns noch immer: Einige von euch lernen die Sprache der Römer im Unterrichtsfach Latein. Wir schreiben mit lateinischen und nicht mit griechischen Buchstaben. Unsere Monatsnamen und unser Kalender sind römischen Ursprungs. Wusstet ihr, dass viele unserer heutigen Obstsorten aus dem Römischen Reich zu uns gebracht wurden? Unser Gerichtswesen und unsere politische Sprache enthalten viele Begriffe aus römischer Zeit. In diesem Kapitel kannst du folgende Fragen untersuchen:

- Wie organisierten die Menschen im Römischen Reich ihr Zusammenleben?
- Welche Konflikte mussten sie lösen?
- Wie sah der Alltag im Römischen Reich aus?

Italien um 480 v. Chr.

1 Betrachte die Karte M1. Benenne die Völker, die du bereits kennst. Was weißt du über sie?

2 **Partnerarbeit:** In M2–M4 sind „Spuren" des Römischen Reichs abgebildet:
a) Besprecht, welche Spuren euch bereits begegnet sind (zum Beispiel bei einem Museumsbesuch, im Film, in Büchern und Spielen).
b) Notiert in Stichworten: Was wisst ihr schon darüber? Was möchtet ihr noch wissen?

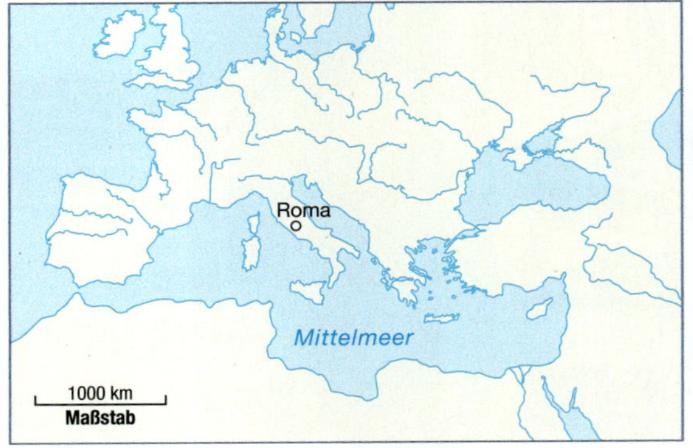

100 v. Chr.	Christi Geburt	100 n. Chr.	200 n. Chr.	300 n. Chr.	400 n. Chr.	500 n. Chr.

44 v. Chr.
Ermordung Caesars

2. Jh. n. Chr.
größte Ausdehnung des Römischen Reichs unter Kaiser Trajan

27 v. Chr.–14 n. Chr.
Kaiser Augustus – Rom wird zum Kaiserreich

391
Christentum wird Staatsreligion im Römischen Reich

M 2

Restaurierung des Dionysosmosaiks im Römisch-Germanischen Museum in Köln nach einem Sturm. Foto, 2007. Das 70 m² große Mosaik wurde in einem ehemaligen römischen Wohnhaus in Köln entdeckt und besteht aus 1,5 Millionen kleinen Steinen. Das Römisch-Germanische Museum steht heute dort, wo früher dieses Haus stand. Dionysos war der griechische Gott des Weines. Den Römern war er aber unter dem Namen Bacchus bekannt.*

M 3

Amphitheater der römischen Stadt Thysdrus (heute El Djem, Tunesien), 1. Jh. n. Chr. Es war mit 35 000 Plätzen das drittgrößte Amphitheater des Römischen Reichs.

M 4

Rekonstruktion eines Wachturms am Limes, einer römischen Grenzbefestigung, nördlich von Wiesbaden im heutigen Bundesland Hessen. Foto, 2010

cornelsen.de/webcodes
Code: kodequ
Römerfest in Xanten

Rom – ein Stadtstaat wird Weltreich

„Alle Wege führen nach Rom" lautet ein Sprichwort. Es erinnert an die Jahrhunderte, in denen Rom Zentrum eines Weltreichs war, das viele heutige Länder in Europa, Afrika und Asien umfasste.

- ***Unter welchen Bedingungen wurde Rom Hauptstadt eines Weltreichs?***

Der Mythos der Stadtgründung

Einer Sage nach entstand Rom im Jahr 753 v. Chr. Im Mittelpunkt dieser Sage stand der Trojaner Äneas. Er floh mit seinem Vater und seinem Sohn aus der brennenden Stadt Troja und begann nach einer Irrfahrt in Italien ein neues Leben. Die ausgesetzten Zwillinge Romulus und Remus, Nachkommen von Äneas, wurden von einer Wölfin großgezogen und gründeten die Stadt Rom.

Die Römer erzählten sich gern Geschichten über ihre eigene Herkunft. Adlige Familien führten ihre Herkunft auf berühmte Helden, Götter oder Halbgötter zurück. Das erscheint uns heute merkwürdig, doch für die Menschen der Antike* war es gut vorstellbar, göttliche Vorfahren zu haben. Die Erzählung von einem gemeinsamen Ursprung und der Zusammengehörigkeit einer bestimmten Gruppe nennen wir einen Gründungsmythos*.

Roms Entstehung aus Sicht der Archäologie

Um 1000 v. Chr. siedelten an der Stelle der späteren Stadt Rom die Völker der Sabiner und Latiner. Sie waren Hirten und Bauern. Der Boden war fruchtbar und der Tiber ließ sich leicht durchqueren. Auf dem Handelsweg am Flussufer wurde kostbares Salz vom Mittelmeer ins Hinterland transportiert. Allmählich entwickelte sich die Siedlung zu einem beliebten Handelsplatz, der durch einen Graben und einen einfachen Wall geschützt wurde. Zwischen 800 und 700 v. Chr. wanderte das Volk der Etrusker ein. Es brachte eine andere Lebensweise mit und sprach eine ganz andere Sprache. Die Einwanderer bauten Häuser aus Stein und Ziegeln. Sie bauten auch Dämme gegen Überflutungen. Die Etrusker brachten Kunstgegenstände aus Ägypten sowie aus Griechenland mit und beherrschten neue Verfahren der Metallverarbeitung. Um 600 v. Chr. legten die Etrusker die tiefer gelegenen Gebiete am Tiber trocken und bauten ein Forum*, einen Marktplatz, als Stadtmittelpunkt. Sie schützten die Stadt durch eine neue Mauer.

Der Aufstieg zur Weltmacht

Die Römer befanden sich viele Jahrhunderte lang im Krieg. Zu den längsten Kriegen der Römer gehörten die Auseinandersetzungen mit der mächtigen See- und Handelsmacht Karthago in Nordafrika. Zwischen den Römern und Karthago kam es zu drei Kriegen um die Vorherrschaft im Mittelmeerraum. Der Grund für den Konflikt zwischen Rom und Karthago war ein Überfall von Truppen der Stadt Syrakus auf die griechische Nachbarstadt Messana in Sizilien. Die Messaner riefen sowohl die Römer als auch die Karthager zu Hilfe. Römer und Karthager sahen dadurch die Chance, jeweils ihren Einfluss auf Sizilien zu vergrößern, denn die Insel war im Altertum ein bedeutendes Anbaugebiet für Getreide. Im ersten Krieg mit Karthago (264–241 v. Chr.) waren die Römer als Landmacht gezwungen, Kriegsschiffe zu bauen. Mit deren Hilfe gelang ihnen schließlich der entscheidende Sieg. Die Karthager mussten Sizilien verlassen und auch die erzreichen Inseln Sardinien und Korsika an die Römer abgeben. Sizilien wurde zur ersten römischen Provinz. Provinzen nannten die Römer ihre Besitzungen außerhalb Italiens. Insgesamt gab es im Römischen Reich später 18 Provinzen. Jede wurde von einem römischen Heerführer oder Politiker verwaltet. Die Bewohner der Provinzen mussten Abgaben leisten.

Die Karthager schlagen zurück

Nach dem Verlust Siziliens eroberten die Karthager große Teile Spaniens. Der karthagische Feldherr Hannibal zog während des zweiten Kriegs mit Rom (218 bis 201 v. Chr.) mit 50 000 Soldaten, 9 000 Reitern und 37 afrikanischen Kriegselefanten über die Alpen nach Italien. Drei Jahre zog Hannibal unbesiegt durch Italien, ohne Rom direkt anzugreifen. Insgesamt starben dabei 100 000 Menschen und 400 Städte wurden zerstört. Letztlich siegten die Römer. Karthago musste alle Schiffe abgeben und 260 Tonnen Silber als Entschädigung bezahlen. Spanien wurde römische Provinz. Im dritten und letzten Krieg (149–146 v. Chr.) zerstörten die Römer Karthago. Die Bevölkerung wurde versklavt. Das Land der Karthager wurde zur römischen Provinz Africa. Die drei „Punischen Kriege" zwischen Rom und Karthago waren eine bedeutende Etappe Roms auf dem Weg zur Weltmacht.

Wortschatz: eine neue Lebensweise • Häuser aus Stein und Ziegeln bauen • Technik nutzen • jemanden unterwerfen • Abgaben verlangen • ein Gebiet beherrschen • Kriege führen • den Herrschaftsbereich erweitern

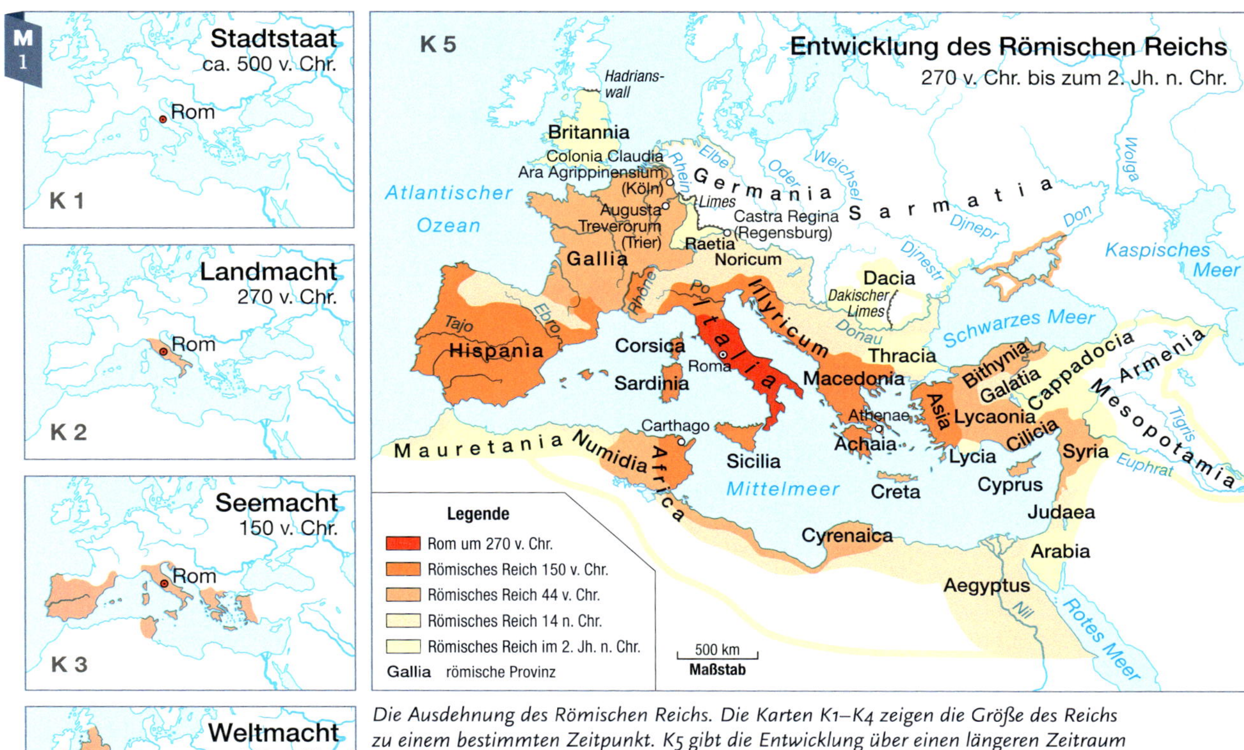

Die Ausdehnung des Römischen Reichs. Die Karten K1–K4 zeigen die Größe des Reichs zu einem bestimmten Zeitpunkt. K5 gibt die Entwicklung über einen längeren Zeitraum wieder und setzt sich aus den vier Karten (K1–K4) zusammen. Limes = Grenzbefestigungen aus Mauern und Wällen.

(das) Imperium Romanum

(von lat. imperare = befehlen) Unter Imperium verstanden die Römer ursprünglich die militärische und zivile Befehlsgewalt der römischen Konsuln und später auch der Verwalter einer Provinz. Allmählich wurde es zur Bezeichnung des römischen Herrschaftsgebiets:

- Bis 272 v. Chr. unterwarfen die Römer ihre Nachbarvölker. Italien stand damit bis zum Fluss Po unter römischer Herrschaft.
- Zwischen 264 und 146 v. Chr. ging es in drei Kriegen gegen die See- und Handelsmacht Karthago im heutigen Tunesien um die Vorherrschaft in Sizilien und Nordafrika.
- Ab dem 3. Jahrhundert v. Chr. eroberten die Römer die reichen Nachfolgestaaten Alexanders des Großen im östlichen Mittelmeerraum. Rom wird zum „Weltreich".

1 Erläutere, warum die Römer die Gründung Roms mit einer Sage beschrieben (Darstellungstext).

2 **a)** Recherchiere den genauen Inhalt der Gründungssage von Rom.
b) Vergleiche ihn mit den wissenschaftlichen Erkenntnissen über die Besiedlung (Darstellungstext). ▸ Hilfe

3 **Geschichte darstellen:** Benenne in einer eigenen Darstellung die drei Phasen der Entstehung des Imperium Romanum und ordne ihnen jeweils eine der kleinen Karten zu (M1, Darstellungstext).

4 **Methode:** Untersuche die Karte M1 (K5) mithilfe der Arbeitsschritte auf S. 103. ▸ Hilfe

5 Untersuche mithilfe von M1, ob es einen Zeitraum gab, in dem sich das Imperium Romanum besonders schnell ausgebreitet hat.

6 **Partnerarbeit:** Diskutiert, ob der Begriff „Weltreich" für das Römische Reich passend ist. Nutze den **Wortschatz**. ▸ Hilfe

Üben Kartenanimation: *Römisches Reich: Ausbreitung* Kartenanimation: *Die Punischen Kriege*

Was hielt die römische Gesellschaft zusammen?

cornelsen.de/webcodes
+ Code: rimuze
Römische Gottheiten

„Res publica" – aus dem Lateinischen übersetzt heißt das „öffentliche Angelegenheit". So nannten die Römer ihren Staat.

- ***Auf dieser Doppelseite findest du heraus, was den Römern im Alltag wichtig war und zu welchen Konflikten es in ihrer Republik* kam.***

Das Gemeinschaftsgefühl der Römer

Die Römer waren überzeugt, dass die Tüchtigkeit ihrer Vorfahren Rom groß und bedeutend gemacht hatte. In der Frühzeit Roms lebten nahezu alle Einwohnerinnen und Einwohner Roms von der Landwirtschaft. Sie mussten hart arbeiten und sparsam wirtschaften. Handel und Geldgeschäfte galten als unehrenhaft. Selbst als Rom später unermesslich reich wurde, Männer und Frauen in kostbarer chinesischer Seide gekleidet und mit Schmuck behängt waren, betonten Politiker in ihren Ansprachen immer noch die einfache und sparsame Lebensweise aus der Frühzeit als Vorbild. Die Römer versuchten mehrfach, durch neue Gesetze den Hang zum Luxus einzudämmen. Dies erwies sich jedoch als wirkungslos.

Die Religion als fester Bestandteil des Alltagslebens

Die Römer verehrten – wie die Griechen – viele Gottheiten (Polytheismus*, siehe S. 66). Oft waren es dieselben, nur mit lateinischem Namen. Im Umgang mit anderen Religionen waren die Römer relativ offen, denn fremde Göttinnen und Götter wurden oftmals mit den römischen gleichgesetzt und in die eigene Götterwelt aufgenommen. Dies geschah nicht nur mit griechischen, sondern auch mit ägyptischen, keltischen oder germanischen Gottheiten.

Römische Familien besaßen einen Hausaltar in Form eines Wandbildes oder eines Steinsockels. Hier wurden die Hausgottheiten verehrt. Auch die Büsten der Vorfahren standen dort neben einer Statue des Stammvaters Äneas.

Die Religion berührte viele Lebensbereiche der Römer. So befragten sie beispielsweise vor einem Kriegszug die Göttinnen und Götter. Die dafür zuständigen Priester wurden Auguren genannt. Sie waren römische Beamte, die bestimmte Zeichen wie den Vogelflug deuteten, um den göttlichen Willen zu erfassen. Anhand des Fluges und des Geschreis eines Vogels überprüften sie, ob ein geplantes Unternehmen göttlichen Beistand erhielt. Mit Trank- oder Tieropfern und Gaben von Feldfrüchten sollten die Göttinnen und Götter außerdem gnädig gestimmt werden. Öffentliche Kulte dienten dem Erfolg im Leben, der Abwehr von Unheil oder der Wiedergutmachung von Schuld.

Kämpfe zwischen Patriziern und Plebejern

Etruskische* Könige herrschten ab 600 v. Chr. für rund 100 Jahre über Rom. Dann vertrieben adlige Römer, die Pferde und Waffen besaßen, den etruskischen Herrscher. Diese adligen Römer, auch Patrizier genannt, teilten Macht und Besitz unter sich auf und besetzten die hohen Ämter in Staat, Religion und Militär. Ihre Herrschaftsform bezeichneten sie als Republik.

Um 500 v. Chr. hatte die „res publica" 35 000 männliche Bewohner und beherrschte ein Gebiet von rund 60 Kilometern nach Süden. Im Krieg mussten die nichtadligen Bewohner, die Plebejer, als Soldaten zu Fuß aufbrechen. Sie mussten ihre Waffen selbst herstellen oder kaufen und ihre Höfe und Werkstätten im Stich lassen. Da die Plebejer nur einfache Bauern, Handwerker oder Händler waren, verschuldeten sie sich für den Kriegsdienst bei den reichen Patriziern. Als im 5. Jahrhundert v. Chr. die römischen Gesetze im „Zwölftafelgesetz" niedergeschrieben wurden, verbesserte sich ihre rechtliche Situation und sie bekamen Anspruch auf ein Stück Land aus den Eroberungen. Dennoch kam es zwischen 494 und 287 v. Chr. zu ständigen Auseinandersetzungen zwischen Patriziern und Plebejern. Schritt für Schritt erreichten dabei die Plebejer eine Beteiligung an der Macht.

Wortschatz: tüchtig sein • hart arbeiten und sparsam wirtschaften • eine Tätigkeit als unehrenhaft ansehen • andere Götter in die eigene Götterwelt aufnehmen • die Vorfahren ehren • Macht und Besitz unter sich aufteilen • sich für den Kriegsdienst verschulden • an der Macht beteiligt werden

M1 *Münze mit der Göttin Concordia (= Eintracht), 42 v. Chr.*

Menenius Agrippa in einer Rede (494 v. Chr.):
Die Plebejer verweigerten den Wehrdienst und forderten einen Erlass der Schulden. Menenius Agrippa war von den Patriziern als Vermittler zu den Plebejern geschickt worden.

Früher war im Menschen noch nicht alles so perfekt wie heute. Jeder Körperteil hatte seinen eigenen Willen und seine eigene Sprache. Viele Körperteile ärgerten sich, dass sie nur für den faulen Magen sorgen sollten, für ihn arbeiten und alles heranschleppen mussten. Der Magen tue doch nichts anderes, als sich an den mitgebrachten Dingen satt zu essen. Da fassten die anderen Körperteile folgenden Beschluss: Die Hände sollten keine Nahrung mehr zum Munde führen, der Mund nichts annehmen und die Zähne nichts kauen. Da sie den Magen durch Hunger schwächen wollten, merkten sie bald, dass auch sie selber schwach und elend wurden. Da sahen sie ein, dass der Magen nicht nur faul war. Wurde er ernährt, dann stärkte er durch sein Blut auch die anderen Körperteile.

Titus Livius, Ab urbe condita libri, Buch 2, 32. Zit. nach https://www.thelatinlibrary.com/livy/liv.2.shtml#32 (28.03.2024). Übers. d. Verf.

Aus dem Zwölftafelgesetz (um 450 v. Chr.):
Lange Zeit wurden die Gesetze Roms nur mündlich überliefert. Das Zwölftafelgesetz war eine schriftliche Gesetzessammlung, die auf zwölf Tafeln auf dem Forum Romanum ausgestellt wurde, damit jeder die Gesetzestexte sehen konnte.

Wer vor das Gericht gerufen wird, der muss hingehen ... Wenn er nicht geht, Ausflüchte macht oder fliehen will, soll er verhaftet werden.

- Wenn jemand ein Körperteil verstümmelt, soll der Täter das Gleiche erleiden oder sich mit dem Verletzten einigen.
- Hat jemand nachts einen Diebstahl begangen und wurde der Dieb dabei getötet, dann war das rechtens.
- Hat das Gericht eine Geldschuld festgesetzt, hat der Schuldner 30 Tage Zeit zur Tilgung seiner Schuld.
- Zahlt der Schuldner seine Schuld nicht, kann der Gläubiger ihn mit einem Strick fesseln und Fußfesseln mit 15 Pfund Gewicht anhängen.

*Das Zwölftafelgesetz, Tafel 1 und 3. Zit. nach Rudolf Düll (Hg.), Das Zwölftafelgesetz, 3. Aufl., München (Heimeran) 1959. Übers. v. Rudolf Düll.***

1 a) Untersuche mithilfe des Darstellungstextes die Stellung der Patrizier und der Plebejer in der römischen Gesellschaft. **Tipp** → S. 183.
b) Erläutere, weshalb die Lebensweise der Vorfahren für die Römer ein Vorbild war. Nutze den **Wortschatz**.

2 Beschreibe, warum die Religion ein fester Bestandteil des römischen Alltagslebens war (Darstellungstext).

3 Fasse die Rede in M2 in eigenen Worten zusammen.

4 Partnerarbeit: Diskutiere mit deinem Banknachbarn:
a) Was hätte ein Patrizier zu dem Streik (M2) vermutlich gesagt?
b) War der Streik der Plebejer deiner Meinung nach berechtigt?

5 Erkläre, warum auf der Münze M1 die Göttin Concordia abgebildet ist. Schreibe auf, was der Handschlag bedeuten könnte.

6 Wähle eine Aufgabe aus:
a) Ein Athener besucht im 5. Jahrhundert v. Chr. Rom: was könnte er den Athenern nach seiner Rückkehr über Rom berichten? Verfasse einen Bericht.
b) Informiere dich über das Zwölftafelgesetz (Darstellungstext und M3). Erkläre, welche Folgen es für einen einfachen Plebejer hatte.

7 Beurteile den Umgang der Römer mit fremden Gottheiten (Darstellungstext Z. 17–25). ▸ Hilfe

 Üben

Wie wurde die römische Republik regiert und verwaltet?

In fast allen Staaten der Welt ordnet heute eine Verfassung das Zusammenleben der Menschen. Auch im Römischen Reich gab es eine solche Ordnung.

- ***Erarbeite mithilfe des Darstellungstextes ein Schaubild zur Verfassung der römischen Republik***

Der Senat

Der Senat war die wichtigste politische Einrichtung (Institution) im Römischen Reich. Hier wurden sowohl Gesetze als auch Beschlüsse über Krieg und Frieden vorbereitet, über die dann in der Volksversammlung abgestimmt wurde. Tagungsort des Senates war die „Curia“ am Rande des Forum Romanum. Das Forum Romanum war ein großer Marktplatz und Mittelpunkt der Stadt Rom. Dort befanden sich die prunkvollsten Bauwerke der Stadt.

Der Senat hatte 300 (später 600) Mitglieder. Das waren Männer aus einflussreichen Patrizierfamilien. Ab 300 v. Chr. durften auch wohlhabende Plebejer Senatoren* werden. Der Senat beriet auch die Magistrate.

Die Magistrate

Die römischen Beamten hießen Magistrate. Damit sie ihre Macht nicht für persönliche Interessen ausnutzen konnten, blieben sie immer nur für ein Jahr im Amt (Prinzip der Annuität*). Jedes Amt wurde mit zwei Männern besetzt (Prinzip der Kollegialität*).

In der römischen Republik gab es folgende Beamte:

- Zwei Konsuln standen an der Spitze des Staates. Sie waren für die Leitung des Staates verantwortlich und Oberbefehlshaber des Heeres.
- Sechs Prätoren führten Aufsicht über das Gerichtswesen und die Rechtsprechung.
- Vier Ädile führten Aufsicht über die öffentliche Ordnung und waren für öffentliche Gebäude, Straßen, Verkehr, Bauwesen oder die Wasser- und Getreideversorgung verantwortlich.
- Zwanzig Quästoren waren für die Finanzen des Reichs zuständig
- Zwei Zensoren waren für die Besetzung des Senats zuständig, indem sie die Mitglieder des Senats ernannten. Außerdem überwachten sie die Einhaltung der Sitten und führten Volks- und Vermögensschätzungen durch.

Schied ein Beamter aus seinem Amt aus, wurde er Senator. Nur reiche Römer konnten sich die Tätigkeit als Beamte leisten. Es waren Ehrenämter ohne Bezahlung. Um in ein hohes Amt gewählt zu werden, mussten römische Männer viel Geld bezahlen: Bestechungen waren weit verbreitet. Wer nicht gut reden konnte, musste einen Redner beauftragen und bezahlen.

Die Volkstribunen

Die zehn Volkstribune wurden für ein Jahr von der Versammlung der Plebejer gewählt. Sie schützten die Rechte der Plebejer. Die Volkstribune konnten alle Entscheidungen des Senats und der Magistrate blockieren. Dazu genügte es, das Wort „Veto“ (= ich verbiete) auszusprechen.

Die Volksversammlung

Männliche Patrizier und Plebejer kamen in der Volksversammlung zusammen. Voraussetzung für den Zugang zur Volksversammlung war das römische Bürgerrecht*. In der Volksversammlung wurde aber nicht wie in Athen nach Personen abgestimmt, sondern nach Besitz. Daher hatten reiche Bürger viel mehr Einfluss als arme. Auch bei der Abstimmung nach Wohnbezirken waren die reichen Bürger im Vorteil. Jeder der 35 Wohnbezirke hatte eine Stimme. Der größte Teil der einfachen Bevölkerung lebte in der Stadt, aber es gab nur vier städtische Wohnbezirke. Die anderen 31 Bezirke lagen auf dem Land, und ärmere Römer dort konnten sich die Anreise in die Stadt nicht leisten. Daher gaben nur die vermögenden Bürger vom Land ihre Stimme ab. Frauen und Minderjährige, versklavte Menschen besaßen keine politischen Rechte.

Patrizier und Plebejer lehnten jede Form von Alleinherrschaft ab. Nur wenn eine große Gefahr für den Staat bestand, etwa durch Bedrohung von außen, konnte durch die Volksversammlung für die Dauer von höchstens sechs Monaten ein Alleinherrscher bestimmt werden.

Wortschatz: in etwas hineingewählt werden • die Macht für persönliche Interessen ausnutzen • das Amt besetzen • jemanden in ein Amt wählen • jemanden kontrollieren • ein Veto einlegen

M1

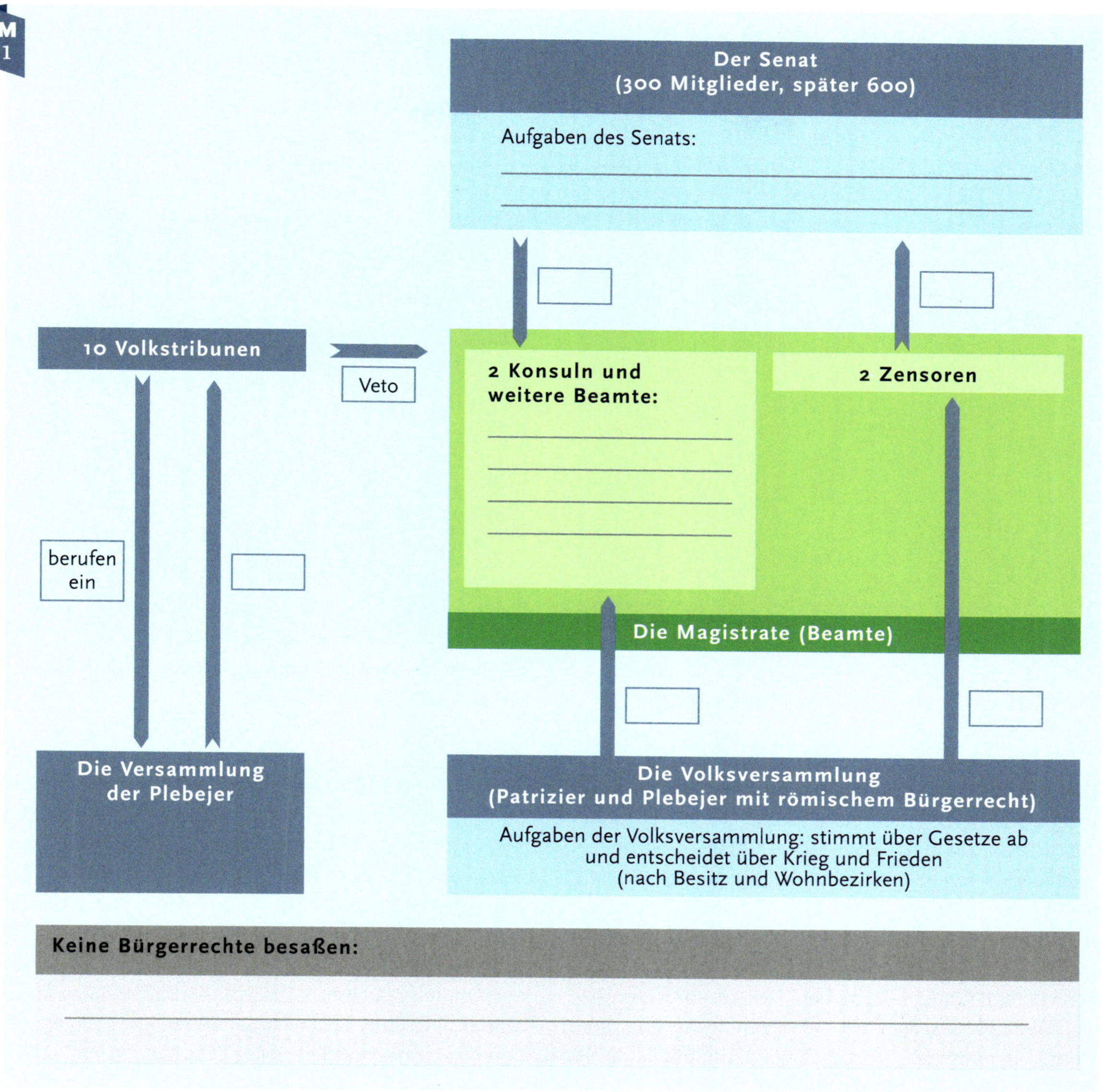

Der Senat
(300 Mitglieder, später 600)

Aufgaben des Senats:

____

____

10 Volkstribunen

Veto

2 Konsuln und weitere Beamte:

____

2 Zensoren

berufen ein

Die Magistrate (Beamte)

Die Versammlung der Plebejer

Die Volksversammlung
(Patrizier und Plebejer mit römischem Bürgerrecht)

Aufgaben der Volksversammlung: stimmt über Gesetze ab und entscheidet über Krieg und Frieden (nach Besitz und Wohnbezirken)

Keine Bürgerrechte besaßen:

____

Die Verfassung der römischen Republik

1 Stelle mithilfe des Darstellungstextes die wichtigsten politischen Einrichtungen (Institutionen) und Ämter der römischen Republik und deren Aufgaben gegenüber. Tipp → S. 183.

2 Klebe eine Kopie des Schaubildes M1 in dein Heft. Fülle die offenen Kästen und Linien mithilfe des Darstellungstextes aus. Du kannst dir über den Webcode auch eine Vorlage herunterladen. Tipp → S. 183.

3 **Methode:** Werte das Schaubild M1 von unten nach oben aus. Nimm dazu die Arbeitsschritte von S. 118 zu Hilfe und nutze den **Wortschatz**. ▸ Hilfe

4 Überprüfe anhand des Schaubildes M1 und des Darstellungstextes folgende Aussagen. Schreibe sie richtig auf und erkläre sie:
a) Der Senat ist den Magistraten unterstellt.
b) Ein Alleinherrscher wird von den Magistraten ernannt und übt sein Amt höchstens ein Jahr aus.
c) In der Volksversammlung haben alle das gleiche Stimmrecht.
d) Die Zensoren durften mit einem Veto Beschlüsse verhindern.

5 Diskutiere abschließend mithilfe des Darstellungstextes und von M1, ob die römische Republik eine Demokratie war.

Können aus Feinden Römer werden?

Mit der Ausdehnung des Römischen Reichs seit dem 3. Jahrhundert v. Chr. standen die Römer vor der Aufgabe, ihre Herrschaft in den eroberten Gebieten zu sichern.

- *Arbeite heraus, wie die Römer dabei mit besiegten Gegnern umgegangen sind.*

M1

Triumphbogen zu Ehren des römischen Kaisers Septimius Severus auf dem Forum Romanum zum Sieg gegen die Parther, 203 n. Chr.

M2

Ein Ausschnitt aus dem Triumphbogen zeigt römische Soldaten und gefangene Parther. 203 n. Chr.

Die Gallier – erst besiegt, dann integriert

Gallien (heutiges Frankreich) wurde 58 bis 51 v. Chr. von Julius Caesar für Rom erobert. Gallien war reich an Bodenschätzen und Holz – einem an den Küsten Südeuropas knapper werdenden Rohstoff. Durch die gewaltsame Eroberung starben über eine Million Menschen. Die im Osten Galliens lebenden Germanen wurden von den Römern vertrieben. Der Anführer der Gallier, Vercingetorix, kam als Gefangener nach Rom und wurde hingerichtet. Mit der Eingliederung Galliens als Provinz erhielten Mitglieder der gallischen Oberschicht das römische Bürgerrecht.

Warum war das römische Bürgerrecht begehrt?

Das römische Bürgerrecht war für Unterworfene aus allen neuen Gebieten des Reichs ein begehrtes Ziel. Es ermöglichte die Heirat mit einem Mitglied einer römischen Familie. Wer das Bürgerrecht besaß, durfte ein Testament verfassen und Geschäftsverträge abschließen. Zudem mussten Bürger bestimmte Steuern nicht bezahlen und durften in der Volksversammlung wählen. Römische Bürger durften nicht gefoltert oder zur Todesstrafe verurteilt werden. Das Bürgerrecht konnte an einzelne Personen, Städte oder ganze Provinzen verliehen werden. Die Verleihung war uneinheitlich geregelt, neue Bürger erhielten oftmals nur ein eingeschränktes Bürgerrecht. In der Zeit der Republik erhielten zunächst die Verbündeten Roms in Italien das Bürgerrecht. Später wurden immer mehr Menschen auch in den neuen Provinzen außerhalb Italiens römische Bürger. Erst 212 n. Chr. erhielten alle frei geborenen Einwohner des Reichs das Bürgerrecht.

Die Parther – unbesiegter Gegner im Osten

Das Reich der Parther bestand von 247 v. Chr. bis 224 n. Chr. und war der große Rivale Roms im Vorderen Orient, wo sich heute die Staaten Iran und Irak befinden. Römer und Parther führten immer wieder Kriege um die Herrschaft über Handelswege, Rohstoffvorkommen und das Gebiet Armenien. Erfolgreiche Feldzüge gegen die Parther bedeuteten für römische Heerführer, mehr Einfluss in Rom zu erlangen. Die Parther erwiesen sich als harte Gegner, die sich weigerten, sich Rom unterzuordnen.

Wortschatz: das römische Bürgerrecht erhalten • jemanden ausgrenzen • die Integration • jemanden integrieren • das römische Bürgerrecht besitzen • einen Vertrag abschließen • vor Willkür geschützt werden • an Einfluss gewinnen • der Triumphbogen • der Triumph

M 3

Triumphrelief Schapurs I., König der Sassaniden (Nachfolger der Parther), in Naksch-e Rostam (Iran) nach einem Sieg über die Römer, ca. 260 n. Chr. Schapur hält den römischen Kaiser Valerian zum Zeichen der Gefangennahme am Arm fest. Kaiser Valerian geriet während eines Feldzuges gegen die Sassaniden in Gefangenschaft und starb dort.

M 4

Aus einer Rede von Kaiser Claudius (48 n. Chr.):

Was wurde denn den Spartanern und Athenern trotz ihrer militärischen Übermacht zum Verhängnis? Sie grenzten die Besiegten aus. Da besaß doch der Gründer unseres Staates, Romulus, mehr Weisheit. Die meisten der besiegten Völker wurden an ein und demselben Tag zuerst als Feinde und dann als Bürger behandelt ... Wenn man in der Rückschau auf unsere Kriege blickt, dann wurde keiner schneller beendet als der gegen die Gallier. Seitdem herrscht ohne Unterbrechung ein sicherer Frieden. Da die gallischen Oberen mit uns durch gleiche Sitten, Bildung und Heirat verbunden sind, sollen sie doch ihr Gold und ihre Schätze lieber zu uns bringen, als sie für sich zu behalten. Alles, Senatoren, was man heute für uralt hält, ist einmal neu gewesen: Plebejische Beamte folgten patrizischen Beamten, latinische auf die plebejischen, Beamte aus anderen Völkern Italiens auf die latinischen. Auch diese neue Regel wird sich einbürgern[1].

*Tacitus, Annales 11,24. Zit. nach http://www.thelatinlibrary.com/tacitus/tac.ann11.shtml (28.03.2024). Übers. d. Verf.**

[1] *Diese neue Regel wird zur Normalität werden.*

M 5

Der Historiker Uwe Walter schrieb 2012:

Zu den gängigen, aber falschen Auffassungen über das Römische Reich gehört, dieses habe allein oder im Wesentlichen auf den Schwertern und pila (Speeren) seiner Legionen geruht. Wäre dem so gewesen, hätte es keine zwei Generationen lang existiert. Das Geheimnis des römischen Erfolgs bestand vielmehr in der Bereitschaft und Kraft zur Integration[1]. Spannend ist nun, dass die Römer diese Tatsache bereits in ihren Gründungsmythos eingeschrieben hatten. Aeneas war ein Flüchtling aus Troja. Und als Romulus daranging, die Stadt Rom zu gründen, mangelte es an Bewohnern. Romulus richtete daher am Rande des Kapitols ein Asyl[2] ein, wo sich Männer einfinden konnten, die nicht nach ihrer Herkunft gefragt werden wollten: Flüchtlinge, Verbannte, Enteignete, vagabundierende Krieger. Zum Selbstverständnis der Römer gehörte es, „Zugereiste" zu sein und nicht schon immer einen Platz besiedelt zu haben. Rom ist ein Ergebnis von Immigration[3] und Integration.

*Uwe Walter, Wachstum durch Integration: das Imperium Romanum. Eine Anregung für den Unterricht, in: Geschichte für heute 1/2012, S. 44.**

[1] *Eingliederung – Menschen die Möglichkeit geben, sich in eine neue Gesellschaft einfügen zu können*
[2] *Zufluchtsort, Notunterkunft;* [3] *Einwanderung*

1 Nenne mögliche Erklärungen, warum die Herrscher die Bauwerke M1–M3 in Auftrag gaben.

2 Erläutere anhand von Beispielen, warum für Unterworfene des Römischen Reichs das Bürgerrecht ein begehrtes Ziel war (Darstellungstext).

3 **Methode:** Arbeite mithilfe der Arbeitsschritte auf S. 69 aus M4 die Argumente heraus, die Kaiser Claudius für eine Eingliederung der Gallier angibt. ▸ Hilfe

4 **Wähle eine Aufgabe aus:**
a) Untersuche M5 mithilfe der Arbeitsschritte auf S. 25. **Tipp** → S. 183.
b) Gib M5 in eigenen Worten wieder. Erläutere anschließend, worin der Verfasser das „Geheimnis des römischen Erfolgs" (Z. 6 f.) sah. ▸ Hilfe

5 Verfasse aus der Sicht eines Galliers einen Tagebucheintrag, in dem du beschreibst, wie die Römer mit den Bewohnern der besiegten Gebiete umgingen. Nutze den **Wortschatz**.

Großmacht nach außen – Krise im Innern?

In den Krieg zu ziehen war für die römischen Bauern ein selbstverständlicher Teil ihres Lebens. Als Rom begann, Kriege außerhalb Italiens zu führen, blieben die Soldaten oft Jahre weg oder starben in der Fremde.

- *Untersuche die Auswirkungen der Expansion des Römischen Reichs auf die römische Politik und die Gesellschaft und finde heraus, wie versucht wurde, die Verhältnisse zu verbessern.*

M 1

Öffentliche Getreideverteilung an arme Stadtbewohner, römisches Mosaik, 2. Jh. v. Chr. Mit ihrer Wohltätigkeit erkauften sich reiche Römer Anhänger für ihre politischen Ziele.

(die) Reform
(lat. re = zurück, formatio = Gestaltung) im politischen Bereich eine Umgestaltung der bestehenden politischen Ordnung

Die Wohlhabenden werden noch reicher

Durch die Kriege Roms kamen Hunderttausende Kriegsgefangene als Versklavte nach Italien – Männer, Frauen und Kinder. Auf Sklavenmärkten wurden sie als billige Arbeitskräfte verkauft (siehe S. 128/129). Wohlhabende Römer nutzten ihr Vermögen und mieteten weite Flächen des Staatslandes, kauften Hunderte oder gar Tausende Versklavte und ließen sie auf ihren Landgütern Getreide, Wein, Oliven und Früchte anbauen. Auch durch die Viehzucht erwirtschafteten sie hohe Gewinne. Von der Ausdehnung des Reichs profitierte auch der neue Stand der Ritter. Die Ritter waren nichtadlige Bürger, die durch Handwerk oder durch den Handel von Waren reich wurden. Viele Ritter machten auch als Transport- oder Bauunternehmer Karriere. Durch die Gewinne aus den Kriegen und die Steuereinnahmen aus den Provinzen konnten Aufträge zum Bau von Brücken, Straßen, Wasserleitungen, Villen und Tempeln vergeben werden.

Aus Bauern werden „Proletarier“

Die Last der Kriege trug vor allem die einfache Landbevölkerung. Wenn die Männer zu lange von ihren Höfen fernblieben, konnten Frauen und Kinder den Besitz nicht halten. Sie mussten oft ihr Land an Großgrundbesitzer verkaufen und als Tagelöhner arbeiten. Versklavte waren aber noch billiger als Tagelöhner, und so blieb vielen landlosen Familien nur der Umzug in die Städte. Dort versuchten sie, mit Gelegenheitsarbeiten zu überleben. Diese Menschen nannte man „Proletarier“ (von proles = Nachkommen), da die meisten Familien viele Kindern hatten. Ein anderer Begriff für diese neue Unterschicht lautete „plebs“ – das einfache Volk.

Die Reformversuche der Gracchen

Obwohl das Römische Reich im 2. Jahrhundert v. Chr. große Gewinne erzielte, konnte die Armut der Menschen nicht ausgeglichen werden. Armut, Entvölkerung und der Mangel an Soldaten führten zu einer Staatskrise. Der Volkstribun Tiberius Gracchus beantragte daher 134 v. Chr., dass die Großgrundbesitzer nur noch eine bestimmte Höchstmenge an Land besitzen und mieten dürften. Um die Lage der landlosen Bevölkerung zu verbessern, sollten sie aus den frei werdenden Feldern sieben Hektar (das entspricht ungefähr einer Fläche von zehn Fußballfeldern) zur eigenen Bewirtschaftung und etwas Startkapital erhalten. Auch sollten Bedürftige billiges Getreide erhalten. Diese „Ackergesetze“ stießen auf erbitterten Widerstand vieler Senatoren und Ritter. Bei einer Versammlung wurde Tiberius Gracchus von aufgebrachten Senatoren erschlagen. Seinem Bruder Gaius Gracchus gelang es später noch, einige der Reformen durchzusetzen. Diese wurden dann nach und nach wieder aufgehoben.

Wortschatz: eine Auswirkung haben auf • den Auftrag vergeben • die Last tragen • auf Widerstand stoßen • die Reform durchführen/durchsetzen • das Gesetz aufheben • den Sold erhalten • sich für das Heer verpflichten

Eine Heeresreform als Mittel gegen die Krise

Der Einfall germanischer Völker nach Italien zeigte die Verwundbarkeit des Römischen Reichs. Es standen nicht mehr genug Soldaten für die Verteidigung zur Verfügung. Daher führte Konsul Gaius Marius (158 bis 86 v. Chr.) eine grundlegende Reform der Armee durch. Es konnte sich jeder Römer als Legionär für eine Dauer von 20 Jahren gegen Zahlung eines festen Soldes zum Heer verpflichten. Wer das Ende seiner Dienstzeit erlebte, der erhielt einen Hof mit Ackerland. Durch diese Reform entspannte sich die Lage in den Städten, da viele landlos gewordene Bauern Berufssoldaten wurden. Die neuen Legionäre unterstanden nur noch dem Kommando ihres Feldherrn, dem sie bald mehr vertrauten als den Entscheidungen der führenden Politiker in Rom.

Römischer Legionär mit Marschgepäck, Rekonstruktionszeichnung. Das Gepäck war etwa 48 Kilogramm schwer und bestand unter anderem aus Grundnahrungsmitteln, die für ein bis drei Tage reichen mussten, sowie aus Trinkwasser in Feldflaschen. Ergänzend zu den Lebensmitteln trug der Legionär: A Wurflanzen; B Helm; C Kurzschwert; D Schild; E Spaten; F Zeltplane/Ersatzkleidung; G Sichel; H Spitzhacke.

Tiberius Gracchus berichtete 134 v. Chr. über die Lage der römischen Soldaten:

Die wilden Tiere, die in Italien hausen, haben ihre Höhle. Jedes weiß, wo es sich hinlegen und verkriechen kann. Die Männer aber, die für Rom kämpfen und sterben, sie haben nichts außer Luft und Licht. Heimatlos und gehetzt irren sie mit Frau und Kind durch das Land. Die Feldherren lügen, wenn sie vor der Schlacht die Soldaten aufrufen, für ihre Gräber und Heiligtümer gegen den Feind zu kämpfen. Denn keiner von diesen römischen Soldaten besitzt einen Altar, den er vom Vater geerbt hat, und keiner ein Grab, in dem seine Vorfahren ruhen. Vielmehr kämpfen und sterben sie für das Luxusleben und den Reichtum von anderen. Herren der Welt werden sie genannt, aber sie besitzen noch nicht einmal ein eigenes Stück Land.

*Plutarch, Tiberius Gracchus 9. Zit. nach Konrat Ziegler (Hg.), Große Griechen und Römer, Bd. 3, Zürich/München (Artemis) 1955. Übers. v. Konrat Ziegler.***

1 Stelle in einer Mind-Map (→ S. 190) die Auswirkungen der Ausweitung des Römischen Reichs auf die römische Gesellschaft dar (M1 und Darstellungstext). ▸ Hilfe

2 **Wähle eine Aufgabe aus:**

a) Erkläre mithilfe des Darstellungstextes, Z. 19–51, welche Verbesserungen sich Kleinbauern von den Reformen der Gracchen versprachen.

b) Erkläre mithilfe von M1 und M3 sowie des Darstellungstextes, Z. 52–67, welche Verbesserungen sich ein landlos gewordener Bauer von der Heeresreform des Gaius Marius versprach.

Nutze jeweils den **Wortschatz**.

3 **a)** Stelle dar, wofür Legionäre die Ausrüstungsgegenstände vermutlich brauchten (M2).

b) Stelle Vermutungen an, wie der Alltag dieses Soldaten ausgesehen haben könnte.

c) Partnerarbeit: Vergleiche deine Ergebnisse mit deinem Banknachbarn.

4 Erkläre, welche Folgen es für die Republik haben konnte, wenn Feldherren zu mächtig und einflussreich wurden (Darstelllungstext).

5 Beurteile, welche Gesellschafts- und Berufsgruppen von der Ausdehnung des Reichs am meisten profitierten und wer Nachteile davon hatte.

Üben

Caesar – Verteidiger der Republik oder neuer König?

Gaius Julius Caesar (100–44 v. Chr.) ist der berühmteste Römer, sogar einer unserer Kalendermonate ist nach ihm benannt. Heute sind sein Leben und sein politisches Handeln oft eine Vorlage für Filme und Comics.

- ***Gehe der Frage nach, welche Rolle Caesar in der römischen Politik spielte und welche Ziele er verfolgte.***

M 1

Der Schauspieler Alain Delon als Caesar in dem Film „Asterix bei den Olympischen Spielen", 2008

Machtkämpfe und Bürgerkrieg

Nach den Reformversuchen der Gracchen spaltete sich die politische Führung Roms in zwei Lager:

- Die Popularen* wollten mithilfe der Volksversammlung und der Volkstribun durch Reformen die soziale Lage der Plebs verbessern.
- Die Optimaten* lehnten dies ab. Die Optimaten vertraten die Interessen der Großgrundbesitzer und verteidigten die Vorherrschaft des Senats.

Nach außen galt immer noch der Anspruch, alle Bürger an der Politik zu beteiligen. In Wirklichkeit wurden aber Beamtenstellen, Senats- und Volksversammlungen von Politikern immer öfter dazu verwendet, um selbst mehr Macht zu erlangen. Dabei wurden persönliche Interessen als die des Staates ausgegeben. Es kam zu Bürgerkriegen, in denen sich Popularen und Optimaten bekämpften. 70 v. Chr. konnten sich die Popularen durchsetzen, woraufhin sich im Jahr 60 v. Chr. die beiden ehemaligen Konsuln Gnaeus Pompeius und Licinius Crassus mit Gaius Julius Caesar verbündeten. Im Triumvirat* bildeten sie eine Dreierherrschaft, in der sie die Macht unter sich aufteilten. Sie führten neue Gesetze ein und schalteten den Senat weitgehend aus.

Aufstieg und Fall Caesars

Zwischen 58 und 51 v. Chr. eroberte Caesar fast ganz Gallien (Teile des heutigen Frankreichs). Caesar nahm dadurch viel Geld ein und erlangte durch die militärischen Erfolge großen politischen Einfluss in Rom. Nachdem Licinius Crassus gestorben war, wurde Caesars ehemaliger Verbündeter, Gnaeus Pompeius, zu dessen größtem Rivalen. Pompeius trat für die Rechte des Senats ein. Es kam zu einem Bürgerkrieg zwischen Pompeius und Caesar, in dem Pompeius besiegt und getötet wurde.

Der im Volk sehr beliebte Caesar herrschte nun allein. 46 v. Chr. ließ er sich zum Diktator* für zehn Jahre und später zum Diktator auf Lebenszeit ernennen. Außerdem besetzte er alle wichtigen Posten im Staat mit eigenen Anhängern. In der Öffentlichkeit zeigte er sich wie nach einem Triumphzug mit einem goldenen Lorbeerkranz, bei Staatsbanketten trug er das Purpurgewand des Triumphators. Aufgrund seines Auftretens unterstellten ihm seine Gegner im Senat, dass er die verbotene Monarchie wieder einführen wolle. Am 15. März 44 v. Chr. schlossen sich daher 60 Senatoren gegen Caesar zusammen und ermordeten ihn während einer Senatssitzung.

Wortschatz: sich in zwei politische Lager spalten • ein Gesetz verkünden • die Macht aufteilen • den Senat (politisch) ausschalten • die Monarchie einführen • wichtige Posten mit eigenen Anhängern besetzen • ein Bündnis eingehen • das Triumvirat • der Alleinherrscher • der Diktator • der Triumphator

M2: Caesar, römische Silbermünze (Denar), 44 v. Chr. (vor Caesars Tod). Die Umschrift lautet: Caesar Dict(ator) Quart(um) = zum vierten Mal Diktator. Der Kranz aus Gold ist der Schmuck Jupiters (= oberste Gottheit der römischen Religion), Auszeichnung des Triumphators und Herrschaftszeichen des etruskischen Königs. Porträts lebender Personen auf Münzen hat es davor in Rom nicht gegeben.

M3: Gaius Julius Caesar (100 v. Chr.–44 v. Chr.), römischer Staatsmann, Feldherr und Autor, Marmorbüste. 1. Jh. v. Chr.

M4 Ein erfundenes Gespräch zwischen zwei Römern

Das folgende Gespräch zwischen Secundus (S) und Tertius (T) spielt in einer Druckerwerkstatt, in der neue Denare mit dem Bildnis von Caesar hergestellt werden (siehe M2). Der Dialog ist erfunden, gibt aber einen Einblick in die Stimmung, die in Rom zu Beginn des Jahres 44 v. Chr. herrschte:

S: Schau dir diesen Caesar an, jetzt ist er größenwahnsinnig geworden: Diktator auf Lebenszeit! Er muss doch wissen, dass der Senat das nicht mitmacht.

T: Warum denn? In den Senat hat er doch erst neulich seine Gefolgsleute gesetzt.

S: Aber die alten Senatoren wissen doch, dass Konsuln wie andere Beamte nur für ein Jahr gewählt werden dürfen – und nun das: lebenslänglich!

T: Vielleicht will er damit zeigen, dass er das Prinzip der Annuität nicht mehr für zeitgemäß hält. Denn wie soll auch ein Konsul einen Feldzug gegen unsere Feinde weit im Norden und Osten vorbereiten und durchführen, wenn er nach wenigen Monaten zurückkehren muss, weil die Amtszeit zu Ende geht?

S: Hm ...

T: Überlege, was Caesar in acht Jahren in Gallien erreicht hat. Da gibt's jetzt Straßen und blühende Städte!

S: Gibt es eigentlich noch einen Unterschied zwischen seiner Stellung und der eines Königs?

T: Glaube ich nicht. Vielleicht will er ja tatsächlich ein König werden? Schau dir nur den Goldkranz an. Vielleicht meint er, erst noch einen Sieg erringen zu müssen, damit seine Herrschaft auch voll akzeptiert wird.

S: Man munkelt, er wolle im Osten einen Feldzug gegen die Parther durchführen ...

T: Und wenn er wiederkommt, ordnet er alles neu ...

S: Meinst du, er würde dann alle Senatoren umbringen und die Alleinherrschaft anstreben?

T: Glaube ich nicht. Es ist doch egal, ob es 300, 600 oder 900 Senatoren gibt – er und seine Berater machen einfach die bessere Politik. Und wenn er einen Feldzug siegreich beendet und mit reicher Beute nach Hause kommt – wer fragt da schon nach?

S: Und wenn man ihn gar nicht erst zu diesem Krieg aufbrechen lässt?

T: Wie willst du ihn daran hindern?

Verfassertext

---

1 Arbeite heraus, welche Rolle Caesar in der Bürgerkriegsphase der Republik spielte. Nutze dazu den Darstellungstext und den **Wortschatz**.

2 Beschreibe mithilfe von M4 die politische Stimmung in Rom kurz vor der Ermordung Caesars.

3 **Wähle eine Aufgabe aus:**

a) Nenne mithilfe des Darstellungstextes Gründe, warum die Senatoren Caesar ermordeten.

b) Beschreibe anhand der Münze M2 und des Darstellungstextes, warum sie von einigen Senatoren als Angriff auf die Republik gesehen wurde.

4 **Partnerarbeit:**
Entwickelt ein Streitgespräch, in dem ihr die Frage diskutiert, ob Caesar ein Verteidiger der Republik oder ein neuer König war.

5 Vergleiche M3 mit M1. Findest du die Darstellung Caesars in M1 passend? Begründe deine Meinung.

6 Im Internet soll eine Seite, die vor allem Kinder nutzen, über Caesar informieren. Verfasse dafür eine kurze Biografie von Caesar. Nimm M2, M3 und den Darstellungstext zu Hilfe.

Üben   Audio: *Mord an Caesar*

Augustus errichtet eine neue Ordnung

Augustus ist der bekannteste römische Kaiser der Antike. Er lebte von 63 v. Chr. bis 14 n. Chr. Mit Augustus endete die römische Republik, denn er errichtete eine neue Form der Herrschaft, die als Prinzipat bezeichnet wird.

- ***Wie veränderte sich die Herrschaft unter Augustus und was waren die Kennzeichen seiner neuen Herrschaftsform?***

Aus Octavian wird Augustus

Nach Caesars Tod 44 v. Chr. kam es zu Machtkämpfen. Aus ihnen ging Octavian, der Adoptivsohn Caesars, als Sieger hervor. Er hatte die Befehlsgewalt über Caesars Soldaten übernommen und verfolgte nun die Mörder Caesars. Anfangs tötete Octavian seine Gegner, dann wurde er vorsichtiger. Sein Ziel war es, seine Macht durch die Unterstützung möglichst vieler Anhänger zu festigen. Er wollte seine Gegner davon überzeugen, dass er keine Monarchie anstrebte. Deshalb gab Octavian 27 v. Chr. seine außerordentlichen Vollmachten an den Senat und das Volk zurück. Damit hatte er die Republik äußerlich wiederhergestellt. Der Senat verlieh Octavian daraufhin den Ehrennamen Augustus. Dies bedeutete „der Erhabene". Am Ende seiner Herrschaft war aus ihm „Caesar Augustus" geworden. Der Titel „Caesar" ist in viele Sprachen übergegangen, zum Beispiel als „Kaiser" ins Deutsche oder „Zar" ins Russische. Das von Augustus und seinen Nachfolgern regierte Reich wird auch als Kaiserreich bezeichnet. Den Titel „Caesar Augustus" trugen von nun an alle römischen Kaiser.

Der Kaiserkult

Im gesamten Römischen Reich entstand ein Kult um den Kaiser. Augustus ließ sich häufig in Bildern und Skulpturen, Dichtung und Literatur sowie in der Architektur darstellen. Er ließ Tempel und andere Bauwerke errichten und sein Abbild in allen Teilen des Reichs verbreiten. Augustus sah sich als einen Kaiser, der durch den Willen der Götter dazu bestimmt war, die Republik und das Reich zu retten und zu neuer Größe zu führen.

(das) Prinzipat

Augustus bezeichnete sich selbst als „princeps" – den „Ersten im Staat", daher der Name „Prinzipat" für seine Herrschaftsform. In Wirklichkeit herrschte Augustus wie ein König. Er hatte den Oberbefehl über das Heer und die wichtigsten Provinzen, besaß lebenslang die Rechte eines Volkstribuns, leitete alle Senats- und Volksversammlungen und war oberster Priester. Auch konnte er selbst seine Nachfolger benennen.

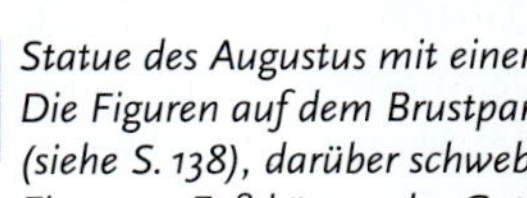

M 1 *Statue des Augustus mit einer Höhe von 2,03 m, 1. Jh. v. Chr. Die Figuren auf dem Brustpanzer zeigen besiegte Parther (siehe S. 138), darüber schweben Himmelsgötter. Die kleine Figur am Fuß könnte der Gott Amor sein. Die Statue ist barfüßig, um die gottähnliche Stellung des Kaisers zu zeigen.*

Augustus als Friedensfürst, Schmuckanhänger, um 10 n. Chr.: 1 Augustus thront neben der Göttin Roma; dargestellt als Personen sind 2 das Meer, 3 die Erde und 4 die Städte des Reichs. 5 Eine Figur hält Augustus die römische Bürgerkrone über das Haupt. 6 Das Füllhorn rechts ist ein Zeichen der Fruchtbarkeit. 7 Der erfolgreiche Feldherr Tiberius, der ein Stiefsohn des Augustus war. 8 Römische Soldaten errichten ein Siegeszeichen. 9 Besiegte Gegner liegen am Boden.

M 3

Der römische Geschichtsschreiber Sallust (86–35 v. Chr.) über das Römische Reich zur Zeit der Ermordung Caesars:

Das Land hatte zu dieser Zeit fast ein Jahrhundert lang Krisen und Bürgerkriege durchlebt: Übrigens war das Unwesen der Parteien im Volk und Adel mit all ihren üblen Gewohnheiten ... eine Folge des müßigen[1] Lebens und des Überflusses an allen Gütern ... Denn der Adel begann, seine Machtstellung, das Volk seine Freiheit in Willkür[2] ausarten zu lassen, jeder suchte, für sich zu nehmen, zu raffen und zu rauben. So wurde alles in zwei Parteien auseinandergerissen, der Staat aber, der einst beider Gemeingut[3] war, wurde ... zerfleischt, ... das Volk wurde von Kriegsdienst und Armut bedrückt, die Kriegsbeute rissen die Feldherren mit einigen Freunden an sich, ... es entstand allmählich eine Spaltung aller Bürger.

*Sallust, Jugurthinischer Krieg 41. Zit. nach Wilhelm Schöne (Hg.), Werke und Schriften, Stuttgart (Heimeran) 1969, S. 203. Übers. v. Wilhelm Schöne.**

[1] *faul, untätig*
[2] *sich nicht an geltende Gesetze haltend*
[3] *etwas, das der Gemeinschaft gehört*

1 Arbeite heraus, wie der Historiker Sallust in M3 die römische Gesellschaft vor der Herrschaft des Augustus beschrieb.

2 Stelle mithilfe des Darstellungstextes dar, wie Augustus seine Macht errang und sicherte. Nutze auch den **Wortschatz**.

3 Erkläre, wie Augustus in M1 und M2 jeweils dargestellt wird. **Tipp** → S. 183.

4 Begründe, warum es sich beim Prinzipat um eine neue Form der Herrschaft handelte (Begriffskasten). **Tipp** → S. 183.

Zusatzaufgabe → S. 179

Wortschatz: als Sieger hervorgehen • die Befehlsgewalt übernehmen • Unterstützung durch Anhänger • Gegner überzeugen • sich darstellen lassen • eine neue Herrschaftsform

 Üben

Schriftliche Quellen vergleichen

cornelsen.de/webcodes
Code: wonave
Kopiervorlage Methodentabelle

Wer kennt das nicht – zwei Menschen erleben und sehen dasselbe und berichten vollkommen unterschiedlich von dem Ereignis. Wem können wir in einem solchen Fall glauben? Noch schwieriger ist es, wenn das Ereignis, über das berichtet wird, mehrere Hundert oder gar Tausend Jahre zurückliegt. Hier findest du zwei schriftliche Quellen darüber, wie Augustus seine Macht in Rom durchsetzte. Mithilfe der Arbeitsschritte und der Informationen auf den vorherigen Seiten kannst du beide Quellen vergleichen und dir eine eigene Meinung bilden.

Aus dem Tatenbericht des Augustus

Im Jahr 13 n. Chr. verfasste der 76-jährige Augustus einen Tatenbericht („Res gestae"). Darin stellte er sein politisches Lebenswerk dar. Den Bericht ließ er in Stein meißeln und öffentlich aufstellen:

Mit 19 Jahren [44 v. Chr.] habe ich aus privater Initiative und aus eigenen Mitteln ein Heer aufgestellt, mit dem ich dem Staatswesen, das durch die Gewaltherrschaft einer politischen Machtgruppe unterdrückt wurde, die Freiheit wiedergab. Um dessentwillen hat mich der Senat ... in seine Körperschaft aufgenommen [43 v. Chr.] ... und mir die militärische Befehlsgewalt übertragen. ... Diejenigen, die meinen Vater ermordet haben, trieb ich in die Verbannung und rächte durch gesetzmäßige Gerichtsurteile ihr Verbrechen ... Die Diktatur, die mir ... vom Volk wie auch vom Senat ... angetragen wurde, habe ich zurückgewiesen. Als ... der Senat und das römische Volk einmütig beantragten, dass ich als Einzelner mit höchster Machtbefugnis zum Wahrer von Gesetz und Sitte ernannt werden soll, habe ich dies ebenso wenig angenommen wie irgendein anderes mir angetragenes Amt, das gegen den Brauch der Vorfahren verstieß.

*Res gestae 1ff. Zit. nach Marion Giebel (Hg.), Augustus, Res gestae, Tatenbericht, Stuttgart (Reclam) 2007. Übers. v. Marion Giebel.***

Der Historiker Tacitus über Augustus

Tacitus (um 55–120 n. Chr.) schrieb in seinem Geschichtswerk (Annales = lat. „Jahrbücher") über die Zeit ab Augustus. Darin gibt er die Meinungen von Zeitgenossen über Augustus wieder:

Dagegen sagten nun die anderen: die Anhänglichkeit gegen seinen Vater und die allgemeine Lage habe er bloß zum Vorwande genommen. Im Grunde sei es Herrschsucht gewesen, wenn er als junger Mensch ohne Amt die Veteranen[1] durch freigebige Spenden an sich zog, ein Heer aufstellte, die Legionen des Konsuls bestach ... Er habe vom Senat das Konsulat erzwungen und das Heer ... gegen den Staat geführt ... Dann ist allerdings Friede geworden, aber ein blutiger: Lollius und Varus sind geschlagen worden, in Rom sind Varro, Egnatius und Jullus hingerichtet worden ... Für die Götterverehrung hat er keinen Raum mehr gelassen: Er wollte selber Tempel haben und von ... Priestern als Gott angebetet werden. Er hat auch Tiberius nicht aus Liebe ... zu seinem Nachfolger bestimmt; nein, er hat dessen anmaßende und grausame Natur wohl erkannt und darauf gerechnet, dass der Vergleich mit einem solchen Scheusal seinem Ruhm zugutekommen werde.

*Tacitus, Annalen 1, 9f. Zit. nach August Horneffer (Hg.), Tacitus, Annalen, Stuttgart (Kröner) 1957. Übers. v. August Horneffer.**

[1] *ehemalige Kriegsteilnehmer*

M 3

Römisches Schreibwerkzeug, 1. Jh. n. Chr.

Tipp: Wörter, die du nicht verstehst, kannst du im Lexikon dieses Buches nachlesen. Solltest du das Wort dort nicht finden, schlägst du in einem Wörterbuch nach.

Arbeitsschritte „Schriftliche Quellen vergleichen“

Ersten Eindruck festhalten	**Sprachliche Formulierungshilfen**
1. Wie ist dein Eindruck nach dem ersten Lesen?	• *Quelle … stellt Augustus eher positiv/negativ dar …*
Informationen zu Autoren und Entstehungszeit herausarbeiten	
2. Wann sind die Texte geschrieben worden? 3. Wie groß ist der zeitliche Abstand zwischen Ereignis und Bericht? 4. Waren die Autoren Augenzeugen? Wenn nicht: Wen geben sie als Informanten an?	*Finde Informationen zur Quelle und zum Verfasser:* • *Augustus schreibt rückblickend über sich selbst. Er hat möglicherweise folgende Absicht …* • *Tacitus' Text ist fast 100 Jahre später entstanden. Seine Informationen hat er von …*
Inhalt der Textquellen zusammenfassen und vergleichen	
5. Gib die Hauptaussagen und Schlüsselbegriffe der Texte wieder und vergleiche beide im nächsten Schritt. 6. Welche Informationen stimmen überein? 7. Gibt es Einzelheiten, die nicht in den Texten erscheinen bzw. unterschiedlich genau oder ausführlich wiedergegeben werden? 8. Was wird berichtet? Ist es logisch oder enthält es Unstimmigkeiten? 9. Ist ein Urteil oder eine Meinung des Verfassers zu erkennen?	*Folgende Inhaltspunkte könntest du bei diesen Texten vergleichen:* • *Augustus stellt sein eigenes Heer auf, weil …* • *Gegenüber seinen Feinden verhält er sich …* • *Nach seinem Sieg war die Macht des Kaisers …* • *Der Religion gegenüber …*
Weitere Informationen sammeln	
10. Ziehe weitere Informationen hinzu, zum Beispiel aus Sachbüchern, dem Schulbuch oder dem Internet.	• *Auf den Seiten 146/147 findest du weitere Informationen darüber, wie Augustus regierte.*
Ergebnisse darstellen und beurteilen	
11. Vergleiche die Notizen aus den einzelnen Arbeitsschritten miteinander. Formuliere eine eigene Meinung.	• *Die Quellen unterscheiden sich (nicht) in folgenden Punkten …* • *Die Quelle ist in meinen Augen (nicht) glaubwürdig, weil …*

1 Lege eine Tabelle an, mit deren Hilfe du die beiden Texte vergleichen kannst. Gliedere die Tabelle nach den Arbeitsschritten, die du oben siehst.

2 Untersuche die Quellen M1 und M2 mithilfe der Arbeitsschritte. Trage deine Ergebnisse mithilfe der Formulierungshinweise in die Tabelle ein. Du kannst die Tabelle auch um eigene Fragen erweitern.

Arbeitsschritte	*M1*	*M2*

3 Partnerarbeit:

a) Vergleiche deine Ergebnisse mit den Ergebnissen deines Partners.

b) Begründet, warum die Quellen sich so stark unterscheiden, und entscheidet, welche Quelle ihr als sicher belegt oder als unklar bezeichnen würdet. Nehmt S. 85 zu Hilfe.

c) Formuliert eine Regel für den Umgang mit Textquellen. Was ist wichtig und worauf müsst ihr achten?

Rom – ein Reich des Friedens?

Mit Augustus begann für das Römische Reich nach Bürgerkriegen und den Kriegen in den Provinzen eine Zeit des Friedens. Diesen ließ der Kaiser in Bildern und Texten verkünden.

- ***Mit welchen Mitteln sicherte der Kaiser den Frieden nach innen und nach außen?***
- ***War Rom wirklich ein friedliches Reich?***

M 1

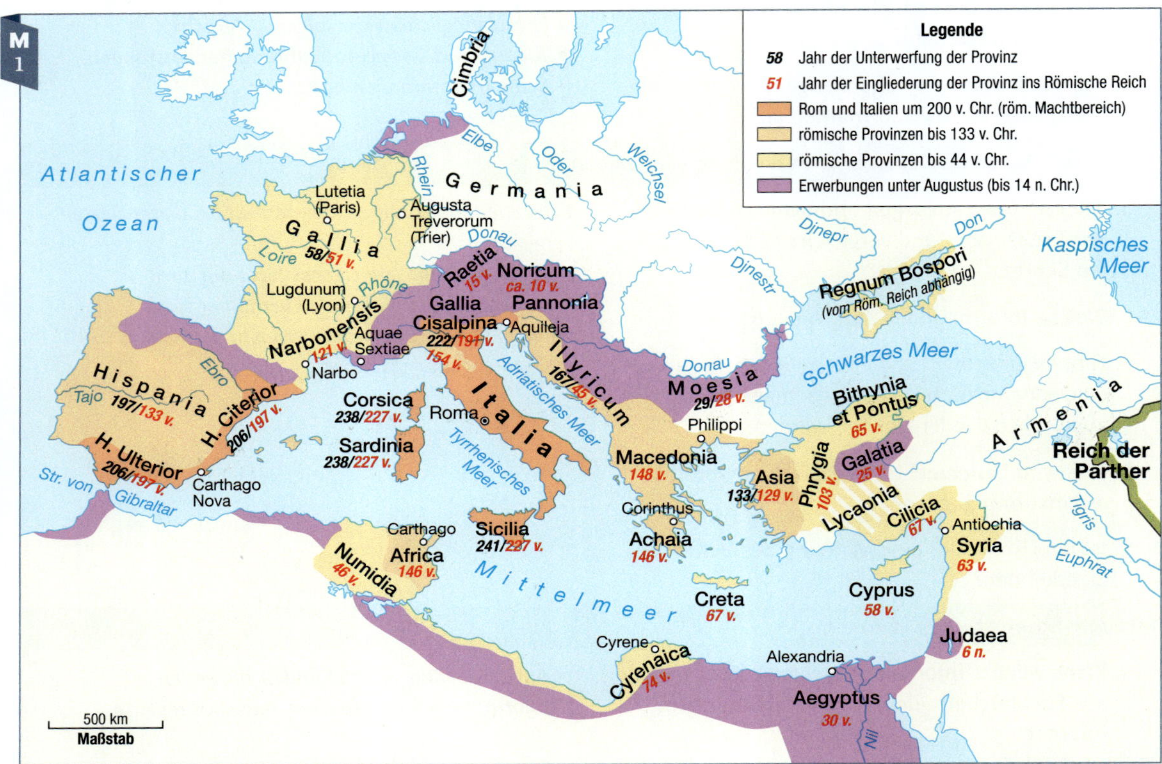

Das Römische Reich zur Zeit des Augustus

Das Heer – Grundlage von Herrschaft und Frieden

In der Politik beteiligte Augustus die Senatoren und einflussreichen Römer an seiner Macht. Es gab Provinzen, die dem Kaiser gehörten, und Provinzen, deren Einnahmen dem Senat zustanden. Angehörige der Führungsschicht durften als Statthalter* die Provinzen verwalten und die Steuern eintreiben lassen.

An den Rändern des Reichs sicherten viele Legionen bedrohte Grenzen. Jede Legion umfasste 6000 Mann. Das Heer wuchs bis zum 2. Jahrhundert n. Chr. auf 250 000 Soldaten an. Die Legionäre waren römische Bürger, die freiwillig in der Armee dienten. Sie erhielten einen festen Sold und am Ende der 20-jährigen Dienstzeit ein Stück Land oder eine hohe Belohnung. Unterstützt wurde das römische Heer durch Hilfstruppen aus nichtrömischen Bewohnern der eroberten Provinzen. Auch wenn die Herrschaft des Augustus mit der Verfolgung und Ermordung seiner Gegner begann, beendete er die Feldzüge und Eroberungen, weshalb seine Regierungszeit auch als „Pax Romana" bezeichnet wird.

Brot und Spiele

Die Unterstützung der kleinen Leute errangen Augustus und seine Nachfolger mit kostenloser Getreideausgabe für Bedürftige sowie mit dem Ausbau einer regelrechten „Unterhaltungsindustrie". In früheren Zeiten waren

Wortschatz: an der Macht beteiligen • ein Gebiet verwalten • Steuern eintreiben • die Grenzen sichern • in der Armee dienen • kostenlos Getreide ausgeben • die Bevölkerung zufriedenstellen • Feste und Spiele veranstalten

Feste und Spiele Veranstaltungen zur Verehrung der Götter gewesen. Unter Augustus und seinen Nachfolgern dienten Feste und Spiele aber in erster Linie dazu, die Gunst der Massen zu erhalten. Daher wurde erwartet, dass die Kaiser bei bedeutenden Veranstaltungen persönlich anwesend waren. Der Eintritt war frei. Sehr beliebt war das Theater. Dort kamen vor allem griechische Stücke zur Aufführung. Bei Ausdruckstanz, Dichtkunst und Pantomimen kämpften Männer und Frauen um verlockende Prämien.

Besonders begehrt war ein Platz bei den Gladiatorenkämpfen in den großen Amphitheatern, darunter das im Jahre 80 n. Chr. fertiggestellte Kolosseum für 55 000 Menschen. Die meisten Gladiatoren waren Kriegsgefangene oder verurteilte Verbrecher, die in den Arenen* um Leben und Tod kämpften. Sie konnten – ähnlich wie heutige Spitzensportler – berühmt werden und hatten regelrechte Fanclubs. Bei den Tierhatzen wurden Tiere wie Bären und Stiere, Tiger und Löwen aufeinander losgelassen, die sich zur Begeisterung des Publikums gegenseitig zerfleischten. Auch viele zum Tode Verurteilte wurden zu wilden Tieren in die Arena geschickt. Im „Circus Maximus“ verfolgten bis zu 250 000 Zuschauerinnen und Zuschauer die spektakulären Wagenrennen, und auf einem künstlichen See wurden Seeschlachten nachgestellt. Bei den Sportveranstaltungen missfiel aber zahlreichen Römern, dass die Athleten nach griechischem Vorbild weiter nackt boxten, rannten und rangen – Augustus verbot deshalb Frauen das Zuschauen.

Augustus schilderte in seinem Tatenbericht die Eroberung des Reichs (13 n. Chr.):

Das Gebiet aller Provinzen des römischen Volkes, die Volksstämme zu Nachbarn haben, die nicht unserem Befehl gehorchten, habe ich vergrößert. Die Provinzen Galliens und Spaniens, ebenso Germanien habe ich befriedet, ein Gebiet, das der Ozean von Gades [= Straße von Gibraltar] bis zur Mündung der Elbe umschließt. Die Alpen ließ ich von der Gegend, die der Adria zunächst liegt, bis zum Tyrrhenischen Meer befrieden, wobei mit keinem Volk widerrechtlich Krieg geführt wurde. Meine Flotte fuhr von der Mündung des Rheins über den Ozean in östliche Richtung bis zum Land der Kimbern. Dorthin war zu Wasser und zu Lande bis zu diesem Zeitpunkt noch kein Römer gekommen.

*Res gestae 26. Zit. nach Marion Giebel (Hg.), Augustus, Res gestae, Tatenbericht, Stuttgart (Reclam) 2007. Übers. v. Marion Giebel.***

Cicero über die Spiele und vor allem die Tierhetzen, die kurz zuvor in Rom stattfanden:

Der Politiker und Redner Marcus Tullius Cicero (106 v. Chr. bis 43 v. Chr.) schrieb 55 v. Chr. an seinen Freund Marius einen Brief:

Bleiben noch die Tierhetzen, fünf Tage lang je zwei; großartig, zugegeben! Aber wie kann ein kultivierter [= gebildeter] Mann Vergnügen daran finden, wenn ein schwacher Mensch von einer gewaltigen Bestie zerrissen oder ein herrliches Tier vom Jagdspieß durchbohrt wird? Wenn das sehenswert ist, dann hast du es doch oft genug gesehen; auch wir, die wir dies alles mit ansehen müssen, haben nichts Neues zu sehen bekommen.

*Cicero, Epistulae ad familiares VII 1,3. Zit. nach https://antikersport.uni-mannheim.de/Rom/leben06.html (Stand: 29.01.2024).***

1 Nimm die Weltkarte im vorderen Umschlag zu Hilfe und nenne die Staaten, die heute in den Gebieten des ehemaligen Römischen Reichs liegen (M1).

2 Beschreibe mithilfe des Darstellungstextes, wie Augustus den Frieden nach außen und nach innen sicherte. Nutze auch den **Wortschatz**.

3 In M2 wird zweimal das Wort „befrieden“ verwendet. Erkläre mithilfe von M1, was Augustus damit meinte und welche Maßnahmen er ergriffen hat, um zu „befrieden“.

Zusatzaufgabe → S. 180

4 **Wähle eine Aufgabe aus:**

a) Erläutere den Begriff „Brot und Spiele“ mithilfe des Darstellungstextes. **Tipp** → S. 183.

b) Gib in eigenen Worten wieder, aus welchen Gründen Cicero die Tierhetzen in Rom kritisiert (M3).

5 Der römische Historiker Tacitus (um 55–120 n. Chr.) schrieb über Augustus, dass dieser einen „blutigen Frieden“ eingeführt habe. Nimm Stellung zu dieser Aussage. ▸ Hilfe

Ist eine „familia" eine „Familie"?

Heute wird unter einer Familie meist die Gemeinschaft und die Beziehung zwischen Eltern und Kindern verstanden. Auch in der antiken römischen Gesellschaft lebten Eltern und Kinder in einer „familia" unter einem Dach, jedoch wurde diese Gemeinschaft noch durch andere Personen erweitert.

- *Finde heraus, was eine römische „familia" von heutigen Formen der Familie unterschied.*

M1

Szenen aus dem Leben eines römischen Kindes. Relief, um 150 n. Chr.

Die Bedeutung des pater familias

Der wichtigste Bereich im Zusammenleben war bei den Römern die Hausgemeinschaft der „familia". Darin besaß der Familienvater (pater familias) eine herausragende Stellung. Der pater familias herrschte über alle Dinge und Personen seiner „familia", einschließlich seiner Ehefrau. Auch für die religiöse Erziehung und die Opfer für die Götter war er verantwortlich. Kein Gesetz schränkte seine Gewalt ein. Wer den Entscheidungen des pater familias widersprach, der verstieß gegen die Sitten der Vorväter. Nach dem Tod des Vaters wurde der älteste Sohn zum Familienoberhaupt.

Wer gehörte zur römischen „familia"?

Zur römischen „familia" zählten neben Vater, Mutter und Kindern auch Versklavte und Klienten*. Versklavte arbeiteten in den Haushalten oder in der Landwirtschaft. Ein pater familias konnte seine Versklavten freilassen. Klienten waren von der „familia" abhängige Menschen wie Handwerker und andere Arbeiter. Sie lebten außerhalb des Hauses. Der Hausherr sicherte den Lebensunterhalt der Klienten und lieh ihnen in Notlagen Geld oder Lebensmittel. Bei Streitigkeiten vertrat der pater familias seine Klienten vor Gericht. Er war ihr Beschützer (Patron). Als Gegenleistung stimmten die Klienten bei Abstimmungen in der Stadt für ihren pater familias. Je mehr Klienten ein Hausherr im alten Rom besaß, desto höher war sein gesellschaftliches Ansehen.

Das Leben der Kinder in der römischen „familia"

Kam ein Kind zur Welt, legte die Geburtshelferin (Hebamme) das Neugeborene auf den Boden. Wenn der pater familias das Neugeborene auf den Arm nahm, erkannte er es als Mitglied der „familia" an. Ein missgebildetes Kind konnte ausgesetzt oder getötet werden. Die Kinder unterstanden lebenslänglich der Hausgewalt des Vaters. Solange er lebte, hatten die Söhne keinen Anspruch auf eigenen Besitz. Er bestimmte über die Erziehung, die Berufswahl und die Eheschließung seiner Kinder. Zudem musste er für den militärischen Schutz der Mitglieder seiner „familia" sorgen. Bei schweren Vergehen durfte der pater familias Angehörige mit dem Tode bestrafen. Das musste er gegenüber den anderen Verwandten in einem Hausgericht rechtfertigen. Söhne und Töchter konnten nur vom Vater aus der Hausgemeinschaft entlassen werden. Dieser Akt hieß „emancipatio" (= aus der väterlichen Hand entlassen).

Wortschatz: die Gewalt über jemanden einschränken • der Entscheidung widersprechen • gegen die Sitten verstoßen • einen Klienten besitzen • jemanden aus der Hausgemeinschaft entlassen • die Mitgift erhalten

M2 *Der Aufbau einer römischen „familia“*

M3 *Zwei Kinder von heute unterhalten sich über die römische „familia“. Comic, 2019*

M4 Quintus, ein (erfundener) römischer Junge, stellt sich vor:

Ich bin Quintus und zwölf Jahre alt. Meine Geschwister sind schon ausgezogen. Mein Bruder Lucius ist 17. Er war ein Jahr bei meinem Großvater Gaius Aemilius, das ist der Vater meiner Mutter. Großvater hat Lucius in die Politik Roms eingeführt. Bald wird Lucius seinen Wehrdienst beginnen. Wenn Großvater etwas von den Taten unserer Vorfahren erzählt, höre ich gerne zu. Auch mit meinem Hauslehrer würde ich gerne solche Erzählungen lesen. Doch der hat mir Texte über Viehzucht vorgelegt, ausgesucht vom Vater. So etwas Langweiliges! Aber gegen Vaters Hausgewalt kommt halt keiner an. Wenn ich doch bloß schon so alt wäre wie Lucius. Vor zwei Jahren durfte er am Altar, der unseren Familiengottheiten geweiht ist, seine Kindertoga ablegen. Meine Schwestern Romilia und Claudia sind schon verheiratet. Meine dritte Schwester Caecilia ist Priesterin im Tempel und darf daher nicht heiraten.

Verfassertext

M5 Cornelia, eine (erfundene) Römerin, stellt sich vor:

Seit zwanzig Jahren bin ich mit Marcus Romilius verheiratet. Mein Vater, Gaius Aemilius, hatte mit seinem Vater die neue Form der Eheschließung vereinbart. Deshalb unterstehe ich nicht der Verfügung meines Mannes, sondern der meines Vaters. So kann ich meine schöne Mitgift – das Vermögen, das ich von meinen Eltern für die Ehe erhalten habe – zurückverlangen, wenn Marcus und ich uns trennen sollten. Im Haus gibt es für mich viel zu tun, obwohl nur noch Quintus, der Jüngste, bei uns lebt. Ich bin für den Speisezettel verantwortlich und beaufsichtige die Köchin beim Brotbacken. Von meiner Mutter habe ich gelernt, wie man webt und spinnt. Hätte ich doch nur nicht so viel Arbeit damit, die Vorräte der Gutswirtschaft zu verwalten! Jupiter sei gedankt, dass Marcus mir nicht viel hineinredet. Nur sparsam muss ich sein. Aus dem Haus gehe ich nicht so oft wie mein Mann.

Verfassertext

1 Zeichne das Schaubild M2 in dein Heft ab. Trage mithilfe des Darstellungstextes Pfeile und Stichworte ein, die die Rechte und Pflichten der Mitglieder der „familia“ zeigen.

2 Beschreibe mithilfe von M1 und M4 die Erziehung der Kinder in der römischen „familia“.

Zusatzaufgabe → S. 180

3 Erläutere die Stellung der Ehefrau Cornelia in der römischen „familia“. Vergleiche sie mit der des pater familias (M2 und M5). Nutze den **Wortschatz**.

4 Gestalte den Dialog der beiden Jugendlichen in M3 und führe ihn in der Klasse vor.

5 Fasse mithilfe der Materialien dieser Seiten die zentralen Unterschiede zwischen der römischen „familia“ und deiner Familie zusammen.

Frauen der römischen Oberschicht – reich und mächtig?

cornelsen.de/webcodes
Code: pahovo
Römische Kosmetik und Frisuren

Du kennst bereits den Aufbau einer römischen „familia" und weißt, dass die Männer als pater familias eine sehr bestimmende Rolle hatten. Die Ehefrauen standen in der „familia" unter dem Ehemann. Frauen der römischen Oberschicht erlangten durch ihre Familien dennoch oftmals großen Reichtum und Einfluss.

- ***Erforsche, wie Frauen der römischen Oberschicht lebten und in welchen Bereichen der Gesellschaft sie Einfluss ausüben konnten.***

M1

Römisches Hochzeitsritual. Marmorrelief, ca. 2. Jh. n. Chr.

M2

Porträt eines römischen Mädchens. Fresko, 1. Jh. n. Chr.

Ein Leben in Abhängigkeit?

Das Leben vieler Frauen der römischen Oberschicht war von dem Willen der Eltern bestimmt. Die Eltern verheirateten ihre Töchter früh mit Männern aus wohlhabenden und politisch wichtigen Familien. Die Mädchen waren da oft gerade zwölf Jahre alt. Die Heirat sollte der Familie gesellschaftliche und finanzielle Vorteile bringen. Die Frauen erzogen die Kinder und bestimmten im Haushalt das Geschehen. Römische Mädchen lernten deshalb früh bei ihren Müttern, einen Haushalt zu führen. Trotz ihrer Verantwortung für die „familia" hatten Frauen nicht die gleichen Rechte wie Männer. Ihre Situation verbesserte sich aber zum Ende der Republik und in der Kaiserzeit: Die Frauen wurden selbstständiger. Auch wurden sie in rechtlichen und finanziellen Dingen unabhängiger von ihren männlichen Verwandten. Auch die Ehe wandelte sich: War die Frau mit ihrem Vermögen dem Ehemann lange untergeordnet gewesen, konnte sie gegen Ende der Republik bei einer Trennung ihr Vermögen behalten.

Das gesellschaftliche Ansehen von Frauen

Die Römerinnen der Oberschicht zeigten ihren Reichtum durch teure Kleidung, wertvolle versklavte Menschen und kostbaren Schmuck. Ihre Männer versuchten ihrerseits, ihr eigenes Ansehen durch den Glanz ihrer Frauen zu steigern. Frauen aus der römischen Oberschicht waren oft hochgebildet. Anders als die Frauen in Athen durften sie am öffentlichen Leben teilhaben. Sie traten zum Beispiel als Rednerinnen auf und durften ihre Ehemänner zu Gastmählern begleiten, bei denen häufig über Politik gesprochen wurde. Römische Frauen verfolgten die Angelegenheiten des Staates mit großem Interesse. Sie durften zwar keine Ämter übernehmen, nicht an der

Wortschatz: von etwas abhängig sein • der Oberschicht/Unterschicht angehören • Ansehen genießen • eine Aufgabe wahrnehmen • für jemanden/etwas verantwortlich sein • einen (Ehe-)Vertrag schließen

Volksversammlung oder an Wahlen teilnehmen, aber sie konnten Anträge beim römischen Senat einreichen und als Vermittlerinnen bei politischen Konflikten auftreten. Viele Bauwerke und Statuen in Rom wurden zu Ehren von Frauen errichtet. Sie zeigen das gesellschaftliche Ansehen, das reiche Römerinnen besaßen.

M3 *Römische Abendgesellschaft. Rekonstruktionszeichnung von Peter Connolly, 2001*

M4 *Agrippina die Jüngere (15–59 n. Chr.). Marmorbüste, 1. Jh. n. Chr. Sie war die erste römische Kaiserin und mächtigste Frau ihrer Zeit. Sie wurde wie eine Göttin verehrt.*

Der römische Geschichtsschreiber Livius (59 v. Chr. – 17 n. Chr.) überlieferte eine Rede des Volkstribuns Valerius:

Öffentliche Auftritte von römischen Frauen gehören zu den Ruhmestaten unserer Geschichte. Haben sich die Frauen nicht tapfer dazwischengeworfen, als Römer und Sabiner sich mitten in Rom eine Schlacht lieferten? Sind sie nicht hinausgezogen vor die Stadt und haben die feindlichen Volsker ... zum Abzug bewogen? Und als die Gallier Rom erobert hatten, gaben die Frauen einmütig all ihren Schmuck, um das Lösegeld aufzubringen ... Sollen die Männer Purpurgewänder tragen, sollen fremde Frauen in Rom mit dem Wagen fahren dürfen und unsere Frauen nicht? Sie wollen ja gar keine Rechtlosigkeit – ihr sollt durchaus eure Stellung in der Familie behalten, aber ihr solltet auch die Interessen der Frauen vertreten, sie nicht in Abhängigkeit halten und lieber Väter und Ehegatten heißen wollen als Herren. Je stärker ihr seid, desto maßvoller müsst ihr eure Macht ausüben.

*Titus Livius. Zit. nach Hans-Jürgen Hillen (Hg.), Römische Geschichte, Buch XXXI–XXXIV, München (Heimeran) 1978. Übers. von Hans-Jürgen Hillen.**

1 **Wähle eine Aufgabe aus:**
   a) Untersuche die beiden Bilder M1 und M2 hinsichtlich ihrer Aussage über das Leben der Frauen der römischen Oberschicht.
   b) Charakterisiere mithilfe des Darstellungstextes das Leben der Frauen der römischen Oberschicht. Verwende auch den **Wortschatz**.

2 Stelle Vermutungen an, warum die junge Frau in dem Wandbild (M2) zur römischen Oberschicht gehörte. Nimm den Darstellungstext zu Hilfe.

3 **Methode:** Untersuche M5 mithilfe der Arbeitsschritte auf S. 69. ▸ Hilfe

4 **Methode:** Recherchiere im Internet zu Agrippina der Jüngeren (M4) und der Entstehung der Stadt Köln. Nutze die Arbeitsschritte auf S. 45. ▸ Hilfe

5 Hatten Mädchen und Frauen der römischen Oberschicht großen Einfluss auf die Gesellschaft? Gestalte einen Kurzvortrag (→ S. 189) zu dieser Frage, indem du mithilfe der Materialien M1 bis M5 Argumente dafür (pro) und dagegen (kontra) sammelst. ▸ Hilfe

Versklavte Menschen im antiken Rom

Menschen als Handelsware und als Sache, die nach Belieben getötet, misshandelt, verkauft oder verschenkt werden kann? Menschen ohne Rechte? Im Römischen Reich bestand etwa ein Drittel der Bevölkerung aus versklavten Menschen.

- ***Lies den Darstellungstext und wähle ein Material (A, B oder C) aus.***

Aufgabe für alle:
Versklavte als Lehrer oder Ärzte der Römer? Diskutiert mithilfe der Kugellager-Methode (→ S. 189), ob das aus eurer Sicht keinen Widerspruch darstellt. ▸ Hilfe

Sklaverei im antiken Rom

Nach jedem gewonnenen Krieg der Römer wurden Tausende oder gar Zehntausende von Besiegten zu Versklavten. Sie wurden als Sacheigentum behandelt und hatten keine persönlichen Rechte. Viele Versklavte wurden schon unfrei, als Kinder von Versklavten, geboren. Die Sklaverei war im antiken Rom eine wichtige Säule der Wirtschaft. Im 2. Jahrhundert beruhten die Erträge der römischen Landwirtschaft vor allem auf der Ausbeutung der Arbeitskraft von Versklavten. Versklavte aus Griechenland oder dem östlichen Mittelmeerraum brachten aus ihrer Heimat oft sehr gute Kenntnisse und Fähigkeiten mit. Deshalb konnten sie auch als Lehrer oder Arzt arbeiten. Sklavinnen arbeiteten auch als Ammen, das waren Frauen, die die Kinder anderer Frauen stillten, oder Kindermädchen.

Mancher vornehme Römer besaß mehr Versklavte als nötig. Da war es oft vorteilhafter, sie freizulassen. Wenn Versklavte freigelassen wurden, gelang es vielen von ihnen, als Bäcker, Schneider oder Kaufmann zu Wohlstand zu kommen. In der Kaiserzeit lagen Teile von Handel, Handwerk, Theater, das Gesundheitswesen und Teile der Staatsverwaltung in den Händen von freigelassenen Versklavten. Erst ihre Kinder wurden römische Bürger mit allen Rechten. Im Römischen Reich kam es immer wieder zu Aufständen der Versklavten. Der bekannteste ist der des Spartacus (73–71 v. Chr.).

M1

Ein versklavter Junge in einer römischen Küche, vermutlich in Pompeji. Römisches Mosaik, undatiert

M2

Der römische Geschichtsschreiber Plutarch (um 46–um 120 n. Chr.) über den römischen Politiker Cato (234–149 v. Chr.):

Cato hielt eine große Menge Sklaven, die er aus den Kriegsgefangenen kaufte, am liebsten solche, die noch klein waren und sich wie junge Hunde oder Fohlen nach seiner Art bilden und ziehen ließen … Wenn er seinen Freunden und Amtsgenossen ein Gastmahl gab, ließ er gleich nach dem Essen die Sklaven, die beim Auftragen oder Zubereiten der Speisen nachlässig gewesen waren, auspeitschen. Diejenigen, die ein todeswürdiges Verbrechen begangen zu haben schienen, ließ er dann, wenn sie von sämtlichen Sklaven in einem Gericht für schuldig befunden worden waren, hinrichten.

*Plutarch, Marcus Cato der Ältere, 21. Zit. nach Konrat Ziegler (Hg.), Große Griechen und Römer, Bd. 1, München (Artemis) 1954. Übers. v. Konrat Ziegler.**

1 Beschreibe das Leben von Versklavten, wie es in M1 und M2 dargestellt wird. Beginne so: *„In den Häusern der vornehmen Römer lebten und arbeiteten … Zu ihren Aufgaben gehörte …“*

2 Fasse mithilfe von M2 in eigenen Worten zusammen, wie der Politiker Cato mit versklavten Menschen umgegangen sein soll.

3 Erkläre Catos Haltung mithilfe des Darstellungstextes.

B

M3

Markt für Versklavte im alten Rom. Zeichnung, 20. Jahrhundert. Die Versklavten wurden auf großen Märkten verkauft. Der größte dieser Märkte war in der griechischen Hafenstadt Delos. An manchen Tagen wurden dort bis zu 10 000 Menschen verkauft. Für jeden Versklavten wurde ein Kaufvertrag abgeschlossen, in dem unter anderem die Qualität der Versklavten garantiert und der Kaufpreis festgehalten wurde.

M4

Halsband eines Versklavten und seine Besitzmarke, undatiert. Auf der Marke steht: „Ich bin entflohen, halte mich! Wenn du mich meinem Herrn Zoninus zurückbringst, erhältst du ein Goldstück!"

1 Beschreibe mithilfe von M3 den antiken Sklavenmarkt.
2 Erläutere mithilfe von M3, welche Bedeutung Sklavenmärkte für das Leben der Versklavten hatten.
3 Erkläre die Bedeutung von M4 aus der Sicht eines römischen Versklavten. Gestalte den Text in der Ich-Form. Nutze auch den Darstellungstext.

C

M5

Versklavte kämpften als Gladiatoren gegen andere Gladiatoren oder gegen wilde Tiere. Bei großen Spielen kämpften sie dabei um ihr Leben, manchmal aber auch um ihre Freiheit. Römisches Mosaik, 4. Jh. n. Chr.

1 Beschreibe das Leben von Versklavten, wie es in M5 und M6 dargestellt wird.
2 Erläutere, welchen Wert Versklavte für ihre Besitzer und die Öffentlichkeit hatten (M5, M6).
3 Erkläre das römische Zitat „Es gibt ebenso viele Feinde wie Versklavte" mithilfe von M5 und des Darstellungstextes.

M6

Der Grieche Diodorus (um 80 v. Chr. bis um 29 n. Chr.) über Versklavte in den Bergwerken in den spanischen Provinzen:

Die mit der Arbeit in den Bergwerken beschäftigten Sklaven liefern ihren Herren unglaublich hohe Einkünfte, sie selbst aber, die in den Gruben unter der Erde ihre Körper Tag und Nacht aufreiben müssen, sterben in großer Zahl unter dem außerordentlich harten Einsatz; denn ihnen wird bei ihrer Tätigkeit keine Erholung oder Pause gewährt, sie müssen vielmehr unter den Schlägen ihrer Aufseher, die sie zwingen, ihre fürchterliche Lage zu ertragen, auf solch elende Weise ihr Leben opfern, wobei freilich einige dank ihrer Körperkraft und Seelenstärke im Stande sind, derartige Strapazen über einen langen Zeitraum hin auszuhalten. Der Tod ist jedenfalls wegen der Größe ihrer Leiden ersehnenswerter als das Leben.

Diodor, Griechische Weltgeschichte V 36, 3–4, 38. Zit. nach Otto Veh (Hg.), Diodoros, Griechische Weltgeschichte, Stuttgart (Hiersemann) 1993. Übers. v. Otto Veh.

Wie wurden Wirtschaft und Handel im Römischen Reich möglich?

cornelsen.de/webcodes
Code: tuhuhi
Handel und Wirtschaft

Gut ausgebaute Fernstraßen und eine große Handelsflotte erlaubten den Austausch verschiedenster Produkte innerhalb des Römischen Reichs. Durch den Warenhandel kamen die Römer auch mit anderen Völkern in Kontakt.

- ***Arbeite heraus, welche Erzeugnisse und Waren getauscht wurden.***

M 1

Wirtschaft und Handel im Römischen Reich im 2. Jahrhundert n. Chr.

Die Versorgung der Hauptstadt Rom

Unter Augustus entwickelte sich Rom zu einer Millionenstadt. Um die Bevölkerung zu ernähren, mussten riesige Mengen Lebensmittel herangeschafft werden. Diese wurden vorwiegend auf den von Versklavten bewirtschafteten Gütern der Großgrundbesitzer produziert. Ein besonderes Ereignis für die Einwohner Roms war das Eintreffen der ersten Getreideschiffe aus Ägypten im Frühling. Zwar waren die römischen Lastschiffe größer als die griechischen und verfügten über einen zweiten Mast, doch das offene Meer abseits der Küsten wurde nur zwischen Mitte April und Mitte Oktober befahren. Von Rom nach Alexandria dauerte die Schiffsreise bei bestem Wind neun Tage. In umgekehrter Richtung mussten die schwer beladenen Schiffe gegen den Wind kreuzen und benötigten rund drei Wochen. Aus heutiger Sicht scheinen viele Handelswege des Römischen Reichs große Umwege zu sein. Das hängt damit zusammen, dass der Transport zur See und auf Flüssen billiger und schneller war als auf dem Landweg. Nach Rom kamen hochwertige Waren aus aller Welt. Die Hauptstadt wurde reich durch die Ausfuhr kostbarer Waren aus Italien in alle Provinzen des Reichs.

Wortschatz: die Amphore • eine Amphore mit … füllen • Lebensmittel heranschaffen • Bodenschätze in Bergwerken abbauen • das Schiff mit Waren beladen • mit Waren handeln • die Waren auf einem Fluss transportieren

M 2

Arbeiten an Verkehrswegen in der Römerzeit, Rekonstruktionszeichnung, 21. Jh.

Handel auf dem Rhein

Auf dem Rhein transportierten riesige Handels- und Transportschiffe Waren und Güter aus aller Welt in die römischen Städte entlang des Flusses. Die heutige Stadt Köln, deren römischen Namen du auf der Karte ermitteln kannst, war ein wichtiger Umschlagplatz für Waren mit einem großen Hafen. Die Schiffe waren bis zu 40 m lang und konnten über vier Tonnen Waren laden. Auf dem Fluss transportierten die Römer unter anderem Marmorplatten und Kalksteinblöcke aus Italien, Olivenöl aus Spanien, Gewürze aus dem Orient oder auch Austern, das sind essbare Muscheln, aus der Mittelmeerregion. Diese Waren wurden auf den Schiffen bis nach Köln transportiert, denn dort gab es einen großen Hafen.

Die Stadt war aber nicht nur auf dem Seeweg zu erreichen. Köln war auch Ausgangsort und das Ziel vieler wichtiger römischer Fernstraßen, die die Stadt mit allen wichtigen römischen Provinzen des Römischen Reichs sowie mit Italien und Rom verbanden.

M 3

Die Via Appia, die älteste gepflasterte Fernstraße in Italien. Foto, 21. Jh.

1 **Methode:** Werte die Karte M1 mithilfe der Arbeitsschritte S. 75 aus. Folgende Formulierungen könnten dir dabei helfen: *„Die Überschrift lautet …“, „Die Karte gibt Auskunft über die Wirtschaft und den Handel im Römischen Reich im …“, „Die Symbole stehen für …“, „Die Rohstoffe und Erzeugnisse wie … werden für … benötigt …“, „Es wurde mit … gehandelt …“* Nutze auch den **Wortschatz**.
▸ Hilfe

2 Miss auf der Karte M1 mithilfe des Maßstabes die Ausdehnung des Römischen Reichs
a) von Nord nach Süd (vom Limes des Kaisers Hadrian im Norden Britanniens bis Carthago),
b) von West nach Ost (von Olisipo bis Damaskus).

3 **Wähle eine Aufgabe aus:**
a) Nenne mithilfe von M1 die wichtigsten Handelswaren und liste ihre Herkunftsländer auf.
b) Nimm die Weltkarte im vorderen Innenumschlag zu Hilfe und nenne anhand von M1 die heutigen Namen der Länder, mit denen Rom Handel trieb.

4 Beschreibe mithilfe des Darstellungstextes und von M1 den Handel auf dem Rhein.

5 Erkläre anhand von M2, warum das Straßennetz wichtig für den Handel ist.

6 Vergleiche mithilfe von M2 und M3 die Bauweise von römischen Straßen mit heutigen Straßen. Welche Probleme könnten römische Händler beim Transport durch diese Bauweise gehabt haben?
▸ Hilfe

Was wissen wir über die Germanen?

cornelsen.de/webcodes
Code: cotusu
Die Varus-Schlacht

Viele Jahrhunderte standen Römer und germanische Völker miteinander in Kontakt. Zwischen Römern und Germanen gab es Kriege und Handelsbeziehungen. Für die Römer waren die Germanen „Barbaren" ohne Kultur. Schriftliche Quellen gibt es nur aus römischer Perspektive.

- ***Untersuche, wie glaubwürdig die römischen Quellen sind.***

M 1

Germanisches Hofgebäude, um 200 n. Chr. Rekonstruktionszeichnung. 1 = Wohnteil, 2 = Herd, 3 = Strohdach, 4 = Stall, 5 = Fußboden aus gestampftem Lehm, 6 = Wand aus Weidengeflecht mit Lehmbewurf, 7 = Getreidespeicher, 8 = Brunnen.

Germanische Dörfer bestanden aus bis zu zwölf Höfen. Dort lebten etwa 200 Einwohner. Menschen und Tiere lebten alle unter einem Dach. Viele Männer leisteten Dienst im römischen Heer und kehrten nach ihrer Dienstzeit nicht ins Dorf zurück, sondern blieben in der römischen Provinz.

Wer waren „die Germanen"?

Rhein und Donau bildeten eine natürliche Grenze zwischen dem Römischen Reich und den Völkern im Norden und Osten. Die Germanen lebten in Mitteleuropa und im südlichen Skandinavien in größeren und kleineren Stämmen von wenigen Tausend bis rund 20 000 Menschen zusammen. Die einzelnen germanischen Stämme hatten wenig miteinander zu tun. Jeder herrschte über ein bestimmtes Gebiet. Oft kam es zu Kriegen zwischen den Stämmen. Einen König hatten die Germanen nicht. Der Tapferste und Klügste war auserwählt, seine Krieger anzuführen.

Wechselhafte Begegnungen

Nach mehreren Kriegen konnten die Römer im 2. Jahrhundert v. Chr. die germanischen Kimbern und Teutonen besiegen. Diese waren zuvor ins Römische Reich eingedrungen. Zurück blieb die Angst der Römer vor den „wilden Barbaren".

Unter Augustus überschritten römische Truppen mehrmals den Rhein und drangen bis zur Elbe vor. Dabei stießen die Römer auf Widerstand der germanischen Stämme. Arminius, Sohn eines germanischen Adligen aus dem Stamm der Cherusker, besiegte im Jahre 9 n. Chr. drei römische Legionen in der Nähe von Kalkriese (heutiges Niedersachsen). Weitere Feldzüge der Römer endeten mit Niederlagen. Zum Schutz ihrer Grenze bauten die Römer den Limes (siehe S. 162/163). Zur Grenzsicherung wurden Soldaten aus anderen Teilen des Reichs an den Limes verlegt.

Das Problem der Quellenlage

Die Germanen hatten keine eigene Geschichtsschreibung. Fast alle schriftlichen Quellen über die Germanen wurden von römischen Schriftstellern verfasst. Manche Angaben der Quellen konnten durch archäologische Funde bestätigt werden.

Wortschatz: einen Feldzug unternehmen • in ein (feindliches) Gebiet eindringen • einen Vorstoß wagen • den Rhein überschreiten • auf Widerstand stoßen • über ein Gebiet herrschen • in eine Falle gelockt werden

Die Varus-Schlacht (9 n. Chr.)

In der Schlacht standen sich 15 000 römische Legionäre und germanische Truppen gegenüber. Die Zahl der germanischen Krieger ist nicht bekannt. Benannt ist die Schlacht nach dem römischen Feldherrn Publius Quinctilius Varus. Befehlshaber über die germanischen Kämpfer war Arminius, der zuvor im Dienste der Römer stand und das römische Bürgerrecht besaß. Arminius wollte ein Vordringen der Römer in Germanien verhindern. Er lockte mit seinen Truppen das Heer des Varus unter einem Vorwand (das ist ein als Ausrede benutzter Grund) in eine Falle. Die Schlacht soll vier Tage gedauert haben, ehe die Römer geschlagen wurden. Varus beging danach Selbstmord. Arminius soll danach versucht haben, sich zum König erheben zu lassen. Dies stieß auf Widerstand, auch er wurde ermordet.

M2

Überreste der Varus-Schlacht. Foto, 9 n. Chr. Die Eisenmaske und die Lanzenspitzen wurden in Kalkriese (Niedersachsen), dem wahrscheinlichen Schauplatz der Varusschlacht, gefunden.

M3

Der römische Geschichtsschreiber Tacitus (um 55–115 n. Chr.):

Tacitus hat Germanien nie besucht, beschreibt jedoch das Gebiet in seinem Werk „Germania":

Die äußere Erscheinung ist trotz der großen Zahl von Menschen bei allen dieselbe: wild blickende Augen, rötliches Haar und große Gestalten, die allerdings nur zum Angriff taugen. Für Strapazen und Mühen bringen sie nicht dieselbe Ausdauer auf, und am wenigsten vertragen sie Durst und Hitze. Wohl aber sind sie durch Klima und Bodenbeschaffenheit gegen Kälte und Hunger abgehärtet. Das Land ... macht mit seinen Wäldern einen schaurigen, mit seinen Sümpfen einen widerwärtigen Eindruck ... Wenn sie nicht zu Felde ziehen, verbringen sie viel Zeit mit Jagen, mehr noch mit Nichtstun, dem Schlafen und Essen ... Die Sorge für Haus, Hof und Feld bleibt den Frauen, den alten Leuten und allen Schwachen ... überlassen ... Dass die ... Germanen keine Städte bewohnen, ist hinreichend bekannt, ja dass sie noch nicht einmal zusammenhängende Siedlungen dulden. Sie hausen einzeln und gesondert, gerade wie ... es ihnen zusagt. Ihre Dörfer legen sie nicht in unserer Weise an, ... jeder umgibt sein Haus mit freiem Raum, sei es zum Schutz gegen Feuersgefahr, sei es aus Unkenntnis im Bauen.

*Tacitus, Germania 4–16. Zit. nach Manfred Fuhrmann (Hg.), P. Cornelius Tacitus, Germania. Lateinisch/Deutsch, Stuttgart (Reclam) 2016, S. 9, 25. Übers. v. Manfred Fuhrmann.**

M4

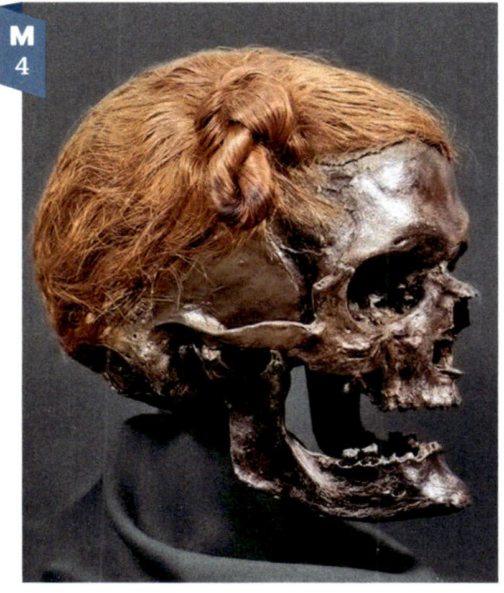

Kopf eines Germanen. Foto, ca. 1. Jh. n. Chr. Der Kopf wurde in einem Moor in Schleswig-Holstein gefunden. Der Haarknoten war das Erkennungssymbol des germanischen Stammes der Sueben.

1 Beschreibe das Hofgebäude M1.

2 Fasse die Ursachen für die Begegnungen zwischen Römern und Germanen zusammen und stelle dar, wo diese stattfanden. Nutze den Darstellungstext, M2, den Kasten und den **Wortschatz**.

3 **Methode:** Untersuche M3 mithilfe der Arbeitsschritte „Eine schriftliche Quelle untersuchen" auf S. 69. ▸ Hilfe

4 Beurteile mithilfe des Darstellungstextes, von M1 und M4 die Glaubwürdigkeit von M3.
Tipp → S. 183.

5 **Methode:** Recherchiere zur Varus-Schlacht. Erstelle mithilfe des Begriffskastens und von M2 einen Kurzvortrag (→ S. 189). Gehe auf Ursachen, Verlauf und Folgen der Varus-Schlacht ein. ▸ Hilfe

 Üben

Der Limes – Grenze oder Handelsplatz?

Nach der Niederlage gegen die Germanen in der Varus-Schlacht errichteten die Römer eine Grenzbefestigung aus Mauern, Holzwänden und Erdwällen: den Limes. Der Limes war aber nicht nur eine Grenzbefestigung, denn er war auch ein Ort des Warenhandels zwischen Römern und Germanen.

- ***Untersuche, welche Produkte gehandelt wurden und welche Auswirkungen die römische Herrschaft auf die germanischen Grenzgebiete hatte.***

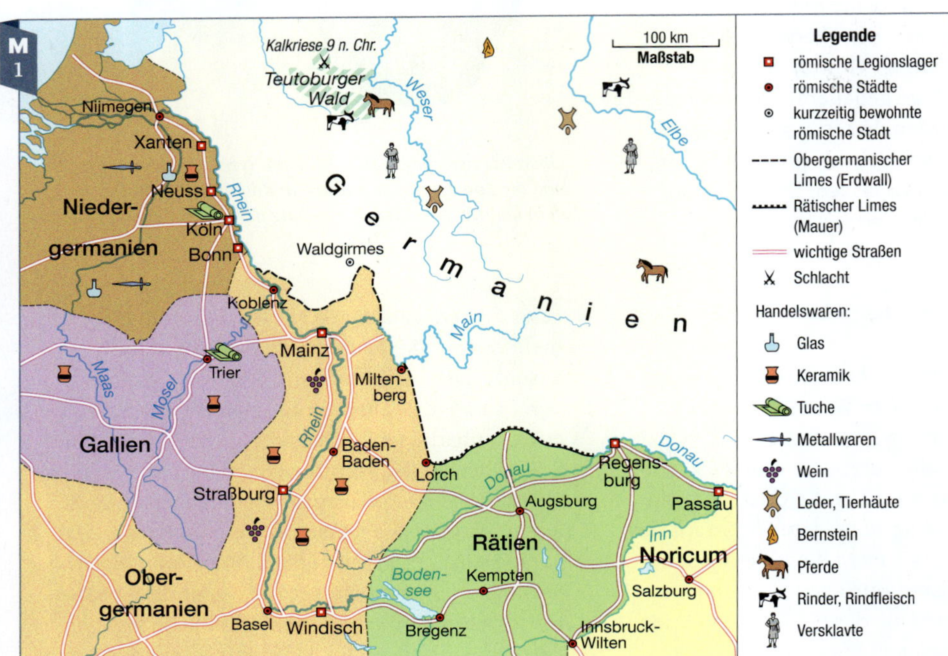

Der Limes im 2. Jahrhundert n. Chr.

Handel am Limes

Nach der Errichtung des Limes waren die Soldaten Roms bei ihrer Versorgung auf Produkte der Germanen angewiesen. Es kam zum Tausch von Waren aller Art. Das bei Römern beliebteste germanische Nahrungsmittel war Honig. Auf römischem Boden haben Fachleute aus Überresten keine germanischen Produkte finden können. Aus schriftlichen Quellen wissen wir aber, dass die Germanen Gänsefedern für römische Kissen und Felle geliefert haben. Auch Frauenhaar zur Herstellung von Perücken war begehrt. Eine germanische Erfindung war die von Römern gern benutzte Seife.

Die Germanen waren besonders interessiert an römischen Alltagsgegenständen vor allem aus Eisen, da es in Germanien kaum Rohstoffe zur Metallherstellung gab. Eine der beliebtesten Handelswaren der Germanen waren rote römische Tongefäße (lat. terra sigillata), die auf einer Töpferscheibe hergestellt und dann gebrannt wurden. Die Terra sigillata war im Gegensatz zu den germanischen Gefäßen wasserdicht und schöner anzusehen.

Die Legionäre fördern die Romanisierung

Von den Römern unterworfene Völker übernahmen die römische Lebensweise, so auch in den Gebieten links des Rheins. Steinhäuser, Wasserleitungen und Heizung ermöglichten einen bequemeren Alltag. Diese Übernahme der römischen Kultur nennen wir Romanisierung. Die Germanen lernten neue Techniken wie den Hausbau aus Stein und den Weinanbau. Mit den Römern kamen auch Gurken, Sellerie, Kirschen und Pfirsiche erstmals in germanische Gegend.

Wortschatz: mit jemandem Handel treiben • in einem Grenzgebiet leben • ein Legionslager errichten • sich an etwas anpassen • die Gewohnheiten/Lebensweisen übernehmen • sich auf etwas auswirken

Am Limes waren bis zu 30 000 Soldaten in rund 120 Stützpunkten (Kastellen) stationiert. Sie legten Festungsanlagen, Kasernen*, Straßen und Kanäle an und mussten auch Äcker in der Nähe des Lagers bewirtschaften. Einige hatten Spezialwissen und wurden als Architekt, Arzt oder Schmied eingesetzt. Die Soldaten, die nach 20 Jahren Wehrdienst als Lohn ein Stück Land in der Provinz erhielten, ließen sich als „Veteranen*" dort oder in Siedlungen in der Nähe der Legionslager nieder. So trugen die römischen Legionäre dazu bei, dass sich die römische Lebensweise in den Grenzgebieten verbreitete.

(die) Romanisierung

Romanisierung bedeutet wörtlich „römisch machen". Allgemein ist damit die Übertragung römischer Lebensformen auf die besiegten Völker gemeint, zum Beispiel Bauweise, Lebensgewohnheiten, Straßenbau, römisches Recht, lateinische Sprache, römische Götter. Die Römer prägen bis heute insbesondere mit ihrer Sprache und Schrift sowie ihren Rechtsvorstellungen das Leben in großen Teilen Europas.

(der) Limes

Der Limes reichte vom heutigen Bayern bis kurz vor die Landesgrenze von Nordrhein-Westfalen. Seine Gesamtlänge betrug 550 Kilometer. Entlang dieser Verteidigungsanlage gab es ungefähr 900 Wachtürme. Der Abstand ermöglichte den Soldaten bei normalem Wetter Sichtkontakt und sie konnten bei Gefahr mit Rauchzeichen Signale an die Soldaten in den Lagern in der Nähe schicken.
Die Wachtürme des Limes waren bis zu 16 Meter hoch. Der Limes bestand zunächst aus nebeneinander gereihten Holzpfählen, später aus einer Steinmauer. Diese war etwa ein Meter breit und drei Meter hoch.

M 2

Warenhandel zwischen Germanen und Römern am Limes. Rekonstruktionszeichnung, 2016

1 **Wähle eine Aufgabe aus:**
   a) Fasse mithilfe von M1 die Lage, Ausdehnung und den Zweck des Limes zusammen.
   b) Nenne mithilfe von M1 und M2 Gründe, weshalb der Limes ein Mittel zur Sicherung der römischen Herrschaft in den germanischen Provinzen war.

2 Beschreibe anhand des Darstellungstextes, von M1 und M2 den Handel zwischen Römern und Germanen am Limes. Nutze den **Wortschatz**.
Tipp → S. 183.

3 Finde mithilfe von M1 heraus, für welchen Teil des Limes die Rekonstruktionszeichnung M2 angefertigt wurde.

cornelsen.de/webcodes
Code: vizoge
Der Limes

Jüdisches Leben im Römischen Reich

Nach der Überlieferung der Bibel war Abraham der Urvater der Juden, Christen und Muslime. Er stammte aus dem heutigen Irak. Seine Nachfahren sollen wegen einer Dürre ins reiche Ägypten gezogen sein. Die Juden siedelten zur Zeit der römischen Republik in der Landschaft Judäa, die seit 63 v. Chr. römische Provinz war. Hier befand sich auch ihr religiöses Zentrum: der Tempel in Jerusalem.

- ***Im 1. und 2. Jahrhundert kam es zu mehreren Kriegen zwischen Juden und Römern. Welche Ursachen und welche Folgen hatten sie?***

M 1

Die „Klagemauer" in Jerusalem ist ein heiliger Ort für Juden aus aller Welt. Sie ist eine Grundmauer des von den Römern zerstörten jüdischen Tempels. Darüber, auf dem Tempelberg, steht die Moschee Qubbat as-Sachra aus dem 7. Jahrhundert (genannt „Felsendom"), in der Muslime die Himmelfahrt des Propheten Mohammed verehren. Ebenfalls in der Altstadt von Jerusalem liegt die Grabeskirche am angeblichen Ort der Kreuzigung und des Grabes Jesu. Judentum, Islam und Christentum haben somit wichtige Heiligtümer in Jerusalem. Foto, 2008

Den Römern gehorchen?

Julius Caesar hatte während seiner Feldzüge im Osten des Reichs den Juden und ihrer Religion großen Respekt entgegengebracht. Unter römischer Herrschaft waren die Juden vom Militärdienst befreit. Während Juden an nur einen Gott glaubten, verehrten die Römer viele Götter. Auch ihre vergöttlichten Kaiser verehrten die Römer durch Opfer, während Juden darauf bestanden, nur den von ihnen verehrten Gott durch Opfergaben im Tempel von Jerusalem zu ehren.

Unter König Herodes, dem römischen Statthalter in der Provinz Judäa, entstanden zwar viele neue Städte, doch Ruhe und Frieden kehrten nicht ein, da Teile der jüdischen Bevölkerung den römischen Herren jeden Gehorsam verweigerten. Nach jüdischem Glauben schuldete man nur Gott Gehorsam. Kaiser Augustus unterstellte deshalb Judäa der direkten römischen Herrschaft und führte eine Volkszählung zur Festsetzung der Steuerzahlungen an Rom durch, wogegen sich heftiger Widerstand erhob. Die jüdische Oberschicht hatte kein Interesse an einem Konflikt mit den Römern, doch viele radikale Gruppen riefen zum Kampf gegen die Besatzungsmacht auf. Zugleich zogen viele jüdische Wanderprediger durch das Land und warben für eine neue Gesellschaft: Unter ihnen war auch Jesus von Nazaret.

Kriege zwischen Juden und Römern

Andersgläubigen war das Betreten des jüdischen Tempels, in dem ein siebenarmiger Leuchter (Menora) und ein Altar aufgestellt waren, streng verboten. Als im Mai 66 n. Chr. römische Soldaten mit Spott und Beleidigungen in den Tempel von Jerusalem eindrangen, kam es zu gewaltsamen Aufständen. Der darauffolgende Krieg forderte insbesondere aufseiten der Juden sehr viele Opfer. Im August 70 fiel die Stadt Jerusalem. Der jüdische Tempel, das Zentrum der jüdischen Religion, wurde von Römern zerstört. Juden mussten von nun an eine besondere Steuer für den Jupitertempel in Rom bezahlen. Zahlreiche Juden verließen Judäa und lebten fortan in Gemeinden rund ums Mittelmeer oder im Perserreich.

Unter Kaiser Trajan brachen 116 n. Chr. erneut Revolten der Juden in Zypern, Kyrene und Alexandria gegen

Wortschatz: Statthalter • jemandem den Gehorsam verweigern • der Herrschaft unterstellen • für eine neue Gesellschaft werben • Revolten brechen aus • gegen Besteuerung protestieren • die Unabhängigkeit wiederherstellen • Ausgrenzung und Verfolgung erleiden • sich in der Tradition von etwas sehen

die Besteuerung Roms aus. Die Aufstände endeten mit der Unterwerfung der dortigen jüdischen Gemeinden durch die Römer.
Als Kaiser Hadrian aus Jerusalem eine Stadt mit zahlreichen Tempeln für viele Götter machen wollte, kam es 132–135 n. Chr. zu einem letzten jüdisch-römischen Krieg. Unter ihrem Anführer Bar Kochba („Sohn eines Sterns“) gelang den Juden für kurze Zeit die Wiederherstellung der Unabhängigkeit. Wieder gab es viele Tausende Opfer. Kaiser Hadrian setzte seine Pläne schließlich durch: Juden durften Jerusalem bei Androhung der Todesstrafe nicht mehr betreten. Judäa wurde umbenannt in Syria Palaestina. Für die Überlebenden begann die Zeit des Exils*. Sie siedelten sich in den Städten rund ums Mittelmeer, im Perserreich, auf der arabischen Halbinsel und später in Westeuropa an. Immer wieder mussten sie Ausgrenzung und Verfolgung erleiden. Der moderne Staat Israel entstand erst im 20. Jahrhundert und sieht sich in der Tradition der jüdischen Besiedlung Palästinas, des Ursprungs der jüdischen Religion und Kultur.

M2

Römische Soldaten tragen die Menora aus dem Tempel von Jerusalem. Relief auf dem Triumphbogen, der 81 n. Chr. zu Ehren des Kaisers Titus in Rom errichtet wurde. Foto, 1981

M3

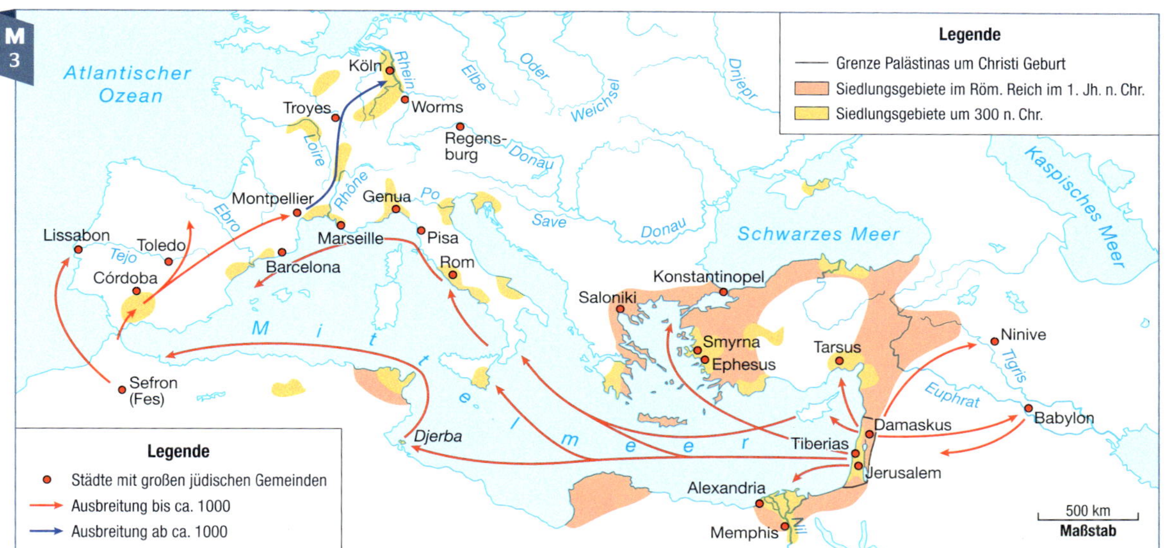

Jüdische Siedlungen um 750 n. Chr.

1 Werte den Darstellungstext aus und liste die Kriege zwischen Römern und Juden in einer Tabelle auf. Unterscheide zwischen Zeitraum, Anlass und Folgen. Präsentiere deine Ergebnisse mündlich und nutze dabei die folgenden Wörter, um Zusammenhänge zwischen Anlass und Folgen auszudrücken: weil/deshalb/daraus folgte/dies bewirkte/nachdem/dann/als/...
Nutze den **Wortschatz**.

2 **Wähle eine Aufgabe aus:**
a) Beschreibe M2 und erkläre, welche Bedeutung der erbeutete Gegenstand für die Juden hatte. Nimm den Darstellungstext und das Lexikon im Anhang zu Hilfe.
b) Finde in der Karte M3 die Regionen, in denen sich Juden nach der Vertreibung aus Judäa ansiedelten.

Wie wurde das Christentum zur Staatsreligion im Römischen Reich?

Die Römer unterwarfen viele Völker, die andere Gottheiten als sie selbst verehrten. In Judäa trafen sie nicht nur auf das Judentum, sondern auch auf die ersten Christen. Wie die Juden glaubten auch die Christen an nur einen Gott.

- ***Untersuche, warum sich die christliche Religion verbreitete und warum sie bald eine bevorzugte Stellung im Römischen Reich einnahm.***

Die Entstehung der christlichen Religion

In der römischen Provinz Judäa lebte zur Zeit der Kaiser Augustus (30 v. Chr.–14 n. Chr.) und Tiberius (14 n. Chr. bis 37 n. Chr.) der Jude Jesus von Nazaret. Als Wanderprediger forderte er die Menschen zur Nächstenliebe auf und weckte in ihnen die Hoffnung auf das kommende Reich Gottes. Für seine Anhänger war er der von den Juden erwartete Messias (hebräisch: Gesalbter Gottes). Der griechische Ausdruck für Messias heißt Christos. Daher bezeichneten die Römer die Anhänger dieser jüdischen Sekte nach Jesu Tod als „Christen". Jesus geriet mit seiner Botschaft in Konflikt mit den jüdischen Schriftgelehrten und den Priestern in Jerusalem. Sie sahen in ihm einen Aufrührer und eine Gefahr für den sozialen Frieden. Deshalb klagten sie ihn um ca. 30 n. Chr. beim römischen Provinzstatthalter Pontius Pilatus an. Dieser verurteilte Jesus zum Tod am Kreuz. Wahrscheinlich sah Pilatus in Jesus auch einen der vielen Widersacher gegen die römische Herrschaft in Judäa.

M 1

Christus als guter Hirte. Römische Wandmalerei aus einer unterirdischen Begräbnisstätte (Katakombe), 3. Jh. n. Chr.

Apostel verbreiten die christlichen Ideen

Trotz der anfänglich wenigen Anhänger verbreitete sich die „frohe Botschaft" Jesu (griechisch: Evangelium) dank der Apostel (Sendboten) im östlichen Mittelmeerraum und bis in die Hauptstadt Rom. Die bekanntesten Apostel sind Petrus und Paulus. Sie waren gebildete Juden, sprachen neben dem im Alltag gebräuchlichen Aramäischen auch Griechisch und Latein. Paulus war römischer Bürger und gewann auf seinen Reisen viele Menschen für die neue Lehre. Anfangs verstanden sie sich noch als Juden. Erst allmählich empfanden sie die Unterschiede zum herkömmlich jüdischen Glauben als zu groß.

Von der Minderheit im Römischen Reich ...

Die neuen christlichen Gemeinden bestanden vor allem aus Angehörigen der städtischen Unterschichten, römischen Soldaten, Frauen und einigen wohlhabenden Römern. Auch viele Versklavte bekannten sich zum Christentum.

Solange sie die öffentliche Ordnung nicht störten, waren die Gemeinden im Römerreich geduldet. Da die Christen das Kaiseropfer ablehnten, gerieten sie aber immer wieder unter Verdacht. Was taten sie, wenn sie sich zu Gebet und Gottesdienst in Privathäusern trafen? Als 64 n. Chr. in Rom ein verheerender Brand wütete, unterstellte Kaiser Nero den Christen Brandstiftung und ließ viele von ihnen hinrichten. Dabei sollen auch die Apostel Petrus und Paulus als Märtyrer* gestorben sein. Am vermuteten Grab des Apostels Paulus wurde eine Kirche errichtet, die mehrfach zerstört und umgebaut heute als „Petersdom" zum Zentrum der katholischen Christenheit geworden ist. Auch im 2. und 3. Jahrhundert kam es vereinzelt zu Christenverfolgungen.

Wortschatz: Wanderprediger • Messias • mit jemandem in Konflikt geraten • sozialer Frieden • Apostel • jemanden für etwas gewinnen • die öffentliche Ordnung stören • jemanden hinrichten • in eine Schlacht ziehen • die freie Religionsausübung zusichern

M 2

Die Ausbreitung des Christentums im 3. Jahrhundert

… zur Staatsreligion

Die entscheidende Wende für die Christen kam mit Kaiser Konstantin. Er erkannte 313 das Christentum als gleichberechtigte Religion an. Eine christliche Legende erzählt, dass Konstantin vor einer Schlacht gegen seinen Rivalen Maxentius im Traum ermahnt worden sei, mit dem Christuszeichen auf Fahnen und Schildern in die Schlacht zu ziehen. Nach seinem Sieg sicherte Konstantin allen Christen die freie Religionsausübung zu. Er bestimmte den Sonntag zum Ruhetag, unterstützte finanziell den Bau von Kirchen, verbot die Kreuzigung und gab Christen hohe Ämter in seiner Verwaltung. Erst auf dem Sterbebett ließ er sich taufen. Mit der konstantinischen Wende* wurde die Verbindung von römischem Staat und Christentum immer enger. Kaiser Theodosius I. (379–395) machte das Christentum zur alleinigen Religion (Staatsreligion*). Unter der nun einsetzenden Verfolgung von Nichtchristen litten besonders die Juden, von denen die meisten ins Reich der Perser und in die Handelsstädte der arabischen Halbinsel auswanderten.

Eine einheitliche christliche Kirche hat es nie gegeben. Der Gottesdienst wurde im Westen in lateinischer und im Osten in griechischer oder aramäischer Sprache gehalten.

M 3

Christogramm ☧

Münze des Kaisers Konstantin, 315 n. Chr. Auf dem Schild ist die römische Wölfin abgebildet; im Helm zeigt eine runde Scheibe das sogenannte Christogramm. Die griechischen Buchstaben X (CH) und P (R) sind die Anfangsbuchstaben von Christus.

1 **Partnerarbeit:** Arbeitet aus dem Darstellungstext heraus, was für die Entwicklung und Ausbreitung des Christentums entscheidend war. Haltet eure Ergebnisse in einer Mind-Map (→ S. 190) fest. ▸ Hilfe

2 **Partnerarbeit:** Stellt fest, was die Christen aus Sicht der Römer „verdächtig" machte. Findet ein Beispiel dafür, dass es solche Verdächtigungen auch heute noch gibt.

3 Erläutere den Begriff „konstantinische Wende" (Darstellungstext, Lexikon). Nutze den **Wortschatz**.

4 **Wähle eine Aufgabe aus:**

a) Zeige an M2, in welchen heutigen Ländern sich das Christentum im 3. Jh. n. Chr. verbreitet hatte. Nenne Gegenden, in denen das Christentum besonders stark verbreitet war.

b) Analysiere M3, indem du die Münze beschreibst (1) und die Aussage deutest (2). Erkläre abschließend, mit welchem Zweck/Ziel die Münze vermutlich geprägt wurde.

Welche Spuren hinterließen die Römer bis heute?

Das Römische Reich erstreckte sich über fast ganz Europa und existierte bis ins 5. Jahrhundert. Bis heute beeinflusst die römische Kultur immer noch unterschiedliche Bereiche unseres täglichen Lebens. Darüber hinaus ist das Römische Reich immer wieder Thema verschiedenster Ausstellungen, Comics oder Filme.

- ***Untersuche, inwiefern uns das Römische Reich heute noch beeinflusst und wie wir mit der römischen Vergangenheit umgehen.***

M 1 *„Asterix als Legionär“ – Diente die Berufsarmee der Römer zur Romanisierung der „Fremden“?*

Römische Fremd- und Lehnwörter

Die Römer prägen bis heute insbesondere mit ihrer Sprache und Schrift das Leben in großen Teilen Europas. Dieses Schulbuch ist in lateinischen Buchstaben gedruckt, und einige von euch lernen eine vom Latein der Römer geprägte „romanische“ Sprache wie Französisch, Spanisch oder Italienisch. Viele moderne Wörter stammen aus dem Lateinischen. Du erkennst sie daran, dass ihre Aussprache und Schreibweise dem lateinischen Begriff sehr ähneln. Solche Wörter nennen wir Lehnwörter.

Daneben gibt es Fremdwörter in lateinischer Sprache, die wir bis heute verwenden. Oftmals hat sich nur deren Schreibweise geändert, zum Beispiel Argument (argumentum) oder Transport (transportare). Besonders häufig sind solche Fremdwörter in der Biologie oder Medizin zu finden.

Rechnen nach dem Dezimalsystem

Das Dezimalsystem steht für ein Zahlensystem, das auf der Zahl 10 basiert. Es wird als Zehnersystem bezeichnet, weil beim Zehnfachen einer Zahl eine neue Stelle hinzukommt, zum Beispiel 10 x 10 = 100. Über die Araber kam es nach Europa. Im Gegensatz zu heute benutzten die Römer Buchstaben als Zahlzeichen. Dies waren die sieben lateinischen Buchstaben I (= 1), V (= 5), X (= 10), L (= 50), C (= 100), D (= 500) und M (= 1000). Noch heute finden sich diese Zahlzeichen an alten Gebäuden oder Denkmälern. Da das schriftliche Rechnen mit römischen Zahlen kompliziert war, nutzten die Römer dazu ein Rechenbrett, einen sog. „Abakus“. Durch das Verschieben von kleinen Steinen konnten Händler mit diesem einfache Berechnungen durchführen. Heute rechnen wir immer noch in Dezimalschritten, so entspricht zum Beispiel ein Dezimeter zehn Zentimeter oder ein Zentimeter zehn Millimeter.

Römische Handwerke

Einige Handwerksberufe wurden bereits von den Römern ausgeübt. Manche waren schon so weit ausgebildet, dass sie sich bis heute kaum weiterentwickelt haben und kaum ein entscheidender Fortschritt festgestellt werden kann, zum Beispiel bei der Glasherstellung oder in der Goldschmiedekunst.

Wortschatz: etwas ist von einer Sprache geprägt • Buchstaben als Zahlzeichen verwenden • in Dezimalschritten rechnen • ein Handwerk ausüben • Germanen und Römer darstellen • eine Schlacht nachstellen • mit der Vergangenheit umgehen

M2

Lateinische Wörter in der deutschen Sprache

Umgang mit römisch-germanischer Geschichte
Alle zwei Jahre am Ostersonntag erleben über 10 000 Menschen am Ort der Varus-Schlacht im Museum Kalkriese ein Spektakel der besonderen Art. Ein riesiges und imposantes Feuerwerk wird entzündet und taucht den Abendhimmel in bunte Farben. Anlass ist immer der Auftakt zu einer neuen Sonderausstellung.
Im Jahr 2008 war das Vorgeschehen der Varus-Schlacht Thema des „Osterleuchtens". Es wurden Szenen aus Germanien und der Aufmarsch der Römer dargestellt. Neben dem Feuerwerk wurden den ganzen Tag hinweg Programmpunkte angeboten, die sich am Thema der Ausstellung orientierten. So wurde die Schlacht nachgestellt, wobei Germanen und Römer mithilfe von Verkleidungen dargestellt wurden. Passend zum Feuerwerk wurde eine eigens komponierte Musik abgespielt.

M3

„Osterleuchten" im Museum Kalkriese, Foto, 2010. Bei der Feuerwerks-, Licht- und Lasershow wurde mit Musik und beeindruckenden Effekten an die Varus-Schlacht erinnert.

1 Nenne Bereiche, in denen wir heute noch Spuren der römischen Kultur finden. Nutze den Darstellungstext und den **Wortschatz**.
2 Beurteile, ob der Comiczeichner (M1) beim Zeichnen der römischen Legionäre an alles gedacht hat. Worauf würdest du ihn aufmerksam machen? Tipp → S. 183.
3 **Partnerarbeit:** In M2 sind lateinische Begriffe abgebildet, die wir im Deutschen als Lehnwörter verwenden. Übersetzt sie.
4 Bewerte mithilfe von M3 und dem Darstellungstext, ob der heutige Umgang mit der Varus-Schlacht angemessen ist.
5 **Methode:** Suche im Internet (→ S. 45) nach weiteren Spuren aus römischer Zeit, die uns im Alltag begegnen. ▸ Hilfe
6 Vergleiche die griechischen und die römischen Einflüsse auf unseren heutigen Alltag. Lege dazu eine Tabelle an. Nimm S. 124/125 zu Hilfe. ▸ Hilfe

1000 v. Chr. | 900 v. Chr. | 800 v. Chr. | 700 v. Chr. | 600 v. Chr. | 500 v. Chr. | 400 v. Chr. | 300 v. Chr.

1000 v. Chr.
Sabiner und Latiner siedeln auf dem späteren Gebiet der Stadt Rom

753 v. Chr.
Gründung der Stadt Rom der Sage nach

510–27 v. Chr.
Zeitalter der römischen Republik

um 494–287 v. Chr.
Ständekämpfe zwischen Plebejern und Patriziern

264–146 v. Chr.
Kriege gegen Karthargo und Expansion des Römischen Reichs im Mittelmeerraum

Leben im römischen Weltreich

Die Frühzeit Roms

Die Sage zur Entstehung Roms legt die Gründung der Stadt auf das Jahr 753 v. Chr. fest. Archäologinnen und Archäologen haben herausgefunden, dass es auf dem Gebiet der späteren Stadt Rom bereits um 1000 v. Chr. erste Siedlungen gab. Später wanderten die Etrusker an den Fluss Tiber, errichteten dort eine Königsherrschaft und bauten das Dorf zur Stadt aus.

Mit der Vertreibung des letzten etruskischen Königs wurde Rom um 510 v. Chr. eine **Republik**, die von adligen Patrizierfamilien regiert wurde. Fast alle Römer der Frühzeit waren Bauern, die sparsam lebten und jeden Luxus ablehnten. Die **Plebejer** konnten in den Ständekämpfen (ca. 494–287 v. Chr.) politische Mitspracherechte erringen. Da die **Patrizier** zahlreiche Kriege führten, waren sie auf die Plebejer als Soldaten angewiesen.

Ausbreitung im Mittelmeerraum

Rom gewann durch zahlreiche Kriege die Vorherrschaft in Italien bis zum Fluss Po im Norden. Die Kriege gegen die Nachbarn und die Ständekämpfe veränderten die altrömische Gesellschaft. Es entstand eine neue Oberschicht aus patrizischen und reichen plebejischen Familien. Diese Familien bestimmten über den **Senat**, die Entscheidungen der **Magistrate** und der **Volksversammlungen**. Durch die drei Kriege gegen Karthago erlangten die Römer im 3. und 2. Jahrhundert v. Chr. die Herrschaft über das westliche Mittelmeer. Die Insel Sizilien wurde zur ersten Provinz des Römischen Reichs. Während des 1. Jahrhunderts v. Chr. dehnte Rom seine Herrschaft auch über den östlichen Mittelmeerraum aus (Expansion) und brachte reiche Gebiete wie Ägypten unter seine Kontrolle. Daher spricht man auch vom **römischen Weltreich**.

Krise und Ende der römischen Republik

Der Aufstieg Roms zur Weltmacht hatte tiefgreifende Folgen für die römische Gesellschaft. Die langen Kriege machten die römischen Kleinbauern zu **landlosen Bettlern und Tagelöhnern**. Die Oberschicht wurde durch Beute und Abgaben aus den eroberten Gebieten immer reicher. Durch die Eroberungen strömten Hunderttausende Kriegsgefangene als Versklavte nach Italien. Dort wurden sie von Großgrundbesitzern als billige Arbeitskräfte auf ihren Landgütern eingesetzt. Versklavte verdrängten die Tagelöhner, die nun in die Städte abwanderten und dort die neue Unterschicht (plebs) bildeten. Weil die Zahl der Kleinbauern abnahm, fehlten Soldaten. Die militärische Stärke Roms sank.

Mehrere Politiker versuchten, die Krise zu lösen: der Reformer Tiberius Gracchus, der Heerführer Marius und der Diktator Caesar. Die politische Führungsschicht Roms spaltete sich in die zwei Lager der Popularen aufseiten der Volksversammlung und der Volkstribunen sowie in die Partei der Optimaten, die den Senat stützten und alle Reformen ablehnten. **Bürgerkriege** und Misswirtschaft erschütterten das Land. Unter dem Vorwurf, Caesar strebe eine Monarchie an, wurde er 44. v. Chr. von Senatoren ermordet. Die Nachfolge trat

200 v. Chr. | 100 v. Chr. | Christi Geburt | 100 n. Chr. | 200 n. Chr. | 300 n. Chr. | 400 n. Chr. | 500 n. Chr.

133–27 v. Chr. Krise der römischen Republik, beginnt mit den Reformen der Gracchen; Optimaten und Popularen stehen sich gegenüber

44 v. Chr. Caesar wird ermordet

27 v. Chr.–14 n. Chr. Prinzipat unter Augustus und Beginn der römischen Kaiserzeit

9 n. Chr. Varus-Schlacht, der Cherusker Arminius besiegt drei römische Legionen; Ende der römischen Expansion nach Germanien

1. und 2. Jh. n. Chr. Kriege zwischen Römern und Juden

2. Jh. n. Chr. größte Ausdehnung des Römischen Reichs unter Kaiser Trajan

313 n. Chr. Kaiser Konstantin sichert den Christen freie Religionsausübung zu („konstantinische Wende")

380 n. Chr. Christentum wird Staatsreligion im Römischen Reich

sein Adoptivsohn Octavian an, der spätere Kaiser Augustus.

Die römische Kaiserzeit

Unter Augustus nahm die Zeit der **römischen Kaiser** ihren Anfang. Mit ihm begann auch eine Friedenszeit von fast 200 Jahren, die „Pax Romana". In dieser Zeit entstand ein zusammenhängendes Reich mit 40 Provinzen. Die Kaiser regierten das Reich mit seinen zahlreichen Völkern und Sprachen von der Millionenstadt Rom aus. Ziel war es, den Frieden nach innen und nach außen zu sichern. Nichtrömische Bürger und Versklavte konnten ihren Status im Laufe der Zeit verbessern, zum Beispiel durch Dienst in der Armee oder Freilassung aus dem Sklavenverhältnis. Die Sicherung der Reichsgrenzen lag in den Händen eines großen Berufsheeres. Durch Grenzlegionen und den Bau zahlreicher Provinzstädte fanden römische Rechtsauffassungen, die lateinische Sprache, römische Lebensart und Technik im gesamten Reich Verbreitung. Dieser Prozess der **Romanisierung** gilt vor allem für den westlichen Teil des Reichs; im östlichen Mittelmeerraum blieben die griechische Sprache und Lebensart erhalten.
Die römische Antike ist heute noch durch Bauwerke, zum Beispiel Amphitheater, Thermen und Aquädukte, an vielen Orten sichtbar. Das kulturelle, wissenschaftliche und architektonische Erbe Roms ist bis in unsere Zeit wirksam.

Rom und die Religionen

Durch die Expansion kamen die Römer immer wieder in Konflikte zu anderen Religionen. Dabei ging es nicht vorrangig darum, die Menschen zum römischen Glauben zu bekehren, sondern darum, dass sie sich den römischen Herrschern unterordneten. Im 1. und 2. Jahrhundert n. Chr. kam es zu Kriegen mit den Juden. Als 70 n. Chr. der jüdische Tempel von Jerusalem zerstört wurde, begann die Diaspora. Viele Juden siedelten sich im Mittelmeerraum und anderen Teilen Europas neu an. Auch das entstandene Christentum wurde nicht sofort bekämpft. Als die Christen aber Opfer zu Ehren der Kaiser verweigerten, wurden sie verfolgt. 313 beendete Kaiser Konstantin jedoch die Verfolgung der Christen, 380 wurde das Christentum schließlich die Staatsreligion.

Römische Kultur in unserem Leben

Spuren der Römer begegnen uns in Form von römischen Fremd- und Lehnwörtern. Viele Wörter aus dem Alltag haben ihren Ursprung aus dem Lateinischen. In der Wissenschaft werden oft lateinische Begriffe als Fremdwörter verwendet. Das Dezimalsystem, das von den Römern zur einfacheren Rechnung genutzt wurde, verwenden wir heute noch. Viele Handwerke haben sich seit der Römerzeit nicht nennenswert weiterentwickelt.

1 Erstelle mithilfe der Struktur-Lege-Technik (siehe S. 31) eine Übersicht über die Inhalte des Darstellungstextes. Nutze und ergänze die fett gedruckten Begriffe im Text.

In diesem Kapitel konntest du folgende Kompetenzen erwerben:

- das Zusammenleben verschiedener Kulturen im Römischen Reich anhand von Quellen beschreiben, untersuchen und beurteilen
- die Informationen aus einer Karte und wenigen Quellen miteinander sinnvoll verbinden und eine Entwicklung (zum Beispiel Expansion eines Reichs) aufzeigen
- zum gegenwärtigen Umgang mit römischer und germanischer Geschichte ein Urteil bilden
- **Medien und Methoden:** Schaubilder verstehen
- **Medien und Methoden:** Schriftliche Quellen vergleichen

Folgende Begriffe hast du kennengelernt:

- Augustus
- Staatsreligion
- römische Expansion
- Diaspora
- Kaiserzeit
- Limes
- Varus-Schlacht
- römische Republik
- Caesar
- Christenverfolgung

1 Die oben stehenden Begriffe sind etwas durcheinandergeraten. Ordne sie in der historisch richtigen Reihenfolge.
Tipp: Nutze zur Hilfe die Zeitleiste auf der vorherigen Doppelseite.

M 1

Sprachenmix:
Auf einer strata bedeckt mit plastrum nähert sich ein germanischer Händler auf seinem carrus dem römischen Gutshof. Seine Waren hat er sorgfältig verpackt in cista, saccus und corbis. Umgeben war der Gutshof von einer murus. Durch die geöffnete porta gelangte er in den Innenhof. Jetzt stand er vor der villa, die mit roten tegulae gedeckt war. In der villa gab es eine camera und ein geheiztes Zimmer. An der Wand hing ein speculum. Jedes Zimmer hatte ein großes fenestra. Im cellarium befand sich die riesige pressa, mit deren Hilfe vinum und mustum hergestellt wurden. Für seine Waren, Felle und Bernstein, erhielt der germanische Händler Obst und Gemüse und andere Waren. Einige Waren ließ er sich auch in römischer moneta bezahlen.

M 2

Grenzübertritt am Limes, Modell im Limesmuseum Aalen. Das Modell zeigt germanische Händler, die einen Grenzposten am Limes überqueren, um im römischen Germanien ihre Waren zu verkaufen. Um die Grenze überqueren zu dürfen, mussten sie bei den Legionären eine Zollgebühr bezahlen.

M 3

Rund 15 000 Playmobil-Legionäre stellten im Rahmen der Ausstellung „Imperium“ im Jahr 2009 im Römermuseum Haltern die drei Legionen des Varus dar, die bei der Varus-Schlacht von den Germanen vernichtend geschlagen wurden. Foto, 2009

M 4

Der römische Geschichtsschreiber Cassius Dio (ca. 164–229 n. Chr.) über das Verhältnis zwischen Römern und Germanen:

Die römischen Soldaten bezogen [in Germanien] ihre Winterquartiere. Städte wurden gegründet, und die Barbaren[1] passten sich der römischen Lebensweise an, besuchten die Märkte und hielten friedliche Zusammenkünfte ab. Freilich hatten sie auch nicht die Sitten ihrer Väter, ... ihre unabhängige Lebensweise und die Macht ihrer Waffen vergessen. Solange sie allmählich und behutsam umlernten, fiel ihnen der Wechsel der Lebensweise nicht schwer – sie fühlten die Veränderung nicht einmal. Als aber Quinctilius Varus den Oberbefehl über Germanien übernahm und sie zu rasch umformen wollte, indem er ihnen wie Unterworfenen Vorschriften machte und insbesondere von ihnen wie von Untertanen Steuern eintrieb, da hatte ihre Geduld ein Ende.

*Cassius Dio 56,18ff. Zit. nach Otto Veh, Cassius Dio, Römische Geschichte, Zürich (Artemis) 1986, o. S. Übers. v. Otto Veh.***

[1] *Gemeint sind die Germanen.*

Methoden- und Interpretationskompetenz

1 Untersuche M4 mithilfe der Arbeitsschritte „Eine schriftliche Quelle untersuchen“ auf S. 69.
▸ Hilfe

2 Beurteile das Verhältnis zwischen Römern und Germanen (M2 und M4). Tipp → S. 183.

Geschichte darstellen (narrative Kompetenz)

3 Entwirf für eine Führung durch ein Museum einen Audioguide, der den Besuchern anhand des Modells M2 den Handel am Limes erläutert. Nimm dazu die S. 162/163 zu Hilfe.

4 Bereite einen Vortrag zum Thema „Die Ausdehnung des Römischen Reichs zum Weltreich“ vor (siehe S. 189). Nutze dazu die S. 134/135.

5 Erstelle ein Quiz zum Thema Rom. Entwickle dafür zehn Fragen mit jeweils vier Antwortmöglichkeiten. Spielt anschließend in der Klasse gegeneinander. Tipp → S. 183.

Geschichte heute (geschichtskulturelle Kompetenz)

6 Im Text M1 findest du einige lateinische Wörter, die im Deutschen als Lehnwörter vorkommen. Schreibe sie heraus und übersetze ins Deutsche, zum Beispiel strata – Straße, plastrum – Pflaster usw.

7 Beschreibe mithilfe von M3 und S. 169, wie die Varus-Schlacht in der Gegenwart dargestellt wird.

cornelsen.de/webcodes
Code: payuti
Selbsteinschätzungsbogen

Check

Kapitel 1:

→ S. 16/17

1 Überprüfe: Welche Quelle passt nicht in die Reihe?
a) Brief, Zeitungsartikel, Holzrad, E-Mail
b) Gemälde, Höhlenmalerei, Zeitzeugenbericht, Foto

2 Erläutere die folgende Aussage: „Geschichte passiert nicht, sie wird im Nachhinein gemacht!" Verwende dabei die folgenden Begriffe: Historiker oder Historikerin, Vergangenheit, Geschichte, Darstellung, Quelle.

→ S. 22/23

1 Suche Informationen über die Geschichte deines Heimatortes. Nutze Lexikonartikel, das Internet oder frage deine Eltern und Großeltern. Beantworte folgende Fragen: Wann wurde der Ort gegründet und warum? Haben einzelne Menschen die Stadtgeschichte geprägt? Gab es Unglücke und Katastrophen? Gibt es ein historisches Stadtfest und woran erinnert es? Halte das Ergebnis auf einem Lernplakat fest (siehe S. 188).

→ S. 26/27

1 Lies das Interview M1 und formuliere passende Fragen (2–5).

Interview mit dem Archäologen Thomas Stöllner (2019):

Frage 1: Wie sieht die Arbeit eines Archäologen aus?
Stöllner: Archäologische Quellen sind zunächst einmal stumm und wir müssen sie zum Sprechen bringen. Da gibt es zum Beispiel die „Salzmänner von Zanjan" aus dem Iran. Das sind mumifizierte[1] Leichen von Arbeitern in Salzbergwerken, die ca. 400 v. Chr. während der Arbeit verunglückt sind. Wir haben die Leichen mit verschiedenen naturwissenschaftlichen Methoden untersucht. Archäologie verwendet modernste Technologie und ist immer Teamarbeit.
Frage 2: ...
Stöllner: Ein Teil der Archäologie ist die Arbeit im Feld. Die wichtigste Fähigkeit dabei ist es, Erde von einem Fund unterscheiden zu können. Ich habe meinen Vater einmal zu einer Ausgrabung eingeladen. Ich hatte ein Grab freigelegt und hab ihm das gezeigt. Aber er hat das Grab nicht erkannt. Das war für mich ein Schlüsselerlebnis. Man muss einen archäologischen Blick entwickeln und anders sehen lernen. Natürlich kommt dann noch das Wissen hinzu, das mir hilft, Funde einzuordnen, mit anderen zu vergleichen und zu interpretieren. So kriegt man das Puzzle dann zusammen und stellt ganz automatisch die nächsten Fragen. Man braucht aber auch viel Geduld. Wir finden ja fast immer nur Bruchstücke oder Überreste wie beispielsweise Pfostenlöcher, anhand derer wir dann versuchen, ein Haus zu rekonstruieren.
Frage 3: ...
Stöllner: Häufig steht der Zufall am Anfang, weil man zum Beispiel bei Bauarbeiten auf archäologische Funde stößt. Aber natürlich gibt es auch konkrete Hinweise durch Aufzeichnungen vergangener Fundstellen.
Frage 4: ...
Stöllner: Der Besen wie auch das Zahnarztbesteck sind die Werkzeuge, die ich verwende, wenn ich einen Fund sehr sorgsam freilegen muss. Archäologische Funde sind ein wertvolles Gut. Da muss entgegen der Entdeckerlust der Archäologen auch mit Behutsamkeit vorgegangen werden. Jeder Befund ist einzigartig und kann uns neue Erkenntnisse bringen, aber er kann auch zerstört werden.
Frage 5: ...
Stöllner: Das war ein Fund in Georgien im Jahr 2005, bei dem ich zufällig dabei sein durfte. Es wurde der Schädel eines Homo erectus freigelegt. Plötzlich konnten wir einem menschlichen Vorfahren, der vor 1,3 Millionen Jahren gelebt hat, direkt ins Gesicht blicken. Das war sehr bewegend.

Interview mit Thomas Stöllner, 2019.

[1] *ausgetrocknete*

Kapitel 2:

→ S. 38/39

1 Eine Archäologin möchte in einem Brief ihrem zehnjährigen Sohn vom Fund am Turkanasee berichten. Verfasse diesen Brief mithilfe des Moderationstextes, von M1 und M2.

M1

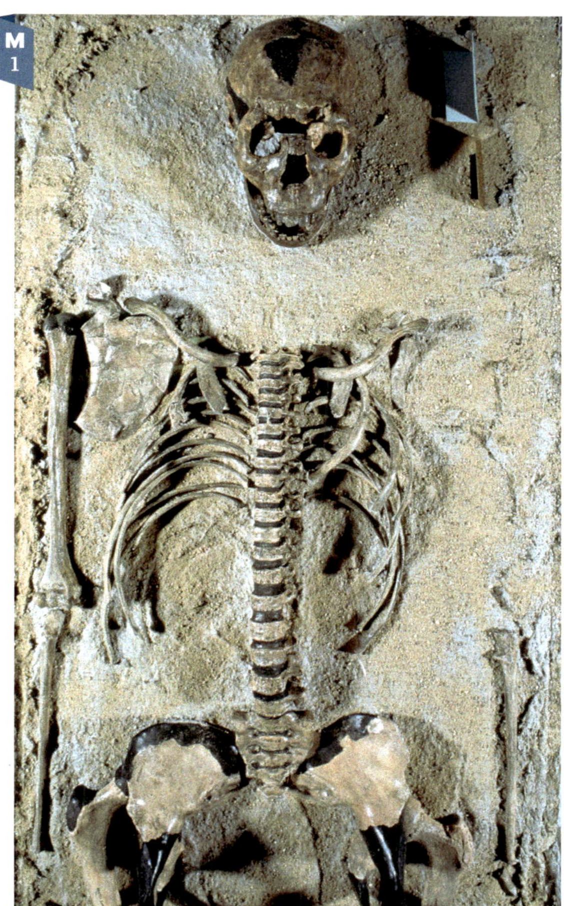

Skelett des Homo erectus, der 1984 in Kenia am Turkanasee gefunden wurde. Foto

M2

Wer war der Junge vom Turkanasee?

Der Turkanaknabe gehörte zur Art Homo erectus[1] – einer Art, die in der Geschichte der menschlichen Evolution[2] eine entscheidende Rolle gespielt hat. Aufgrund von Belegen ... wissen wir, dass sich die erste menschliche Art vor etwa sieben Millionen Jahren entwickelt hat. Als der Homo erectus vor fast zwei Millionen Jahren die Bühne betrat, war die Vorgeschichte der Menschheit schon ziemlich weit gediehen. Die menschliche Vorgeschichte nahm vor zwei Millionen Jahren offenbar eine entscheidende Wendung. Homo erectus war die erste menschliche Spezies[3], die Feuer benutzte; die erste, welche die Nahrungsbeschaffung zu einem wesentlichen Teil durch die Jagd bestritt; die erste, deren Vertreter wie heutige Menschen laufen konnten und nach einem bestimmten gedanklichen Modell Steinwerkzeuge herstellten ... Wir können erkennen, dass der frühe Homo erectus hochgewachsen war ... knapp 1,80 Meter groß ..., athletisch und sehr muskulös. Selbst der stärkste Berufsringer von heute hätte gegen einen durchschnittlichen männlichen Homo erectus wenig ausrichten können.

*Leakey, Richard E.: Die ersten Spuren: über den Ursprung des Menschen. Aus dem Engl. übertr. von Udo Rennert. Bertelsmann Verlag, München 1997, S. 14f. und 114f.**

[1] *„der aufrecht gehende Mensch", Frühmensch*
[2] *Entwicklung, kontinuierliche Veränderung*
[3] *Begriff aus der Biologie: Art, Gruppe gleicher Lebewesen*

→ S. 40/41

1 Wende die Arbeitsschritte 1–5 auf S. 41 auf den Sachtext M1 an.

Wer waren die Neandertaler?

Als 1856 die ersten Knochen der Neandertaler gefunden wurden, gab es nur Vermutungen, wie der Neandertaler gelebt und wie er ausgesehen haben könnte. In den Jahrzehnten nach dem Fund der Knochen wurden die Neandertaler als „Affenmenschen" beschrieben, die dem Jetztzeitmenschen geistig unterlegen waren. Es gab Vorstellungen, dass die Neandertaler affenartige und brutale Monster gewesen seien.

Heute haben wir ein anderes Bild vom Neandertaler. Seit 1856 wurden von Portugal bis nach Russland an über 1500 Orten weitere gegenständliche Quellen dieser Menschenart gefunden, darunter Knochenreste, Zähne und Steinwerkzeuge. Mithilfe dieser Quellen konnten Forscher Rückschlüsse auf die Lebensweise und das Aussehen der Neandertaler ziehen. Die Funde belegen, dass der Neandertaler wie der Jetztzeitmensch in Europa und in Teilen Asiens lebte. Der Neandertaler war muskulöser als der Jetztzeitmensch. Die Gehirne beider Menschenarten waren etwa gleich groß. Neandertaler und Jetztzeitmensch sind miteinander verwandt. Beide haben den „Homo erectus" als Vorfahren. Warum der Neandertaler vor 40 000 Jahren ausstarb, ist nicht endgültig geklärt.

Forscher gehen heute davon aus, dass die Neandertaler in Gruppen in Höhlen oder in Zelten lebten. Sie benutzten Werkzeug, kannten das Feuer und sorgten füreinander. Sie begruben ihre Toten. Die Neandertaler kannten keine Keulen und keine Pfeile und Bögen. Zur Jagd verwendeten sie Speere mit Steinspitzen. Die Neandertaler konnten sprechen. Höhlenmalereien weisen darauf hin, dass sich seine Lebensformen nur geringfügig vom Jetztzeitmenschen unterschieden. Es ist sicher belegt, dass sich die Neandertaler und Jetztzeitmenschen immer wieder vermischt haben. Heutige Menschen tragen bis zu vier Prozent des Neandertaler-Erbes in sich.

Verfassertext

→ S. 52/53:

1 Die Himmelsscheibe von Nebra (M2) wurde in den letzten Jahren als Kopie in vielen Museen in ganz Deutschland ausgestellt. Diskutiere Vor- und Nachteile der Präsentation einer Kopie.

Nach einer Ausstellung in Berlin wird die Originalhimmelsscheibe von Nebra von einer Museumsmitarbeiterin wieder in das Landesmuseum für Vorgeschichte in Halle gebracht und gegen eine Kopie getauscht. Foto, 2018

Kapitel 3:

→ S. 62/63

1 In M1 ist der Gott der Nilflut dargestellt. Erkläre die Bedeutung dieses Gottes für die Ägypter.

2 **a)** Schaue im Atlas nach und notiere, wo die beiden Quellflüsse des Nils entspringen und durch welche heutigen Länder der Nil fließt.

b) Untersuche mithilfe des Atlas, ob auch heute wichtige Städte an Flüssen liegen. Suche folgende deutsche Städte: Frankfurt am Main, Köln, Dresden, Magdeburg, Berlin, Hamburg, Halle (Saale), München. Nenne mögliche Gründe dafür.

M 1

Hapi, Gott der Nilflut. Wandbild aus Stein (Relief) an einem ägyptischen Tempel, ca. 1500 v. Chr.

→ S. 71

1 Arbeite aus M2 heraus, welche Eigenschaften dem Pharao Ramses II. von den Ägyptern zugeschrieben wurden.

M 2

So begrüßten die Ägypter den Pharao Ramses II. (Regierungszeit 1279–1213 v. Chr.):

Wir kommen zu dir, Herr des Himmels, Herr der Erde, du lebende Sonne des ganzen Landes, Herr der Lebensdauer, du Sonnengott der Menschheit, du Säule des Himmels, du Balken der Erde. Herr vielfacher Speisung. Du, der wacht, wenn alles schläft, dessen Kraft Ägypten errettet, der über die Fremdländer siegt und triumphierend heimkehrt, dessen Stärke Ägypten schützt. Geliebter der Wahrheit, der in seinen Gesetzen in ihr lebt, dessen Schrecken die Fremdländer weichen lässt, du, unser König, unser Herr.

*Zit. nach Gottfried Guggenbühl (Hg.), Quellen zur Geschichte des Altertums, Zürich (Schulthess) 1964, S. 16.***

→ S. S. 71 und 76/77

Hatschepsut – der „weibliche Pharao"

- Ihr Name bedeutete „die Edelste unter den Frauen".
- Sie regierte nach dem Tod ihres Mannes von 1490 bis 1468 v. Chr. stellvertretend für den noch minderjährigen Stiefsohn.
- Statt die Herrschergewalt weiterzugeben, als der Stiefsohn volljährig wurde, ließ sie sich zum „weiblichen Pharao" krönen. Den Begriff „Pharaonin" gab es nicht.
- Hatschepsut genoss hohes Ansehen beim Volk: Während ihrer Regierungszeit gab es keinen Krieg.
- Sie förderte Landwirtschaft und Handel und ließ Erkundungsreisen durchführen. So kamen kostbare Öle, Weihrauch, Gold und Elfenbein nach Ägypten.
- Nach ihrem Tod wurde ihr Stiefsohn doch noch König: Unter seiner Herrschaft wurden fast alle Statuen der Königin zerstört und ihr Name und ihr Bildnis in den steinernen Inschriften ausgemeißelt.

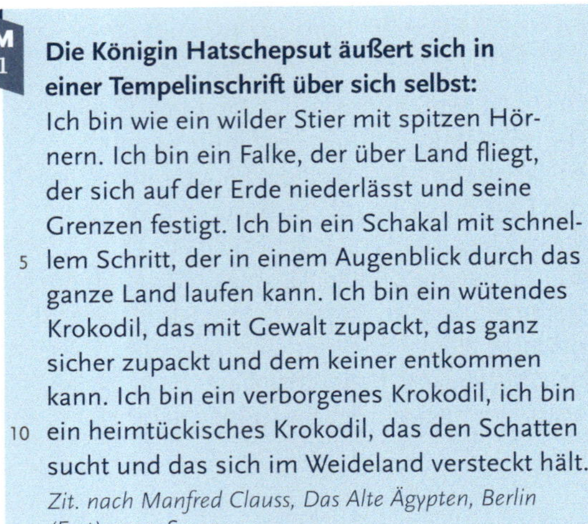

M 1

Die Königin Hatschepsut äußert sich in einer Tempelinschrift über sich selbst:

Ich bin wie ein wilder Stier mit spitzen Hörnern. Ich bin ein Falke, der über Land fliegt, der sich auf der Erde niederlässt und seine Grenzen festigt. Ich bin ein Schakal mit schnellem Schritt, der in einem Augenblick durch das ganze Land laufen kann. Ich bin ein wütendes Krokodil, das mit Gewalt zupackt, das ganz sicher zupackt und dem keiner entkommen kann. Ich bin ein verborgenes Krokodil, ich bin ein heimtückisches Krokodil, das den Schatten sucht und das sich im Weideland versteckt hält.

Zit. nach Manfred Clauss, Das Alte Ägypten, Berlin (Fest) 2001, S. 197.

M 2

Statue der Hatschepsut aus der Frühzeit ihrer Herrschaft. Sie trägt ein gestreiftes Königskopftuch.

M 3

Statue der Hatschepsut aus der Spätzeit ihrer Herrschaft. Sie trägt die Herrschaftszeichen eines Pharao: einen künstlichen Bart, ein gestreiftes Königskopftuch und einen Stirnreif mit einer aufgerichteten Kobra.

1 Beschreibe, wie sich Hatschepsut in M1 selbst darstellt.

2 Darf Hatschepsut Königin bleiben, oder muss sie die Herrschergewalt bei Volljährigkeit ihres Sohnes an diesen abgeben? Beantworte diese Frage und begründe deine Entscheidung.

3 Vergleiche M2 und M3 und erläutere den Unterschied zwischen beiden Statuen.

Kapitel 4:

→ S. 100/101

1 Beurteile mithilfe des Begriffskastens und M2 auf S. 98/99, welche Bedeutung ein Orakelspruch für die Menschen des antiken Griechenland hatte.

→ S. 112/113

1 Einige Zeitgenossen waren der Meinung, wichtige Entscheidungen sollten nicht vom ganzen Volk, sondern nur von hochstehenden Männern getroffen werden.
a) Stelle Vermutungen an, welche Gründe damals dafür genannt worden sein könnten?
b) Übertragen wir diese Meinung einmal auf eine heutige Situation: Eure Schülersprecherin oder euer Schülersprecher schlägt vor, dass nur Schülerinnen und Schüler mit besonders guten Zeugnissen Klassensprecherin oder Klassensprecher werden und in der Schülervertretung mitentscheiden dürfen. Nimm Stellung zu diesem Vorschlag.

→ S. 114/115

1 Der griechische Geschichtsschreiber Herodot urteilte nach seiner Reise durch Ägypten, wo er Frauen Handel treiben und Männer zu Hause weben gesehen hatte, die Welt stehe auf dem Kopf. Erkläre, was er damit möglicherweise meinte.

→ S. 120/121

1 Vergleiche das griechische Theater mit dem heutigen Theater. Was ist gleich geblieben, was hat sich verändert? Lege eine Tabelle an:

Griechisches Theater	*Heutiges Theater*

Kapitel 5:

→ S. 146/147

1 Arbeite aus M1 und dem Darstellungstext auf S. 146 heraus, welche Machtbefugnisse es Augustus ermöglichten, eine Alleinherrschaft zu errichten.

Der römische Konsul Cassius Dio berichtete im 3. Jahrhundert n. Chr. über den Ausbau der Macht durch Octavian:
In Wirklichkeit war es so, dass Octavian selbst alles wie ein Alleinherrscher bestimmte, da er ja auch über die Finanzen bestimmte und dazu war er Herr über das Heer. Zwar verlangte es ihn sehr danach, „Romulus" genannt zu werden, als er aber merken musste, er gerate dadurch in den Verdacht, nach der Königsherrschaft zu streben, bestand er nicht mehr darauf, sondern ließ sich Augustus, der Erhabene, nennen. Auf diese Weise ging nun die ganze Gewalt in die Hände von Augustus über und mit ihm begann auch eine wirkliche Monarchie. Zwar werden die Ämter, die es den Gesetzen nach gibt, heute noch besetzt, aber alles wird ohne Unterschied so vollzogen und verwaltet, wie es der jeweilige Herrscher will. Die Bezeichnung „Imperator"[1] anstelle des Titels König oder Diktator legte er sich nicht zu, da letztere Titel von den Bürgern abgelehnt wurden. Daraus wird das Recht abgeleitet, die Soldaten einzuberufen, Steuern einzuziehen, Krieg zu beginnen, Frieden zu schließen und über Fremde wie Bürger ... die Herrschaft auszuüben, ebenso wie alle anderen Rechte, die den Konsuln und den übrigen Beamten jemals zustanden.
*Cassius Dio, 53, 11f. Zit. nach Leonhard Tafel, Cassius Dios Römische Geschichte, Stuttgart 1831.**

[1] *siegreicher Feldherr mit großer Amtsgewalt*

→ S. 150/151

1 Erläutere mithilfe von M1, wie der Grieche Strabo die Stadt Rom zur Zeit des Kaisers Augustus beschrieb.

Strabo (63 v. Chr. – 20 n. Chr.), ein Grieche, der zur Zeit des Kaisers Augustus in Rom lebte, schrieb:
In Rom gibt es gepflasterte Straßen, Wasserleitungen und unterirdische Gräben, durch welche der Unrat aus der Stadt in den Tiber geleitet wird ... Rom besitzt ferner zahlreiche herrliche Bauwerke. Viele davon stehen auf dem Marsfeld. Dieser Platz ist so groß, dass Wagenrennen und Pferdesport betrieben werden können, während sich gleichzeitig eine gewaltige Menge an Menschen im Ball- und Reifenspiel und im Ringen üben kann. Ferner gibt es viele Theater, breite Straßen, prächtige Tempel, herrliche Wohngebäude und Paläste. Kommt man auf den alten Markt und sieht die prächtigen Bauten, die Tempel, Säulengänge und Wohngebäude, dann kann man leicht alles vergessen, was es sonst so gibt. So schön ist Rom.

*Strabon, 5, 3, S. 8ff. Zit. nach Walter Arend, Geschichte in Quellen, Bd. 1, 2. Aufl., München (bsv) 1975, S. 594f. Übers. v. Albert Forbiger.***

→ S. 152/153

1 Fasse zusammen, was Kinder aus reichen Familien und Kinder aus armen Familien lernen mussten (M2).

Wie lebten die Kinder im alten Rom?
Nur für wenige glückliche Kinder bestand das Leben ausschließlich aus Spielen und Lernen. In der Grundschule konnten die Kinder von 7 bis 15 Jahren lesen, schreiben und rechnen lernen ... Der Unterricht dauerte vom Morgengrauen bis zum Mittag: viel Auswendiglernen und Prügel für schlechte Leistungen. Mädchen erhielten nur eine niedere Schulbildung, danach erlernten sie von ihren Müttern hausfrauliche Fähigkeiten. Die Kinder der Reichen wurden zuerst von einem Hauslehrer unterrichtet, die Söhne nahmen dann als Vorbereitung auf eine Karriere [in Rom] ... Unterricht in Rhetorik[1] und Grammatik. Das Ingenieurwissen der Römer wurde innerhalb der Handwerkerfamilien oder Berufsstände weitergegeben. Die Armen besuchten meist keine Schule, sie mussten schon früh arbeiten.

*Simon James, Das Alte Rom. Kultur und Alltagsleben einer faszinierenden Epoche, Hildesheim (Gerstenberg Verlag) 2003, S. 20. Übers. von Eunike Röhrig.***

[1] *Redekunst*

Kapitel 1:

→**S. 17, Aufgabe 3b):** Vergleiche mit M3.

→**S. 19, Aufgabe 2c):** Du kannst solche aus dem Zeitstrahl M1 übernehmen, aber natürlich auch andere hinzufügen. Bei der Auswahl können dir deine Eltern und Großeltern helfen.

→**S. 21, Aufgabe 2:** Lege dazu eine Tabelle an. Die Umrechnung in die islamische Zeitrechnung ist ein wenig komplizierter. Es gilt folgende Regel: islamisches Jahr = 33/32 x (christliches Jahr – 622).

→**S. 25, Aufgabe 1:** Manchmal lassen sich nicht alle Schritte beantworten.

→**S. 25, Aufgabe 5c):** Stellt in einer Tabelle gegenüber, was ihr aus gegenständlichen Quellen erfahren könnt und was nicht.

Man erfährt	*Man erfährt nicht*
...	...

→**S. 27, Aufgabe 3:** Sortiere deine Auswahl nach den vier Arbeitsschritten.

→**S. 33, Aufgabe 1:** Nimm deinen Gegenstand von S. 26 zu Hilfe.

→**S. 33, Aufgabe 2:** Denke an die Aussagekraft von gegenständlichen Quellen. Wie würdest du vorgehen, um mehr über ein Ereignis zu erfahren?

→**S. 33, Aufgabe 6:** Haben sich die Bauarbeiter falsch verhalten? Nimm S. 26/27 zu Hilfe.

Kapitel 2:

→**S. 37, Aufgabe 3:** Achte auf die Positionen der Skelette der beiden Kinder (rechts) sowie der Frau und des Mannes (links).

→**S. 39, Aufgabe 3b):** Kläre zuerst mithilfe der Legende, wofür Punkte und Pfeile stehen.

→**S. 43, Aufgabe 4b):** Was diente für diese Darstellungen als Quelle?

→**S. 46, Aufgabe A1:** Erstelle dazu eine Tabelle:

Gerät	*Funktion*
...	...

→**S. 51, Aufgabe 5:** Nimm den Darstellungstext Z. 38–53 zu Hilfe.

→**S. 53, Aufgabe 3:** Die Himmelsscheibe ist ein Artefakt und damit eine Quelle.

→**S. 57, Aufgabe 8:** Was wird durch eine Vermarktung erreicht? Welche Informationen fehlen den Kunden?

Kapitel 3:

→**S. 63, Aufgabe 1:** Schreibe die folgenden Begriffe auf die Papierkärtchen:
- fruchtbarer Schlamm
- Überschwemmung
- Arbeitsteilung
- Nil
- Aussaat
- Bewässerungssystem
- Umgestaltung der Umwelt
- Flusstalkultur
- Kalender
- Ernte
- Vorratswirtschaft

→**S. 63, Aufgabe 4:** Erstellt eine Liste mit Pro- und Kontra-Argumenten und präsentiert diese der Klasse.

→**S. 64, Aufgabe 4:** Achte auf die Arbeitsbedingungen, den Lohn und die Forderung des Arbeiters.

→**S. 67, Aufgabe 3:**

Göttername	*Erkennungszeichen*	*Aufgaben*
...		...

→**S. 77, Aufgabe 1b):** Nenne Gemeinsamkeiten und Unterschiede.

→**S. 77. Aufgabe 1c):** Bedenke den Unterschied zwischen (Bild-)Quelle und Darstellung.

→**S. 77, Aufgabe 2:** Beachte Tätigkeiten, Rolle im Haus und Familie, Erziehung der Kinder, Selbstständigkeit.

→**S. 77, Aufgabe 4:** Sammle Argumente für und gegen diese Behauptung.

→**S. 81, Aufgabe 2c):** Die Tabelle kann so aussehen:

Bild M1	*Herodot M2*	*Schreiber M3*
...	...	...

→**S. 83, Aufgabe 2a) und b):** Beachtet hierbei zum Beispiel die Aufwendungen für den Bau und den Stand der damaligen Technik.

→**S. 85, Aufgabe 3b):** Markiere in deinen Notizen für dein Lapbook, welche Begriffe für deine Aussagen passen.

Geschichte im Querschnitt: Zusammenleben in der Polis Athen und im römischen Weltreich untersuchen

→**S. 90, Aufgabe 1:** Wo siedelten sich die Griechen an?

→**S. 90, Aufgabe 2:** Nenne dafür die heutigen Namen der Länder.

→**S. 93, Thema 4, Aufgabe 3:** Stelle Unterschiede und Gemeinsamkeiten in einer Tabelle gegenüber.

→**S. 93, Thema 5, Aufgabe 3:** Beachte den Anteil der Versklavten an der Gesamtbevölkerung sowie ihre Tätigkeiten.

Kapitel 4:

→**S. 101, Aufgabe 2a):**

Ort	*Ereignisse/Lebensumstände*
Delphi	*Orakel: Ansiedlung in Libyen*
Thera	*Hungersnot ...*

→**S. 103, Aufgabe 2:** Bei antiken Seefahrten wurde meist die Nähe der Küste gesucht.

→**S. 107, Aufgabe 1:**

Gottheit (Nr.)	*Kennzeichen/ Merkmal*	*Aufgabe und Rolle in der Familie*
1	...	...
...	...	...

→**S. 109, Aufgabe 3:** Tipp: Geht dabei auf Sinn, Ablauf, Teilnehmer, einzelne Sportarten und Ehrungen ein. Nutzt dazu M1, M2, M3 und M5.

→**S. 111, Aufgabe 2:** Unterscheide Ursachen, Verlauf und Lösungen.

→**S. 113, Aufgabe 1:** Verwende dabei die Wörter Gesetz, Chancen, Herkunft, (un)abhängig, Gleichheit, Tagegeld, Fähigkeiten, Anerkennung.

→**S. 113, Aufgabe 2:** An den gekennzeichneten Stellen (...) musst du die Ämter und deren Aufgaben eintragen. In die blauen Kasten musst du deren Beziehungen untereinander eintragen. Verwende dazu folgende Begriffe: lost, kontrolliert.

→**S. 114, Aufgabe 1:** Ihr könnt das Quiz auch digital erstellen.

→**S. 121, Aufgabe 1:** Orientiere dich an den Überschriften der Abschnitte dieses Kapitels.

→**S. 123, Aufgabe 2a):** Nehmt den jeweiligen Absatz im Darstellungstext zu Hilfe.

→**S. 129, Aufgabe 3:** Warum waren die Athener daran interessiert, den Handel im Mittelmeer immer weiter auszudehnen? Wenn du dir nicht sicher bist, musst du vermuten.

→**S. 129, Aufgabe 6:** Welche Bedeutung hat sie für uns heute? Wo liegen im Vergleich zur heutigen Demokratie die größten Unterschiede?

Kapitel 5:

→**S. 137, Aufgabe 1a):** Stelle Rechte und Pflichten der Patrizier und der Plebejer gegenüber.

→**S. 139, Aufgabe 1:** Lege eine Tabelle an:

Versammlung/Amt	*Aufgaben*
Volksversammlung	...
...	...

→**S. 139, Aufgabe 2:** Du musst entweder die Aufgaben der jeweiligen Ämter oder die Namen der Jeweiligen Gruppen ohne Bürgerrechte eintragen (Linien). Verwende für den blauen Kasten folgende Begriffe: wählt, ernennen, berät.

→**S. 141, Aufgabe 4a):** Beachte, mit welchem Ziel die Römer das römische Bürgerrecht an unterworfene Völker vergaben.

→**S. 147, Aufgabe 3:** Finde heraus, welche Eigenschaften Augustus zugeschrieben werden.

→**S. 147, Aufgabe 4:** Benenne Unterschiede zwischen Prinzipat und Republik.

→**S. 149, Aufgabe 3b):** Nimm S. 85 zu Hilfe.

→**S. 151, Aufgabe 4a):** Warum waren Feste und Spiele wichtig für die Machtsicherung der Kaiser?

→**S. 161, Aufgabe 4:** Mit welcher Absicht hat Tacitus seinen Bericht vermutlich verfasst?

→**S. 163, Aufgabe 2:** Welche Waren wurden gehandelt? Welche Seite profitierte vom Handel?

→**S. 169, Aufgabe 2:** Vergleiche mit der Zeichnung des Legionärs auf S. 163.

→**S. 173, Aufgabe 2:** Nimm die S. 158–161 zu Hilfe.

→**S. 173, Aufgabe 5:** Nutze auch die Begriffe im Kasten auf S. 172.

Kapitel 1:

→ **S. 32/33**

Zum Kasten auf S. 32: Lösungshilfen siehe S. 16/17, 20/21 und 26/27.

1 Durch die Interpretation von gegenständlichen Quellen kann man Aussagen zum Leben der Menschen früherer Zeiten treffen, zum Beispiel zu deren Lebensweisen, zu deren Alltag oder zum technischen Fortschritt der Menschen jener Zeit.

2 Eine gegenständliche Quelle überliefert keine umfassenden Aussagen zu einem vergangenen Ereignis. Durch die Interpretation des Gegenstandes können zwar einige Informationen über die Zeit, aus der er stammt, gewonnen werden. Wenn aber ein bestimmtes Ereignis aus der Vergangenheit untersucht und dargestellt werden soll, ist man auf weitere Quellen, wie zum Beispiel Schriftstücke oder Bilder, angewiesen. Erst wenn diese ausgewertet und verglichen wurden, können weitere Aussagen getroffen werden, zum Beispiel: Wer war an dem Ereignis beteiligt? Wann und warum geschah es? Wie kam es dazu? Wer verfolgte welche Interessen?

3 **a)** M1: „Frühgeschichtliche Höhlenmalerei einer Rinderherde um 8000 v. Chr., Foto", M2: „Bauern bei der Heuernte. Malerei um 1510"; M3: „Statue des ägyptischen Pharaos Cheops, vermutlich zwischen 2613–2494 v. Chr. erstellt, gefunden in Abydos, Ägypten. Foto"
b) Gegenständliche Quelle: M3; Bildquelle: M1, M2; schriftliche Quelle: M5
c) individuelle Lösung

4 **falsch:** d (**richtig:** Zeitmessung war für die Menschen schon immer von großer Bedeutung, zum Beispiel für die Aussaat; früheste Versuche der Zeitmessung durch Naturbeobachtungen), e (**richtig**: Informationen von Eltern und Großeltern oder aus Geschichtsbüchern werden bei der Erforschung von Familiengeschichte benötigt); **richtig:** a, b, c, f

5 **Tipp:** Beachtet die Darstellungen der Zeit auf S. 14/15 und 20/21.

6 individuelle Lösungen; zum Sinn der Erforschung von Quellen siehe S. 26/27

Kapitel 2:

→ **S. 56/57**

Zum Kasten auf S. 56: Höhlenmalerei: Altsteinzeit; Frühmensch: 2 Millionen bis ca. 40 000 v. Chr.; Homo sapiens sapiens: entstand vor rund 200 000 Jahren; Wildbeuter: Altsteinzeit; neolithische Revolution: Jungsteinzeit; Himmelsscheibe von Nebra: Bronzezeit (ca. 3600 Jahre alt); Altsteinzeit: bis ca. 9000 v. Chr.; Jungsteinzeit: bis ca. 2200 v. Chr.; Metallzeit: zwischen 2200 und ca. 800 v. Chr.

1 M2: Rekonstruktionszeichnung, da aus der heutigen Zeit. Sie stellt dar, wie etwas in der Vergangenheit gewesen sein könnte, und gibt die Sichtweise des Zeichners wieder. In der Realität hat diese Szene vermutlich niemals so stattgefunden.

2 M2 gibt nur die Sicht des Zeichners wieder. Es gibt keine Quellen oder Bilder, die von solch einer Szene berichten. Der Rekonstruktionszeichner wollte mit diesem Bild die Techniken und Werkzeuge der Altsteinzeit darstellen und hat diese in einer ausgedachten Szene abgebildet.

3 Arbeitsschritte S. 41:
1. Ersten Überblick verschaffen:
Der Historiker Yuval Noah Harari schreibt über das Leben der Menschen in der Jungsteinzeit. Harari behauptet, dass der Übergang zur Landwirtschaft in der Jungsteinzeit kein großer Sprung in der Menschheitsgeschichte war.
2. Fragen stellen:
- in der Jungsteinzeit wurden die Menschen sesshaft; Jäger (Wildbeuter) und Sammler, sesshafte Bauern; Alt- und Jungsteinzeit
- Bauern in der Jungsteinzeit hielten Schafe und bauten Weizen an; ihr Alltag war härter und weniger befriedigend als der ihrer Vorfahren; Jäger (Wildbeuter) und Sammler ernährten sich gesünder und arbeiteten weniger als die Bauern der Jungsteinzeit
- Offene Frage: Was erfahren wir über die Frauen in der Steinzeit?

3. Schlüsselwörter klären:
Fortschritt und Intelligenz, entbehrungsreiches Leben (Wörterbuch)
4. Textaufbau erfassen:
- Harari kritisiert die Auffassung, der Übergang zur Landwirtschaft sei ein „Sprung für die Menschheit“ gewesen (Z. 1–10).
- Alltag in der Jungsteinzeit war härter und weniger befriedigend als in der Altsteinzeit (Z. 10 ff.).
- Jäger (Wildbeuter) und Sammler hatten ein besseres Leben (Z. 12 ff.).

4 Nach Fund von Ötzi und dessen Ausrüstung Übergabe an das Römisch-Germanische Zentralmuseum in Mainz (Deutschland) zur Lagerung und Restaurierung; Dokumentation des Zustandes der Gegenstände und Entnahme von Proben zur Bestimmung von Art und Alter der Materialien; Reinigung der Funde mit destilliertem Wasser; Maßnahmen zur Konservierung: Rückfettung von Leder und Fell; durch Gefriertrocknung wurde Feuchtigkeit entzogen, beiliegende Hölzer wurden langsam getrocknet; Wissenschaftler fügten verschiedene Kleidungsteile aneinander und konnten so die einzelnen Bekleidungsstücke rekonstruieren.

5 1 j, 2 f, 3 i, 4 k, 5 a, 6 c, 7 h, 8 d, 9 e, 10 g, 11 a

6 **a)** Händler, Höhle, Dorf, Salz, Wildbeuter, Nebra, sesshaft, Homo sapiens, Siedlung, Feuer, Bronze, Mumie, Eisen, Ötzi
b) individuelle Lösungen

7 Individuelle Lösung nach den Arbeitsschritten „Einen Sachtext verfassen“, S. 54. Mögliche Leitfrage: Wie lebten die Frühmenschen in der Jungsteinzeit? Mögliche Unterfragen zur Beantwortung der Leitfrage: Wann und wo lebten die Frühmenschen in der Jungsteinzeit? Wie ernährten sie sich? Wie lebten sie zusammen? Welche Werkzeuge hatten sie?

8 Stelle Argumente (also Beweise), die für einen Vorteil bzw. einen Nachteil der Vermarktung sprechen, gegenüber. Für eine Vermarktung: Menschen werden auf die Himmelsscheibe aufmerksam, sie lernen etwas über die Geschichte, sie gehen ins Museum und bilden sich weiter; sie erfahren etwas über das Denken und die Sicht der Menschen damals.
Gegen eine Vermarktung: Es geht nur um Einnahmen; Menschen setzen sich nur oberflächlich mit der Himmelsscheibe auseinander, weil sie interessant aussieht, aber nicht, weil sie eine Quelle ist und etwas über die Vergangenheit aussagt; die Funktion und Bedeutung von Quellen als Zeugnisse der Vergangenheit könnten verloren gehen; die Gegenstände auf die die Himmelsscheibe gedruckt wird, haben nichts mit der echten Himmelsscheibe und ihrer Funktion zu tun – das könnten die Menschen vergessen.

Kapitel 3:

→ S. 88/89

Zum Kasten auf S. 88: Das alte Ägypten erfüllte viele Merkmale einer Hochkultur: Staat mit zentraler Verwaltung (Pharao an der Spitze); Arbeitsteilung; Anfänge von Wissenschaft und Technik (zum Beispiel Feldvermessung und Geräte zur Landwirtschaft); eigene Schrift (Hieroglyphen, Schreiber); Kalender; Architektur (Pyramiden); Vorratssicherung; (polytheistische) Religion.

1 Arbeitsschritte „Eine Bildquelle auswerten“, S. 65:
1–4. Dargestellt sind fünf Personen (nur Männer). Es handelt sich um fünf Maurer. Bekleidet sind sie mit einem kurzen Lendenschurz. Sie tragen keine Oberbekleidung. Die Männer haben keine Haare. Neben den Männern sind noch Gegenstände, wie Steinblöcke, Eimer oder Werkzeuge, zu sehen. Die Maurer befinden sich auf einer Baustelle.
5–6. Die Wandmalerei zeigt eine Szene von einer „Baustelle“. Die Arbeiter scheinen die Mauern des Tempels zu errichten, eine engere Verbindung zwischen den Personen wird nicht deutlich. Die dunkle Hautfarbe der abgebildeten Personen lässt darauf schließen, dass sie während ihrer Arbeit oft dem Sonnenlicht ausgesetzt waren. Es muss eine harte körperliche Arbeit gewesen sein, denn die Männer transportieren ganze Steinblöcke.
7–8. Das Bild stammt aus dem Grab des Rekhmere und wurde zwischen 1543 und 1282 v. Chr. angefertigt. Der Künstler ist unbekannt.

2 Arbeitsschritte „Eine schriftliche Quelle untersuchen“, S. 69:

1. Zum Beispiel: Warum schreiben die Arbeiter einen Beschwerdebrief an den Wesir?
3. Der Autor ist unbekannt, es muss jedoch einer der Arbeiter gewesen sein.
4. um 1150 v. Chr. in Ägypten
5. Ausschnitt aus einem Beschwerdebrief
6. Der Brief war an den Wesir Ta gerichtet.
7. Schatzhaus (Z. 5), Magazin (Z. 5)
8. 1) Schilderung der persönlichen Situation
   2) Schilderung der Situation der Arbeiter
   3) Bitte an den Herrn, mehr Nahrung zur Verfügung zu stellen
9. Warum haben die Arbeiter keine Nahrung erhalten?
10. Die Arbeiter arbeiten an den Gräbern der Königskinder und haben zu wenig Nahrung erhalten. Sie müssen hungern und bitten den Wesir, ihnen mehr Nahrung bereitzustellen.
11. Der Autor möchte auf die schlechte Lage der Arbeiter hinweisen.
12. Da nur Schreiber auch wirklich schreiben konnten, ist es unwahrscheinlich, dass ein Arbeiter den Brief verfasst hat. Vermutlich haben sie sich bei einem Schreiber beschwert, der den Brief für sie geschrieben hat. Die Aussagen selbst scheinen zuverlässig zu sein.
13. individuelle Lösung

3 sicher belegt – Informationen oder Aussagen, die durch mehrere Quellen belegt sind;
unklar – Informationen, zu denen keine Aussagen getroffen werden können, die sich durch Quellen belegen lassen;
vermutlich – Informationen, die nicht direkt in Quellen zu finden sind, aber aus dem Zusammenhang erschlossen werden können;
teilweise belegt – Informationen, die nur in einzelnen Quellen zu finden sind oder angedeutet werden

4 Aussage 1: ja, weil in beiden Quellen zutreffend – könnte aber auch mit „sicher belegt“ gekennzeichnet werden;
Aussage 2: nein, weil es nur in einer Quelle erwähnt wird – teilweise belegt;
Aussage 3: ja, weil es keinen Anhaltspunkt in beiden Quellen gibt;
Aussage 4: ja, weil es aus dem Zusammenhang von M1 zu entnehmen ist

5 **a)** Mögliche Lösung: Fares traf sich zu Beginn seines Arbeitstages mit den anderen Arbeitern. Vom Hauptaufseher erfuhren sie, dass der Pharao den Bau einer Pyramide befohlen hat. Erst jetzt konnte Fares mit der Arbeit beginnen. Sein Arbeitsalltag war hart, denn die Pyramiden wurden mit einfachen Werkzeugen errichtet. Deshalb waren für den Bau sehr viele Arbeiter erforderlich. Fares arbeitete täglich acht bis zehn Stunden. Als Arbeiter verdiente er vermutlich 5,5 Sack Getreide und zehn bis elf Deben. Seine Mitarbeit am Bau der Pyramiden war vermutlich verpflichtend. Nachdem Fares und die anderen Arbeiter am Morgen mit der Arbeit begonnen hatten, mussten sie wegen der Mittagshitze schon bald wieder eine Pause einlegen. Nach der längeren Mittagspause kehrten die Arbeiter auf die Baustelle zurück und arbeiteten weiter. Nach Feierabend kehrte Fares in eine eigens für die Arbeiter angelegte Siedlung nahe der Pyramidenbaustelle zurück.
b) sicher belegt: lange Arbeitszeiten und Pausen wegen der Mittagshitze, harter Arbeitsalltag wegen einfacher Werkzeuge, der Pharao beauftragt den Bau der Pyramide

6 individuelle Lösung. Überlege, welche der folgenden Themen du beispielsweise spannend genug für ein Comic, einen Podcast oder einen Kurzfilm findest: Pyramidenbau, Beamte, Mumifizierung/Totenkult, Pharaonen und ihre Schätze, Landwirtschaft im alten Ägypten, Hieroglyphen.

Kapitel 4:

→ S. 128/129

Zum Kasten auf S. 128: zum Beispiel Orakel: nach Glauben der Griechen waren die Götter für Glück und Unglück „zuständig". Mittels eines Orakelspruchs durch eine Priesterin wurden die Götter bei wichtigen Entscheidungen um Rat gefragt; Olympische Spiele: religiöser Zusammenhang – die Olympischen Spiele wurden zu Ehren des Gottes Zeus alle vier Jahre abgehalten. Sie waren für die Griechen so wichtig, dass sie sie zur Grundlage ihres Kalenders machten; Theater: zum Beispiel: Dionysos-Theater: ältestes Theater Griechenlands. Athen gilt als Geburtsstätte des Theaters.

1 **a)** Xenophon begründet die Rollenverteilung zwischen Frau und Mann damit, dass der Körper des Mannes von Natur aus für die Arbeit draußen und der Körper der Frau von Natur aus für die Arbeit im Haushalt und für die Kindeserziehung geschaffen sei.
b) Diese Rollenverteilung ist heute nicht mehr zeitgemäß. Heute teilen sich Männer und Frauen in der Regel die Hausarbeit. Es gibt immer mehr Frauen, die als typische „Männerberufe" geltende Tätigkeiten ausüben. Heute teilen sich Männer und Frauen die Kindeserziehung. Es ist nicht mehr nur die Frau dafür zuständig.

2 1 e;
2 a;
3 g;
4 f;
5 b;
6 c;
7 g;
8 d

3 individuelle Lösung

4 mögliche Themen: Athen als Geburtsstätte des Theaters, Dionysos-Theater mit jährlichen Festspielen; Philosophie: Athen als Wirkungsstätte berühmter Philosophen, die Schulen begründeten: Sokrates, Platon, Aristoteles; Kunst: zum Beispiel Reliefbild der Göttin Athene; mögliche Verhaltensregeln: sorgsamer und vorsichtiger Umgang mit den antiken Stätten, nichts zerstören, nichts beschmutzen und keinen Müll hinterlassen, Hinweisschilder beachten.

5

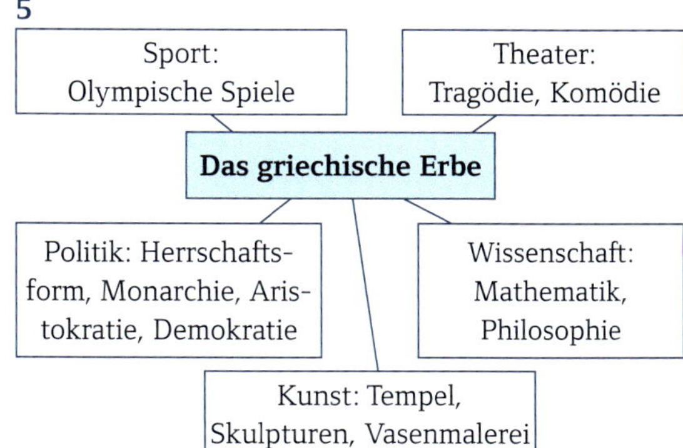

6 Mögliche Lösung: Die attische Demokratie gilt bis heute als Geburtsstätte unserer heutigen Demokratie. Im Vergleich zur Gegenwart erscheint jedoch einiges an der attischen Demokratie fremd: zum Beispiel die Auslosung der Beamten oder die Verbannung fähiger Politiker durch das Scherbengericht. Auch der jährliche Wechsel in den Ämtern überrascht. Der Ausschluss von Frauen, Versklavten und Fremden erscheint uns heute als ungerecht. Die athenischen Bürger nahmen viele Unbequemlichkeiten auf sich, um in der Volksversammlung abzustimmen. Allein durch die Größe der Bundesrepublik ist eine solche direkte Form der Demokratie nicht umsetzbar. Bürger der Bundesrepublik wählen Volksvertreter, sogenannte Abgeordnete, die politische Entscheidungen für das Volk treffen.

Kapitel 5:

→ S. 172/173

Zum Kasten auf S. 172: römische Republik; römische Expansion; Caesar; Augustus; Kaiserzeit; Varus-Schlacht; Limes; Diaspora; Christenverfolgungen; Staatsreligion

1 Arbeitsschritte „Eine schriftliche Quelle untersuchen", S. 69:
   1. Wie war das Verhältnis zwischen Römern und Germanen?
   3. der römische Geschichtsschreiber Cassius Dio
   4. zwischen 164–229 n. Chr., vermutlich in Rom
   5. Ausschnitt aus dem historischen Werk „Römische Geschichte"
   6. vermutlich an die Nachwelt
   7. Sitten
   8. Einzug der Römer, Übernahme ihrer Lebensweise, Römer wollen Germanen Vorschriften machen, Widerstand der Germanen
   9. Warum übernahmen die Germanen die römische Lebensweise?
   10. Die Germanen übernahmen unbewusst langsam die römische Lebensweise. Wenn die Römer keinen Druck auf sie ausübten, lebten sie friedlich zusammen. Als die Römer aber begannen, ihnen Vorschriften zu machen und Steuern einzutreiben, gab es Widerstand.
   11. Cassius Dio möchte der Nachwelt über das Verhältnis zwischen Römern und Germanen berichten.
   12. Cassius Dio schreibt fast 200 Jahre nach den Geschehnissen (um 9 n. Chr.). Er war daher nicht persönlich dabei. Seine Quellen sind unklar.
   13. individuelle Lösung

2 Mögliche Lösung: Obwohl Römer und Germanen oft in Konflikt gerieten, übernahmen die Germanen immer mehr die römische Lebensweise. Des Weiteren trieben sie trotz der kriegerischen Auseinandersetzungen einen regen Handel untereinander, von dem beide Seiten profitierten.

3 Mögliche Lösung: Der Limes war nicht nur eine militärische Grenze, sondern auch ein Ort des Handels zwischen Römern und Germanen. Händler trieben an den Grenzstationen und den nahe gelegenen Märkten einen regen Warenhandel, von dem beide Seiten profitierten. Die Römer bezogen zum Beispiel Holz, Eisen und Blei aus Germanien. Die Germanen kauften von den Römern Keramik, Schmuck oder Wein. Um Handel treiben zu dürfen, mussten die Germanen jedoch eine Zollgebühr bei den Legionären zahlen.

4 individuelle Lösung

5 Mögliche Fragen: Wer war Augustus? Wann wurde Rom der Sage nach gegründet? Was bedeutet „Prinzipat"? Wer war Caesar? Wie gingen die Römer mit anderen Religionen um? Was bedeutet Diaspora? Welche Funktion hatte der Limes? Welche Aufgaben hatte der Senat? Welche Stellung hatte der „pater familias" in der römischen „familia" inne? Wann ging das Weströmische Reich unter? Wann wurde das Christentum Staatsreligion? Was ist die Varus-Schlacht? Wer waren die Germanen?

6 strata = Straße,
plastrum = Pflaster,
carrus = Wagen,
cista = Kiste,
saccus = Sack,
corbis = Korb,
murus = Mauer,
porta = Pforte,
villa = Haus,
tegulae = Ziegel,
camera = Kammer,
speculum = Spiegel,
fenestra = Fenster,
cellarium = Keller,
pressa = Presse,
vinum = Wein,
mustum = Most (Saft),
prunum = Pflaume,
persicum = Pfirsich,
radix = Radieschen,
oleum = Öl,
caseus = Käse,
moneta = Geld

7 Das Museum Kalkriese erinnert beim „Osterleuchten" alle zwei Jahre an die Varus-Schlacht. Im Jahr 2008 war zum Beispiel das Vorgeschehen der Varus-Schlacht Thema des „Osterleuchtens". Es wurden Szenen aus Germanien und der Aufmarsch der Römer dargestellt. Im Römermuseum Haltern wurde mithilfe von Spielfiguren der Firma Playmobil an die Varus-Schlacht erinnert. 15 000 Spielfiguren stellten die drei Legionen des Varus dar, die bei der Schlacht von den Germanen geschlagen wurden.

Die Kugellager-Methode

- Bei der Durchführung sitzt oder stellt ihr euch paarweise in einem Innen- und einem Außenkreis gegenüber.
- In einem vorher festgelegten Zeitrahmen tauscht ihr euch mit eurem Gegenüber über ein vorher festgelegtes Thema aus.
- Auf ein vereinbartes Zeichen der Lehrkraft dreht sich der Innenkreis im Uhrzeigersinn zwei Plätze weiter. Dort findet der Austausch mit dem neuen Partner statt.
- Für einen erneuten Partnerwechsel dreht sich auf das Signal der Lehrkraft der Außenkreis gegen den Uhrzeigersinn zwei Plätze weiter.
- Nach mehreren Runden könnt ihr eure Ergebnisse gemeinsam auswerten.

Tipp: Schafft genug Platz, sodass ihr einen gewissen Abstand zu den anderen Paaren habt. Dafür könnt ihr Tische und Stühle an den Rand schieben oder vielleicht auf den Schulhof gehen.

Einen Kurzvortrag halten

- Vorbereitung: Sammle und ordne alle Informationen zu deinem Thema in einer Mind-Map.
- Entwickle eine Gliederung für deinen Vortrag: Lege zu jedem Hauptpunkt eine Karteikarte mit den wichtigsten Informationen an und nummeriere die Karteikarten in einer sinnvollen Reihenfolge.
- Überlege dir einen interessanten Einstieg und Schluss für deinen Vortrag.
- Versuche, möglichst frei vorzutragen. Sprich laut, deutlich und nicht zu schnell.
- Schau dein Publikum an. So siehst du auch, wenn es Zwischenfragen gibt.
- Unterstütze deinen Vortrag durch Anschauungsmaterial (Bilder, Grafiken, Gegenstände).

Ein gutes Lernplakat gestalten

- Verwende für das Plakat mindestens die Größe DIN A2, besser DIN A1 (= 8 DIN-A4-Blätter).
- Beschränke dich auf die wesentlichen Informationen.
- Die Informationen auf dem Plakat müssen sachlich stimmen (zum Beispiel richtige Jahreszahlen).
- Das Thema des Plakats muss deutlich zu lesen sein.
- Schreibe in Stichpunkten oder in kurzen Sätzen.
- Unterstreiche Schlüsselbegriffe oder rahme sie ein.
- Verwende für die Schrift einen schwarzen oder dunkelblauen Stift. Andere Farben eignen sich für Pfeile, Linien oder Hervorhebungen.
- Achte auf die Lesbarkeit der Schrift (Größe und Ordnung). Du kannst Hilfslinien mit Bleistift zeichnen und später wegradieren.
- Gliedere deine Informationen durch unterschiedliche Schriftgrößen. Verwende Ordnungszahlen, wenn du eine bestimmte Reihenfolge darstellen möchtest.

Ein Rollenspiel durchführen

- **Ausgangslage festhalten:** Fertigt eine Situationskarte und mehrere Rollenkarten an.
  Situationskarte: kurze Beschreibung, welche Situation nachgespielt werden soll
  Welche Probleme sind zu lösen?
  Rollenkarte: Je eine für die dargestellten Personen und für die Beobachter. Auf den Karten sind Tätigkeit, Eigenschaften, Verhalten und die Ziele der Personen notiert.
- **Rollen verteilen:** Vorgaben der Rollenkarten beachten, eigene Vorstellungen dürfen aber auch eingebracht werden.
- **Spiel vorbereiten:** Die Spielerinnen und Spieler heften sich ein Schild mit ihrer Rollenkennzeichnung an. Sie besprechen die Situation (Situationskarte) und die Rollen (Rollenkarten) untereinander.
- **Spiel durchführen:** Spielbeobachter machen sich während des Spiels Notizen zu den einzelnen Rollen.
- Spiel auswerten: Die Beobachter bewerten das Spiel und begründen ihre Meinung. Wurden die Rollen glaubhaft gespielt? Welche Argumente wurden genannt? Passten sie in die Situation und die Zeit? Was war gut? Was könnte verbessert werden?

Eine Mind-Map erstellen

Eine „Mind-Map“ (englisch für „Gedächtnislandkarte“) dient dazu, Informationen zu einem Thema oder einer Fragestellung übersichtlich darzustellen. Dazu werden Begriffe und kurze Stichpunkte mithilfe von Ästen und Zweigen sinnvoll angeordnet. Durch unterschiedliche Schriften, Schriftgrößen, Farben, Symbole, Pfeile, Bilder etc. kann die Mind-Map zusätzlich gestaltet werden. Eine Mind-Map hilft, die wichtigsten Informationen zu einem Thema zu lernen oder zu wiederholen. Du kannst eine Mind-Map auch digital erstellen (→ S. 192).

Informationen zusammenstellen und ordnen

1. Sammle alle Begriffe und Informationen zum Thema, entweder indem du dir Stichpunkte machst oder sie in einem Text markierst.
2. Überlege dir, welche Hauptbereiche („Äste“) es geben soll. Ordne deine Notizen den Ästen zu („Zweige“).

Mind-Map entwerfen

1. Schreibe das Thema / die Frage in die Mitte des Blattes. Benutze am besten ein unliniertes DIN-A4-Blatt im Querformat. Achte auf einen ausreichend großen Rand, um das Blatt abheften zu können.
2. Zeichne von der Mitte aus für jeden Hauptbereich einen Ast; notiere darauf den Namen des Bereichs (ein Wort, eine kurze Wortgruppe).
3. Vom Ende der Hauptäste gehen die Zweige ab. Notiere hier die Begriffe auf den Zweigen. Von diesen Zweigen können gegebenenfalls noch feinere Zweige abgehen.
4. Achte bei deiner Skizze darauf, den Raum auszunutzen: Die Äste sollten nicht zu weit von der Mitte entfernt sein, sonst bleibt zu wenig Platz für die Zweige.

Mind-Map gestalten

1. Erstelle mithilfe deiner Skizze die endgültige Mind-Map: Achte darauf, sauber und deutlich – am besten in Druckschrift – zu schreiben. Am besten schreibst du deinen Text waagerecht; so lässt sich der Text leichter lesen, ohne das Blatt oder den Kopf drehen zu müssen.
2. Gestalte deine Mind-Map farbig (**Tipp:** Verwende immer eine Farbe für einen Ast mit seinen Zweigen!) und zeichne passende Bilder, Symbole, Pfeile etc.

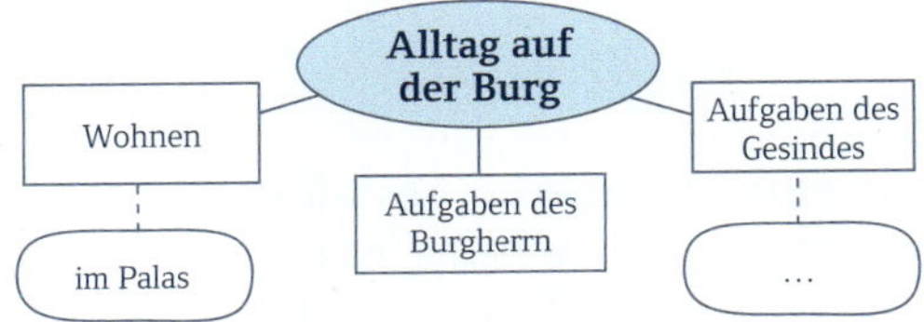

Ein Standbild entwickeln

In einem Standbild stellt ihr eine bestimmte Handlung oder eine Szene aus einem Bild oder Text nach. Dafür benötigt ihr:
einen oder mehrere Standbildbauer, einen oder mehrere Darsteller, Zuschauer.

- Der Standbildbauer formt durch Anweisungen und Vormachen das Standbild. Er/Sie gibt dabei möglichst viele Einzelheiten vor, zum Beispiel Körperhaltung, Gesichtsmimik, Gestik der Hände. Die Darsteller verhalten sich hierbei wie „lebendige Puppen“ und folgen, ohne zu sprechen, den Anweisungen.
- Es ist auch möglich, dass jede Rolle doppelt besetzt wird: Ein Darsteller nimmt die Position einer bestimmten Person ein, der andere steht dahinter und sagt laut, was diese Person in dieser Situation vielleicht denkt.
- Die Zuschauer beurteilen im Anschluss das Standbild und können Veränderungen vorschlagen.
- Zum Abschluss berichten die Darsteller über ihre Wahrnehmung.

Tipp: Entwickelt mehrere Standbilder zum selben Thema, dann wird es noch interessanter, und ihr könnt im Anschluss die verschiedenen Blickwinkel miteinander vergleichen.

Ein Lapbook herstellen

Der englische Begriff Lapbook bedeutet Klappbuch. Mit einem Klappbuch lässt sich fast jedes Thema interessant darstellen, es macht Spaß, darin zu blättern, und man kann anderen sein Wissen gut weitergeben.

M1

Lapbook Außenseite

Die Grundlage für ein Lapbook ist ein größeres Papier (zum Beispiel farbiges Tonpapier), das von rechts und links eingeklappt wird und einen Verschluss haben kann. Jedes Lapbook hat ein bestimmtes Thema, das gut erkennbar auf der äußeren oder inneren Seite zu lesen sein muss.

M2

Lapbook Innenseite

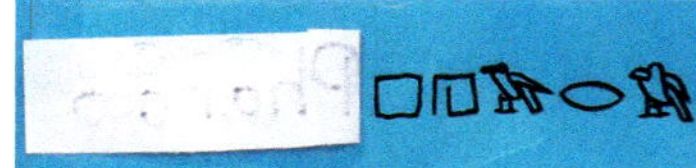

Innen und auf den Klappen finden sich unterschiedliche Papierelement, zum Beispiel Taschen, in denen Informationen stecken, Klappen und Drehscheiben, hinter denen sich Texte oder Bilder verbergen.

cornelsen.de/webcodes
Code: ticege
Vorlagen für Lapbook-Elemente

Übersicht digitaler Anwendungen und Internetseiten zur Aufgabenbearbeitung

In der folgenden Übersicht findest du Vorschläge für Internetseiten und digitale Anwendungen (Apps), mit denen du deine Lösungen mit dem Smartphone, dem Tablet oder mithilfe eines Computers erstellen kannst. Wenn du die unten genannten Apps oder Internetseiten nutzen möchtest, musst du sie im Internet suchen. Die hier aufgelisteten Apps sind nur Beispiele. Es gibt im Internet noch andere Angebote. Achte bei der Verwendung von Apps und Internetseiten immer darauf, ausschließlich kostenlose Angebote zu nutzen. Damit stellst du sicher, dass keine Kosten entstehen. Bespreche die Nutzung mit deiner Lehrerin oder deinem Lehrer sowie mit deinen Eltern.

1. Informationen recherchieren

Um Informationen aus dem Internet zu recherchieren, eignet sich eine Suchmaschine wie **„Google“** oder eine Kindersuchmaschine wie **„Blinde Kuh“** oder **„Frag Finn“**. Entscheide dich für eine Suchmaschine und überlege, nach welchen Begriffen du suchen möchtest. Achte darauf, dass du nur glaubwürdige Informationen übernimmst. Nutze für Recherchen im Internet immer auch die Anleitung auf S. 45 und lege ein Rechercheprotokoll an.

2. Ideen sammeln

Im Unterricht werden bei der Erarbeitung eines Themas oft Ideen oder erste Gedanken zu einem Thema gesammelt. Anstelle mit der Tafel zu arbeiten, könnt ihr eure Ideen und Gedanken auch digital mithilfe eines Smartphones, eines Tablets oder eines Computers sammeln und gemeinsam auswerten. Dazu eignen sich zum Beispiel Apps wie **„Padlet“** oder **„Answer Garden“**, mit denen du ganz unterschiedliche Themen schnell und übersichtlich darstellen kannst oder mit denen ihr gemeinsam in der Klasse Ideen zu einem Thema sammeln könnt.

3. Eine Mind-Map erstellen

Im Schulbuch wirst du in mehreren Aufgaben dazu aufgefordert, eine Mind-Map zu erstellen. Arbeitsergebnisse oder Überlegungen zu einer Leitfrage kannst du aber auch in einer digitalen Mind-Map zusammenfassen und grafisch darstellen. Dazu kannst du beispielweise die Apps **„MindMeister“** oder **„Popplet“** verwenden. Nutze dazu ein Smartphone, ein Tablet oder einen Computer.

4. Ein Quiz erstellen

Zum Abschluss eines Themas und zum Wiederholen der Inhalte kannst du ein digitales Quiz erstellen. Dazu eignet sich zum Beispiel die App **„Quizlet“**. Mit dieser App kannst du dir zu jedem Thema dein eigenes digitales Quiz mit eigenen Fragen erstellen. Deine Mitschülerinnen und Mitschüler können die Fragen dann am Smartphone, am Tablet oder am Computer beantworten.

5. Audio- und Videobearbeitung

Mithilfe deines Smartphones oder einer Kamera kannst du ganz einfach Audios oder Videos aufnehmen. Diese kannst du dann beispielsweise für Interviews oder einen eigenen Erklärfilm nutzen. Zur einfachen Bearbeitung von Audioaufnahmen eignet sich zum Beispiel die App **„Audacity“**. Wenn du selbst gedrehte Videos bearbeiten möchtest, könntest du die App **„Windows Movie Maker“** oder eine andere geeignete App verwenden.

Im Lexikon werden Fremdwörter, historische Begriffe und Ereignisse erläutert, die in den Texten dieses Buches vorkommen und mit einem * versehen sind. Die Fachbegriffe, die auf den Themenseiten erklärt werden, haben einen Verweis auf die entsprechende Seite.

A

der **Adel, die Adligen,** bestimmte Personen in einer Gesellschaft, die besondere Rechte genießen. Sie gehören meist schon durch Geburt den herrschenden oder besonders einflussreichen Familien an.

die **Agora,** Versammlungsort, Marktplatz einer → Polis. In Athen versammelten sich die Bürger seit der Zeit des Kleisthenes nicht mehr auf der Agora, sondern aus Platzgründen auf der Pnyx.

der **Altar,** Opferstätte oder Opfertisch als Verehrungsstätte für Gottheiten. Auf Altären können Opfergaben dargebracht werden. Doch auch die Errichtung des Altars und seine unter Umständen reiche Verzierung sind bereits ein Akt der Verehrung.

die **Altsteinzeit** (Paläolithikum, griech. palaios = alt, lithos = Stein), ist die älteste und längste Epoche in der Geschichte der Menschen. Sie begann vor etwa 2 Millionen Jahren in Afrika und ging mit der letzten Eiszeit in Europa um 9000 v. Chr. zu Ende. Benannt wurde diese Epoche nach dem bevorzugten Werkstoff Stein.

die **Annuität,** Bezeichnung für feste Traditionen römischer Ämter. Von alters her galt bei den Römern, dass ein Magistrat sein Amt immer nur für ein Jahr ausüben durfte.

die **Antike,** Zeitabschnitt nach der Vor- und Frühgeschichte; beginnend mit den frühen Hochkulturen um 3000 v. Chr., endend mit dem Zerfall des Weströmischen Reichs, ca. 500 n. Chr. Die Zeit der klassischen Antike beginnt mit Griechenland um ca. 1000 v. Chr. und endet um 500 n. Chr.

die **Apostel,** Anhänger von Jesus Christus, die das Christentum nach dessen Tod verbreiteten.

die **Arbeitsteilung,** vor allem durch das Anlegen von Vorräten für die Versorgung der Bevölkerung war es im alten Ägypten möglich, dass nicht mehr alle Menschen in der Landwirtschaft und Viehzucht arbeiten mussten. Die Menschen konnten sich auf bestimmte Aufgaben bzw. Berufe spezialisieren.

die **Archäologie,** (griech. Altertumskunde), Wissenschaft, die sich mit Überresten aus Ausgrabungen beschäftigt. Da wir erst seit etwa 5000 Jahren schriftliche Quellen haben, umfasst der Forschungszeitraum für die Archäologie den größten Teil der menschlichen Geschichte. In der Archäologie werden die Forschungserkenntnisse auch mithilfe naturwissenschaftlicher Methoden und moderner Technik gewonnen.

der **Areopag** (griech. „der Areshügel"), Bezeichnung für einen Hügel nahe der Akropolis in Athen und für den sich dort versammelnden Rat, der ursprünglich den König beriet. Während der Aristokratie leitete der Areopag alle Staatsgeschäfte und war das höchste Gericht. Mit der Einführung der Demokratie und des Volksgerichts verlor der Areopag an Einfluss und behielt nur noch die Entscheidung bei Mord. Noch heute heißt der höchste Gerichtshof in Athen so.

die **Aristokratie,** siehe S. 110

B

das **Bewässerungssystem,** bestehend aus Deichen, Dämmen und Bewässerungskanälen, schützt es Siedlungen vor Hochwasser. Mit einfachen Schöpfwerken wurde das Wasser auf die höher gelegenen Felder gebracht. Vor allem im alten Ägypten sollte mithilfe von Bewässerungssystemen verhindert werden, dass der Nil Dörfer und Siedlungen überschwemmt und die Ernte zerstört.

der **Buchhalter, die Buchhalterin,** Berufsbezeichnung für jemanden, der die Rechnungsbücher eines Unternehmens führt.

das **Bürgerrecht,** war in Griechenland erblich; es konnte aber auch an auswärtige Personen verliehen werden. Außer diesen Vollbürgern (in Sparta zum Beispiel den Spartiaten) gab es in den griechischen Staaten minderberechtigte Personen, zum Beispiel Frauen oder Metöken, die keine Ämter bekleiden durften. Pflichten der Bürger waren der Schutz des Staates gegen äußere und innere Feinde und die Teilnahme an Kult und Religion. Römischer Bürger konnte man durch Geburt werden, das heißt wenn beide Eltern römische Bürger waren, durch Verleihung des Bürgerrechts oder Freilassung. Zunächst waren nur die Bewohner Roms römische Bürger, später wurde das Bürgerrecht auch anderen Bewohnern des Reichs verliehen. Römische Bürger trugen die Toga, waren zu Wehrdienst und Steuern verpflichtet, hatten Stimmrecht in der Volksversammlung, konnten gewählt werden und gegen Strafen Berufung einlegen. Nur römische Bürger konnten nach römischem Recht anerkannte Geschäftsverträge und gültige Ehen schließen.

D

die **Darstellung,** siehe S. 17

die **Demokratie,** siehe S. 110

der **Diktator,** in der römischen Republik konnte für besondere Krisensituationen auf Vorschlag des Senats einer der beiden Konsuln einen Diktator als außerordentlichen Beamten ernennen. Dieser bekam große Vollmachten. Seine Amtszeit (die Diktatur) war auf höchstens sechs Monate beschränkt. Die übrigen Magistrate (Beamten) blieben während dieser Zeit im Amt, waren jedoch dem Diktator untergeordnet. Die Diktatoren der späten Republik, zum Beispiel Sulla und Caesar, haben nichts mehr mit dem ursprünglichen Amt zu tun, denn Amtsdauer und Machtfülle waren nicht mehr beschränkt, sie waren Alleinherrscher.

E

die **Epoche,** Geschichtsforscher sprechen von einer neuen Epoche, wenn sich die Lebensbedingungen der Menschen sehr stark verändert hatten. Die Veränderungen betreffen immer mehrere Bereiche wie Alltag, Politik, Wirtschaft oder Wissenschaft. Epochen sind also von Menschen festgelegte Zeiteinheiten, die uns helfen, die Vergangenheit zu ordnen. Dabei erlebt jeder Mensch seine Gegenwart als die neueste Zeit, deren Zukunft offen und unbekannt ist.

die **Etrusker,** ein antikes Volk, das im nördlichen Mittelitalien lebte. Nach der Eroberung durch die Römer zwischen 300 und 90 v. Chr. gehörten die Etrusker zum Römischen Reich.

die **Evolution,** siehe S. 40

die **Expansion,** zum Beispiel die Ausdehnung des Römischen Reichs. Durch Kriege und politische Entscheidungen dehnte sich das Römische Reich auf bis dahin nichtrömische Städte und Länder aus, die dann von Römern regiert wurden.

F

die **Flusstalkultur,** die Lage am Nil und die Nutzung des Wassers waren zentrale Ursachen dafür, dass sich das alte Ägypten zur Hochkultur entwickelte. Wegen der damit zusammenhängenden Umgestaltung der Umwelt sprechen wir heute auch von einer Flusstalkultur.

das **Forum,** war in den Städten des Römischen Reichs ein Platz, der das politische, juristische, ökonomische und religiöse Zentrum des Orts bildete. Es entsprach dabei weitgehend der griechischen → Agora.

das **Forum Romanum,** großer Marktplatz und Mittelpunkt der Stadt Rom. Dort befanden sich die prunkvollsten Bauwerke und Tempel der Stadt. Auch der Senat tagte in der „Curia" am Rande des Forum Romanum.

die **Freien,** als Freie galten in Griechenland Bürger mit ihren Familien und → Metöken. Versklavte waren unfrei, das heißt, sie verfügten über keinerlei Rechte.

die **Frühgeschichte,** Zeitraum vom Beginn der Menschheitsgeschichte bis ca. 3000 v. Chr. Für diesen Zeitraum gibt es keine schriftlichen Quellen.

G

das **Gastmahl,** war in der Antike eine festliche Mahlzeit eines Adligen mit Gästen; eingeladen waren nur Männer, die auf Liegen viel Wein und Speisen zu sich nahmen und u. a. mit Spielen unterhalten wurden.

die **Generation,** ungefähr die Lebenszeit eines Menschen umfassender Zeitraum.

die **Germanen,** Sammelname für viele einzelne Völker und Stämme in Nord- und Mitteleuropa, die der indogermanischen Sprachfamilie angehören. Besonders in den letzten beiden Jahrhunderten v. Chr. versuchten germanische Stämme, sich nach Westen und Süden auszubreiten.

der **Gleichheitsgrundsatz,** Merkmal einer Demokratie. Es bedeutet, dass alle Menschen vor dem Gesetz gleich zu behandeln sind.

die **Götterkulte,** Verehrung von Gottheiten, zum Beispiel in Form von Opfern, Tempelfesten oder den Olympischen Spielen.

der **Gründungsmythos,** eine Erzählung über einen bestimmten Ursprung, die teilweise erfunden wurde, aber als verbindlich wahrgenommen wird.

H

die **Heloten,** die Versklavten in Sparta unterschieden sich von Versklavten in anderen antiken Staaten dadurch, dass sie dem spartanischen Staat gehörten, in Familien weiterleben und ihren alten Bräuchen und ihrer Religion nachgehen konnten. Sie bearbeiteten das Land für die spartanische Oberschicht, die → Spartiaten.

die **Hierarchie,** siehe S. 73

die **Hieroglyphen** (griech. = hieros, glyphein = einritzen), Schriftzeichen (Bilder und Symbole), die auf Papyrusblätter gezeichnet oder in andere Materialien, zum Beispiel Leder, eingeritzt wurden. Erst 1822 gelang es dem Franzosen Jean-Francois Champollion, die Hieroglyphenschrift zu entziffern.

die **Historiker,** untersuchen und analysieren Quellen und gewinnen dadurch Erkenntnisse aus der Vergangenheit.

die **Hochkultur,** siehe S. 70

I

die **Ilias,** Sage des griechischen Dichters Homer über den Trojanischen Krieg. Die Sage bildete zusammen mit der → Odyssee unter anderem die Grundlage für den Götterglauben der Griechen.

der **Imperator** (lat. für „Befehlshaber, Gebieter“), bezeichnete in der römischen Republik ursprünglich den Träger einer militärischen Gewalt. Ab dem späten 3. Jahrhundert v. Chr. wurde die Bezeichnung zunehmend speziell für einen militärischen Kommandeur verwendet, den seine Soldaten nach einem Sieg zum Imperator ausgerufen hatten. Bis ans Ende der Spätantike blieb Imperator Teil des kaiserlichen Titels.

das **Imperium Romanum,** siehe S. 135

der **Import,** Einfuhr von im Ausland hergestellten Waren.

J

die **Jungsteinzeit,** siehe S. 46

K

der **Kalender,** Zeitmessung nach Jahren, Monaten und Tagen. In Ägypten Berechnung nach den regelmäßigen Naturerscheinungen wie der Nilflut. In vielen Kulturen Zeitrechnung ab einem bestimmten Ereignis, zum Beispiel Gründung Roms 753 v. Chr. oder nach Olympiaden (= vier Jahre).

die **Kaserne,** militärische Gebäudeanlage, in der Soldaten abrufbereit untergebracht (kaserniert) sind.

das **Kastell,** Bezeichnung für ein kleines, befestigtes römisches Militärlager, das in Grenznähe errichtet wurde.

die **Klientel, die Klienten,** nichtadlige Römer und ihre Angehörigen waren häufig Abhängige (= Klienten) eines adligen Patrons. Der Patron half in Notlagen (Überfällen, Feuer). Solche Hilfsleistungen übernimmt bei uns heute der Staat. Die Klienten unterstützten den Patron bei Versammlungen und Wahlen. Sie gehörten zur „familia“. Die Beziehungen zwischen Patron und Klient wurden vererbt. Ihre Ursprünge sind unklar: Vielleicht waren es landlose Siedler.

die **Kollegialität,** jedes Amt musste mit mindestens zwei Personen besetzt und Entscheidungen mussten gemeinsam getroffen werden: Wenn zum Beispiel einer der beiden Zensoren einen neuen Senator bestellen wollte, konnte er das nicht ohne die Zustimmung des anderen tun.

die **Kolonisation,** in der Antike Gründung von Siedlungen außerhalb der Heimat durch Griechen und Römer. In der Neuzeit Errichtung von Handelsstützpunkten. Sie konnten auch größere Gebiete umfassen.

die **Komödie,** eine Handlungsform des griechischen Theaters. Die Komödie ist ein Drama mit erheiterndem Ablauf und endet meist glücklich.

die **konstantinische Wende,** die Entscheidung Kaiser Konstantins 313 n. Chr., die christliche Religion gleichberechtigt neben allen anderen Religionen im Römischen Reich zuzulassen.

die **Konsuln,** die beiden höchsten zivilen und militärischen Amtsträger der römischen Republik. Um zu verhindern, dass ein Konsul zu mächtig werden konnte, standen immer zwei Konsuln an der Spitze des römischen Staates.

der **Kult,** Bezeichnung für die religiöse Verehrung einer Gottheit durch eine Anhängerschaft.

die **Kulturen,** menschliche Gruppen (Völker) unterscheiden sich in ihren Lebensformen. Es gibt bei ihnen zum Beispiel ganz unterschiedliche Geräte, Werkzeuge, Waffen, Häuser und Siedlungen, Kleidung, Schmuckstücke, Kunstwerke, Musik und Tänze, Ernährungsweisen, Religionen und Ordnungen des Zusammenlebens. Sie haben damit unterschiedliche Kulturen. Bei schriftlosen Kulturen erkennen wir nur die Eigenarten der Lebensbereiche, die Spuren im Boden hinterlassen konnten. Bei schriftlicher Überlieferung wissen wir auch etwas darüber, was die Menschen gedacht und geglaubt haben.

L

die **Landmacht,** Bezeichnung für einen Staat, dessen Macht vor allem auf der Stärke seiner Landstreitkräfte beruht.

das **Lehnwort,** Wort, das aus einer Fremdsprache (zum Beispiel Latein) kommt, aber sich in Aussprache und Schreibweise der Zielsprache (zum Beispiel Deutsch) angeglichen hat.

der **Limes,** siehe S. 163

das **Losverfahren,** viele politische und andere Ämter wurden im antiken Griechenland nicht dem besten Kandidaten anvertraut, sondern die Amtsinhaber wurden durch ein Los bestimmt. Dadurch konnten alle Bewerber, unabhängig von ihrer Herkunft und/oder ihrem Reichtum, gleich behandelt werden.

M

der **Märtyrer,** Bezeichnung für eine Person, die aufgrund ihres Glaubens Verfolgungen, schweres körperliches Leid und sogar den Tod auf sich nimmt.

das **Mehrheitsprinzip,** Merkmal einer Demokratie. Es bedeutet, dass politische Entscheidungen nur mit der Unterstützung einer Mehrheit von Abgeordneten oder des Volkes getroffen werden können.
die **Metallzeit,** siehe S. 48
die **Metöken** (= griech. Mitbewohner), lebten als zugezogene Freie in Athen, ohne attische Bürger zu sein. Sie durften kein Land in Attika besitzen und waren vor allem in Handwerk und Handel tätig. Ähnliche Gruppen gab es in vielen antiken Städten.
das **Mittelalter,** der Begriff bezeichnet den Zeitraum zwischen 500 n. Chr. und 1500 n. Chr., der Zeit zwischen Antike und Neuzeit in der Geschichte Europas. Die Völkerwanderungen, das Ende des Weströmischen Reichs 476 n. Chr., die Gründung des Frankenreichs um 500 n. Chr. und der Aufstieg des Islam (7. Jh.) werden als Beginn einer neuen Epoche gesehen. Sie endet um 1500 in einer Zeit wichtiger Erfindungen und Entdeckungen (1492 Amerika) und religiöser Umwälzungen (1517 Reformation).
die **Monarchie,** siehe S. 71
der **Monotheismus,** siehe S. 66
der **Mythos** (Pl. Mythen), eine Erzählung, in der wahre und erfundene Ereignisse verknüpft sind.

N

die **neolithische Revolution,** siehe S. 46
die **Neuzeit,** der Begriff bezeichnet in der Geschichte Europas den Zeitraum von etwa 1500 bis zur Gegenwart. Die Abgrenzung zum Mittelalter wird mit dem grundlegenden Wandel durch Humanismus, Renaissance und Reformation begründet. Als frühe Neuzeit wird die Periode von 1500 bis zur Französischen Revolution (1789) verstanden.
die **Nilschwemme,** durch Regen verursachtes Hochwasser und Überschwemmung durch den Nil. Der Wasserstand des Nils stieg im alten Ägypten zwischen Juni und Oktober um bis zu acht Meter an, und das flache Land verschwand unter den Fluten.
die **Nomaden,** Menschen und Menschengruppen, die innerhalb eines begrenzten Gebietes ohne festen Wohnsitz umherziehen.

O

die **Odyssee,** Sage des griechischen Dichters Homer über die Irrfahrten des Odysseus. Die Sage bildete zusammen mit der Sage → Ilias unter anderem die Grundlage für den Götterglauben der Griechen.
der **Oikos** (griech. Haus), umfasste in Griechenland nicht nur das Haus als Gebäude, sondern die ganze Hausgemeinschaft: die Familie, Gäste und Versklavte, das dazugehörige Land und das Vieh. Alles dies stand unter der Gewalt des Herrn des Oikos („Kyrios"). Von dem Wort Oikos ist auch der Begriff „Ökonomie" = Hauswirtschaft abgeleitet. In Rom entsprach dem Oikos die familia, die ebenfalls alle Personen und Güter umfasste, die unter der Gewalt des pater familias standen.
die **Olympischen Spiele,** sportliche Wettkämpfe, die zu Ehren des Gottvaters Zeus in Olympia veranstaltet wurden. 293-mal konnten die Spiele 776 v. Chr. bis 393 n. Chr. in ununterbrochener Reihenfolge stattfinden. Danach wurden sie durch den römischen Kaiser Theodosius (347–395 n. Chr.) als heidnischer Brauch verboten. Der Franzose Baron de Coubertin (1863–1937) rief sie erst 1896 wieder ins Leben.
die **Optimaten** (lat.), in der ausgehenden römischen Republik (1. Jh. v. Chr.) Bezeichnung für die Anhänger der Partei des Adels und der herrschenden Familien (Senatspartei), die im Gegensatz zu den → Popularen stand.
das **Orakel von Delphi,** siehe S. 101

P

der **Pädagoge,** siehe S. 117
die **Patrizier,** einflussreiche, römische Adlige. Im Mittelalter die Angehörigen der städtischen Oberschicht.
die **Periöken** (griech. Umwohnende), das heißt die Bewohner der Städte, die auf spartanischem Staatsgebiet „um Sparta herum" lagen. Deren Einwohner waren nicht Versklavte, aber auch nicht spartanische Bürger. Sie waren meist Handwerker und stellten die Dinge her, welche die Spartaner brauchten. Den spartanischen Bürgern war jegliche Arbeit verboten.
der **Pharao,** allgemeine Bezeichnung für die altägyptischen Könige. Der Begriff bedeutet „großes Haus" und bezog sich ursprünglich auf den Königspalast und dessen zahlreiche Bewohner. Seit Beginn des Neuen Reichs nannten sich die ägyptischen Könige Pharao.
die **Philosophie** (griech. philosophia = Liebe zur Weisheit), griechische Philosophen begannen ab dem 6. Jh. v. Chr., Erklärungen für Naturerscheinungen und die Entstehung der Welt zu suchen. Sie gingen nicht mehr davon aus, dass dies alles allein durch den Willen der Götter entstanden sei, sondern versuchten, Erklärungen mithilfe der Vernunft in der Natur selbst zu finden. Auch stellten sie sich Fragen zum Sinn des Lebens, zu Gut und Böse und zu vielen anderen Bereichen. Berühmte griechische Philosophen sind Sokrates, Platon und Aristoteles.

der **Plebejer, die Proletarier** (lat. plebs = niederes Volk), die gesamte Bevölkerung, die nicht zu den Patriziern gehörte. Als Proletarier galten Bürger der untersten Klasse, die keinen Besitz hatten und keine Steuern zahlten.

die **Pnyx,** Hügel in Athen, westlich der Akropolis gelegen und seit den Reformen des Kleisthenes um 508 v. Chr. bis 330 v. Chr. Ort der Volksversammlung. Der Name Pnyx bezeichnet daher auch den Versammlungsbau auf dem Pnyxhügel. Vorher wurden diese Versammlungen auf der → Agora, später im Dionysos-Theater abgehalten.

die **Polis** (Mehrzahl Poleis), durch die vielen Gebirge zerfiel Griechenland in relativ kleine, selbstständige Stadtstaaten. Jede Polis besaß einen städtischen Kern, der von landwirtschaftlichen Flächen umgeben war. Die bedeutendste Polis in Griechenland war die von Athen.

der **Polytheismus,** siehe S. 66

die **Popularen,** als Popularen wurde, in Abgrenzung von den → Optimaten, die sogenannte Partei des Volkes in der römischen Republik bezeichnet.

das **Prinzipat,** siehe S. 146

die **Provinz,** Provinzen waren römische Besitzungen, die außerhalb Italiens lagen. Sie wurden von einem Vertreter Roms (Statthalter) verwaltet und mussten Abgaben zahlen.

Q

die **Quelle,** siehe S. 17

R

die **Reform,** siehe S. 142

die **Republik,** als Republik (von lateinisch res publica = öffentliche Sache) bezeichneten die Römer ihren Staat. Sie machten mit diesem Begriff deutlich, dass die Macht nicht von einem König, sondern von Teilen des Volkes ausgeübt wurde. Auch wir leben in Deutschland in einer Republik (Bundesrepublik). Aber anders als in der römischen Republik haben wir als Herrschaftsform eine Demokratie. Eine Demokratie gab es auch schon im antiken Griechenland.

die **Rohstoffe,** Bezeichnung für verschiedene Stoffe, die aus der Natur stammen und die für die industrielle Be- und Verarbeitung geeignet sind. Dazu zählen beispielweise Holz, Erdöl und Metalle.

die **Romanisierung,** siehe S. 163

S

das **Scherbengericht,** im alten Griechenland ritzten die Bürger den Namen eines Mannes auf eine Scherbe, den sie verdächtigten, dass er die Herrschaft alleine an sich reißen wollte. Es mussten über 6000 Stimmen abgegeben werden, sonst war das Scherbengericht ungültig. Derjenige, dessen Name am häufigsten auf eine Tonscherbe geschrieben wurde, musste für zehn Jahre die Polis verlassen. Sein Vermögen durfte er behalten.

die **Schuldknechtschaft,** wenn ein Schuldner seinen Kredit nicht zurückzahlen konnte, verlor er nicht nur seinen Besitz, sondern auch einen Teil seiner persönlichen Freiheit und musste seine Schulden bei dem Gläubiger abarbeiten, was praktisch nie gelang.

die **Seemacht,** Bezeichnung für einen Staat, der über bedeutende Seestreitkräfte verfügt.

der **Senat** (lat. senex = Greis), Rat der Ältesten, eigentliches Regierungsorgan in der römischen Republik.

die **Senatoren,** waren Mitglied im → Senat. Senatoren waren Männer der einflussreichen Patrizierfamilien.

die **Spartiaten,** Bezeichnung für die wenigen Tausend Bürger Spartas, deren Leben nur dem Krieg und dem Staat gewidmet war. Für den Unterhalt der Familien der Spartiaten mussten die → Heloten sorgen.

der **Speicher,** Bezeichnung für ein Gebäude, in dem Nahrungsmittel oder andere Gegenstände aufbewahrt werden. Zum Beispiel wird in einem Getreidespeicher das geerntete Getreide aufbewahrt.

die **Staatsreligion,** bezeichnet das innerhalb eines Staates als einziges anerkanntes oder dominierendes Glaubensbekenntnis.

der **Statthalter,** Bezeichnung für den Vertreter des Staatsoberhauptes oder der Regierung in einem Teil des Landes.

der **Stratege,** im alten Griechenland eine Bezeichnung für ein militärisches Amt. Die insgesamt zehn Strategen waren im alten Griechenland die Heerführer und hatten den Oberbefehl über das Heer und über die Flotte.

T

das **Theater,** siehe S. 121

das **Totengericht,** Begriff aus dem altägyptischen Glauben, bei dem sich jeder Mensch nach seinem Tod bei einem Totengericht vor den Göttern für sein Handeln im Leben verantworten musste.

die **Tragödie,** eine Handlungsform des griechischen Theaters, in der der Protagonist in eine ausweglose Lage gerät, aus der er sich trotz großer Anstrengung nicht befreien kann. Eine Tragödie beinhaltet immer eine Katastrophe.

das **Triumvirat** (lat. Bündnis von drei Männern), Pompeius, Crassus und Caesar schlossen sich in einem Triumvirat zusammen, um gemeinsam die Herrschaft über den römischen Staat auszuüben.

der **Trojanische Krieg,** zentrales Ereignis der griechischen und der römischen Mythologie. Homers „Ilias" schildert entscheidende Kriegsszenen während der Belagerung der Stadt Troja durch das Heer der Griechen. Dabei wird allerdings nur von 51 Tagen der insgesamt zehnjährigen Belagerung berichtet.

die **Tyrannis, der Tyrann,** der Begriff bezeichnet ursprünglich eine Herrschaftsform der Griechen, bei der ein Adliger die alleinige Machtausübung gewaltsam an sich gerissen hatte. Viele Tyrannen, wie in Athen Peisistratos, sorgten für wirtschaftlichen Wohlstand und kulturelle Blüte ihrer Polis. Heute wird der Begriff Tyrann abwertend verwendet und bezeichnet einen einzelnen Machthaber, der gewaltsam und ohne gesetzliche Grundlage regiert.

U

die **Ur- und Frühgeschichte,** Zeitraum vom Beginn der Menschheitsgeschichte bis ca. 3000 v. Chr. Für diesen Zeitraum gibt es keine schriftlichen Quellen.

V

die **Varus-Schlacht,** siehe S. 161

die **Vergangenheit,** Bezeichnung für die der Gegenwart vorangegangene Zeit.

der **Veteran,** ist eine Bezeichnung für einen altgedienten Soldaten. Im weiteren Sinne ist Veteran eine Bezeichnung für jemand, der sich beispielsweise in langer Dienstzeit bewährt hat.

die **Volksversammlung,** wenn alle stimmberechtigen Bürger eines Staates zusammentreffen, um ihre politischen Rechte wahrzunehmen, spricht man von einer Volksversammlung. Im demokratischen Athen war sie das Zentrum des politischen Lebens: Sie allein entschied in allen wichtigen politischen Fragen. In Rom unterschied man zur Zeit der → Republik verschiedene Formen der Volksversammlung. In ihnen wurden die Beamten gewählt, Gesetze beschlossen und über Krieg und Frieden entschieden. In der Kaiserzeit verlor die Volksversammlung ihren politischen Einfluss.

die **Vorratshaltung,** bezeichnet das Halten von Vorräten (Nahrungsmittel) über einen längeren Zeitraum.

W

die **Wildbeuter,** Mensch, der sich nur von wild lebenden Tieren und wild wachsenden Pflanzen ernährt (Jäger und Sammler).

Die mit einem * versehenen Begriffe werden im Lexikon näher erklärt.

Europa heute

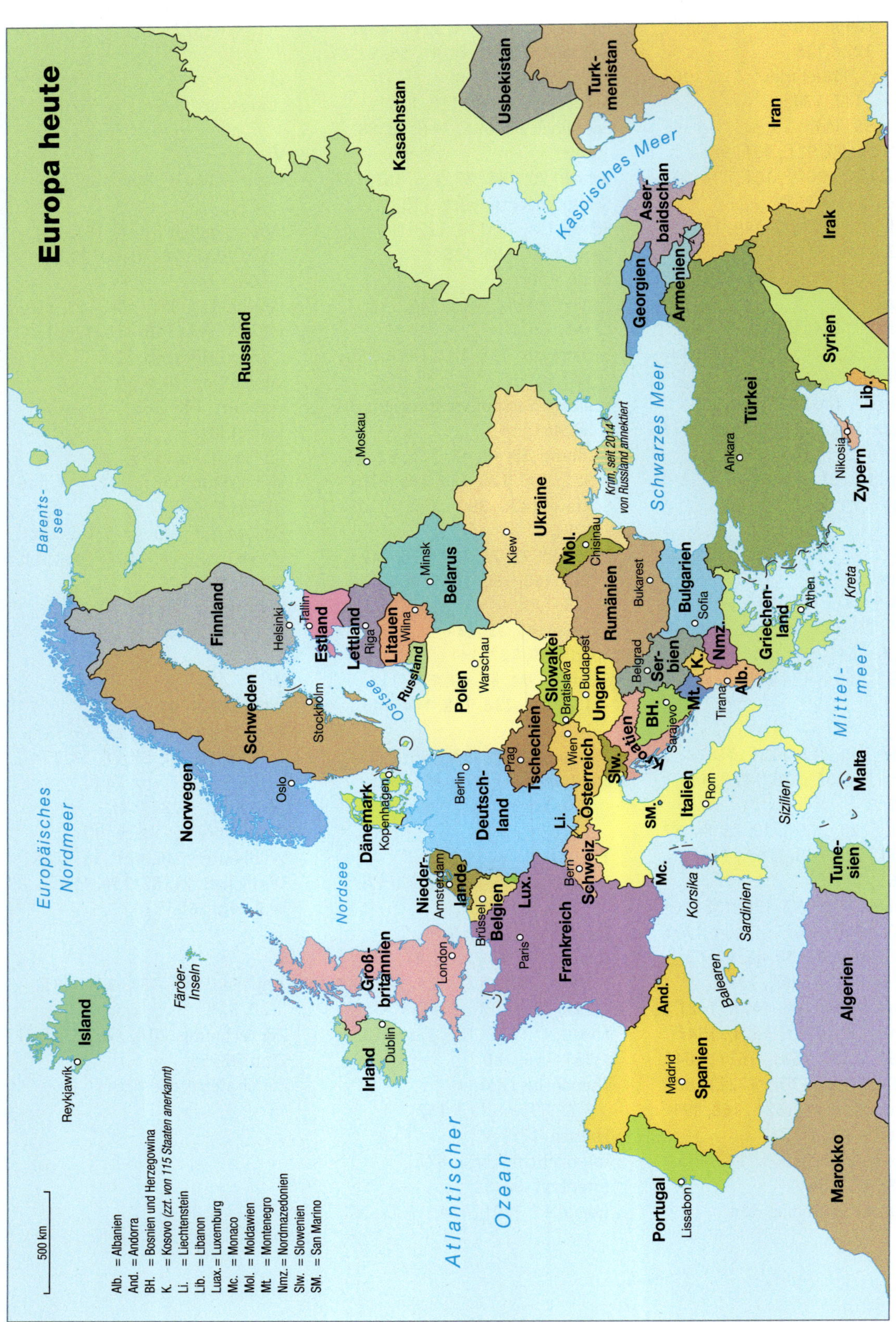

Exkursionsziele in Sachsen-Anhalt

Antike Hochkulturen

Cover: Imago Stock & People GmbH/imago stock&people; S. 3/o.: Cornelsen/Stefan Weißhampel; S. 3/u.: Landesamt für Denkmalpflege und Archäologie Sachsen-Anhalt, Juraj Lipták; S. 4: stock.adobe.com/Jenifoto; S. 5: bpk/Scala; S. 10: Cornelsen/Inhouse/Anne Weingarten; S. 12: Cornelsen/Stefan Weißhampel; S. 14: Cornelsen/Carlos Borrell Eiköter; S. 15/M2: Imago Stock & People GmbH; S. 15/M3: stock.adobe.com/AVTG; S. 15/M4: akg-images; S. 15/M5: interfoto e. k./Christian Bäck; S. 15/M6: Imago Stock & People GmbH/imago/Rust; S. 16/M1: mauritius images/Malcolm Haines/Alamy/Alamy Stock Photos; S. 16/M2: mauritius images/The Picture Art Collection/Alamy; S. 18/m.l.: Anna Brüggemann; S. 18/o. m.: Cornelsen/Andreas Holy; S. 18/u. l.: akg-images/Heritage Images/The Print Collector; S. 18/u. l.: bpk; S. 18/u. r.: akg-images; S. 18/u. r.: bpk/Siegfried Lauterwasser; S. 19/m.: Erfurth Kluger Infografik GbR/Foto Mitte: Cornelsen/Andreas Holy; S. 19/u. l.: action press; S. 19/u. l.: akg-images/Imagno; S. 19/u. r.: dpa Picture-Alliance/REUTERS/Khaled Al-Hariri; S. 19/u. r.: Europäische Union, 1995–2016; S. 20/M1 l.: stock.adobe.com/nixki; S. 20/M1 r.: Cornelsen/Elisabeth Galas; S. 22: Imago Stock & People GmbH/Leemage/imago/Leemage; S. 23/M3: mauritius images/Michael Nitzschke/imageBROKER; S. 24/M1: dpa Picture-Alliance/Everett Collection/Courtesy Everett Collection; S. 24/M2: Cornelsen/Andreas Holy Berlin; S. 24/M3: Shutterstock.com/Marko Subotin; S. 26/M1 l.: Landesmuseum Württemberg, Bildarchiv; S. 26/M1 r.: Landesmuseum Württemberg, Stuttgart; S. 27: mauritius images/Stephan Schulz; S. 27/m.: Shutterstock.com/gowithstock; S. 27/m.: Shutterstock.com/Seregam; S. 27/m.l.: ClipDealer GmbH; S. 27/m.l.: Shutterstock.com/heliopix; S. 27/m.r.: Depositphotos/Natalia Ulrikh; S. 27/m.r.: Shutterstock.com/vetkit; S. 27/M4: dpa Picture-Alliance/dpa-Zentralbild/Jan Woitas; S. 27/u. l.: Foto: P. Frankenstein, H. Zwietasch; Landesmuseum Württemberg, Stuttgart; S. 28: Cornelsen/Stefan Weißhampel; S. 29/M2: Cornelsen/Dampfmaschinen 1712: mauritius images/Science Source; 1720: mauritius images/FLHC 1B/Alamy/Alamy Stock Photos; 1769: Imago Stock & People GmbH/Bridgeman Images; S. 29/M2 o.: Cornelsen; S. 29/u. l.: mauritius images/Science Source; S. 29/u. m.: mauritius images/FLHC 1B/Alamy/Alamy Stock Photos; S. 29/u. r.: Imago Stock & People GmbH/Bridgeman Images; S. 31: Cornelsen/Friederike Terpitz; S. 32/M1: akg-images/Erich Lessing; S. 32/M2: bpk/Hermann Buresch; S. 32/M3: bpk/Scala; S. 34: Cornelsen/Michael Teßmer; S. 36: Cornelsen/Klaus Becker; S. 37/M2: stock.adobe.com/Алексей Закиров; S. 37/M3: bpk/RMN – Grand Palais/Jean Schormans; S. 37/M4: dpa Picture-Alliance/dpa-Zentralbild/picture-alliance/dpa-Zentralbild; S. 38/M1: © SciencePhotoLibrary/DAVID GIFFORD/SCIENCE PHOTO LIBRARY; S. 38/u. r.: akg-images/Hess. Landesmuseum; S. 39/M2: Cornelsen/Carlos Borrell Eiköter; S. 39/o. l.: akg-images/Hess. Landesmuseum; S. 39/o. r.: Shutterstock.com/Rawpixel.com; S. 40: Cornelsen/Carlos Borrell Eiköter; S. 42: Shutterstock.com/Daniel Eskridge; S. 43/M2: Cornelsen/Thomas Binder; S. 43/M3: Cornelsen/Elisabeth Galas; S. 44/u. l.: akg-images/Fototeca Gilardi; S. 44/u. r.: akg-images/LOOK AT SCIENCES/Patrick Dumas/SCIENCE PHOTO LIBRARY; S. 46: Cornelsen/Thomas Binder; S. 47/M2: Cornelsen/Hans Wunderlich; S. 47/M3: Cornelsen/Elisabeth Galas; S. 48: Cornelsen/Thomas Binder; S. 49/M2: Cornelsen/Carlos Borrell Eiköter; S. 49/M3: Bridgeman Images/Ashmolean Museum, University of Oxford, UK; S. 50/M1 l.: Südtiroler Archäologiemuseum – www.iceman.it; S. 50/M1 r.: Cornelsen/Carlos Borrell Eiköter; S. 51/M2: Reconstruction by Kennis © South Tyrol Museum of Archaeology, Augustin Ochsenreiter/Südtiroler Archäologiemuseum – www.iceman.it; S. 51/M3: Südtiroler Archäologiemuseum, Bozen; S. 52: Landesamt für Denkmalpflege und Archäologie Sachsen-Anhalt, Juraj Lipták; S. 53: Cornelsen/Hans Wunderlich; S. 55/o. l.: akg-images/Hess. Landesmuseum; S. 55/o. m.: akg-images/Fototeca Gilardi; S. 55/o. r.: Landesamt für Denkmalpflege und Archäologie Sachsen-Anhalt, Juraj Lipták; S. 56: Cornelsen/Michael Teßmer; S. 57: Verein zur Förderung des Landesmuseums für Vorgeschichte Halle (Saale) e.V.; S. 58/mitte: mauritius images/Rainer Hackenberg; S. 60/M1: Cornelsen/Carlos Borrell Eiköter; S. 60/M2: ddp images; S. 60/o.: Cornelsen/VDL; S. 61/M3: mauritius images/alamy stock photo/Andrey Nekrasov; S. 61/M4: Bridgeman Images/Valley of the Kings, Thebes, Egypt; S. 61/M5: Shutterstock.com/Lisa S.; S. 62/mitte: stock.adobe.com/Arndt, Weidenau 9, 86316 Friedberg,Tel.082164545/traveldia; S. 63: Cornelsen/Hans Wunderlich; S. 64/M1: bpk/Jürgen Liepe; S. 64/u. m.: Shutterstock.com/Serhii Borodin; S. 65: De Agostini Picture Library/Bridgeman Images; S. 66: akg-images/Erich Lessing; S. 69: bpk/The Trustees of the British Museum; S. 70: Cornelsen/Friederike Terpitz; S. 71: Bridgeman Images/ Boltin Picture Library; S. 72/M1: Metropolitan Museum of Art, New York, USA/Bridgeman Images; S. 72/M2: Harvard University Boston – Museum of Fine Arts Expedition/Bridgeman Images; S. 72/M3: Museo Archeologico Nazionale, Florence, Italy/Bridgeman Images; S. 73/M5: akg-images/Erich Lessing; S. 73/M6: Erfurth Kluger Infografik GbR; S. 74: akg-images/Erich Lessing; S. 75: akg-images/Erich Lessing; S. 76/M1: akg-images/James Morris; S. 76/M3: akg-images/Erich Lessing; S. 78: Cornelsen/Hans Wunderlich; S. 79/M3: Imago Stock & People GmbH/ZUMA Wire; S. 79/M4: Imago Stock & People GmbH; S. 80: bpk/The Metropolitan Museum of Art; S. 82: Cornelsen/Hans Wunderlich; S. 83: Cornelsen/Hans Wunderlich; S. 84: akg-images/De Agostini Picture Lib.; S. 86: dpa Picture-Alliance/ASSOCIATED PRESS; S. 87/o. m.: bpk/The Trustees of the British Museum; S. 89: akg-images/André Held; S. 90: Cornelsen/VDL; S. 91: Cornelsen/Carlos Borrell Eiköter; S. 92/M1: Bridgeman Images/Werner Forman Archive; S. 92/M2: Bridgeman Images/Agora Museum, Athens, Greece/Luisa Ricciarini/Leemage; S. 93/M3: bpk/Antikensammlung, SMB/Christa Begall; S. 93/M4: akg-images/Heritage-Images/CM Dixon; S. 94: akg-images/Peter Connolly; S. 96: Cornelsen/Carlos Borrell Eiköter; S. 97/M2: bpk/Antikensammlung, SMB/Johannes Laurentius; S. 97/M3: The Metropolitan Museum of Art/Rogers Fund, 1960/lizenziert nach CC0 1.0 Universal (CC0 1.0)/https://creativecommons.org/publicdomain/zero/1.0/; S. 97/M4: dpa Picture-Alliance/AP Photo/Markus Schreiber; S. 98: akg-images/Rainer Hackenberg; S. 99/M2: akg-images/Erich Lessing; S. 99/M3: Cornelsen/Hans Wunderlich; S. 100: mauritius images/alamy stock photo/Hercules Milas; S. 101: Bridgeman Art Library Ltd.; S. 102: Cornelsen/Carlos Borrell Eiköter; S. 104/M1: mauritius images/Charles Stirling (Diving)/Alamy;

S. 104/M2: Cornelsen/Carlos Borrell Eiköter; S. 105/M3: Cornelsen/Carlos Borrell Eiköter; S. 105/M5: bpk; S. 106: Cornelsen/Matthias Pflügner; S. 107: Bridgeman Images/Werner Forman Archive; S. 108/M1: akg-images/Bildarchiv Steffens; S. 108/M2: akg-images/Erich Lessing; S. 109: Cornelsen/Michael Teßmer; S. 110: Bridgeman Images/Agora Museum, Athens, Greece/Luisa Ricciarini/Leemage; S. 111: Cornelsen/Hans Wunderlich; S. 112: Bridgeman Images/De Agostini Picture Library/G. Dagli Orti; S. 113: Cornelsen/Erfurth Kluger Infografik GbR; S. 114: Bridgeman Images/Museum of Fine Arts, Boston, Massachusetts, USA/Henry Lillie Pierce Fund; S. 115/M3: bpk/DeA Picture Library/G. Nimatallah; S. 115/M5: bpk/RMN – Grand Palais/Hervé Lewandowski; S. 116: bpk/Antikensammlung, SMB/Johannes Laurentius; S. 117: bpk/Antikensammlung, SMB/Christa Begall; S. 118: Cornelsen/Erfurth Kluger Infografik GbR; S. 119: Deutscher Bundestag/Marc-Steffen Unger | (c) VG Bild-Kunst, Bonn 2024; Ludwig Gies: Bundestagsadler, 1953; S. 120/M1: Bridgeman Images/National Archaeological Museum, Athens, Greece/Photo Geoff Garvey; S. 120/M2: Bridgeman Images/De Agostini Picture Library; S. 121: akg-images; S. 122/M1: akg-images/Erich Lessing; S. 122/M2: bpk/Scala; S. 122/M3: akg-images/Imagno; S. 124/M1: stock.adobe.com/Jenifoto; S. 124/M2: Cornelsen/Stefan Weißhampel; S. 126: bpk/Antikensammlung, SMB/Christa Begall; S. 128: Imago Stock & People GmbH/Kena Images; S. 129/M4: Rijksmuseum van Oudheden te Leiden; S. 129/M5: stock.adobe.com/moofushi; S. 130: LVR-Archäologischer Park Xanten/Axel Thünker DGPh; S. 132: Cornelsen/Carlos Borrell Eiköter; S. 133/M2: Constanze Höpken; S. 133/M3: mauritius images/United Archives; S. 133/M4: akg-images/Bildarchiv Steffens; S. 135: Cornelsen/Carlos Borrell Eiköter; S. 139: Erfurth Kluger Infografik GbR; S. 140/M1: Bridgeman Images/Photo Hilary Morgan; S. 140/M2: Bridgeman Images/Tarker; S. 141: akg-images/Album/Prisma; S. 142: Bridgeman Images/Tarker; S. 143: Cornelsen/Hans Wunderlich; S. 144: mauritius images/alamy stock photo/Entertainment Pictures; S. 145/M2: Staatliche Münzsammlung München, Nikolai Kästner; S. 145/M3: akg-images/Bible Land Pictures; S. 146: bpk/Scala; S. 147: akg-images/Erich Lessing/Kunsthistorisches Museum, Antikensammlung, Wien; S. 148: bpk/Antikensammlung, SMB/Geske, Ingrid; S. 150: Cornelsen/Carlos Borrell Eiköter; S. 152: Bridgeman Images/; S. 153: Cornelsen/Tobias Dahmen; S. 154/M1: akg-images; S. 154/M2: bpk/DeA Picture Library/G. Nimatallah; S. 155/M3: akg-images/Peter Connolly; S. 155/M4: Bridgeman Images// Photo Geoff Garvey; S. 156: akg-images/Heritage-Images/CM Dixon; S. 157/M3: akg-images; S. 157/M4: bpk/Scala – courtesy of the Ministero Beni e Att. Culturali; S. 157/M5: Galleria Borghese, Rome, Lazio, Italy/Alinari/Bridgeman Images; S. 158: Cornelsen/Carlos Borrell Eiköter; S. 159/M2: Cornelsen/Hans Wunderlich; S. 159/M3: Bridgeman Images// SGM; S. 160: Cornelsen/Hans Wunderlich; S. 161/M2: akg-images/Museum Kalkriese; S. 161/M4: bpk/Hermann Buresch; S. 162: Cornelsen/Carlos Borrell Eiköter; S. 163: Cornelsen/Hans Wunderlich; S. 164: Shutterstock.com/Magic Wand; S. 165/M2: akg-images/Bible Land Pictures/Z. Radovan; S. 165/M3: Cornelsen/Carlos Borrell Eiköter; S. 166: Bridgeman Images/; S. 167/M2: Cornelsen/Carlos Borrell Eiköter; S. 167/M3: akg-images; S. 168: ASTERIX®-OBELIX®-IDEFIX®/2023 LES EDITIONS ALBERT RENE/GOSCINNY – UDERZO; S. 169/M2: Cornelsen/Michael Teßmer; S. 169/M3: mauritius images/Novarc Images; S. 171/o. m.: bpk/Scala; S. 172: Limesmuseum Aalen; S. 173: Imago Stock & People GmbH/imago stock&people; S. 175: akg-images/Science Photo Library; S. 176: Imago Stock & People GmbH/imago/Steffen Schellhorn; S. 177: akg-images/Bildarchiv Steffens; S. 178/M2: akg-images/Erich Lessing; S. 178/M3: akg-images/Bildarchiv Steffens; S. 191: Cornelsen/Friederike Terpitz; S. 191: Cornelsen/Inhouse/Friederike Terpitz/Grafik o. Mitte Pyramide: Hans Wunderlich, Illustration u. Mitte Kopf des Tutachamun: Cornelsen/Joana Stratmann; S. 191: Cornelsen/Inhouse/Friederike Terpitz/Grafik o. l. Pyramide: Hans Wunderlich, Illustration u. l. Kopf des Tutachamun: Cornelsen/Joana Stratmann; S. 191: Cornelsen/Inhouse/Friederike Terpitz/Illustration r. u. Kopf des Tutachamun: Cornelsen/Joana Stratmann; S. 202: Cornelsen/Carlos Borrell Eiköter; S. 203: Cornelsen/Carlos Borrell Eiköter; S. 204: Cornelsen/Carlos Borrell Eiköter.